東文選 文藝新書
327

中國房內秘籍

中國房內秘籍

중국방내비적(中國房內秘籍) 번역본에 붙여

상고시대로부터 우리 선조들은 '하늘 아버지 땅 어머니'라 하여 아버지의 숨을 먹고 어머니의 젖인 음식을 먹고 자란다는 기본적인 사고를 가지고 있었다. 즉 사람은 천지(天地)라는 부모에게 양육되고 있으며, 사람이 나아가야 할 길은 천지부모(天地父母)를 따라 닮아 가는 것이니, 이를 천지인(天地人)이라고 하며 삼재사상(三才思想)이라고도 한다. 나를 양육시켜 주는 부모를 찾아가는 것을 수련(修鍊) 또는 수양(修養)이라고 표현하며, 선불도유(仙佛道儒)의 종교 수행과 각종 무예(武藝), 기공(氣功)의 수련 양식들을 출현시켰다. 선불유(仙佛儒)의 삼교는 동방에서 출현한 수련의 요체로 학문이자 곧 종교가 되었다.

방내양생학(房內養生學)은 이러한 수련·수양의 문화 가운데 하나의 분과로 편입되며, 삼교와 경사백가(經史百家)의 여러 서적에 편재되어, 컴퓨터가 주도하는 현대에까지 전수되어 내려오고 있다. 방내학(房內學)은 방중학(房中學), 방유학(房帷學), 방사양생학(房事養生學) 또는 방실양생학(房室養生學) 등의 이름으로 불리고 있으며, 서양에서는 성의학(性醫學), 성과학(性科學), 성학(性學) 등으로 칭하고 있다. 방내학(房內學)은 지상에 인류가 출현하여 인지(人智)의 발달과 함께 존재하였으니 그 유래는 매우 오래되었다고 할 것이다.

방내학(房內學)은 방내(房內)에서 일어나는 남녀간의 성생활(性生活)에 관한 이론과 기법을 연구하는 학문으로서 이에 관한 문헌과 학설은 매우 많고 다양하다. 방내학(房內學)의 학문적 기반은 본래 동방에서 출현한 학문의 관점이므로 음양오행(陰陽五行)이나 천인합일(天人合一)의 사상에 바탕하고 있다. 천인합일의 사상은 사람의 몸을 천지자연의 대우주(大宇宙)에 대비되는 하나의 작은 우주(小宇宙)로 보고 자연과 인간의 생명 현상을 고찰하는 사고이다.

동양의 방중학(房中學)은 방중술(房中術)이라고도 하는데, 방(房)은 방내(房內)·방실(房室)이며, 중(中)은 보익(補益), 술(術)과 학(學)이란 기술(技術) 또는 학술(學術)로 해석된다. 방중(房中)에 관한 논설은 일반 사람들이 인식하는 단순한 남녀 교합·섹스의 흥미 문제를 지나서, 여기에는 음양(陰陽)의 이기(二氣)나 신기(神氣)가 출입하는 인체 생명(人體生命)에 관한 학문이기 때문에 생명(生命)·생식(生殖)·성애(性愛)·자사(子嗣)·장수(長壽)와 밀접한 관계가 있고, 생사(生死)와 수승(修乘)이라는 고차원의 과제를 내포하고 있어서 선도수양법(仙道修養法)의 한 영역이 된다고도 한다. 이러한 인체생명학(人體生命學)으로서의 방내방중학(房內房中學)은 생리학(生理學)·심리학(心理學)·유전학(遺傳學)·교육학(敎育學)·사회학(社會學) 등의 학과의 명제와 깊이 연계되어 있으며, 하늘이 감추는 심원(深遠)한 철리(哲理)와 비밀스런 오의(奧義)를 담고 있는 동방학문(東方學問)에서 매우 중요한 학술 분야라고 할 수 있다.

우리나라의 고대의 성문화(性文化)나 성(性)에 관한 연구는 《시경(詩經)》[공자(孔子) 이전부터 내려오던 풍요(風謠)는 중원을 무대로 살아온 우리 선조들의 정서가 강하게 배어져 있다고 봄]에서의 주남(주남)과 소남(소남)의 풍(風)이나 《화랑세기》에서 혼도(婚道)·색도(色道)라는 용어에서 나타나듯이 매우 순박하지만 자유로운 성생활을 하였던 반면에, 혼례(婚禮)나 연학(硏學)에 있어서는 매우 엄숙하면서도 절제되어 있었다고 본다. 그러나 북송(北宋) 이후 정주(程朱)가 제창한 '존천리 멸인욕 存天理 滅人欲(천리가 존재하면 인욕이 소멸된다)'이란 성리학(性理學)의 통치 사상이 성행한 고려 후기부터 조선에 이르기까지는 원초적인 인욕(人欲)을 원천으로 하여 연구되는 방내학(房內學)은 봉폐(封閉)의 시대로 접어들어 방내(房內)의 일을 하나의 금기(禁忌)로 여기는 이상한 현상이 발생하였는데, 그 의식의 흔적은 지금도 남아 있다. 하늘이 내린 천부(天賦)의 성(性)을 담론(談論)하는 방내학의 연구를 범죄나 위험한 방도로 여기는 경직된 풍토는 활달한 사회 기풍을 저해하였을 뿐만 아니라, 자연을 탐구하는 과학적 규율(規律)에도 위배되어, 오히려 성범죄(性犯罪)의 발생과 성병(性病)의 만연이란 부작용을 낳기도 하였다.

지난 20세기에는 전통 문화와 학문을 파괴시키면서 들어온 서구의 과학적 분석 학문 체계 가운데 심리학·정신의학의 한 범주로서 성과학(性科學)이 유입되어, 성(性)에 관한 지식이 서방 학문을 중심으로 편중되어 있고, 고상한 성이 분석되어 가볍게 된 느낌마저 든다. 현대 과학의 분석학(分析學)은 실험한 데이터를 통계하는 데에서 출발하기 때문에 내재하고 있는 보이지 않은 원리(原理)는 간과되기 쉽다. 현대에 범람하는 성(性)에 대한 서방 위주의 가벼운 지식은 성(性)은 억압될 수 없는 것이며, 신성(神聖)한 생명을 기르는 것으로 여긴 동방의 방내양생학(房內養生學)이 그 중심을 잡아 줄 수 있을 것이다. 한마디로 방중(房中)으로 표현되는 동방의 성학(性學)은 말초의 쾌락을 즐기는 기교·기술이 아니라, 상호 교감하는 마음을 전제로 남녀가 몸과 마음으로 화락(和樂)하며 자연의 본성에 합일시키는 신성융회(神性融會)라고 할 수 있다. 이성이기(二性二氣)의 융회를 통하여 더 강하고, 더 아름답고, 더 찬란한 에너지를 고양시키는 거룩한 행위인 것이다. 성(性)에 대한 올바른 지식만이 성학문(性學問)이며, 성(性)이 양생학(養生學)이나 의학(醫學)이 될 수 있는 근거가 되며 국민들의 보건과 위생(衛生)·우생우육(優生優育)·양생과 의약·기공과 도인·질병의 방치(防治)·혼인과 후사(後嗣)·태교(胎敎)와 장수(長壽) 등등에 이바지할 수 있을 것이다.

우리 선조들은 사람은 심신의 수행(修行)을 통해서 건강하게 되고 삶이 풍요롭게 된다는 보편적인 인식을 가지고 있었는데, 이를 양생(養生)이라고 표현하였다. 따라서 양생(養生)은 우리나라를 비롯한 동방의 학문·종교의 보편적 원리이다. "음식남녀(飮食男女)에 사람의 대욕(大欲)이 존재하니, 대욕(大欲)의 존재가 곧 성(性)이 되는 것이니 식색(食色)이 성(性)이다. 이것이 사람이 되는 연유이다"고 한 옛 성인의 말씀과 함께 "남녀가 합하는 데에는 반드시 법칙이 있다(合男女必有則)"는 것은 인간의 원초적인 방내(房內)의 일을 양생(養生)으로 입법화한 것이다. 그래서 예로부터 동방의 제학술(諸學術)에 방내학(房內學)의 저술이 매우 많고, 도가(道家)·불가(佛家)·선가(仙家)·유가(儒家)·도교(道敎)·의가(醫家)에서 모두 깊은 연구가 진행되어 온 것이다. 사람이 존재하는 한, 방내사(房內事)를 배우고 연구(硏究)하는 가치는 천고(千古)에도 불변하니, 오늘날 한국학이 양생의 학문으로서 다양한 개화를 위해서도 밝게 연구되어야 하는 분야라고 할 수 있다.

  인간의 학문은 늘 전통의 유산을 바탕으로 하여 현대에 필요한 새로운 문화를 생성시키고 있다. 또한 동·서양의 학문은 그 탐구의 방법만을 달리하여 왔을 뿐, 사람을 복되게 한다는 취지는 같은 것이다. 오늘날의 한국학은 모든 영역에서 전통과 현대의 지식이 만나고, 동방과 서방의 지식이 만나서 상호 작용하는 가운데에서 우수하고 정교한 학문으로 발전할 수 있다고 본다. 따라서 동방의 전통적인 방내양생학(房內養生學)도 서방의 현대 성과학(性科學)과 만나서 서로 비교되면서 연구되어야 21세기의 새로운 한국 양생 문화로서 우수한 방내 학문이 나올 수 있을 것이다. 양생(養生)은 생명을 도탑게 기른다는 뜻으로 그 정의는 다양한 양생의 방법에 따라 다양하게 정의될 수 있다. 양생의 방법은 삼쾌(三快)[快食: 잘 먹고, 快便: 잘 소화시키며, 快眠: 잘 잠]의 생활에서부터 복식(服食)과 복약(服藥), 무예와 기공 수련, 목욕을 하고 영화를 보고 독서를 하고 음악을 듣는 모든 문화 생활이 곧 양생이라 할 수 있다. 21세기를 흔히 문화의 세기라고 말하는데, 문화의 세기란 개개인의 질적(質的)인 삶의 가치를 중시하고 모든 사람이 화락(和樂)하여 즐겁고 풍요로운 정신 문화의 생활을 영위하자는 것이다. 이러한 국민 개개인의 질적인 풍요와 여유를 누리는 생활 문화의 양식이 바로 오늘날 유행하는 웰빙(well-being)이다. 웰 빙(well-being)이란 단어는 건강한 상태를 유지한다는 의미이며, 동방의 양생 개념과 동일한 것이다. 몸이든 마음이든 인생의 전반에서 정신 문화의 향유가 바로 양생(養生)이며, 이는 고상한 정신 문화의 생활, 스스로 만족하는 인생의 여유와 풍요, 건실한 육체에 깃든 마음의 평안, 일상 생활 속의 수련으로 온전한 심신을 추구하고, 내적 평화에 비중을 둔 행복과 복지 등으로 표현할 수 있겠다.

　본래 학(學)이란 우주의 모든 현상에 대한 의문에서 비롯된 것으로, 사람의 머리털처럼 많은 것이 학(學)이라면 머리털이 심어져 있는 두뇌는 도(道)의 세계라고 비유될 수 있다. 따라서 천하의 모든 학문은 서로 연관성을 가지고 있기 마련이다. 오늘날 고도로 발달한 기계과학은 사람들에게 지식·정보의 공유라는 막대한 공헌을 한 반면에 날이 갈수록 정교해지는 기계 문명은 사람들로 하여금 정신 문화의 향유를 희원하게 되었다. 지식·정보의 공유시대는 정신 수련의 문화에 관한 지식의 범람을 가져왔으나 오히려 학계에서의 체계적인 정리가 따라가지 못하고 있는 실정이기도 하다. 예부터 동방의 학문과 종교·기술·철학·예술은 모두 형이상학적인 기학(氣學)이며, 기학은 곧 정(精)·기(氣)·신(神)에 관한 학문을 말한다. 기(氣)의 개념에 관하여는 매우 광범위하게 정의될 수 있는데, 용어가 규정하는 글자에 따라 체계적인 학술적 정의와 분과 학문이 수립될 수 있다. 동방학의 정수는 기학(氣學)이며 기학의 정수는 곧 방내학(房內學)이라고도 말할 수 있다. 방사(房事)에 양생을 적용한 학술이 바로 방내양생학(房內養生學)이다.

　방내양생(房內養生)의 분야는 무엇보다도 국민보건의 차원에서 깊이 있게 연구되고, 모든 국민들에게 공개되어야 한다고 본다. 본래 남녀 교합의 일은 자연(自然)이며, 천지의 영생불멸이 부여(賦予)한 데 뿌리하며, 천지(天地)는 남녀로 하여금 교합(交合)하게 하여서 그 영원한 도(道)를 이루어 가니 무엇이 부끄럽다 할 것이며, 학자는 사람·생명·만물에게 이로울 것인가 아닌가를 기준으로 삼아 연구에 임할 뿐이다. 학자가 학문의 본질을 보지 못하고, 세속의 안목으로 발표를 꺼린다면, 세속의 바르지 못한 풍속을 계도할 사명이 없는 것이다. 이는 필검(筆劍)을 쓰는 학자의 자세가 아니며, 명예의 개념을 잘못 알고 있는 것이다. 색(色)을 좋아하면서도 색(色)을 말하는 것이 부끄럽다는 것은 사춘기의 연령에서 순전하여 가질 수 있는 마음이며, 사회의 폐습을 정화시키는 학자로서는 비겁이지 명예와는 거리가 멀다. 또한 방내사(房內事)

의 진서(珍書)를 발표하는 일을 부끄럽다하고, 스스로는 방술의 도(道)를 구하는 지식을 가지는 이중성을 지녔으니 반성하기 바란다. 방내학(房內學)의 지식은 양생에 관한 상당히 수준 높은 고급 지식이며 중요한 학술의 대상인데도 불구하고, 시중에서 나도는 삼류의 저질 소설류로 취급되는 인식은 재고(再考)되어야 한다. 이러한 인식들은 명철(明哲)한 양생학가들의 붓 칼로 바로잡혀야 한다.

 이번에 도서출판 동문선에서 번간(飜刊)하는 《중국방내비적》이란 이 서적은 중국이란 명칭이 붙어 있으나 우리의 전통 문화유산과도 결코 무관하지 않다. 이 서적의 자료는 고대의 자료이고, 고대에 우리 선조들은 중원을 활동 무대로 하여 살아왔고, 특히 고대에는 지나족(支那族)들이 동이 문화를 전수받아 하화(夏華) 문화가 형성되었다고 여러 서적에서 전하고 있기 때문이다. 그래서 '중국방내비적' 이라기보다는 '동방방내비적' 이라고 하여야 정확한 표현일 것이다. 지금 남겨져 있는 고대의 중화 서적은 고대로부터 왕조의 대를 이어오며 역사적인 문헌을 체계적으로 정리하는 국고 정리의 사업의 결과물이다. 비록 우리나라의 역사에서 수많은 전란으로 서적(書籍)이 유실되고, 겨레의 계통이 뒤섞이어 동이문서가 지나(支那)의 문서로 되어 버린 것이 한둘이 아니니, 엄격히 중화만의 문화유산이라고 말하는 것은 무의미하다. 동문선의 신성대 사장은 이 《중국방내비적》이 인체의 소질(素質)과 생식(生殖)·생리(生理)적 과학 수준을 높일 수 있는 소중한 자료로서 우리나라 양생학(養生學)의 발전에 크게 이바지할 수 있다고 하였는데 공감하는 바였다. 우리나라 사람들도 방내양생(房內養生)에 대하여 깨인 의식을 가져야 할 때도 되었으나, 누가 총대를 메고 역자로 나서질 않는다고 고민하고 있었다. 도서출판 동문선에서는 우리나라에서 현대 의학과 접목된 방중(房中)의 양생 문화(養生文化) 또는 방내양생학(房內養生學)이 새롭게 수립되길 바라고 있었으며, 나는 동문선의 부탁으로 이 글을 지으나 이 번역본의 내용의 착오에 대하여는 추후 수정본을 내면서 책임을 지겠다. 도서출판 동문선에서 한국 방내양생학(房內養生學)의 신수립

(新樹立)을 위한 자적(資籍)이 될 고전의 자료들을 묶어서 학술의 발전에 제공하는 것은 모두 국민 건강에 이바지한다는 대의명분이 있기 때문이다. 원문을 병기(倂記)한 이 번역서가 우리나라 방내양생의 학술발전에 기여하고, 학문적 체계를 세워서 자유롭게 양생으로서 방사(房事)가 토론될 수 있다면, 오늘날 서방에서 불어온 성자유의 추세를 타고 정도(正道)의 궤를 지나치게 벗어난 성란(性亂)의 무덤에서 인간을 구제하고 교도하는 길잡이 역할을 할 수 있을 것으로 믿는다.

사람의 마음이 좋아하는 것은 호색(好色)보다 더한 것은 없기 때문에, 천고(千古)로 방중(房中)의 술(術)을 좋아하는 것은 어느 시대나 끊임없이 있어 왔으나, 방중(房中)의 도(道)를 행하는 사람은 극히 드물었다. 예로부터 방중(房中)과 복식(服食)의 전수는 구이(口耳)로 서로 이어받았고 서적으로 나타낸 것은 일시적 방편으로 피모일린(皮毛一鱗)에 불과하며, 조박(糟粕)이 뒤섞여 있어 금강자성(金剛自性)의 한계를 감히 넘지 못하였다고 한다. 그러나 미세한 금침(金針)은 얻을 수 없다지만 대략의 대의(大義)는 볼 수 있을 것이다. 대의를 본다는 것은 전체를 본다는 의미와 같은 것이며, 이타행(利他行)을 수행하는 보살도의 마음으로 정세(精細)한 연구를 거듭한다면 대성(大成)의 길이 그리 멀지만은 않을 것이다. 옛글에 손해가 있는 곳에는 반드시 이익이 있다고 하였고, 특히나 인간의 성합(性合)은 양날의 검과 같은 것으로 이(利)와 흉(凶)이 공존한다. 삼가 살필 일이다. 시사(詩詞)에 이르기를,

"욕수남녀방중술(欲修男女房中術) 남녀쌍수의 방중술을 닦고자 하면
　선단음근애치심(先斷淫根愛痴心) 먼저 음란의 뿌리인 애욕의 어리석은 마음을 끊어라!
　청풍취아의명월(淸風趣雅依明月) 맑은 바람의 고아한 정취는 밝은 달에 의해서 이지만
　풍월거지낙속정(風月詎知落俗情) 청풍명월이 세속의 정념을 벗겨 냄을 어찌 알리오.

욕기출오니이불염(欲其出汚泥而不染) 더러운 진창에서 나와서 물들지 않으려 하니
불역난호(不亦難乎) 또한 어려운 일이 아니겠는가?

　방내학을 생각하면 내가 지난날 '건강다이제스트'란 소책자를 읽거나, 공원이나 열차에 앉아 생각한 상념이 떠오른다. 만약에 우주라는 넓고 넓은 관점에서 바라볼 수 있다면 우리가 살고 있는 이 아름다운 지구는 우주 가운데에 있는 하나의 학교이자 동시에 놀이터일 것이다. 상상이 불가능한 우주 의식이나 너무나 오래되어 잊어버린 그분들은 우주를 경영할 존재를 양성하고자 지구학교 또는 지구놀이터를 만들었을 것이다. 공부하면서 놀고, 놀면서 공부하라는 것이다. 학습이 곧 놀이이며, 놀이가 곧 학습이라는 것이다. 방내의 술법(術法)은 지구학교에 있는 하나의 학습 과목이자 놀이의 방법일 것이다. 세월이 흐른 후에 문자를 만들면서 방내(房內)에서 일어나는 유익한 학습의 체계와 놀이의 방법들을 발명해 내어 기록하여 두었고, 그 기록들이 쌓여서 방내학(房內學)이 되었을 것이다. 독자 여러분! 사랑하는 연인과 방내(房內)에서 즐겁게 화락하면서 공부 열심히 하십시오.

　　　　　　　　　　　2006년 10월　대구 십팔기 무덕회에서
　　　　　　　　　　　　　　　　　박 청 정 謹識

출판에 관한 설명

　중국의 고대 방실 문화房室文化(방중술房中術)는 그 역사가 유구하다. 주周나라 때 시작되어 진한秦漢 때 이루어지고 위진수당魏晋隋唐 때 성했다. 송宋나라 이후에는 정주程朱 성리학性理學의 "하늘의 이치를 보존하고, 인간의 욕망을 멸한다 存天理 滅人欲"는 학설이 날로 창성해짐에 따라, 성의학 · 성보건 등 방중학설이 "음란함을 가르치고 도둑질을 가르친다誨淫誨盜"고 간주되어, "사대부들이 그것을 입에 담기 부끄러워했다." 그런데 인간에게 있어서 성은 태어남과 함께 부여된 것이기 때문에, 봉건 도통道統의 울타리 안에 가두어 두어서는 결코 안 될 것이었다. 수천 년 동안 중국을 지배했던 "불효에는 세 가지가 있는데, 후사가 없는 것이 큰 일不孝有三 無後爲大"임을 부르짖은 유교 사상도, 인류사자人類嗣子과 충의절효忠義節孝의 규범을 강조하면서, 후대 번성의 기초로서의 남녀 교합은 오히려 왜곡되고 신비화되어 더할 나위없이 기피되었으니, 실로 인류 문명의 후퇴라 하지 않을 수 없다.
　그런데 중국 방실 문화房室文化의 특수한 분위기 속에서도 역대 의가醫家 · 도가道家 · 양생가養生家들은 역시 방실房室의 양생養生 · 우생優生 · 우육優育 · 방실 치료 등 면에서 상당히 엄숙하고 심도 있게 연구되고 검토되었다. 그 주요 성과는 다음과 같다.
 1) 양생의 시각에서 심리적 건강과 방실 생활과의 관계를 강조했고,
 2) 방사의 법도와 욕망 절제, 정기 보존을 강조하였으며,
 3) 성생활에 대한 정서의 역할을 강조하였고,
 4) 방사와 기공氣功의 상호 결합을 중시했다.

　현대의 성의학은 19세기말 영국의 의사 엘리스H. Ellis와 금세기초 미국의 의사 디킨슨R. L. Dikinson 같은 사람들이 수립한 것인데, 그들

이 연구한 이론과 방법 나아가 부분적인 결론까지 모두 일찍이 이천여 년 전 중국의 방중술에서 이미 언급되었던 내용들이다. 그러므로 오랜 중국의 방중술을 어떻게 양생 문화의 기점에 되돌려, 인간의 건강장수와 화목한 부부 생활의 적극성과 인간 중심 색채에 대해 엄숙하게 연구 인식하고, 나아가 현대과학의 기초 위에서 새로운 방실 양생학을 수립하여 현대 인류의 행복과 건강에 이바지할 것인가? 이것이 바로 현대의 의식 있는 사람들의 관심사이며, 그런 사람들은 갈수록 점차 많아지고 있다.

 상술한 원인을 살펴, 중국의 현존 방중 의서醫書·도서圖書 중 대표성이 있는 저술 17종을 선택하여 역사적이고 과학적인 태도로 교감校勘·표점標點·석의釋義 등 정리 작업을 하여 이 책을 엮었다. 이 작업은 중국의 고대 방실 문화를 연구함에 있어, 상세하고 확실한 참고 문헌을 제공하는 데에 그 주요 취지가 있다. 그러나 역사적 제한성에 얽매여, 방사를 보는 옛사람들의 관점과 견해와 바람에는 편파적이고 미신적이며 나아가 황당무계함이 들어가지 않기가 어렵기 때문에, 독자들은 과학적인 대도와 과학적인 관점에서 그 진위를 살펴 가리고 그 핵심을 취하고 그 찌꺼기를 버리기 바란다. 이것이 편집자의 바람이다.

본서의 편집 체제

1. 수록된 저작은 그 저술 연대술로 배열하였다.
2. 전서의 각 편은 '해제'·'원문'·'주해'·'역문'·'요점'의 순으로 이루어졌다.

해제는 저작자와 저서, 그리고 저서 판본 등을 간략하게 소개했다. 원문은 한 판본을 원본으로 하고 기타 판본을 참고하였으며, 참고하고 교정한 결과는 본문에 직접 반영하고 보통은 주를 달지 않았다. 원문의 이체자異體字와 고금자古今字는 대개 지금 쓰는 글자로 고쳤고, 글자나 단어가 빠졌다고 의심되어 그 뜻을 보충한 것이면 〔 〕로 제시하고 보충하지 않은 것이면 □로 제시했다. 주해는 설문說文·해사解詞·석전釋典을 위주로 했고, 동일한 글자나 단어가 각기 다른 저작에 나오는 것은 대개 주를 중복하지 않았다. 역문은 원문을 구어체로 번역한 것이다.

總 目

중국방내비적(中國房內秘籍) 번역본에 붙여 — 5
출판에 관한 설명 — 13
본서의 편집 체계 — 15

1. 십문(十問) — 19
2. 합음양(合陰陽) — 63
3. 천하지도담(天下至道談) — 79
4. 소녀경(素女經) 혹은 현녀경(玄女經) — 109
5. 소녀방(素女方) — 153
6. 소녀묘론(素女妙論) — 173
7. 수형(受形)·정혈(精血)·문자(門子) — 211
8. 어녀손익편(御女損益篇) — 221
9. 방중보익(房中補益) — 239
10. 옥방비결(玉房秘訣) — 259
11. 옥방지요(玉房指要) — 283
12. 동현자(洞玄子) — 289
13. 삼원연수참찬서(三元延壽參贊書) — 317
14. 의린책(宜麟策) — 349
15. 천지음양교환대악부(天地陰陽交歡大樂賦) — 385
16. 자금광요대선수진연의(紫金光耀大仙修眞演義) — 413
17. 순양연정부우제군기제진경(純陽演正孚佑帝君旣濟眞經) — 447

부록: 중국의 성(性) 용어 — 461

一・十問

서기 1973년말, 장사長沙 마왕퇴馬王堆 3호 한묘漢墓에서 대량의 백서帛書와 약간의 죽간竹簡과 목간木簡이 출토되었는데, 백서 정리반에서 많은 고증과 교정과 해석 등의 연구 정리 작업을 통하여, 이 진귀한 문화 유적遺籍이 다시 세상에 나오게 되었다. 그 정리 결과, 백서는 20여 종에 약 12만 자나 되고, 그 내용을 보면 고대의 철학·역사, 그리고 자연과학·의약학 등 각 분야의 저작이 포함되어 있는데, 그 종류의 풍부함과 정밀한 내용은 실로 근세 고고 출토품 중 보기드문 것이다. 그 중 의학 저작이 15종인데 방중 의서가 5종인 것을 볼 때, 고대 의학에서 방실 양생이 얼마나 중시되었는지 알 수 있다. 백서 정리반에서는 이 5종의 방중과 관련된 저작들을 각각 《십문十問》《합음양合陰陽》《천하지도담天下至道淡》《양생방養生方》《잡료방雜療方》이라 이름지었다. 이 저작들은 중국에 현존하는 가장 오랜 전문 방중서라고 할 수 있다. 《한서漢書·예문지藝文志》에서는 《방기략方技略》에서 의경醫經·경방經方·방중方中·신선神仙 등 4류를 열거하였고, 그 중 《방중》 저작에는 팔가八家의 목록이 수록되어 있으나, 책은 모두 없어져 남은 것이 없다. 따라서 출토된 이 의서들은 의심할 바 없이 이 방면에서 중국 진한秦漢 시기 문헌의 공백을 메웠으며, 중국 성의학 연구에 귀중한 자료가 되었다.

마왕퇴에서 출토된 방중 의서는 5종, 즉 죽간으로 된 《십문十問》《합음양合陰陽》《천하지도담天下至道淡》과 백서로 된 《양생방養生方》《잡료방雜療方》인데, 《양생방養生方》과 《잡료방雜療方》의 내용은 주로 방생 방약方藥이기는 하나, 명주 조각이 너무 많이 삭아서 이 책에 수록하지 못했다. 이 책에는 역사적 원인 등으로 해서 불가피하게 봉건적 찌꺼기나 과학에 배치되는 내용이 뒤섞여 있기 때문에, 독자들은 과학적 분석과 비판적 시각을 가져야 할 것이다.

죽간인 《십문十問》은 출토될 때 《합음양合陰陽》과 한 권으로 되어 있었는데, 《십문十問》이 안에 들어 있고 《합음양合陰陽》이 곁에 있었다. 백서 정리반에서는 이 죽간에 일련 번호를 달았다. 이 책은 죽간 1호부터 101호까지의 것이다. 책은 황제黃帝와 천사天師·대성大成·조오曹熬·용성容成 사이와 요堯와 순舜 사이, 왕자 교보巧父와 팽조彭祖 사이, 반경盤庚과 구로耇老 사이, 우禹와 사계師癸 사이, 문지文摯와 제齊 위왕威王 사이, 왕기王期와 진秦 소왕昭王 사이의 질의 응답 방식을 취하고 있다. 내용은 음식과 주거에 어떻게 주의할 것인가, 기공氣功 도인導引을 어떻게 조련할 것인가, 특히 방사 생활을 어떻게 절제할 것인가, 성의 보건 위생을 어떻게 중시할 것인가 등에 대한 토론이다. 모두 10개 문제이므로, 백서 정리반에서는 이를 《십문十問》이라고 명명한 것이다. 이제 《마왕퇴 한묘 백서》(문물출판사, 1985년판) 중의 죽간을 원본으로 하고, 기타 판본을 참작하여 정리 인쇄하였다.

[1-1] 黃帝問於天師曰: "萬物何得而行? 草木何得而長? 日月何得而明?"

天師曰: "爾察天之請, 陰陽爲正, 萬物失之而不繼, 得之而贏. 食陰揆陽, 稽於神明. 食陰之道, 虛而五臟, 廣而三咎, 若弗能出椏, 食之貴靜而神風, 距而兩棓, 參築而毋遂, 神風乃生, 五聲乃對. 翕毋過五, 致之口, 枚之心, 四輔所貴, 玄尊乃至, 飮毋過五, 口必甘味, 至之五臟, 形乃極退. 薄而肌膚, 及夫髮末, 毛脈乃遂, 陰水乃至, 淺彼陽牀, 堅騫不死, 飮食賓體, 此謂複奇之方, 通於神明."

天師之食神氣之道.

【천사天師】 고대의 도술 혹은 의술이 있는 사람에 대한 존칭.《內經》에서는 황제는 伯을 천사라고 부른 것이 그 예이다.
【이찰천지청爾察天之請】 爾는 제2인칭 대명사이다. 請은 情과 통한다. 이 구절은 당신이 자연계 사시 기후의 발전 변화 상황을 고찰하라는 말이다.
【정정】 법칙, 규율이다.
【식음의양食陰揆陽】 食陰은 滋陰 藥物 혹은 食品을 먹는다는 말이고, 여자와 교합하여 방중 補益을 얻음을 가리키는 말이기도 하다. 揆는 '疑' 자로 보기도 하는데, 疑는 凝과 통하고 强硬·堅壯의 뜻이 있다. 食陰·凝陽은 곧 滋陰 藥品 혹은 음식물을 먹어 養陰壯陽한다는 것이다.
【계어신명稽於神明】 稽는 同 또는 至로 해석할 수 있다. 神明은《鬼谷子·摩篇》에 "謀之於陰故曰神 成之於陽故曰明"이라 했다. 이 구절은 신명의 경지에 이른다는 뜻이다.
【허이오장虛而五臟】 虛는 墟와 같으니 土丘이다. 여기서는 壯大 또는 補益의 뜻으로 쓰이고 있다. 而는 대명사로 당신의 것이라는 뜻이다. 臟은 藏과 같고, 藏은 臟과 통한다.
【삼구三咎】 三焦인 듯하다. 한의학에서 말하는 六腑의 하나로, 상중하 삼초로 나뉜다.

【약불능출악若弗能出楀】楀은 幄이어야 할 것 같다. 帷幄이라는 뜻이다. 이것은 陰의 精氣를 먹어 체내에 보존한다는 말과 같다.

【음지귀정이신풍食之貴靜而神風】神은 《大戴禮記·曾子天圓》에 의하면, 陽의 精氣를 神이라고 한다. 風은 암수가 서로 유혹하는 것을 말한다. 이는 滋陰品을 먹는 데서 安神 定志를 중히 여겨야 한다는 말인데, 혹은 방사 전에 안정을 유지하여 정기가 왕성하도록 해야 함을 이르기도 한다.

【거이양치距而兩持】距는 拒이다. 㭙는 峙 혹은 持이어야 할 것이다. 남자의 정기가 왕성하면, 교합할 때 여자와 오래 대치할 수 있다는 것이다.

【참축이물수參築而勿遂】翕은 三이다. 築은 刺이다. 遂는 通이다. 이 구절은 교합할 때, 여러 번 넣었다 뺐다 하면서도 사정하지 않는 것.

【오성五聲】교합하는 과정에서 여자가 내는 다섯 가지 호흡하는 소리 혹은 탄식하는 소리.

【흡무과오翕毋過五】翕의 뜻은 斂·閉이다. 陰根을 위로 조이며 심호흡을 하는 것. 五는 中數인데, 심호흡을 할 때 다섯 번을 넘지 않도록 하여 천지의 중수에 맞게 해야 한다는 의미.

【매지심枚之心】枚는 《廣雅·釋詁》에 收라고 했다. 枚之心이란 심장으로 거둬들인다는 것, 즉 숨을 내장으로 들이쉰다는 뜻이다.

【사보소귀四輔所貴】四輔란 四肢를 가리킨다. 貴는 歸와 통한다. 四肢가 다 精氣를 끌어 온몸에 돌린다는 말이다.

【현존내지玄尊乃至】玄尊은 酒器인데, 흔히 술을 가리킨다. 여기서는 입안의 津液을 가리킨다.

【음무과오飮毋過五】飮은 술이나 滋陰品을 마시거나 입안의 진액을 삼키는 것이고, 五는 中數로 적당한 정도에서 그만둔다는 의미.

【형내극퇴刑乃極退】刑은 形과 통하여 形體를 말한다. 極은 亟, 急이다. 退는 止이다. 이 말은 즉시 모든 활동을 정지하고 그 정기를 고요히 지켜야 한다는 의미이다.

【박이기부薄而肌膚】薄은 迫이라는 뜻이다. 정기가 밖으로 흘러 퍼져 피부에 충만하도록 하는 것이다.

【모맥내수毛脈乃遂】毛脈은 《素問·經脈別論》에서 "肺氣는 經으로 흐르고 經氣는 肺로 돌아오며, 肺는 百脈을 향하여 정기를 毛皮로 나르고, 毛脈은 정기를 합하여 氣가 府로 행하도록 한다"고 했다. 그러므로 모맥은 당연히 皮毛 百脈을 가리키는 것이다. 遂는 順이다. 이것은 온몸의 毛孔과 經脈이 다 잘 통한다는 말이다.

【음수陰水】精液 또는 陰津을 가리킨다.
【천피양불淺彼陽怫】淺은 濺으로 읽는 것 같은데, 쏘거나 뿌리거나 하는 모양을 말한다. 怫은 勃로 읽는 것 같은데, 여기서는 음경의 발기를 두고 하는 말일 것이다.
【견건불사堅蹇不死】蹇은 음이 건이고 뜻은 강함이다. 양이 강하여 시들지 않음을 말한다.
【음식빈체飮食賓體】賓은 協이다. 이것은 음식을 조절하여 몸에 맞게 한다는 말이다.
【복기지방復奇之方】復은 補이다. 《漢書·翼奉傳》에 '雖有大令 猶不能復'이라는 말이 있다. 奇는 《廣韻》에 의하면 虧라는 뜻이다. 이것은 정기가 상하는 것을 보충하는 방법을 말한다.

  황제가 천사에게 물었다.
  "천지만물은 무엇 때문에 운행하고 변화할 수 있는가? 꽃과 풀과 나무는 무엇 때문에 생장할 수 있는가? 해와 달은 무엇 때문에 빛을 발할 수 있는가?"
  천사가 대답했다.
  "천지만물의 생장과 변화의 상황을 살펴보면, 모두 음양 변화의 법칙을 준칙으로 합니다. 만물은 음양 변화의 법칙을 어기면 생존 번창할 수 없고, 지키면 흥성하고 발전하게 됩니다. 음기를 돕는 약품이나 음식물을 복용하여 양기를 보강하거나, 여자와 교합하여 음을 취함으로써 양기를 강하게 하는 데에도 그 법칙을 알아야 신명의 경지에 이르게 됩니다.
  여자와 교접하는 법칙은 오장의 진원眞元을 돕고 삼초三焦의 정기를 확충하고, 그것이 새어 나가지 않고 영원히 체내에 보존되도록 하는 것입니다. 음기를 돕는 음식물을 복용함에는 신지神志를 안정시키고 정기를 보호하는 것이 제일 중요한데, 혹은 방사를 하기 전에 반드시 마음을 진정시켜 정기가 왕성하도록 해야 합니다. 그래야 교합할 때 여자와 오래 상관할 수 있는 것입니다. 만약 음경을 여러 번 넣었다 뺐다 하면서 사정하지 않으면 정기가 생기게 되고, 여자는 다섯 가지 숨소리를 내며 이에 반응합니다.

　음근陰根을 빼어 흡기법吸氣法을 행할 때에는 다섯 번을 초과하지 말고, 입으로 들이쉬어 내장에 가두고 사지로 흘러 온몸으로 돌아가게 하면 진액이 생깁니다. 입안의 진액을 다섯 번 이상 삼키지 않으면, 틀림없이 입안에서 달콤한 맛이 나면서 그와 함께 몸에서는 모발 끝까지 즉시 변화가 일어납니다.

　온몸의 털구멍과 경락이 모두 거침없이 통하면 곧 음액이 생겨 음경이 열이 나면서 강하게 발기되어 시들지 않습니다. 그리고 신체의 필요에 맞게 음식을 조절해야 합니다. 이런 것들은 모두 허약해진 정기를 보충하는 방법입니다."

　이것은 바로 천사가 말한 신기神氣 복용의 원칙과 방법이다.

【해설】여기서는 열 가지 질문 중의 첫번째 질문으로, 황제와 천사의 질의 응답을 통하여, 허약해진 신기神氣를 보충하는 음식물 복용의 원칙과 방법을 설명하고 있다. 그 내용은 다음과 같은 두 가지 면에서 말하고 있다. 하나는 천지 음양 변화의 규율을 지켜 음양을 돕는 약물이나 음식물을 복용하여 정기를 보충하는 것이고, 다른 하나는 남녀의 교합 중에 음을 취하여 양을 돕는 방법으로 정기를 보익하는 것인데, 이는 또한 바로 후세 방중가들이 말하는 사람으로 사람을 보익하고 남녀가 서로 보익하는 방법이기도 하다. 이것이 첫번째 질문의 중점이다.

　그 구체적인 방법은 이렇다. 마음(神志)을 안정시켜 정기를 보호하며, 음경을 여러 차례 드나들게 하되 사정하지 않고 신기를 생성시키며, 여자 측에서 다섯 가지 탄식 소리를 발출하여 신기를 생성하면 음근陰根을 수축시켜 입으로 다섯 차례 기를 들이마시고, 또 입안의 침을 다섯 차례 삼켜 신기가 온몸으로 퍼지게 하여, 마침내 양이 강해져 쇠해지지 않고 열이 나는 느낌이 있게 되는데, 이렇게 하면 결손된 것을 보익할 수 있다.

  [1-2] 黃帝問於大成曰: "民何失而顏色鹿貍, 黑而蒼? 民何得而腠理靡曼, 鮮白有光?"

  大成答曰: "君欲練色鮮白, 則察觀尺蠖之食方, 通於陰陽, 食蒼則蒼, 食黃則黃, 唯君所食, 以變五色. 君必食陰以爲常, 助以柏實盛良, 飮走獸泉英, 可以卻老復壯, 澤曼有光. 接陰將衆, 繼以蜚蟲, 春爵貝駘, 興彼鳴雄, 鳴雄有精, 誠能服此, 玉策復生. 太上執遇, 靡彼玉寶, 盛乃從之, 貝駘送之; 若不執遇, 置之以韱. 誠能服此, 可以起死."

  大成之起死食鳥精之道.

【대성大成】 사람 이름. 황제 때 養生之道를 터득했다고 하는 사람으로 가탁했으나, 《황제·내경》에서는 이 사람이 언급되지 않았다.
【안색녹리顏色鹿貍】 鹿은 麤이어야 한다. 곧 粗의 異體字이다. 貍는 黎로 보아야 할 것이다. 黎는 검은색이라는 뜻이다. 《荀子·堯問》에 '顏色黎黑, 而不失其所'라는 말이 있다. 이것은 일반 백성들은 생김새가 거칠고 검다는 말이다.
【미만靡曼】 《淮南子·原道訓》에 '靡曼之色'이라는 말이 있다. 高誘의 注에 의하면, '靡曼은 美色'이다.
【척오지식방尺汗之食方】 尺汗는 곧 尺蠖으로, 척확은 자벌레 나방의 유충이다. 옛날에는 汗와 蠖은 음이 같았고, 지금도 江蘇 方言에서는 蠖을 汗로 읽는다. 方은 《禮記·樂記》의 주에 의하면 道이다. 이것은 자벌레가 나무에서 꽃잎을 먹어 보호색을 만드는 법칙을 가리킨다. 즉 다음에 말하는 '食蒼則蒼 食黃則黃'이다.
【유唯】 以라는 뜻이다.
【조이백실성량助以柏實盛良】 柏實은 《神農本草經》에 의하면, "맛은 달콤하고 담담한데 놀라고 두근거림에 주효하며, 오장을 편안하게 하고 기를 도우며 습진을 없앤다. 오래 복용하면 즐겁고 윤택하며 아름답게 하며 귀와 눈을 밝게 하며, 배고프지도 늙지도 않고 몸이 가벼워지며 수명이 연장된다"고 한다. 盛은 極이다. 盛良은 대단히 좋다는 말이다.

【음주수천영飮走獸泉英】 走獸泉英은 일설에 짐승의 精液을 가리킨다고 한다. 여기에는 개의 음경이나 말의 음경 따위 동물의 음경 또는 고환을 다려 먹는 것이 포함된다. 《신농본초경》에 의하면 "백마의 음경은 맛이 담담한데, 다쳐 맥이 끊어지거나 발기가 안 되는 데에 주효하며, 생각을 강하게 하고 기를 돕는다." "수캐의 음경은 맛이 담담한데, 다쳐 발기가 안 되는 데에 주효하며, 강렬하게 하여 아들을 낳게 하며, 여자의 帶下 열두 가지 병을 없애 준다. 일명 狗精이라고도 한다." 일설에는 소나 양의 젖을 먹는 것을 가리킨다고 한다. 《名醫別錄》에 "양젖은 따뜻하여 차고 허한 것을 보하고" "소젖은 약간 차가워 어하고 파리한 것을 보하여 갈증을 멈추게 한다"고 하였다.

【접음장중接陰將衆】 接陰은 여지와 교접하는 것을 가리킨다. 여자와 여러 번 교합하거나 여러 여자와 교합하여도 양이 강하여 시들지 않는다는 말이다.

【비충蜚蟲】 蜚는 飛와 통한다. 蜚蟲은 곧 飛鳥이다.

【춘작원태春爵員駘】 爵은 작은 새를 말하는데 雀과 통한다. 《禮記·月令》에는 '爵入大水爲蛤' 이라는 말이 있고, 《孟子·離婁鸜上》에는 '爲叢敺爵者鸇也' 라는 말이 있다. 貝은 圓과 통한다. 駘는 음이 태이다. 帛書《五十二病方》 및 《養生方》에는 새끼벌을 蜂駘라 하였다. 圓駘는 여기서 참새알 혹은 새알을 가리키는 것 같고, 또 다음 구절 '大成之起死食鳥精之道'의 '鳥精'과 상응된다. 《證類本草 卷十九·禽部》에는 "참새알은 맛이 시고 따뜻하며 독이 없어, 기가 하강하고 남자가 위축되고 일어나지 않는데 주효하며, 그것을 먹으면 더워지고 정자가 많이 생긴다"고 하였다.

【홍피명웅興坡鳴雄】 興은 提倡이라는 뜻이다. 坡는 彼로 되어야 할 것이다. 鳴雄은 수탉을 가리킨다. 수탉 따위를 먹으라는 의견을 제기한다는 의미이다.

【정精】 精子이다. 여기서는 수탉의 고환을 가리키는 것으로, 補腎强陽하는 약물이다.

【옥협玉莢】 즉 玉策으로, 남자의 음경을 가리킨다.

【대상집우大上執遇】 大上은 太上과 같고, 신체 건강의 정도가 높은 사람을 가리킨다. 執은 백서 정리반에서 藝로 풀고 '常'으로 해석했다. 또 執은 勢와 같고, 남자의 외생식기를 가리킨다. 遇는 合이다. 이 구절은 남자로서 신체가 건강한 자는 음경이 발기할 수 있어 여자와 교합할 勢가 형성된다는 것이다.

【옹피옥두靡彼玉竇】 靡은 壅이어야 하고, 塞이라는 뜻이다. 玉竇는 여자의 陰道를 가리킨다.

【성내종지盛乃從之】 성 기능이 강하면 억지로 참지 말고 자연스럽게 따라야 한다는 말이다.

【풍麷】麥과 같고, 음은 풍이다. 《周禮·籩人》의 주에 '熬麥曰麷'이라 하였다. 여기서는 분명 보리죽으로 참새알을 복용하거나, 맥아당으로 참새알을 복용한다는 것이다.
【可以起死】이것으로 陽痿를 고칠 수 있다는 말이다.

황제가 대성에게 물었다.
"무엇 때문에 어떤 사람은 낯이 거칠고 검고 어두운가? 무엇 때문에 어떤 사람은 살갗이 보드랍고 희고 맑은가?"
대성은 이렇게 대답했다.
"살갗이 명주처럼 산뜻하고 희게 되도록 하시려면 자벌레가 먹이를 먹는 방법을 살펴보십시오. 그것은 음양 변화의 도리에 맞는 것입니다. 푸른 먹이를 먹으면 푸르게 되고, 누런 먹이를 먹으면 누렇게 됩니다. 먹는 먹이에 의해 청·황·흑·백·적의 오색으로 바뀝니다.
반드시 자음약 혹은 자음품을 늘 복용하시면서 잣 열매로 도우시면 더욱 좋습니다. 소젖이나 양젖을 마시거나 동물의 음경·고환을 다려 자시면 쇠하고 늙는 것을 막을 수 있고 건강을 회복할 수 있으며 피부가 윤택하고 빛이 나게 되실 것입니다.
여자와 여러 번 교접하거나 여러 여자와 교접하려고 하시면, 비조飛鳥와 새알, 더욱이 울 줄 아는 날짐승 수컷을 더 잡수셔야 합니다. 정말 이러한 것을 복용하시면 느른하던 음경이 다시 꼿꼿해집니다.
여자와 교합할 때, 음경이 살아나면 곧 음도에 넣을 수 있는 건강한 사람은 평시에 새알로 보하면 되고, 만약 음경이 발기되지 않아 여자와 교합할 수 없으면 새알로 죽을 쑤어 잡수시면 됩니다.
이런 것들이 양위를 고칠 수 있는 방법입니다."
이것은 바로 대성이 말한 조정鳥精 등을 복용함으로써 정기를 보익하여 양위를 치료하는 원칙과 방법이다.

【해설】 이것은 두번째 질문이다. 내용 중에서 황제와 대성의 질의 응답을 통하여 방중 보익의 방법을 설명하고 있다. 하나는 음을 돕는 음식물인 잣과 동물의 음경고환탕을 복용하면 용모가 쇠하지 않고 젊어지며 건강해질 수 있다는 것이고, 다른 하나는 이러한 기초 위에서 다시 날새·공작알·수탉의 고환을 복용하면 양위를 치료할 수 있다는 것이다. 이러한 것들은 틀림없이 옛날 사람들이 경험으로 안 방중 생활을 돕는 음식물을 총괄한 것일 게다.

[1-3] 黃帝問於曹熬曰: "民何失而死? 何得而生?"

曹熬答曰: "(陰陽之合也) 而取其精. 待彼合氣, 而微動其形. 能動其形, 以致五聲, 乃入其精. 虛者可使充盈, 壯者可使久榮, 老者可使長生. 長生之稽, 偵用玉閉. 玉閉時辟, 神明來積. 積必見章, 玉閉堅精, 必使玉泉毋傾, 則百疾弗嬰, 故能長生. 接陰之道, 必心塞葆, 形氣相葆, 故曰: 壹至勿星, 耳目聰明; 再至勿星, 音氣高揚; 三至勿星, 皮革有光; 四至勿星, 脊肤不傷; 五至勿星, 尻髀能方; 六至勿星, 百脈通行; 七至勿星, 終身無殃; 八至勿星, 可以壽長; 九至勿星, 通於神明."

曹熬之接陰治神氣之道.

【조오曹熬】 가탁한 인명. 《황제·내경》에서 말한 六臣 가운데 이 사람은 없다.
【□□□□□而取其精】 원래의 죽간에 다섯 자가 빠졌다. '陰陽之合也'이어야 할 것이다. (周一謀 씨에 따라 보충) 兩性이 교합할 때 그 陰精을 취한다는 것이다.
【합기合氣】 음양이 서로 교류하니, 合氣라 한다.
【내입기정乃入其精】 윗 구절을 받아, 교합하는 과정에서 여자가 다섯 가지 기쁨의 한숨소리를 내어야 남자가 사정하기 시작한다는 것을 말한다.
【계稽】 계책·방법이다.
【정용옥폐偵用玉閉】 偵은 엿본다는 뜻이다. 여기서는 탐구로 해석된다. 玉은 생

식기의 雅稱이다. 閉는 즉 精을 막아 방출하지 않음이다. 이 구절은 정을 고정시켜 방출시키지 않는 방법을 찾는다는 말이다.

【벽】 襞과 통한다. 본래 주름치마를 가리키는 것인데, 여기서는 모아 감춰둔다는 뜻이 있다.

【장章】 彰과 같다. 현저하다는 뜻이다.

【필사옥천무경必使玉泉毋傾】 玉泉은 본래 입안의 진액을 가리키는 것이지만, 여기서는 정액도 포함된다. 이 구절은 반드시 精關을 공고하게 하여 진액과 정액이 다 마르거나 없어지지 않게 하여야 한다는 말이다.

【영嬰】 觸이다. 여기서는 만난다는 뜻이다.

【필심색보必心塞葆】 塞과 葆는 둘다 安定의 뜻이 있다. 이 말은 교합의 도는 반드시 內心의 安靜을 유지하여야 한다는 것으로, 바로 정신이 內守되어야 한다는 뜻이다.

【일지물성壹至勿星】 星은 《釋名》에 '散也'라고 했다. 파생적 의미는 다 쓰고 흩어지는 것이다. 이 말은 교합에서 한 회에는 사정하지 않는다는 것이다.

【척거불상脊胠不傷】 胠는 겨드랑이 밑이다. 여기서는 팔 겨드랑이를 가리킨다. 이 구절은 척추와 팔뚝 관절이 손상되지 않는다는 말이다.

【고비능방尻脾能方】 尻는 臀이다. 脾는 髀와 같다. 즉 넓적다리이다. 方은 《廣雅·釋詁》에 의하면, 大·正이라는 뜻이다. 이 구절은 엉덩이와 다리가 풍만하고 근육이 건장하다는 말이다.

황제가 조오에게 물었다.

"백성은 무엇을 잃으면 죽을 수 있는가? 어떻게 해야 생존할 수 있는가?"

조오가 이렇게 대답했다.

"방사를 하면서 정기精氣를 취하여 보익하면 됩니다. 음양 교합을 할 때 몸을 가볍게 부드럽게 느리게 움직여야 합니다. 이렇게 경미하게 움직이면 여자가 쾌감을 느껴 다섯 가지 탄성을 지르게 됩니다. 이때 비로소 사정할 수 있습니다. 이렇게 하면 몸이 허약한 사람은 정기가 충만되고 튼튼한 사람은 오랫동안 건강하게 되고 연로한 사람은 수명이 길어지게 됩니다.

수명을 연장하려면 정액을 쏟지 않고 간직하는 것이 그 방법입니다. 옥경玉莖을 닫아 정액을 쏟지 않고 또 그것을 잘 간수하면 틀림없이 정기가 축적될 것이고, 정기가 축적되면 효과가 현저할 것은 틀림없습니다. 옥경을 닫아 정액을 쏟지 않고 정실精室을 굳게 지키면 반드시 정액이 마음대로 쏟아지지 않게 되기 때문에, 여러 가지 질병이 생기지 않고 수명이 연장될 수 있습니다.

남녀가 교합하는 원칙은 반드시 마음을 안정시켜 몸과 마음이 모두 평안하도록 하는 것입니다. 그렇기 때문에 교접 제1회에 사정하지 않으면 귀와 눈이 밝아지고, 제2회에 사정하지 않으면 음성이 크고 낭랑해지며, 제3회에 사정하지 않으면 피부가 산뜻한 광택이 나게 되고, 제4회에 사정하지 않으면 척추와 팔의 관절이 손상을 받지 않게 되며, 제5회에 사정하지 않으면 엉덩이와 넓적다리가 풍만하고 탄탄해지며, 제6회에 사정하지 않으면 온몸의 경맥이 거침없이 통하게 되고, 제7회에 사정하지 않으면 평생 탈이 없게 되며, 제8회에 사정하지 않으면 수명이 연장되고, 제9회에 사정하지 않으면 신명의 경지에 이를 수 있습니다."

이것이 조오가 말한 양성의 교합으로 신기神氣를 보익하는 원칙이다.

【해설】 이 내용은 황제와 조오의 문답을 빌려 방중 보익의 도를 상세히 설명한 것이다. 적당한 방중술을 사용하면 "허약한 사람은 정기가 충만되고 튼튼한 사람은 오랫동안 건강하게 되고 연로한 사람은 수명이 길어질 수 있다"는 생각이다. 교합 중에 정실精室의 아홉 가지 상황에 따라 인체에 보익되는 공을 힘써 들이는 것을 가리키는 것으로, 후세 방중가들에게 매우 큰 영향을 미쳤으며, 또 오늘날의 의사나 양생가들이 깊이 연구할 가치가 있는 것이기도 하다.

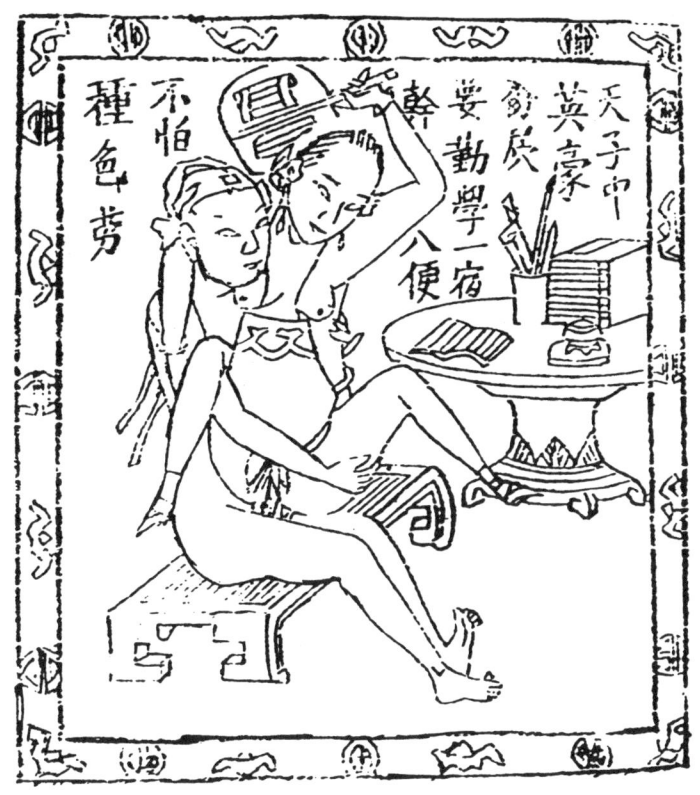

木刻籍底畫

[1-4] 黃帝問於容成曰:"民始蒲淳溜刑,何得而生?溜刑成體,何失而死?何曳之人也,有惡有好,有夭有壽?欲聞民氣贏屈施張之故."

容成答曰:"君若欲壽,則順察天地之道,天氣月盡月盈,故能長生.地氣歲有寒暑,險易相取,故地久而不腐.君必察天地之,而行之以身.有徵可知,間雖聖人,非其所能,唯道者知之.天地之至精,生於無徵,長於無形,成於無體,得者壽長,失者夭死. 故善治氣搏精者, 以無徵爲積, 精神泉溢, 翕甘露以爲積, 欽瑤泉靈尊以爲經, 去惡好俗, 神乃溜刑, 翕氣之道, 必致之末, 精生而不厭. 上下皆精, 寒溫安生? 息必深而久, 新氣易守, 宿氣爲老, 新氣爲壽. 故善治氣者, 使宿氣夜散, 新氣朝最, 以徹九竅, 而實六府. 食氣有禁, 春避濁陽, 夏避湯風, 秋避霜霧, 冬避凌陰, 必去四咎, 乃深息以爲壽.

朝息之志, 其出也務合於天, 其入也揆彼閨誦, 如藏於淵, 則陳氣日盡, 而新氣日盈, 則形有云光, 以精爲充, 故能久長. 晝息之志, 呼吸必微, 耳目聰明, 陰陰孛氣, 中不菁腐, 故身無疴殃. 暮息之志, 深息長徐, 使耳勿聞, 且以安寢, 云云魄安形, 故能長生, 夜羊之息也, 覺寤毋變寢形, 深徐去勢, 六府皆發, 以長爲極, 將欲壽神, 必以朕理息. 治氣之道, 出死入生, 驩欣咪穀, 以此充形, 此胃搏精. 治氣有經, 務在積精, 精盈必瀉, 精出必補, 補瀉之時, 於臥爲之, 酒食五味, 以志治氣, 目明耳聰, 皮革有光, 百脈充盈, 陰乃□生, 繇使則可以久立, 何以遠行, 故能壽長."

【용성容成】 전설에 의하면 黃帝의 史官이라고도 하고 황제의 스승이라고 하기도 하는, 고대 房中家 중의 한 사람이다. 《漢書·藝文志》에 〈容成 陰道〉 26권이 있고, 《抱朴子·內篇·遐覽》에 《容成經》이 있다. 容成의 이름은 《列仙傳》과 《後漢書·方術傳》에도 나온다. 죽간 머리의 검은 점은 원래 탈락된 것이다.

【포순유형蒲淳溜刑】 蒲는 敷 혹은 布라 읽는다. 淳은 醇과 통하는데, 和라는 뜻이다. 溜刑은 즉 溜刑(形), 기물의 형태로 유포된다는 것이다. 이 구절은 陽和之氣를 펴서 건강한 형체로 化育된다는 말이다.

【예曳】 혹은 世로 읽을 수 있다. 泄과 洩, 枻와 栧·緤와 絏이 옛날에는 다 서로 통하였음이 증명된다. 何曳는 즉 何世·何時이다.

【영굴시장지고贏屈施張之故】 贏은 盈滿이라는 뜻이다. 屈은 竭盡이라는 뜻이다. 施는 弛로 되어야 할 것이다. 이 구절은 서민 백성의 체력이 강한가 약한가,

피곤한가 편안한가를 이해해야 한다는 말이다.
【험장상취險易相取】相取는 相資와 같다. 地勢는 높고 낮음이 있어 서로 보완한다는 말이다.
【간間】近·今과 같다.
【고선치기박정故善治氣搏精】治氣는 呼吸·吐納·氣功·導引을 한다는 것이다. 搏은 모은다는 뜻이다. 搏精은 즉 정기를 모은다는 뜻이다.
【흡翕】引이다. 여기서는 들이마신다는 뜻으로 해석된다.
【음요천영존이위경飮瑤泉靈尊以爲經】瑤泉은 즉 瑤池의 물이다. 瑤池는 전설에 의하면 西王母가 사는 곳이다. 靈尊은 仙酒, 美酒이다. 經은 常이다.
【거악호속去惡好俗】俗은 習이다. 이 구절은 악을 제거하고 선을 좋아하여, 좋은 습관을 기른다는 것이다.
【말末】사지 또는 외음부를 가리킨다.
【궐厥】《素問·陰陽離合論》에 '厥陰 起於火敦'이라는 말이 있는데, 그 주에 厥은 盡이라고 했다. 여기서는 결핍으로 해석된다.
【최最】聚이다. 축적의 뜻이다.
【탁양濁陽】봄날 습진이 생기게 하는 陽熱 邪氣를 가리킨다. 湯風: 여름날의 무더운 바람.
【사구四咎】咎는 재앙. 질병이다. 四咎는 네 가지 질병, 즉 위에서 말한 濁陽·湯風·霜霧·凌陰을 가리킨다.
【조식지지朝息之志】志는 標的, 표준이라는 뜻이다.《書經·盤庚》에 '若射之有志' 라는 말이 있다. 이것은 아침에 호흡 토납하는 데 지켜야 할 법칙이 있다는 말이다.
【기입야규피규양其入也揆彼閨讓】揆는 헤아린다, 가늠한다는 뜻이다. 閨는 작은 문이다. 讓은 言에 襄이 붙어 이루어졌으나, 襄이 붙어야 할 것이 와전된 것으로 보인다. 음은 滿으로 읽어야 한다. 이 구절은 吸氣의 방법을 판단하는 기준은 폐의 충만 정도를 보면 된다는 것을 말한다.
【형유현광形有云光】云은 多이다. 이 구절은 형체가 윤택하고 빛이 많이 난다는 말이다.
【음음희기陰陰誖氣】帛書整理班의 주에 의하면, "음음은 깊이 간직되어 있음을 형용한다. 誖는 周나라 청동기 銘文에 흔히 보이는 글자인데, 匜와 통한다. 여기서는 喜로 읽는다"고 했다. 이 구절은 가슴 속에 희열의 기를 깊이 간직한다는 말이다.
【중불회부中不薈腐】薈는 潰로 읽지 않는가 생각된다.《周禮·春官·神仕》에

'以襘國之兇荒'이라는 말이 있는데, 鄭玄은 "襘는 潰痛의 潰와 같이 읽는다"고 주를 한 것으로 보아 증명된다. 中不薔腐는 내장에 潰瘍 腐爛의 병이 생기지 않는다는 말이다.
【운운백안형云云柏安形】云云은 云이 하나 더 들어간 것일 것이다. 云柏은 魂魄이어야 한다. 즉 정신이다. 安形은 체내에 안착한다는 뜻이다.
【심서거세深徐去勢】호흡을 힘들여 급격하게 하지 말고, 천천히 깊고 길게 해야 한다는 말이다. 勢는 力이다.
【이장위극以長爲極】호흡의 표준은 깊고 길게 하는 것이라는 말이다. 極은 中이고 正이다. 여기서는 법칙. 표준의 뜻으로 사용되었다.
【장욕수신將欲壽神】정신이 감퇴되지 않고 오래도록 왕성하게 하려 한다는 뜻이다.
【출사입생出死入生】묵은 것을 내쉬고 신선한 공기를 들이쉰다는 말, 즉 吐故納新의 뜻이다.
【환흔미구歡欣咪彀】咪는 美로 읽어야 할 듯하다. 彀는 谷으로 읽는다.《爾雅·釋詁》에 의하면 谷은 善이다. 歡欣美善이란, 가뿐하고 유쾌하게 呼吸 吐納 氣功 導引을 한다는 말과 같다.
【단정榑精】榑은 음이 단이고, 뜻은 모은다는 것이다.《管子》에 '榑氣如神 萬物備存'이라는 말이 있다.
【이지치기以志治氣】志는《呂覽·遇合》의 주에 의하면 德이라는 뜻이다. 덕은 利로 해석된다. 즉 治氣에 이롭다는 뜻이다. 그리고 志는 또 承으로 볼 수도 있다.《禮記·孔子閑居》에는 '弟子敢不承乎'로 되어 있는데,《孔子家語·論禮》에는 '弟子敢不志乎'라고 했다. 承은 보조한다는 뜻이다.《國語》에 '虢叔爲右爲承公'이라는 말이 있다. 이 구절은 酒食 五味로 治氣를 보조한다는 뜻이다.
【음내□생陰乃□生】빠진 자는 '得' 또는 '復'자이어야 할 것이다. 陰精이 생성됨을 말하는 것이다.
【요사칙가이구입繇使則可以久立】繇는 由와 통한다. 繇使는 즉 由使·以使이다. 이 구절을 아래 말과 연관시켜 보면, 治氣에 능한 사람은 오래 서 있고 멀리 나다니며 오래 살 수 있다는 뜻이다.

황제黃帝가 용성容成에게 물었다.

"사람은 양기를 받아 잉태되어 무엇에 의하여 자라는가? 태아가 자라 사람이 되어서는 무엇을 잃어 죽게 되는가? 세상 사람 중에는 무엇 때문에 곱게 생긴 이도 있고 밉게 생긴 이도 있는가? 어째서 수명에는 길고 짧음이 있는가? 그리고 또 사람은 어째서 체질에 좋고 나쁨이 있고, 이완 또는 긴장을 느끼게 되는지 그 까닭을 알고 싶도다."

용성이 이렇게 대답했다.

"장수하고 싶으면 천지 자연의 변화 법칙을 살펴보십시오. 하늘의 이치를 말하면 달은 차고 이지러짐이 있기 때문에 장생할 수 있고, 땅의 이치를 말하면 때는 추위와 더위가 왔다 갔다 하며 땅은 고르지 않고 높낮음이 있어 서로 보완하기 때문에 대지가 예로부터 상하지 않은 것입니다. 천지의 변화 법칙을 살펴 알아 그것을 자기 몸에 적용하지 않으면 안 됩니다. 그 징조가 있어 살펴 알 수는 있지만, 오늘날 제아무리 총명한 사람이라도 반드시 장생불로할 수는 없고, 도를 통달한 사람만이 깨달을 수 있습니다.

천지간에 가장 중요한 것은 정기인데, 그것이 생성될 때는 징조가 없고 발전하는 과정에는 형상이 없으며 형성된 뒤에도 고정된 형체가 없습니다. 그렇지만 그것을 얻으면 장수하게 되고 그것을 잃으면 요절하게 됩니다. 그래서 호흡 토납吐納과 정기 축적에 능한 사람은 다 징조가 없는 상황에서도 아주 자연스럽게 그것을 축적하고, 정신이 샘솟듯 왕성합니다. 단이슬을 빨아들여 정기를 기르고, 맑은 샘과 좋은 술을 늘 마시며 나쁜 버릇을 버리고 좋은 습관을 양성하면 정신이 신체에 나타나게 됩니다. 흡기吸氣의 원칙은 빨아들인 기를 꼭 신체의 말단까지 이끌어 가는 것입니다. 이러면 정기가 끊임없이 생성되어 부족한 법이 없습니다. 온몸에 정기가 가득 차면 추위나 더위가 어찌 침해할 수 있겠습니까? 숨을 들이 쉴 때는 오래 깊게 길게 들이마셔야 신선한 공기가 잘 흡수됩니다. 묵은 기는 사람을 병들게 하고 신선한 공기는 사람을 장수하게 합니다. 호흡 토납에 능한 사람은 밤에 묵은 기를 배출하고 아침에 신선한 공기를 흡수하여 축적하므로,

아홉 구멍이 막힘없이 잘 통하고 오장육부가 충실하게 됩니다. 기를 들이마심에는 일정한 금기가 있으니, 봄에는 탁양濁陽의 기를 피해야 하고 여름에는 서열暑熱의 기를 피해야 하며 가을에는 상무霜霧의 기를 피해야 하고 겨울에는 엄한嚴寒의 기를 피해야 합니다. 반드시 이 네 가지 해로운 사악한 기를 피해야 심호흡을 하여 건강하게 장수할 수 있습니다.

아침의 호흡은, 숨을 천도에 맞게 내쉬고 폐에 가득 차는 정도로 하여 새로운 기가 깊은 연못에 간직되듯이 들이쉬는 것이 원칙입니다. 그렇게 하면 묵은 기가 점차 없어지고, 새로운 기는 날로 가득 차서 형체에 윤기가 돌고 광택이 나게 됩니다. 정기가 신체에 충만하기 때문에 생명이 길어지게 됩니다. 낮의 호흡은, 반드시 가볍게 호흡하고 귀와 눈을 밝게 하여 마음이 기쁘도록 하는 미묘한 기를 깊이 간직하는 것이 원칙입니다. 그렇게 하면 내장이 헐지 않고 신체가 질병의 침해를 받지 않게 됩니다. 밤의 호흡은, 느리게 깊고 길게 하며, 두 귀는 아무 소리도 듣지 않도록 하는 것이 원칙입니다. 그런 다음에 이러한 상태를 유지하여 편안하게 잠들도록 합니다. 그러면 혼백이 체내에 안착하기 때문에 오래 살 수 있는 것입니다. 밤중의 호흡은, 깬 뒤에 잠자던 자세를 바꾸지 말아야 합니다. 호흡을 느리게 깊고 길게 하여 오장육부가 다 깨어나 기를 얻도록 하되, 깊고 길게 호흡하는 것이 법칙입니다. 신선처럼 장생불로하려면 피부로 호흡해야 합니다. 호흡 토납 도양導養 연기煉氣의 원칙은 묵은 공기를 내보내고 신선한 공기를 빨아들여 환희와 희열의 기가 신체에 충만하도록 하는 것입니다. 이것을 정기精氣 취화聚和라고 합니다.

정기를 단련하고 양성하는 데는 일상 하는 방법이 하나 있으니, 그것은 무엇보다도 먼저 정기를 모아 축적하는 것입니다. 정기가 충만되면 꼭 배설되니, 정기가 배설된 뒤에는 반드시 보충하지 않으면 안 됩니다. 정기의 배설과 보충은 잠자리에서 해야 합니다. 주식酒食 오미五味도 정기의 조절을 돕습니다. 귀와 눈이 밝고 피부에 광택이 있으며 백맥百脈에 활력이 충만되면 음정陰精이 끊임없이 생겨납니다. 이렇게 되면 오래 서 있고 멀리 나다녀도 피로하지 않습니다. 따라서 장수할 수 있습니다."

【해설】 이상은 황제와 용성의 문답을 빌려 기의 다스림과 정을 모으는 양생장수의 도를 설명하고 있다. 기의 다스림은 방법이고 정의 모음은 관건이며 장수는 목적이다. 기를 다스리면 정을 모을 수 있고, 정이 모이면 장수할 수 있다. 기를 다스리려면 천지음양의 변화 규율에 순응해야 하는데, 봄·여름·가을·겨울·아침·저녁·낮·밤의 다른 특징에 근거하여 호흡 토납하여 기를 기르고, 또 주거와 음식을 도와 기를 돕고 조절해야 한다. 이렇게 하면 기가 충만하고 정이 충족되며 신이 왕성해지고 얼굴이 쇠하지 않는다. 기가 충만하고 정이 모인 후에는 정이 쉽게 방출되므로 정을 굳게 하고 보하는 데 주의해야 한다. 더욱이 방사 면에서는 정실精室을 굳게 지켜야 한다. 이러한 것은 모두 매우 귀중한 경험으로, 후세 양생가들이 모두 매우 중시하고 있다.

[1-5] 堯問於舜曰: "天下孰最貴?" 舜曰: "生最貴."
堯曰: "治生奈何?" 舜曰: "審夫陰陽."
堯曰: "人有九竅十二節, 皆設而居, 何故而陰與人俱生而先身去?" 舜曰: "飮食弗以, 謀慮弗使, 諱其名而匿其體, 其使甚多, 而無寬禮, 故與身俱生而先身死."
堯曰: "治之奈何?" 舜曰: "必愛而喜之, 教而謀之, 飮而食之, 使其題禎堅强而緩事之, 必鹽之而勿予, 必樂矣而勿瀉, 材將積, 氣將褚, 行年百歲, 賢於往者."

舜之接陰治氣之道.

【요문어순堯問於舜】여기서는 요와 순이 문답하는 방식을 빌어 방중 양생지도를 논술한 것이다. 《漢書·藝文志》에 《堯舜 陰道》23권이 있는데, 방중 양생에 관한 저작이다.
【십이절十二節】《素問·生氣通天論》에 '其氣九州九竅十二節 皆通乎天氣' 라는 구절이 있다. 그 주를 보면 "十二節은 十二氣이다. 하늘의 십이 절기와 사람의 經脈이다"라고 했다. 여기서의 십이절은 사지의 큰 관절, 즉 상체의 어깨·팔꿈치·팔과 하지의 넓적다리·무릎·발목 등을 가리키는 것으로 보인다.
【개설이거皆設以居】居는 處이다. 이 구절은 인체에는 다 이런 器官이 있고, 또 각기 그 있는 곳이 있다는 말과 같다.
【음여인구생이신선거陰與人俱生而身先去】陰은 생식 기관을 가리킨다. 생식 기관은 인체의 다른 기관과 동시에 생장하지만 그 기능이 다른 기관보다 일찍 퇴화됨을 말한다.
【음식불이飮食弗以】以는 用이다. 음식을 먹는 데는 생식 기관이 필요하지 않음을 말한다. 謀慮弗使: 생각할 때도 그것은 필요하지 않음을 말한다.
【이무관례而無寬禮】방사를 늦추거나 절제하지 않고 너무 자주함을 말한다.
【사기제조견강이완사지使其題䪼堅强而緩事之】題는 《周禮·玉藻》의 '南方有蠻 雕題交趾' 라는 구절의 주를 보면, 이마라는 뜻이다. 䪼는 頟자가 아닌가 생각된다. 《廣雅·釋詁》에 의하면 높다는 뜻이다. 題䪼는 여기서 음경을 가리키는 것으로 보인다. 속칭 龜頭이다. 전체 구절은 음경을 건강하게 되도록 하려면 방사를 절제해야 한다는 말이다.
【필고지이물자必鹽之而勿予】鹽는 음이 고이고, 뜻은 吸飮이다. 《左傳·僖公》 28년에 '晋侯夢楚子伏已而鹽其腦' 라는 구절이 있다. 鹽之는 여자의 음정을 빨아먹는 것을 가리키는 것으로 보인다. 鹽는 粗이다. 《漢書·息夫躬傳》에 '器用鹽惡' 이라는 말이 있다. 따라서 이 구절은 함부로 교합하지 말고 드물게 해야 함을 말하는 것으로 보인다.
【재材】精이어야 할 것이다.
【저褚】儲와 통하는데, 축적이라는 뜻이다.
【행년백세行年百歲】1백살까지 산다는 말과 같다.
【현어주자賢於往者】賢은 勝이다. 몸이 전보다 더 건강해짐을 말한다.

요가 순에게 "천하에 가장 귀중한 것은 무엇이오?"고 묻자, 순은

"생명이 가장 귀중합니다"라고 대답했다.

요가 "어떻게 양생하는가?"라고 묻자, 순은 "음양 변화의 법칙을 자세히 살펴보아야 합니다"라고 대답했다.

"아홉 구멍과 열두 관절이 있어 다 일정한 부위에서 그 역할을 하고 있는데, 무엇 때문에 생식기는 인체의 다른 기관과 동시에 생장하고도 다른 기관보다 먼저 쇠퇴하게 되는가?"

"음식을 먹는 데는 생식 기관이 사용되지 않고, 생각하는 데도 사용되지 않습니다. 그리고 그것은 인체의 하부에 감추어져 있고, 그 이름마저 언급되는 경우가 매우 드뭅니다. 그러나 양성의 교합에서 그것을 너무 많이 쓰면서 휴식도 시키지 않고 단속도 하지 않기 때문에, 인체의 다른 기관과 동시에 생장되었지만 다른 기관보다 일찍 쇠퇴하게 되는 것입니다."

"그것은 어떻게 조절하고 길러야 하는가?"

"반드시 그것을 사랑하고 보호하며 귀중히 여기고 옳게 쓰는 방법을 파악하여, 음식으로 그것을 보양해서 강장을 유지해야 합니다. 또 방사를 절제해야 합니다. 성욕이 일어났다 하더라도 마음대로 교접하지 말고, 성교에서 쾌감이 가장 강할 때에도 쉽사리 사정하지 말아야 합니다. 그러면 장액이 저장되고 진기眞氣가 축적될 것이니, 나이가 백 살이 되어도 전보다 강건할 것입니다."

이것이 바로 순이 말한 양성 교합. 정기 조양調養의 원칙과 방법이다.

【해설】이 내용은 간명하다. 요와 순의 대화를 통하여 인간의 성기관은 다른 기관과 동시에 생성되지만 성기능은 오히려 다른 기관에 비해 먼저 쇠퇴하는 문제를 토론하고 있는데, 그 기본 원인은 방사가 너무 많고 절제와 단속이 없다는 데에 있다. 아울러 다음과 같은 치료의 방법을 제기하고 있다. 성기관을 아끼고 보호하려면 성보건의 방법을 파악

하고 음식을 주의하여 보해야 한다. 성생활을 절제하고 단속하며 정액을 아끼며 방사 생활중에는 '즐기되 사정하지 않아' 정기를 축적하면, 성기능이 일찍 쇠해짐을 막을 수 있고 장수할 수 있다는 것을 반복하여 강조하고 있다.

[1-6] 王子巧父問於彭祖曰:"人氣何是爲精乎?"

彭祖答曰:"人氣莫如朘精. 朘氣菀閉, 百脈生疾; 朘氣不成, 不能繁生, 故壽盡在朘. 朘之葆愛, 兼子成佐, 是故道者發明唾手循臂, 摩腹從陰從陽. 必先吐陳, 乃乃翕朘氣, 與朘通息, 與朘飮食, 飮食完朘, 如養赤子. 赤子驕焊數起, 愼勿出入, 以脩美浬, 秥白內成, 何病之有? 彼生有殃, 必其陰精漏池, 百脈菀廢, 喜怒不時, 不明大道, 生氣去之, 俗人芒生, 乃恃巫醫, 行年夭十, 形必夭狸, 頌事白殺, 亦傷悲哉, 死生安在, 徹士制之, 實下閉精, 氣不漏池. 心制死生, 孰爲之敗? 愼守勿失, 長生纍世. 纍世安樂長壽, 長壽生於蓄積. 彼生之多, 上察於天, 下播於地, 能者必神, 故能形解. 明大道者, 其行陵云, 上自槀橄, 水流能遠, 龍登能高, 疾不力倦, □□□□□巫成招□□□不死. 巫成招以四時爲輔, 天爲經, 巫成招與陰陽皆生, 陰陽不死, 巫成招與相視, 有道之士亦如此.

【왕자교교王子巧父】 왕자 喬를 가리킬 것이다. 《列仙傳》에 왕자 喬는 곧 周太子 晉이라 하였다. 彭祖: 도교의 祖師이다. 《列仙傳》에 의하면, 팽조는 성이 錢이요 이름은 鏗이다. 彭이라는 땅에 봉해졌기 때문에 팽조라고 일컫는 것이다. 殷나라 大夫로 있을 때 나리 벌써 7백여 세였는데, 항상 水桂·雲母粉·麋角散을 복용했으며, 특히 양생술·방중술에 능했고, 후에 사방을 주유하다가 신선이 되어 가버렸다고 한다.

【최정朘精】 원문에는 竣이나 朘(음은 最)이어야 할 것인데, 또 峻로 쓰기도 한다.

《說文》에 의하면 갓난아이의 자지이다. 여기서는 남자 생식기를 가리킨다. 朘精은 남자의 陰器에서 생기는 정액을 말한다.
【최기완폐朘氣宛閉】원문에는 宛인데 菀과 같고, 鬱과 통한다. 이 구절은 남자의 精道가 막혀 통하지 않음을 말한다.
【수진재최壽盡在朘】천명을 다하는 관건은 陰精을 보양하는 것이라는 말이다.
【최지보애朘之葆愛】葆는 保와 통한다. 정기의 보양과 愛護를 말한다.
【겸자성좌兼予成佐】원문에는 鼓인데 佐이어야 할 것이다. 보좌한다는 뜻이다. 거기에 輔佐養陰의 법을 더한다는 뜻이다.
【타수순벽唾手循辟】唾는 垂이어야 할 것인데, 뒷말을 보면 枝(肢)를 드리운다는 뜻이다. 원문에는 辟인데 臂이어야 할 것이다. 垂手循臂는 다 氣功 導引의 동작이다.
【마복종음종양摩腹從陰從陽】원문에는 麿인데 摩이어야 할 것이다. 이 두 구절은 복부를 안마하여 기가 운행되도록 이끌어 음양에 순응한다는 말이다.
【내흡최기乃翕朘氣】정기를 거두어들인다는 뜻으로, 기를 빨아들여 음경 부위로 운행시킨다는 말이다. 그러므로 다음의 '與朘通息'이라는 말은, 곧 빨아들인 기를 음경으로 통하도록 한다는 것이다.
【여최음식與朘飮食】음식으로 음경을 보양한다는 말이다. 음식이란 입안의 진액 또는 보양 약물을 가리킬 것이다.
【적자교한수기赤子驕悍數起】赤子는 남성의 생식기를 비유하는 것이다. 음경이 꿋꿋하게 여러 번 발기한다는 말이다.
【이수미리以脩美浬】脩는 조리한다는 뜻이다. 浬는 理와 같고 肌理·腠理를 가리킨다. 이것은 신체를 조리 보양하기 편하게 함을 가리킨다.
【고백내성軲白內成】軲는 음이 고이고, 《廣韻》에 의하면 車라는 뜻이다. 여기서는 固로 해석된다. 白은 薄으로 읽지 않을까 생각된다. 《廣雅·釋言》에 의하면, 附라는 뜻이다. 內成은 내장이 아주 튼튼하게 성장되었다는 것이다. 이 구절은 인체의 正氣가 신체에 튼튼하게 결부되면 내장의 기능이 건강하게 된다는 말이다.
【속인망생俗人芒生】芒은 昧이다. 이 말은 보통 사람은 몽매하여 생명 보건 지식을 모른다는 것이다. 따라서 다음 구절 '乃恃巫醫,' 즉 무당이나 의사에 의탁할 수밖에 없다는 말이다.
【칠십桼十】桼은 곧 柒자이다.
【형필요리形必夭狸】夭는 《說文》에 의하면, 屈이라는 뜻이다. 여기서는 몸이 굽음을 가리킨다. 狸는 埋와 통하는데, 매장이라는 뜻이다. 여기서는 머리를 숙이고 드러내지 않음을 가리킨다. 위의 구절과 관련시켜 보면, 양생을 잘하지 못한

사람은 갓 70에 머리가 기울고 눈이 들어가고 허리가 굽고 등이 곱아서 보기가 거북하다는 뜻이다.

【송사백살頌事白殺】頌은 訟과 통한다. 《詩經》에 《周頌》이 있다. 《說文·言部·系傳》에 '古本毛詩雅頌字多作訟'이라 하였다. 白은 自이어야 할 것이다. 이 구절은 병에 시달리고 있다고 하소연하다가 어쩔 방법이 없음을 알고 자살하고 만다는 말이다.

【철사제지徹士制之】徹士는 양생의 도에 통달한 사람이다. 制之는 房室 생활을 절제함을 가리킨다.

【실하폐정實下閉精】實은 充이다. 하체를 충실히 하고, 정관을 닫아 지킨다는 뜻이다.

【심제사생心制死生】사람의 주관적 능동성을 발휘하여 질병과 생사·수명의 장단을 제어 지배한다는 것이다.

【루체纍渫】纍는 《說文》에 의하면 增이라는 뜻이다. 渫는 世이어야 할 것이다. 纍世는 永世라는 말과 같다.

【다多】小篆은 二에 夕이 붙었는데, 二夕이 겹치면 歲月이 되니, 끝이 없다는 뜻이 된다. 《說文·系傳》에 보인다. 여기서는 오래라는 뜻으로 해석된다.

【능자필신能者必神】神은 《論衡·論死》에 '神者伸也'라고 하였다. 伸은 펼친다는 뜻이다. 이 구절은 양생을 잘하는 사람은 장수하는 방법을 전파할 수 있다는 말이다.

【형해形解】즉 尸解이다. 도가에서의 소위 羽化하여 登仙한다는 것이다.

【상자록요上自櫐榣】櫐은 곧 麋·虆으로 쓰기도 한다. 여기서는 群 또는 瓊으로 읽는다. 榣는 瑤로 읽는다. 櫐榣는 즉 群瑤 또는 瓊瑤이다. 仙境을 말한다.

【용등능고龍登能高】옛날에 바람은 호랑이를 따르고 구름은 용을 따른다고 했으니, 용이 구름을 타고 하늘로 높이 오를 수 있음을 말한다.

【무성소巫成招】즉 巫成昭이다. 전설에 의하면, 舜의 스승이다. 《漢書·藝文志》에 《務成子 陰道》二十六卷이 있다.

【무성소여상시巫成招與相視】視는 比이다. 이 구절은 陰陽은 죽지 않는 것인데, 巫成昭를 가히 음양에 비길 수 있다는 말이다.

　　왕자 교보가 팽조에게 물었다.
　　"사람의 생기 중의 정수는 무엇인가?"
　　팽조는 다음과 같이 대답했다.

"사람의 생기는 음의 정기 이상의 것이 없습니다. 만약 음경의 정기가 막혀서 배설되지 못하면 모든 맥에 질병이 생기게 되고 정기는 성숙되지 못하여 후대를 번성시킬 수 없습니다. 그러므로 인간 수명의 길고 짧음은 음정에 달렸습니다. 음정은 보양 애호하고 또 보좌하여 그 성장을 촉진시켜야 합니다. 그래서 양생의 도를 아는 사람이 도인술導引術을 처음 만들었는데, 두 팔을 드리우고 어깨와 팔굽을 안마하고 복부를 안마하여 음양에 순종하도록 한 것입니다. 반드시 못쓸 묵은 기를 내보내고 난 다음에 하늘의 정기를 흡수하며, 아울러 그것이 음정의 기와 서로 통하도록 해야 합니다. 그리고 진액을 삼키며 자양 식품 또는 약물을 복용하여 음정이 전면적으로 보익되도록 하여야 합니다. 즉 어린아이를 기르듯이 음정을 애호하여야 합니다. 설혹 음경이 여러 번 강하게 발기하여도 마음대로 교접하지 말고, 방사에 근신하여야 합니다. 만약 인체 내의 여러 가지 기제機制가 다 견실하다면, 어찌 질환이 생길 수 있겠습니까?

평생 병이 많은 사람은 틀림없이 방사가 과다하여 음정이 새나가고 정기가 쇠갈되고 온몸의 경맥이 막혀서 통하지 않는 데에 그 원인이 있기 때문에, 기쁨과 노여움의 표현이 절제를 잃게 되는 것입니다. 이처럼 양생의 법칙을 모르면 생명의 정기를 잃게 됩니다. 보통 사람은 알지 못하기 떠문에 무당이나 의원에 의지할 수밖에 없으므로, 나이 70에 벌써 머리가 숙여지고 허리와 등이 굽습니다. 사람을 보기만 하면 병에 시달리는 한없는 고통을 하소연하다가 어쩔 수 없이 자살하고 맙니다. 이 얼마나 가여운 일입니까! 생사를 좌우하는 관건은 무엇입니까? 양생의 도를 통달한 사람은 스스로 인생을 지배할 수 있습니다. 방사를 절제하여 하체를 충실히 하고, 정관精關을 굳게 지켜 정기가 새나가지 않도록 할 줄 알며, 자기 주관대로 생사와 질병을 지배할 수 있으니, 그 무엇이 어디 그에게 해를 끼칠 수 있겠습니까?

  음정을 손실되지 않도록 조심하여 잘 지키면, 영원히 장생할 것이며 평생 안락하고 건강하게 장수할 것입니다. 그런데 장수하는 비결은 음정을 축적하는 것입니다. 생명력이 왕성한 사람은 위로 천문天文을 보고 아래로 지리地理를 살펴 양생의 이치를 통달할 수 있기 때문에, 반드시 장수하며 잘하면 우화등선羽化登仙하기도 합니다. 자연법칙을 통달한 사람은 그 기세가 하늘을 찌를 듯하여, 위로는 경요선경瓊瑤仙境에 이르며 물처럼 끊임없이 흐르고 용처럼 하늘을 오르며 행동이 재빠르고 피곤함을 모릅니다. 무성소務成昭가 바로 그러한 장생불로하는 사람입니다. 무성소는 사계절의 변화에 순응할 줄 알아, 천지자연을 법도로 삼기 때문에 천지 음양과 더불어 함께 있을 수 있는 것입니다. 음양은 죽지 않을 것인데, 무성소는 천지음양과 유사한 것입니다. 일반적으로 양생의 도에 통달한 사람은 모두 이러합니다."

【해설】여기서는 왕자 교보와 팽조의 대화를 빌려 어떻게 하여 음정陰精을 지켜 기르고 장수할 수 있는가 하는 문제에 중점을 두어 논술하고 있다. 먼저, 인간 생명의 기에서 가장 중요한 것은 음정이므로 마치 어린아이를 보호하여 기르듯이 음정을 보호하고 길러야 함을 지적하고 있다. 또 천수를 누리고자 한다면 생식 기관을 보호하고 기름에 그 관건이 있음을 지적하고 있다. 따라서 이 글에서는 방사의 보건을 특히 강조하여, 방사를 절제하고 정관精關을 공고히 하여 지나치게 사정하지 말 것을 지적하고 있다. 오직 이렇게 해야 건강하고 장수할 수 있다는 생각이다.

[1-7] 帝盤庚問于耆老曰:"聞子接陰以爲强, 翕天之精, 以

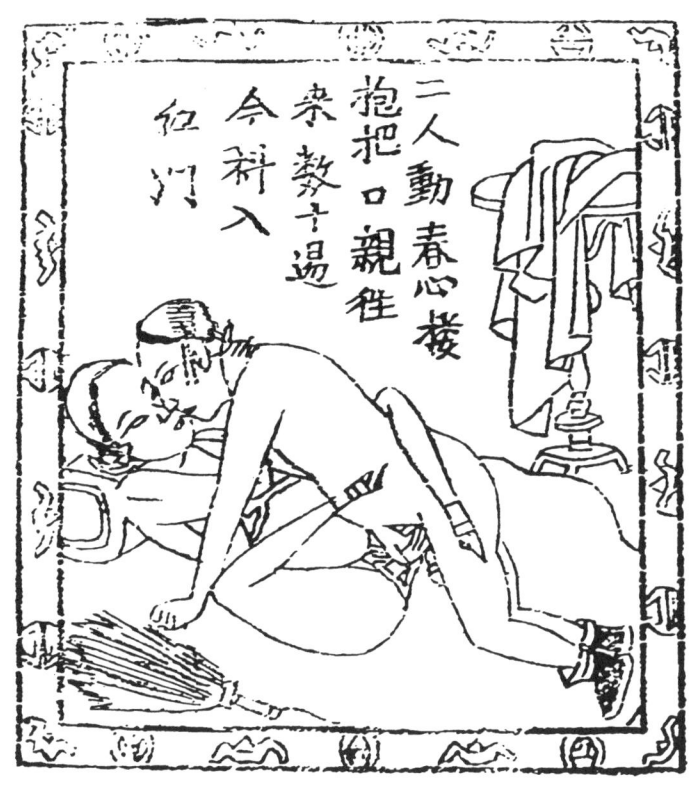

爲壽長,吾將何處而道可行?"

耆老答曰:"君必貴夫與身俱生而先身老者,弱者使之强,短者使長,貧者使多糧.其事壹虛壹實,治之有節:一曰垂肢,直脊,撓尻;二曰疏股,動陰,縮州;三曰合睫母聽,翕氣以充腦,四曰含其五味,飲夫泉英;五曰群精皆上,翕其大明.至五而止,精神日怡."

耆老接陰食神氣之道.

【제반경문어구로帝盤庚問於耇老】 盤庚은 商나라의 군주이다. 湯의 9세손 祖丁의 아들로서 형 陽甲을 이어 즉위했다. 당시 왕실이 쇠미하여 반경은 무리를 거느리고 奄(오늘날의 山東 曲阜)에서 殷(오늘날의 河南 安陽)으로 천도하여 商의 중흥을 이룩하고 명성을 떨쳤다. 《한서·예문지》에 〈湯 盤庚 陰道〉 20권이 있다. 耇는 음이 구인데, 老·壽라는 뜻이다. 耇老란, 즉 장수한 노인이다.
【빈자사다량貧者使多糧】 貧은 陰情이 결핍됨을 가리킨다. 이 구절은 음정이 결핍된 사람을 그 음정이 충실히 되도록 한다는 말이다.
【요구撓尻】 撓는 《集韻》에 의하면 搔라는 뜻이다. 尻는 臀部이다. 撓尻는 둔부를 안마한다는 말이다.
【소고疏股】 넓적다리를 늦춘다는 것이다. 動陰: 음부에 기를 이끌어 운행시킨다는 것이다. 縮州: 肛門을 수축시킨다는 뜻이다. 州는 《廣韻·釋親》에 의하면 臀이라는 뜻이다. 이상은 모두 氣功 導引의 동작이다.
【류腬】 腦이어야 할 것이다.
【합기오미含其五味】 입에 진액을 머금고 다섯 가지 맛이 다 있음을 스스로 느낀다는 것이다.
【흡기대명翕其大明】 明은 陽이다. 온몸의 양기를 수렴한다는 것이다.

은나라 임금 반경이 어느 장수한 노인에게 물었다.

"듣자 하니 그대는 여자와 교합하여 몸을 튼튼히 했고, 천지의 정화 精華를 흡수하여 장수하였다고 하는데, 나는 어떻게 해야 장수의 도를 실행할 수 있겠는가?"

노옹이 이렇게 대답했다.

"신체의 여러 기관과 더불어 동시에 생겼지만, 먼저 쇠퇴하는 그 생식 기관을 소중히 여기셔야 합니다. 음경이 허약한 자는 그것을 강해지도록 하고 작은 자는 그것을 크도록 하고 음정이 결손된 자는 그것을 충족하도록 하여야 합니다.

방사는 배출도 하고 보충도 하는 것이니, 방사를 조리하는 데는 법도가 있어야 합니다. 즉 첫째는 사지를 드리우고 등을 펴고 둔부를 안마합니다. 둘째는 넓적다리를 늦추고 전음前陰을 움직이고 항문을 오무립니다. 셋째는 눈을 감고 마음을 안정시키며 두 귀로는 아무것도 듣지 말며 정기를 모아 뇌에 충만하게 합니다. 넷째는 입에 진액을 머금고 시고 쓰고 맵고 짠 다섯 가지 맛이 다 있음을 스스로 느낀 뒤 혀밑의 진액을 삼킵니다. 다섯째는 여러 가지 정기를 위로 뇌에 모아 온몸의 여러 양기를 수렴합니다. 이상의 다섯 가지를 제대로 하면 마음이 유쾌해지고 정력이 왕성해집니다."

이것이 노옹이 말한 성생활과 정기 취합의 원칙이다.

【해설】 여기서는 반경과 기로의 문답을 빌려, 방사 활동 중의 다섯 가지 차례를 논하고 있다. 이 차례에 의하면 정기를 모을 수 있으므로 방실 생활이 인체의 건강에 이롭게 되어 체질이 강하고 힘 있으며 정이 밖으로 넘치지 않고 신체에 영양을 공급하고 수명이 연장된다는 것이다.

[1-8] 禹問於師癸曰: "明耳目之智, 以治天下, 上均湛地, 下因江水, 至會稽之山, 處水十年矣. 今四肢不用, 家大亂, 治之奈何?"

師癸答曰: "凡治政之紀, 必自身始. 血氣宜行而不行, 此謂竅殃, 六極之宗也. 此氣血之續也, 筋脈之族也, 不可廢忘也. 於腦也施, 於味也移, 導之以志, 動之以事. 非味也, 無以充其中而長其節; 非志也, 無以知其中虛與實; 非事也, 無以動其四肢而移去其疾. 故覺寢而引陰, 此謂練筋; 既伸有屈, 此謂練骨. 動用必當, 精故泉出. 行此道也, 何世不物?"

禹於是飮湩, 以安後姚, 家乃復寧, 師癸治神氣之道.

【우문어사계禹問於師癸】 禹는 즉 大禹, 성은 이다. 舜을 이어 천하를 통치하고 후에 아들 啓에게 자리를 물려 주었다. 계는 帝를 칭하고 夏 왕조를 세웠다. 시대 순을 보면 이 문단은 '盤庚問於耇老' 앞에 있어야 한다. 帛書 정리반의 주석에

"출토 위치도를 보면, 원래 이것이 盤庚問於耆老 문단 뒤에 있는데, 가탁한 인물의 시대순과 반대된다"고 했다. 師癸는 즉 天師 癸이다. 師는 관직명이고, 癸는 人名이다.

【상균담지上均湛地 하인강수下因江水】均은 平이다. 湛은 沉과 통한다. 湛地는 홍수에 잠긴 땅이다. 因은 疏通이라는 뜻이다. 전체 구절은, 높은 곳에서는 홍수에 잠겼던 땅을 정리하였고, 낮은 곳에서는 長江의 물을 소통시켰다는 말이다.
3. 處水十年: 處는 다스린다는 뜻이다. 禹는 외지에서 13년간 治水하는 중에 집 앞을 세 번이나 지나갔지만, 들르지 않았다.

【관앙欻殃】원문에는 款이나 欻과 통한다. 《史記·太史公 自序》에는 '實不中其聲者謂之欻'이라 했고, 《漢書·司馬遷傳》에는 欻을 款이라고 했다. 欻은 《설문》에 의하면 塞라는 뜻이다. 殃은 혈기가 막혀 통하지 않아, 병으로 된다는 뜻이다.

【육극六極】여섯 가지 재난이나 근심이다. 《尚書·洪範》에 '六極 一曰凶短折 二曰疾 三曰憂 四曰貧 五曰惡 六曰弱'이라 했고, 《千金要方 권19. 補腎》에는 '六極 六腑病'이라 했으며, 또 '六極者 一曰氣極 二曰血極 三曰筋極 四曰骨極 五曰髓極 六曰精極'이라고 했다.

【족족】원문에는 粦이나 族이어야 할 것이다. 族은 湊이다. 經脈이 모여 맺힌 곳이다. 7. 於腦也施: 施는 弛와 통하는데, 늦춘다는 뜻이다. 이 구절은 머리가 그냥 긴장 상태에 처하도록 해서는 안 되고 늦추어야 한다는 말이다.

【종미야이於味也移】移는 變이다. 음식은 어느 한 가지만 편식하지 말고, 다양하게 바꾸어야 한다는 말이다.

【각침이인음覺寢而引陰】覺은 까라고 읽고, 잠잔다는 뜻이다. 밤에 잘 때 陰部에로 導氣 運行해야 한다는 말이다. 음부는 여러 근육이 모인 곳이며, 따라서 다음 구절에서는 이를 練筋이라고 했다.

【하세불물何世不物】物은 事이다. 여기서는 실시·시행으로 해석된다. 위의 구절과 연관시켜 보면, 養生의 도를 시행하지 못할 시대가 어디 있겠느냐는 뜻이다.

【동湩】음이 凍이다. 《說文》에 의하면 湩은 乳汁이다. 여기서는 소젖이나 말젖을 가리킨다.

【후요後姚】姚는 아름답다는 뜻이다. 後姚는 後宮의 姬妾·美女를 가리킨다.

대우大禹가 사계師癸에게 물었다.

"나는 나의 총명과 재지를 다하여 천하를 다스리고, 높은 곳에서는 홍수에 잠겼던 땅을 정리하였고 낮은 곳에서는 강줄기를 소통시켰다.

회계산에 왔을 때는 물을 다스린 지 이미 10년이 되었다. 이제 나는 사지가 마음대로 되지 않고 가정이 또 매우 어지러워졌으니, 이를 어떻게 다스려야 하겠는가?"

사계는 이렇게 대답했다.

"무릇 국가를 다스리는 기강은 신체를 조리하는 이치로부터 끌어낸 것입니다. 사람 몸의 혈기는 운행되어야 하는데 운행되지 않는 것을 폐색지재閉塞之災라 하며, 그것은 육극병六極病 중에서 가장 심각한 병입니다. 이것은 기혈氣血의 보충과 근맥筋脈의 생장에 관계되는 것이기 때문에 잠시도 정지되어서는 안 되니, 중시하지 않으면 안 됩니다. 두뇌는 그냥 고도로 긴장되어 있도록 하지 말고 늦추어야 하며, 음식은 단조롭게 편식하지 말고 다양하게 변화시켜야 합니다.

지혜로써 사람의 두뇌를 계발해야 하며, 일을 함으로써 근골을 활동시켜야 합니다. 만약 먹을 것이 없으면 배를 불리울 수도 없고 신체를 키울 수도 없으며, 총명과 재지가 없으면 인체의 허실을 알 길이 없으며, 하는 일이 없으면 사람의 사지가 활동하지 못하여 질병을 제거할 수 없습니다. 따라서 누워 잠잘 때는 정기를 음부로 끌어야 하는데 이것을 연근練筋이라 하고, 사지를 굴신하며 관절을 활동시켜야 하는데 이것을 연골練骨이라 합니다. 방사는 정도를 적당히 하여 피로가 오지 않도록 하여야 합니다. 그러면 정기가 샘물처럼 끊임없을 것입니다. 그러한 양생의 도를 시행하지 못할 시대가 어디 있겠습니까?"

그리하여 우는 소젖. 양젖을 마시고 또 처 요씨를 안무하여 가정의 편안함이 회복되었다. 이것이 바로 사계가 말한 정신 기혈의 조양調養 방법이다.

【해설】 여기서는 우와 사계의 문답을 빌려 사람이 오랫동안 힘들고 피로하며 신체가 쇠약해지고 성기능이 상실된 뒤에는 어떻게 해야 건강

한 체질을 만들고 성기능을 회복할 수 있는가 하는 문제를 토론하고 있다. 사계는 문제의 관건은 기혈이 영원히 왕성하게 운행되는 데에 있으므로 근맥筋脈은 부단히 모여야 한다고 생각했다. 이래야만 체질이 강하고 왕성해지며 정이 샘처럼 솟을 수 있다는 것이다. 그는 이러한 상황 하에서 기를 조절하고 연마하는 방법을 제기했다. 생각은 긴장하지 말고 정서는 이완되어 평정해야 하며, 영양이 풍부하고 맛이 좋아야 하며, 지혜를 써서 자신의 생각을 이끌어야 하고 고뇌스런 마음을 분산시켜야 하며, 활동을 많이 하여 신체를 단련함으로써 손발이 마비되는 병을 없애야 하는데 근골 두 가지를 굳세게 하고 우유 등과 같은 음을 돕는 음식을 그 위에 더 먹어야 한다는 것이다. 이렇게 하면 방실 생활을 적절하게 처리하여 정이 샘솟듯하여 곧 기능이 회복될 수 있다는 것이다.

[1-9] 文摯見齊威王, 威王問道焉, 曰:"寡人聞子大夫之博于道也, 寡人已宗廟之祀, 不暇其听, 欲聞道之要者, 二三言而止."

文摯答曰:"臣爲道三百篇, 而臥最爲道."

威王曰:"子繹之, 臥時食何是有?" 文摯答曰:"淳酒毒韭."

威王曰:"子之長韭何邪?" 文摯答曰:"后稷半鞣, 草千歲者唯韭, 故因而命之. 其受天氣也早, 其受地氣也葆, 故辟懾憨怯者, 食之恒張; 目不察者, 食之恒明; 耳不聞者, 食之恒聰; 春三月食之, 疴疾不昌, 筋骨益强, 此謂百草之王."

威王曰:"善. 子之長酒何邪?" 文摯答曰:"酒者, 五谷之精氣也, 其入中散流, 其入理也彻而周, 不胥臥而究理, 故以爲百藥繇由.

威王曰:"善. 然有不如子言者, 夫春賬瀉人人以韭者, 何其不與酒而恒與卵邪?" 文摯答曰:"亦可. 夫鷄者, 陽獸也, 發明聲聰, 伸癸羽張者也. 復陰三月, 與韭俱徹, 故道者食之."

威王曰:"善. 子之長臥何邪?"文摯答曰:"夫臥, 非徒生民之事也. 舉鳧, 雁, 鵠, 鷫驦, 蚖蟬, 魚鱉, 奕動之徒, 胥食而生者也; 食者, 胥臥而成者也. 夫臥, 使食靡消, 散藥以流形者也. 譬臥于食, 如火于金. 故一夕不臥, 百日不復. 食不化, 必如㧖鞄, 是生甘心密墨, 糙湯劓惑, 故道者敬臥."

威王曰:"善. 寡人恒善暮飲而連于夜, 苟無苛虐."文執答曰:"無妨也. 譬如鳥獸, 早臥早起, 暮臥暮起, 天者受明, 地者受晦, 道者究其事而止. 夫食氣潛入而默移, 夜半而□□□□□氣, 致之六極. 六極堅精, 是以內實外平, 痤瘻不處, 痈噎不生, 此道之至也."

威王曰:"善."

【문집현제묘왕文摯見齊威王】文摯는 戰國 시기 宋나라의 名醫인데, 齊湣王에게 살해당했다. 《呂氏春秋·至忠》에 보인다. 제 위왕은 전국 시기 제나라 國君으로, 서기전 356-320년간에 재위했다.
【과인이종묘지사寡人已宗廟之祀】祀는 제사를 말한다. 제 위왕이 종묘의 제사를 주재하는 권리를 얻었다는 것. 즉 제나라 왕위를 계승했다는 말이다.
【자택지子澤之】원문에는 澤이나 繹이어야 할 것이며, 陳述한다는 뜻이다.
【순주독구淳酒毒韭】좋은 술과 부추를 말한다. 毒은 《설문》에 의하면 厚라는 뜻이다. 풀은 무성하게 우거지고 부추는 무더기로 자라기 때문에 毒梨라고 한 것이다.
【자지장구子之長韭】長은 음이 掌인데, 《漢書·杜欽傳》의 주에 '崇貴也'라고 했다. 長韭는 즉 부추를 첫째로 친다는 뜻이다.
【후직반유后稷半鞣】後稷은 周나라의 시조이다. 전설에 의하면 그의 어머니 姜氏가 그를 기르지 않고 버리려고 했기 때문에 이름을 棄라고 했다. 舜의 農官으로 于邰에 봉해졌고, 호가 后稷이다. 《史記·周本紀》와 《詩經·大雅·生民》에 보인다. 半鞣는 播穫가 아닌가 생각된다. 후직이 농경 재배에 종사했다는 말이다.
【초천세자유구草千歲者唯韭】《濟民要術》에 인용된 《聲類》에 '梨長久也 一種永

生'이라고 했다.

【벽섭참겹자辟懾慙怯者】辟懾은 즉 聶聶이다.《素問・調經論》에 '虛者聶聶 氣不足' 이라고 했다. 王冰의 주를 보면 '聶謂聶皺, 辟謂酸疊也' 라고 했다. 慙은 음이 訌이다.《方言》에 의하면 憚이라는 뜻이다. 이 구절은 몸이 허약한 사람은 대개 피부에 주름이 생기고 심장이 놀라고 담이 약하다는 말이다. 간책에서는 부추를 먹으면 이 병을 고칠 수 있다는 것으로, 즉 다음의 각 구절은 모두 다 부추의 효용을 말하는 것이다.

【장주長酒】고대에 '술은 모든 약의 어른' 이라는 말이 있었다. 여기서는 술이 제일이라는 말이다. 즉 술을 중시한다는 뜻이다.

【입중산유저中散流】술은 마신 후 곧 온몸에 퍼진다는 말이다.

【불서와이구리不胥臥而究理】胥는 待이다. 究는 深이다. 눕기 전에 술이 피부에 깊이 스며들게 할 수 있음을 말한다.

【요紒】由와 통한다.《爾雅・釋詁》에 의하면 用이라는 뜻이다.

【부춘어사인인이구자夫春飫瀉人人以韭者】이 구절은 백서정리반에서는 '夫春飫瀉人入以韭者' 로 보아야 할 것이라고 했다. 飫는 飫이어야 할 것이고, 飫의 음은 兪이다.《玉篇》에 의하면 食이라는 뜻이다. 이 구절은 봄에 음식이 맞지 않아 설사가 나면 맵고 따뜻한 부추를 먹어 장이 편하도록 해야 한다는 말이다.

【불여주이한여란不與酒而恒與卵】卵은 당연히 韭卵을 가리키는 것이다.《鹽鐵論・散不足》에 韭卵라는 말이 있다. 당시 시장에서 팔던 음식물인데, 부추즙에 담거나 절인 새알 따위인 듯하다. 이 구절은 약을 쓰는 경우는 고정불변이 아니라 때로는 술을 쓰지 않고 오히려 韭卵을 써서 치료하기도 함을 말한다.

【양수陽獸】닭의 성질이 양이므로, 닭을 陽獸라고 한다.

【발명성총發明聲聰】發明은 닭이 울어 날이 샌 것을 알림을 말한다. 聲은 啓와 통한다. 聰은《廣雅・釋詁》에 의하면, 聽이다. 전체 구절은, 닭이 울어 날이 샌 것을 알리니, 사람은 보고 듣게 되어 잠을 깨게 한다는 말이다.

【여구가철與韭俱彻】彻은 通이다. 따뜻한 봄 석 달 동안에 닭과 부추는 그 양기가 통함을 말한다. 그래서 다음 구절에서 '道者食之' 라고 한 것이다.

【소상蕭相】즉 鷫鸘, 기러기의 일종이다. 虺檀은 본래 도마뱀 또는 독사를 가리키는데, 여기서는 뱀을 두루 가리킨다. 檀은 당연히 蟬이어야 할 것이다. 蟬은《集韻》에 의하면 蟬의 다른 글자이다. 또 蟬은 즉 鱔이기도 하다.

【연동지도耎動之徒】耎은 蝡과 같다. 耎動은 蠕動이라 하는 것과 같다.

【식자, 서와이성자야食者, 胥臥而成者也】胥는 皆이다. 무릇 동물은 모두 잠을 자야만 자랄 수 있음을 말한다.

【산약이유형자야散葯以流形者也】 약물을 소화시켜 신체에 퍼지게 한다는 말이다.
【비와어식譬臥於食 여화우금如火于金】 잠을 잘자고 잘 못자는 것이 직접 소화에 영향을 줌을 말한다. 뜨거운 불이 금속을 녹이듯, 잠을 잘 잘수록 소화에 더 보탬이 된다는 것이다.
【순국抯鞠】 抯은 음이 純인데,《詩·野有死麕》傳을 보면 '猶包之也'라고 했다. 鞠은 鞠인데 毬, 즉 球이다.
【시생감심밀묵是生甘心密墨】 甘心은《詩·伯兮》에 '願言思伯 甘心疾首'라는 구절이 있는데,《毛詩·故訓傳》에는 '甘, 厭也'라 했고,《毛詩·鄭箋》에는 '我心思伯 心不能已 如人心嗜欲所貪 口味不能絶也 我憂思以生疾首'라고 했으니, 憂思로 풀이할 수 있다. 密은《禮記·樂記》의 注에 '密之言閉也'라고 했다. 이 때문에 걱정이 생겨 막혀 통하지 않음을 말한다.
【위탕의흑糦湯劓惑】 백서정리반에 의하면 糦는 危로 읽지 않는가 생각되고,《管子·禁藏》의 주에 의하면 毁敗라는 말이다. 湯은 傷으로 읽지 않나 생각된다. 糦湯은 毁傷이라는 뜻일 것이다. 劓는 痹라고 읽는다. 惑은 蹶로 읽을 수 있지 않을까 생각된다.《儀禮·士冠禮》등에서 闑자를 古文으로 다 槷으로 썼고,《說文通訓定聲》에는 槷의 誤字라고 한 것이 그 傍證이다. 이 구절은 만약 오랫동안 잠을 자지 않으면 毁傷·痹蹶 따위의 병이 생기게 된다는 말이다.
【구무구아苟毋苛疴】 苟毋疴乎이어야 할 것이다. 아마 병이 생기지 않을 것이라는 뜻이다.
【천자수명 지자수회天者受明 地者受晦】 하늘은 해와 달이 비추기 때문에 밝고, 해와 달이 져서 대지가 어둡기 때문에 땅은 캄캄하다는 말이다. 이것은 하늘과 땅의 밝음과 어두움으로써 사람은 노동과 휴식이 있어야 하므로, 밤에는 잠을 자야 함을 비유한 것이다. 그래서 다음 구절에 '道者究其事而止'라고 했다.
【육극六極】 여기서는 六腑 또는 인체의 머리·몸 및 사지를 가리킬 것이다.
【좌루불처痤瘻弗處】 處는《呂氏春秋·愛士》의 주에 의하면, 病과 같다. 癰이나 痔瘻 따위 병도 생기지 않을 것이라는 말과 같다.
【용열痛噎】 痛喉이어야 할 것이다.《釋名·釋疾病》에 '痛喉 氣著喉中不通 成穊痛也'라고 하였다.

　문지文摯가 제齊 위왕威王을 알현하니, 제 위왕은 그에게 양생의 도를 물었다.
　"듣자 하니 대부는 양생의 도에 정통하시다 하는데, 나는 지금 왕위를 계승하여 나랏일이 번잡하기 때문에 공손히 가르침을 받을 겨를이 없소이다. 그러나 또 양생 보건의 요점을 듣고 싶은 생각도 있으니, 그 요점을 소개해 주시기 바라오!"

이에 문지는 이렇게 대답했다.

"신이 총괄한 양생의 도는 3백 편이 있는데, 그 중 가장 중요한 것은 수면에 관한 논술입니다."

"그러면 자기 전에 무엇을 먹어야 하는가를 말씀해 보시오."

"좋은 술과 싱싱한 부추를 먹어야 합니다."

"무엇 때문에 부추를 그렇게 중하게 여기는가?"

"후직後稷이 농경을 시작한 뒤부터 심어서 천 년을 끊이지 않고 면면히 자라는 작물은 하나뿐인데, 그것이 바로 부추입니다. 또 생명이 오래 가기 때문에 구韭라 이름한 것입니다. 부추는 이른 봄이면 되살아나서 일찍이 하늘의 양기를 받고 또 지기地氣의 자양을 오래 받습니다. 몸이 허약하고 살갗에 주름이 서고 중기中氣가 부족한 사람이 늘 부추를 먹으면, 주름살이 펴지고 중기가 보충되며 시력이 못한 사람이 그것을 먹으면 눈이 밝아지고 귀가 어두운 사람이 먹으면 청각이 예민해집니다. 봄 석 달 동안 부추를 먹으면 병이 나지 않고 근골이 강건해집니다. 그래서 부추는 백초百草 중의 왕이라는 찬양을 받는 것입니다."

"잘 들었소. 그러면 술은 또 어째서 중히 여기는가?"

"술은 오곡의 정기가 엉기어 된 것으로, 위장에 들어가 온몸을 돌며 온몸의 피부에 넓고 깊게 흘러 들고, 또 잠을 자기 전에 완전히 주리腠理에 들어가기 때문에 온갖 약물을 다 술로 돕습니다."

"잘 들었소. 그런데 그대의 말과 맞지 않는 것도 있는 듯하오. 예를 들면 음식을 먹은 뒤 설사가 나기 쉬운데, 그럴 때는 부추를 좀 먹지만 술이 아니라 계란을 함께 먹는 것은 무엇 때문이오?"

"그래도 됩니다. 닭은 양성으로, 닭이 울면 날이 밝고 또 머리를 쳐들고 나래를 펼치는 것이 신기神氣 발랄합니다. 또 봄 석 달 동안 닭은 부추와 마찬가지로 양으로 통하는 작용이 있습니다. 그래서 양생의 도를 아는 사람은 계란을 먹습니다."

"잘 들었소. 이제는 수면을 중시하는 이치를 말씀해 보시오."

"수면은 사람에게만 필요한 것이 아니라 동물에게도 필요한 것입니다. 물새·기러기·백조·숙상·뱀·매미·고기·자라, 그리고 꿈틀거리는 곤충 따위도 다 먹어야 살고 자야 자랍니다. 수면은 먹은 것을 소화하도록 위장을 돕고, 약물이 온몸에 퍼지도록 합니다. 수면과 음식과의 관계는, 불과 쇠의 관계와 흡사합니다. 뜨거운 불이 쇠를 녹이듯, 수면은 음식물의 소화를 돕습니다. 그래서 잠을 하룻밤 자지 않으면 백 날이 가도 회복되지 않습니다. 편안히 눕지 않으면 먹은 것이 잘 소화되지 않아 배 속에 공이 쌓인 것 같습니다. 그러므로 마음이 통쾌하지 못하고, 심지어는 훼상이나 비궐 같은 병이 생깁니다. 그래서 양생의 도를 아는 사람은 다 수면을 몹시 중시합니다."

"잘 들었소. 나는 언제나 밤에 술을 하기 좋아하는데, 밤중까지 마시게 되오. 이러면 혹시 병이 나지 않겠소?"

"괜찮습니다. 일찍 자면 일찍 일어나고, 늦게 자면 늦게 일어납니다. 하늘은 해와 달의 밝음을 받고, 땅은 빛이 없는 어둠을 받습니다. 모두가 제 필요대로 되어 있습니다. 도가 있는 사람은 이 이치를 압니다. 음식물은 소화되어 정기가 되어 소리없이 온몸으로 옮아가며, 한밤중에 생긴 정기는 육부로 보내집니다. 육부에 정기가 굳건히 저장되어 내장이 튼튼하고 외표가 부드러우면, 사람은 좌절痤癰·치루痔瘻·후통喉痛 같은 병까지도 생기지 않습니다. 이것이 양생 보건의 최고 경지입니다."

"참 잘 들었소."

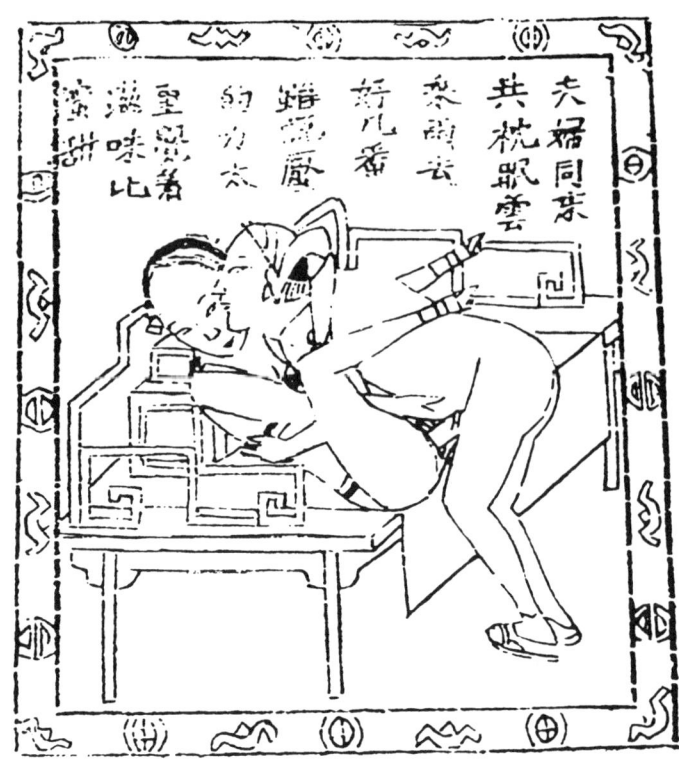

[1-10] 王期見, 秦昭王問道焉, 曰:"寡人聞客食陰以爲動強, 翕氣以爲精明. 寡人何處而壽可長?"

王期答曰:"必朝日月而翕其精光, 食松柏, 飲走獸泉英, 可以卻老復壯, 澤曼有光. 夏三月去火, 以日爨烹, 則神慧而聰明. 接陰之道, 以靜爲強, 平心如水, 靈露內藏, 款以玉策, 心母怵蕩, 五音進答, 孰短孰長, 翕其神霧, 飲夫天漿, 致之五臟. 蠱息以晨, 氣形乃剛, 裹□□□, □□近水, 精氣凌健久長, 神和內得, 雲柏皇□, 五臟輶白, 玉色重光, 壽參日月, 爲天地英."

昭王曰:"善."

【왕기견王期見 진소왕문도언秦昭王問道焉】王期는 인명으로, 어떤 사람인지 미상이다. 秦 昭王은 戰國 시기 秦나라 군주이다. 서기전 306-251년에 재위했다.
【식음이위동강食陰以爲動强】滋陰 藥物 또는 食品을 먹어, 체질과 운동 능력을 증강함을 말한다.
【흡기이위정명翕氣以爲精明】신선한 공기를 흡수하여(즉 氣功 導引을 통하여) 귀와 눈이 밝아지게 함을 말한다.
【하처何處】어떻게 하는가의 뜻이다.
【식송백食松柏 음도수천영飮走獸泉英】松은 소나무씨 또는 송진이다. 柏은 잣 열매이다. 이 두 가지 음식물은 모두 병을 물리치고 수명을 연장하는 효험이 있다. 走獸泉英은 앞에서도 말한 바와 같이 소젖이나 양젖을 마시거나, 동물의 음경 및 고환 따위를 다려먹는 것이다.
【이일찬팽以日爨烹】爨은 음이 찬竄이고, 뜻은 炊이다. 여기서는 燧와 통한다. 燧는 《玉篇》에 의하면 해에서 불을 취하는 것이고, 鐆로 쓰기도 한다. 이 구절은 햇빛을(오목 구리거울 따위를 통하여) 집광하여 불을 얻거나, 혹은 그릇을 집광하는 곳에 직접 올려 놓아 음식물을 끓이거나 약물을 다릴 수 있음을 말한다.
【영로내장靈露內臟】靈露는 정액 또는 진액을 가리킨다. 이 구절은 심정이 맞고 고요하면, 陰精이 밖으로 넘치지 않고 안에 저장되게 할 수 있다는 말이다.
【관이옥책款以玉策】款은 扣이고, 玉策은 즉 玉莖이다.
【심무출탕心毋怵蕩】마음속에 두려움을 갖지도 말고, 마음대로 방탕하지도 마라는 말이다.
【오음진답五音進答】교합할 때 여자가 다섯 가지의 한숨 소리를 내는데, 거기서 성교의 쾌감이 어떠한가 하는 그의 반응을 알 수 있다는 것이다.
【흡기신무翕其神霧】神霧는 神露이어야 할 것이다. 이것은 방중 氣功 導引 동작인데, 심호흡을 하여 하늘의 정기를 빨아당김을 가리킨다.
【천장天漿】혀 밑의 진액을 가리킨다.
【롱식이신蠬息以晨】즉 貝類이다. 이 구절의 뜻은 아침에 蠬蜄처럼 신선한 공기를 들이마신다는 뜻이다.
【릉건淩健】淩은 凌과 통하며, 뜻은 얼음이다. 淩健은 얼음처럼 단단하고 굳세다는 뜻이다.
【운백황□雲柏皇□】雲柏은 魂魄의 同音 假借이다. 여기서 빠진 글자는 皇자이어야 할 것이다. 즉 雲柏皇皇이다.

【오장고백五藏牯白】藏은 臟과 통한다. 牯白은 즉 固薄, 固附이기도 하다. 五臟이 강건하고 정기가 충실하다는 말이다.

왕기가 진 소왕을 알현하였는데, 진 소왕이 그에게 양생의 도를 물었다.

"나는 당신이 음과 양을 돕는 음식물을 복용하여 신체 기관의 기능적 활동을 촉진하고 체질을 증강시켰으며, 호흡 토납吐納으로 하늘의 정기를 거두어 정력이 왕성하고 귀와 눈이 밝아지게 했다는 말을 들있는데, 어떻게 해야 건강하게 장수할 수 있겠는가?"

"반드시 해와 달을 쪼여 그 빛과 정화精華를 받고, 송진과 잣을 먹으며 소젖이나 양젖을 마시며 동물의 음경 또는 고환 따위를 다려 드셔야 합니다. 그러면 늦게 쇠로하고 건강이 회복되며 얼굴이 고와지고 윤택이 나서 빛나게 될 것입니다. 여름 석 달 동안은 불을 쓰지 않고 햇볕을 집광하여 음식을 끓이거나 약물을 다립니다. 이런 약이나 음식을 잡수시면 총명해지고 지혜롭게 됩니다. 여자와 교합하는 데는 마음을 조용히 하는 것이 가장 중요합니다. 심정이 물처럼 깨끗하면 음정陰精이 밖으로 새지 않고 속에 간직됩니다. 옥경玉莖으로 여자의 옥호玉戶를 두드리면서 경황하지도 방탕하지도 않으면서, 여자가 내쉬는 다섯 가지 한숨 소리를 자세히 들으면 어떤 동작을 하는 것이 좋은가 나쁜가를 알 수 있습니다. 하늘의 정기를 빨아들이고 입안의 진액을 삼키며 오장에로 도기導氣 운행하여 정기가 깊이 간직되도록 해야 합니다.

아침에 조개처럼 입을 벌려 호흡하면 정기가 충족되고, 몸과 마음이 강건해지게 됩니다…….정신과 기혈이 왕성하면 생명이 오래 갑니다. 신기神氣가 온화하게 안에 간직되고 혼백이 편안하고 기쁜빛이 충만하고 장기臟氣가 충실하고 얼굴이 윤기 있고 목숨이 해와 달 같으면 천지의 정영精英으로 될 수 있습니다."

"참 좋은 말이오."

【해설】 여기서는 왕기와 진소왕의 문답을 통하여 어떻게 양생해야 장수할 수 있는가의 문제를 논하고 있다. 해와 달의 정기를 받아들이고, 솔씨와 잣을 먹고, 뭍짐승의 액을 마시면 사람이 늙을수록 수명이 연장되고, 구리거울로 해를 비춰 익혀서 자양되는 음식물을 먹으면 신과 같이 지혜롭고 총명하게 되는 이외에, 또 성생활의 보건을 특히 강조하여했다. '여자와 교합하는 데는 마음을 조용히 하는 것이 가장 중요한데, 심정이 물처럼 깨끗하면 음정陰精이 밖으로 새지 않고 속에 간직되는' 원칙을 제기했다. 다시 말해서 교합 과정중에 정서가 안정되면 두렵지도 않고 또 방탕하지도 않는다는 말이다. 여자 측과는 흥분된 마음이 긴밀하게 짝을 이루어 고도로 조화와 통일을 이루어야 하고, 호흡 토납과는 기공 도인이 상호 결합하여야 한다. 이래야만 신기神氣가 안으로 간직될 수 있다는 것이다. 내장의 기운이 충실해지면 이에 따라 신체가 건강하고 아름다워져, 해와 달과 같이 오래 살 수 있는 목적에 도달할 수 있다는 것이다.

二・合陰陽

《합음양合陰陽》은 죽간서竹簡書이다. 출토될 때《십문十問》죽간과 한 권으로 되어 있었는데, 이 책은 죽간 102호부터 133호까지이다. 첫 머리에 '凡將合陰陽之方'이라는 말이 있기 때문에, 백서 정리반에서 《합음양》을 책의 이름으로 삼았다. 이 책은 음양의 교합, 즉 남녀 교합에 관해 집중적으로 토론했고, 양성兩性 생활과 방중 보건 등을 내용으로 담고 있다. 남녀가 교합할 때 서로 애무하여 피차 감정을 두터이해야 한다고 했으며, 방사와 기공 도인을 결부시키라고 강조했고, 또 성교에서의 후각 등의 문제를 제기했다. 고대 성 의학의 전문 저작이다.

[2-1] 凡將合陰陽之方, 土掊陽, 掮肘房, 抵腋旁, 上灶綱, 抵領鄉, 掮拯匡, 覆周環, 下缺盆, 過醴津, 陵勃海, 上常山, 入玄門, 御交筋, 上欲精神, 乃能久視而與天地牟存. 交筋者, 玄門中交脈也, 爲得操掮之, 使體皆樂癢, 悅懌以好. 雖欲勿爲, 作相呴相抱, 以恣戲道. 戲道: 一曰氣上面熱, 徐呴; 二曰乳堅鼻汗, 徐抱; 三曰舌薄而滑, 徐屯; 四曰下汐股濕, 徐操; 五曰嗌乾咽唾, 徐撼. 此謂五欲之徵. 徵備乃上, 上揕而勿內, 以致其氣. 氣至, 深內而上撅之, 以抒其熱, 因復下反之, 毋使其氣歇, 而女乃大竭. 然後十動, 接十節, 雜十脩. 接形已沒, 遂氣宗門, 乃觀八動, 聽五音, 察十已之徵.

【합음양지방合陰陽之方】 合은 交合이다. 陰陽은 여기서 남녀를 가리킨다. 合陰陽之方이란, 즉 남녀 교합의 원칙과 방법이다.

【토알양土掊陽】 土는 백서 정리반에서 度로 풀이하면서 《周禮·典瑞》의 '封國則以土地'의 주 '土地 猶度地也'를 인용하였다. 度은 음이 탁이고 뜻은 잰다는 것인데, 여기서는 按摩로 인용되고 있다. 土는 또 出·始로 새길 수도 있다. 掊은 挽과 통하며 搵이다. 손으로 잡는다는 뜻이다. 또 掊은 腕과 통한다. 즉 腕骨穴이다. 陽은 陽谷穴이다. 이 구절은 방사 전에 남자가 여자의 두 손을 잡고 양곡혈을 안마한다는 뜻이며, 혹은 완골·양곡혈부터 안마하기 시작한다고 풀이하기도 한다.

【순주방揗肘房】 揗은 《설문》의 주에 의하면 摩라는 뜻이다. 房은 旁으로 읽는다. 이 말은 즉 팔꿈치를 어루만진다는 뜻이다.

【상조강上灶綱】 灶綱은 肩貞穴을 가리키지 않는가 생각된다. 위로 견정혈에 이른다는 뜻이다.

【저령향抵領鄉】 抵는 至·到이다. 領鄉은 즉 목이다.

【증광拯匡】 承光穴이 아닌가 생각된다. 정수리 앞쪽 좀 옆의 좌우 각 두 푼 쯤 되는 곳으로, 足太陽 膀胱經의 경혈이다.

【가주환覆周環】 覆은 腹·又이다. 목덜미를 한 바퀴 어루만진다는 뜻이다.

【하결분下缺盆 과예진過醴津】缺盆은 젖 위쪽 뼈의 이름이다. 穴은 젖꼭지 곧바로 위의 鎖骨 上緣 오목한 곳의 한가운데이다. 醴津은 젖꼭지 또는 젖무리를 가리키는 것이 아닌가 생각된다.

【능발해陵勃海】陵은 越이다. 勃海는 가슴 오금 胸窩이다.

【상산常山】 즉 恒山이다. 漢 文帝 劉恒의 자를 피하여 常山이라고 이름을 고쳤다. 여자의 치골 부위를 가리키지 않는가 생각된다.

【현문玄門】玉門이라고도 하는데, 여자의 외음부이다.

【어문근御交筋】御는 進이다. 여자와 교접함을 어라고 한다. 交筋은 다음 구절에서 '玄門中交脈'이라 푼 것을 보아 陰挺을 가리키는 것으로 보인다. 이 구절은 공알 부위까지 어루만진다는 뜻이다.

【상합정신上欱精神】欱은 음이 合이다. 《설문》에 의하면 啜이라는 뜻이다. 段注에 의하면 欱은 뜻이 吸에 가깝다. 여기서는 導氣 운행하여 하늘의 정기를 빨아당겨 정신이 건강하게 되도록 함을 가리킨다.

【구시이여천지모존久視而與天地侔存】久視는 오래 산다는 뜻이다. 侔는 《설문》에 의하면 가지런하다는 뜻이다. 즉 相同 또는 相等의 뜻이다.

【상구相呴】呴는 《漢書·王襃傳》의 주에 의하면, 입을 벌려 숨을 내쉰다는 뜻이다. 相呴는 서로 입맞춘다는 뜻이다.

【설박舌薄】薄은 맛이 싱겁다는 뜻이다. 한의학에서는 혀에 엷은 태가 끼는 것은 건강하지 못함을 보여 주는 것이라고 본다.

【서둔徐屯】《天下至道談》에는 徐傳로 되어 있다. 屯은 《後漢書·張衡傳》의 주에 의하면 따른다는 뜻이다. 이 말은 천천히 서로 껴안는다는 뜻이다.

【하석고습下汐股濕】汐은 液이어야 할 것이다. 성 충동으로 여자의 음액이 넓적다리까지 흐르게 됨을 말한다.

【서조徐操】操는 《釋名·釋姿容》에 의하면 鈔라는 뜻이다. 손을 그 아래에 댄다는 말이다. 여기서는 성교 동작을 가리키는 것으로, 천천히 한다는 말과 같다.

【오욕지징五欲之徵】여자가 성 충동이 일어났을 때 보이는 다섯 가지 반응의 특징을 가리킨다. 《玉房秘訣》에 상세한 논술이 있다.

【상침이물내上揕而勿內】揕의 뜻은 《集韻》에 의하면 찌른다는 뜻이다. 內는 納과 통한다. 교합할 때 찌르되 깊이 넣지는 않음을 말한다.

【상궐지上厥之】음경을 위로 쳐들어 찌른다는 말이다.

【열십동熱十動】熱은 執이어야 할 것이다. 十動은 다음 구절의 十節·十修와 함께 다 교합할 때의 일련의 동작인데, 그 구체적 내용은 다음 正文의 논술을 보면 된다.

【수기종문遂氣宗門】遂는 通이다. 宗門은 즉 陰門이다. 음부는 여러 근육이 모인 곳이다.
【십이十已】교접 10회째에도 사정하지 않는다는 것이다. 《天下至道談》의 《十已》를 참조하라.

남녀의 교합 방법은 이렇다. 쌍방이 손을 잡고 손의 양곡陽谷·완골腕骨로부터 어루만지기 시작하여, 팔 양쪽을 따라 겨드랑이에 이르고 어깨를 거쳐 목덜미에 이른다. 그리고서 목의 승괄혈承光穴을 어루만지면서 목을 한 바퀴 돌고 결분缺盆으로 내려가 젖무리를 거쳐서 가슴 오금을 넘고 치골에 이르며, 음호陰戶로 들어가 공알을 만지고 하늘의 정기를 모아 정신을 가다듬으면, 하늘과 땅과 함께 오래 살 수 있을 것이다.

교근交筋은 음호 중의 교맥交脈, 즉 공알이다. 그리고 또 공알에서 시작하여 아래로부터 위로 어루만져 온몸이 이완되고 기분이 좋아 근질근질한 느낌이 일어나 기분이 유쾌해지도록 한다.

욕망이 생겨도 즉시 교합하지 말고, 먼저 껴안고 입을 맞추며 마음껏 희롱하며 놀아야 한다.

희롱하며 노는 데도 일정한 방법과 원칙이 있으니, 첫째는 여자의 정기가 위로 올라 낯이 뜨거워지면 천천히 숨을 내쉬고, 둘째는 여자의 젖꼭지가 일어서고 코에 땀이 나면 서서히 껴안아야 하며, 셋째는 혀의 태가 달고 담담하며 혓바닥이 매끌매끌해지면 천천히 입을 맞추며 바싹 달라붙어야 하고, 넷째는 음액이 흘러 넓적다리를 적시면 서서히 동작해야 하며, 다섯째는 여자가 끊임없이 삼키는 동작을 하면 서서히 운동해야 한다. 이것을 오욕의 징조라 한다.

오욕의 징조가 다 생기면 정식으로 교합하여 찌르되, 깊이 넣지 말아서 여자의 정기가 다 이르도록 한다. 여자의 정기가 다 이르면 깊이 찌르고 위로 쳐들어 여자의 성욕이 강렬하게 일어나도록 하며, 또 깊이 찌르고 아래로 눌러 여자의 강한 성욕이 유지되도록 한다. 그래서 여자는 성욕이 고조에 달하여 정기가 대단히 소모된다.

그런 후에 동물을 모방한 열 가지 교합 자세를 취하여 체위·깊이·속도 등을 바꾸면서 백 번 넣었다 뺐다 하는 십동十動을 한다. 교합이 끝날 무렵이면 정기가 음부에 통하는데, 다시 여자의 여덟 가지 반응 동작을 살펴 보고 여자의 다섯 가지 한숨 소리를 자세히 들어, 열 번의 교합에도 사정하지 않는 《십이十已》에 대한 반응의 특징을 이해한다.

【해설】이 내용은 양성 교합의 도의 전 과정에 관한 해설로, 모두 세 단계로 나뉘어 있다. 첫째 전희 단계로, 즉 교합 전에 부부가 서로 애무하고 희롱하고 입을 맞추고 포옹하고 감정을 밀접하게 하고 마음을 기쁘게 한다. 둘째 여자 측이 고조에 이른 단계이고, 셋째는 교합이 끝나는 단계이다. 각 단계가 모두 구체적으로 서술되어 있다. 특히 지적해야 할 것은, 옛날 사람들은, 방사 생활이란 '오래 살아 천지와 공존할 수 있기' 위한 것인데, 양생·보건·장수라는 이 목적에서 출발한 것이라는 점이다. 그밖에 마왕퇴 의서는 《황제내경》보다 앞섰다는 점이다. 본문 중에 있는 해부학 지식은 벌써 상당히 풍부하고 깊이가 있는데, 이는 중국 의학이 한나라 이전에 이미 매우 높은 수준이었음을 반영하는 것이다.

[2-2] 十動: 始十, 次二十, 三十, 四十, 五十, 六十, 七十, 八十, 九十, 百, 出入而毋決. 一動毋決, 耳目聰明, 再而音章, 三而皮革光, 四而脊脅强, 五而尻髀方, 六而水道行, 七而堅以强, 八而腠理光, 九而通神明, 十而爲身常, 此謂十動.

十節: 一曰虎遊, 二曰蟬附, 三曰尺蠖, 四曰䴥桷, 五曰蝗磔, 六曰猨据, 七曰詹諸, 八曰兎鶩, 九曰蜻蛉, 十曰魚嘬,

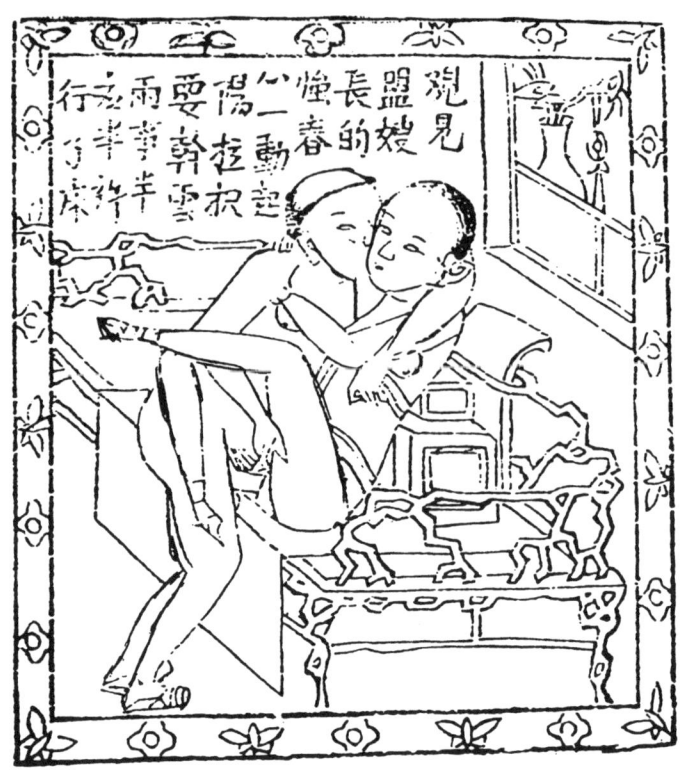

【출입이무결出入而毋決】決은 뜻이 流・泄이다. 여기서는 정액이 흐름을 가리킨다. 음경을 넣었다 뺐다 하면서 사정하지 않는다는 말이다.
【재이음성〔장〕再而音聲〔章〕】再는 두번째라는 뜻이다. 章자는 원문에 빠졌는데, 《天下至道談》에 따라 보충하였다. 章은 彰과 통하며 顯이라는 뜻이다. 이 구절은 교합 2회에 사정하지 않으면 음성이 우렁차게 됨을 말한다.
【척협강脊脅強】《天下至道談》에는 '脊骨強'으로 되어 있다.
【고비방尻脾方】尻는 臀部이다. 脾는 髀와 통하는데 股, 즉 넓적다리라는 뜻이다. 엉덩이와 넓적다리가 건장하고 튼튼하다는 말이다.
【십이위신상十而爲身常】교합 열 번에도 사정하지 않으면, 양생의 원칙에 맞는다는 말이다. 常은 법칙・원칙이다.
【십절十節】《天下至道談》에는 十執(勢)으로 되어 있다.

【호유虎游】《天下至道談》에는 《虎流》로 되어 있다. 호랑이의 동작을 모방한 자세로 성교 동작을 하거나 방중 기공 도인술을 행하는 것을 가리킨다.
【선부蟬附】 원문에서는 柎이나 附이다. 매미가 나뭇가지에 붙는 것처럼 방중 교합 또는 기공 도인 동작을 하는 것을 비유한 것이다.
【척확尺蠖】 원문에는 斥蠖, 자벌레이다.
【균각麏桷】 麏은 麋와 같다. 즉 獐이다. 桷은 角으로 읽을 것이다. 뿔로 박는다는 뜻이다. 노루가 뿔로 박는 것을 모방한 동작을 가리킨다.
【황책蝗磔】 蝗은 蝗蟲이다. 혹은 凰이어야 할 것이다. 磔은 《廣雅·釋詁》에 의하면 벌린다는 뜻이다. 수리나 봉황이 날개를 펴는 것을 모방한 동작을 말한다.
【원거爰據】 원문에는 爰이나 猨이다. 猿과 통한다. 원숭이처럼 쪼그리고 앉음을 말한다.
【첨제瞻諸】 즉 蟾蜍, 두꺼비이다.
【토목兎鶩】 鶩는 奔이다. 토끼가 달리는 것과 같은 자세를 말한다.
【청령蜻蛉】 원문에는 靑令, 잠자리이다.
【어최魚嘬】 嘬는 갉는다는 뜻이다. 물고기가 미끼를 먹는 동작의 모방을 말한다.

남녀가 교합하는 데에는 10동十動이 있다. 처음에 열 번 꽂았다 뺐다 하고 이어 스무 번, 서른 번, 마흔 번, 쉰흔 번, 예순 번, 일흔 번, 여든 번, 아흔 번, 백 번을 하되, 꽂았다 뺐다만 하고 사정하지는 않는다.

열 번 꽂았다 뺐다 하는 것을 일동一動(한 회)이라 한다. 일동에 사정하지 않으면 귀와 눈이 밝아지고, 이동에 사정하지 않으면 음성이 우렁차고, 삼동에 사정하지 않으면 피부에 광택이 나고, 사동에 사정하지 않으면 엉덩이와 넓적다리가 굵고 튼튼해지며, 육동에 사정하지 않으면 요도가 막힘없이 통하게 되고, 칠동에 사정하지 않으면 음경이 꿋꿋하게 일어나 시들지 않고, 팔동에 사정하지 않으면 피부가 반들반들하게 윤택이 나고, 구동에 사정하지 않으면 신명神明에 통할 수 있고, 십동에 사정하지 않으면 몸과 마음의 건강을 항상 유지할 수 있다. 이것을 십동이라고 한다.

동물의 활동 동작을 모방한 방중 도인 또는 방사 동작에는 십절十

節이 있다. 첫째는 호랑이가 어슬렁거리는 듯, 둘째는 매미가 나뭇가지에 붙듯, 셋째는 자벌레가 기는 듯, 넷째는 노루가 뿔로 박듯, 다섯째는 수리가 날개를 펴듯, 여섯째는 원숭이가 쪼그리고 앉듯, 일곱째는 두꺼비가 숨을 들이쉬듯, 여덟째는 토끼가 달리듯, 아홉째는 잠자리가 날듯, 열째는 붕어가 미끼를 채듯이 하는 것이다.

【해설】 이 십동은 각 동마다 모두 일정한 양생의 효과가 있는데, 여기서 옛날 사람들의 방중술 연구가 양생 보건이라는 이 근본 목적에서 출발한 것임을 알 수 있다. 이 십동은 고대 생물 모방학의 방중 생활에서의 구체적인 운용이다. 여기서 옛날 사람들의 방중술 연구가 과학화뿐만 아니라 예술화되었고, 부부간에는 이같은 성생활을 통하여 심신의 건강을 도왔고 애정을 두텁게 했으며 가정을 화목하게 했음을 알 수 있다.

[2-3] 十修: 一曰上之, 二曰下之, 三曰左之, 四曰右之, 五曰疾之, 六曰徐之, 七曰希之, 八曰數之, 九曰淺之, 十曰深之.

八動: 一曰接手, 二曰伸肘, 三曰直踵, 四曰側鉤, 五曰上鉤, 六曰交股, 七曰平踊, 八曰振動. 夫接手者, 欲腹之傅也; 伸肘者, 欲上之摩且距也; 直踵者, 深不及也; 側鉤者, 旁欲摩也; 上鉤者, 欲下摩也; 交股者, 刺太過也; 平踊者, 欲淺也, 振動者, 欲人久持之也.

瘛息者, 內急也; 喘息者, 至美也; 澡濺者, 王策入而癢乃始也; 痞者, 鹽甘甚也; 齧者, 身振動欲入之久也.

【십수十修】 교합 동작의 위아래, 좌우, 느리고 빠름, 많고 적음, 깊고 얕음 등 열 가지 상황을 가리킨다.
【수지數之】 數는 세밀하다는 말이다. 교합 동작을 빈번하고 세밀하게 함을 말한다.

【팔동八動】교합 과정의 여덟 가지 동작을 가리킨다.《天下至道談》에서 말하는 八動과 대체로 같다.
【직종直踵】다리를 뻗는다는 말이다.
【평용平踊】몸을 펴고 평평하게 들먹인다는 말이다.
【부접수자夫接手者 욕복지부야欲腹之傅也】傅는 附이다. 쌍방이 두 손으로 상대방의 등을 껴안고 쌍방의 배가 들어붙게 한다는 말이다.
【신주자伸肘者 욕상지마차거야欲上之摩且距也】팔을 펴서 윗도리를 매만지고 음부를 자극한다는 말이다.
【계식자瘛息者】瘛는 급하다는 뜻이다. 숨이 가쁘다는 말이다.
【루기자㶌嘰者】《天下至道談》에는 累哀로 되어 있는데, 음이 비슷하고 뜻이 서로 통한다. 여자가 교합하면서 내는 한숨 소리 또는 숨소리를 가리킨다.
【담자㖩者】吙이다. 음은 呵로, 여자가 교합하면서 내는 숨소리이다.
【설자齧者】齧은 咬여야 할 것이다. 역시 여자가 교합하면서 내는 한숨 소리와 숨소리이다.
【염감심야鹽甘甚也】鹽은 艶과 통하며, 편안하고 쾌적하다는 뜻이다. 편안하고 쾌적하기 그지없음을 가리킨다.

　남녀 교합 동작에는 십수十修가 있다. 첫째는 음호의 위쪽을 쑤시고, 둘째는 음호의 아랫쪽을 쑤시고, 셋째는 음호의 왼편을 쑤시고, 넷째는 음호의 오른편을 쑤시고, 다섯째는 빨리 꽂았다 뺐다 하고, 여섯때는 느리게 꽂았다 뺐다 하고, 일곱째는 동작을 드물게 하고, 여덟째는 세밀하게 하고, 아홉째는 얕게 찌르고, 열번째는 깊이 찌르는 것이다.
　소위 팔동八動이란, 첫째는 두 손으로 서로 껴안고, 둘째는 팔을 펴고, 셋째는 다리를 뻗고, 넷째는 발을 들어 측면으로부터 사람을 끌어당기고, 다섯째는 발을 들어 사람을 위로 끌어당기고, 여섯째는 넓적다리를 교차하고, 일곱째는 몸을 펴서 평평하게 흔들고, 여덟째는 온몸을 들먹이는 것이다. 남녀가 손을 교차하여 서로 껴안는 것은 배를 서로 붙이자는 것이다. 팔을 펴는 것은 윗도리를 매만지며 음부를 자극하려는 것이다. 다리를 뻗는 것은 교합의 깊이가 부족하기 때문이다. 발을 들어 측면으로부터 사람을 끌어당기는 것은 음호 양쪽을 마찰해 달라는 것이다. 발을 들어 사람을 위로 끌어당기는 것은 음경이 그 음도를 깊이 찔러 달라는 것이다. 넓적다리를 교차하는 것은 너무 깊이 쑤시기 때문이다. 몸을 펴서 평평하게 흔들어대는 것은 얕게 쑤셔달라는 것이다. 온몸을 들먹이는 것은 교합을 오래하자는 것이다.

여자가 숨을 가쁘게 쉬는 것은 교합할 생각이 강렬하게 나기 때문이다. 헐떡이며 숨을 거칠게 쉬는 것은 고도로 흥분 상태에 들어간 것이다. 한숨 소리를 흥흥대면 음경이 음도를 쑤셔 교합의 쾌감이 나기 시작한 것이다. 여자가 흑흑거릴 때는 그지없이 쾌적하고 쾌락한 느낌을 느낀 것이다. 여자가 주동적으로 남자와 입을 맞추고 온몸을 들먹이는 것은 교합을 오래할 수 있기를 바라는 것이다.

【해설】 여기에서는 중국 고대 방중술의 내용에 관한 구체적인 내용을 말하고 있다. 또한 바로 십수술十修術과 팔동술八動術이다. 십수는 방향·속도·빈도·깊고 얕음의 일을 가리키고, 팔동은 동작·자세 등 측면의 일을 가리킨다. 마지막 부분은 여자가 교합 과정중에 내는 쾌감 반응을 묘사한 것인데, 이와 같은 방사 생활이 성공적임을 의미한다. 이로 보아, 중국 고대 방중술의 어떤 특징을 알 수 있다.

[2-4] 昏者, 男之精將; 早者, 女之精積. 五精以養女精, <u>前脈皆動</u>, 皮膚血氣皆作, 故能發閉通塞, <u>中府受輸而盈</u>.
<u>十已之徵</u>: 一已而淸凉出, 再已而臭如燔骨, 三已而燥, 四已而膏, 五已而薌, 六已而滑, 七已而遲, 八已而脂, 九已而膠, 十已而縠, 縠已復滑, 淸凉復出, 是謂<u>大卒</u>. 大卒之徵, 鼻汗唇白, 手足皆作, 尻不傅席, 起而去, <u>成死爲薄</u>. 當此之時, <u>中極氣張</u>,

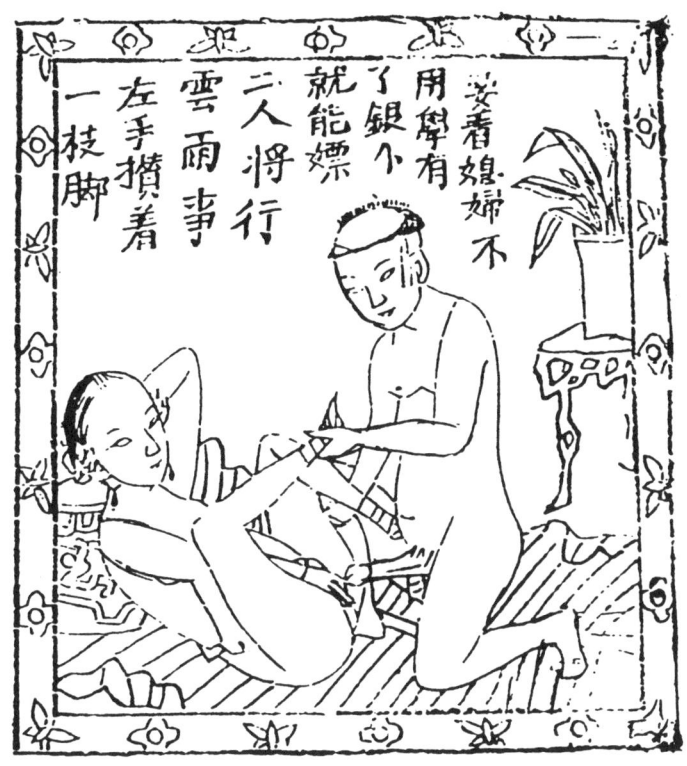

精神入藏, 乃生神明.

【혼자혼者 남지정장男之精將】昏은 夜이다. 將은 壯이다. 《詩經·北山》에 '鮮我方將'이라는 구절이 있다. 이 구절을 다음 구절과 연관시켜 보면, 밤에는 남자의 성기가 왕성하고, 아침에는 여자의 정기가 축적된다는 말이다. 남자는 양이기 때문에 밤이면 음기를 얻어 보할 수 있고, 여자는 음이므로 아침에 양기를 얻어 보할 수 있다는 것이다.
【전맥개동前脈皆動】前陰 부위는 여러 근육이 모인 곳으로, 교접할 때 고도의 흥분 상태에 들어간다. 그러므로 前脈皆動이라고 하는 것이다.
【중부수수이영中府受輸而盈】오장육부에 기혈이 통하여 정기가 보되도록 한다는 말이다.

二. 合陰陽

【십이지징十已之徵】已는 以와 통하며 用이라는 뜻이다. 또 已는 止이다. 十已는 교접 10회에도 사정하지 않는다는 말이다.
【청량출清凉出】교접 제1회 후에 즉시 시원하고 상쾌한 느낌이 난다는 말이다.
【취여번골臭如燔骨】臭는 냄새이다. 교합할 때, 뼈를 구을 때 나는 것과 같은 향긋한 냄새가 난다는 말이다.
【조燥】원문에는 澡이다.《釋名·釋語》에 의하면 燥는 焦이다. 또 澡는 臊로 보아도 통한다.
【고膏】교합할 때, 여자의 분비물이 맑고 기름처럼 진하다는 말이다.
【향薌】《설문》에 의하면 곡식의 氣이다. 쌀의 산뜻하고 향긋한 냄새를 말한다.
【지遲】持久로 해석된다.
【추稷】窳(음은 유)로 읽어야 하지 않을까 생각된다. 窳는 약하다는 뜻이다.
【대졸大卒】卒은 終·竟이다. 성교의 고조가 지나간 뒤 방사는 끝나게 된다는 말이다.
【성사위박成事爲薄】成은 畢이다. 死는 음경이 위축된다는 말이다. 薄은 損이다. 음경이 위축된 채 빼내면 몸에 해로울 수 있다는 말이다.
【중극기장中極氣張】中極은 혈의 이름인데, 전립선 위에 있다. 또 음도구陰道口를 가리킨다. 氣張은 즉 氣漲이다. 이 구절은 기혈이 음부에 모여 음도구가 벌어져서 보익되도록 하게 된다는 말이다.

    밤에는 남자의 정기가 왕성하고, 아침에는 여자의 정기가 축적된다. 그러므로 밤에 교합하면 남정男精이 여정女精을 보할 수 있고, 아침에 교합하면 여정이 남정을 보할 수 있다. 이때 전음前陰 부위의 근맥筋脈이 다 고도로 흥분되어 움직이게 되고, 피부가 펴져서 기혈이 막힘없이 통하게 되기 때문에 울폐鬱閉가 열리고 음색陰塞이 소통되어 오장육부가 다 그 보익을 받게 된다.
    교합《십이十已》(10회가 끝남)의 징후는 바로 다음과 같다. 일이一已에는 시원하고 상쾌한 느낌이 난다. 이이二已에는 뼈를 굽는 것 같은 향긋한 냄새가 난다. 삼이三已에는 지린 냄새가 난다. 사이四已에는 음부에 기름 같은 분비물이 생긴다. 오이五已에는 쌀 같은 향긋한 냄새가 난다. 육이六已에는 음부가 대단히 윤활하다. 칠이七已

에는 교합이 오래될 수 있다. 팔이八已에는 음부의 분비물이 진한 기름과 같다. 구이九已에는 음부의 분비물이 가교와 같다. 십이十已에는 정기가 다 소모된다. 정기가 다 소모된 뒤에 또다시 윤활해지고 시원하고 상쾌한 느낌이 난다. 이것은 방사가 잘 되었음을 말해 준다.

  방사가 제대로 잘된 특징은 여자가 코끝에 땀이 나고, 입술이 하얘지며, 손발을 떨고, 엉덩이를 받침에 대지 않는 것이다. 이때 남자는 즉시 음경을 빼내야 한다. 만약 음경이 위축되는데도 교합을 그만두지 않으면 해롭다. 이때마다 전음 부위가 기혈이 모여 확장되고 정기가 내장으로 유입되는데, 그렇게 되면 정력이 왕성해지고 정신이 맑아진다.

【해설】 이 부분의 첫번째 내용은 중국 고대 방중술 중의 중요한 한 관점이다. 즉 당나라 때의 의술가 손사막孫思邈이 지적한, 사람으로 사람을 보하고 남녀가 서로 보한다는 양생 보건 관점이다. 내용 중에서 "남정男精이 여정女精을 보한다"고 했는데, 왜냐하면 이때는 전음前陰 부위의 맥기脈氣가 모두 왕성한 운동 상태에 있기 때문에 전신의 기혈이 모두 유동적이어서 인체 각부의 막힌 데를 뚫어 막힘없이 잘 통하게 한다. 이때 남녀가 서로 상대방의 정기를 취하여 장에 받아들여 갈무리하면, 장부에는 정기가 자연스럽게 가득 차 인체는 건강하게 하고 정신은 왕성하게 한다. 이 중요한 관점은 후세 방중가와 의학 양생가에게 매우 큰 영향을 끼쳤다.

  이 부분의 두번째 내용은 '십이十已'의 징후를 논술한 것으로, 옛날 사람들이 방사 생활 과정중에서의 자세한 관찰과 연구를 통하여 성교 중의 여자 음도 분비물과 성자극은 상당한 관련이 있음을 발견했다. 이 문제는 바로 현대 외국 의학자들이 연구하고 있는 문제인데, 중국에서는 2천 년 이전에 벌써 해결했다. 이는 매우 놀라운 일이다. 내용 중에서 또 '방사가 잘된 대졸大卒' 후에 음경이 다시 살아나고 또 죽어서는 안 되는 문제를 제기하고, 아울러 "이때마다 전음 부위가 기혈이 모여 확장되고 정기가 내장으로 유입되는데, 그렇게 되면 정력이 왕성해지고 정신이 맑아짐"을 제기했는데, 방중 보건학에서 말하면 또한 나름의 과학적 의의를 갖고 있는 것이다.

三、天下至道談

《천하지도담天下至道談》은 죽간서이다. 출토될 때 목간木簡의 《잡금방雜禁方》과 한 권으로 되어 있었는데, 《천하지도담》이 속에 들고 《잡금방》이 곁에 있었다. 백서정리반에서 이 두 편에 통일 번호를 달았는데, 이 책은 그 12죽간부터 67죽간까지이다. 이 책 1 죽간에 《천하지도담》이라는 다섯 자만 씌어 있었기 때문에, 백서정리반에서 그렇게 명명했다. 《천하지도담》이란 천하의 지극한 도至道, 즉 천하의 가장 심오한 방중 양생의 도를 논술하였다는 뜻이다. 이 책은 내용이 매우 풍부하고 그 문헌적 가치와 학술적 가치가 대단히 높다. 예를 들면 《황제내경黃帝內經》 중의 칠손팔익七損八益 문제는 예로부터 논쟁이 있어 왔지만 여전히 해결되지 못하고 있던 것이, 이 책이 출토되자 바로 풀리게 되었다.

[3-1] 黃帝問於左神曰:"陰陽九竅十二節俱産而獨先死, 何也?"左神曰:"力事弗使, 哀樂弗以, 飮食弗右, 其居甚陰而不見陽, 猝而暴用, 不待其壯, 不忍兩熱, 是故亟傷. 諱其名, 匿其體, 至多暴事而無禮, 是故與身俱生而獨先死.

怒而而不大者, 肌不至也; 大而不堅者, 筋不至也; 堅而不熱者, 氣不至也. 肌不至而用則避, 氣不至而用則避, 三者皆至, 此謂三詣."

【좌신左神】 道敎 신의 이름이다. 《黃帝內經》에 《左神公子發神話》라는 말이 있다.
【음양구규陰陽九竅】 음양은 남녀 생식 기관을 가리킨다. 九竅‧十二節은 《십문십문十問》의 주를 참조하라.
【역사불사力事弗使】 노력이 드는 일에는 생식기를 쓰지 않는다는 말이다.
【애악불이哀樂弗以】 以는 用이다. 즉 喜怒哀樂의 일에도 생식기가 필요없다는 것이다.
【음식불우飮食弗右】 右는 《설문》에 의하면, 돕는다는 뜻이다.
【기거심음불현양其居甚陰不見陽】 생식기는 인체 하부에 숨어 있으면서 겉으로 나타나지 않는다는 말이다.
【졸이포용猝而暴用】 猝은 急速이다. 暴은 못된 행동이다. 급하게 빈번하게 교접한다는 말이다.
【불인양열不忍兩熱】 양성 교접으로 인한 소모를 견디지 못한다는 말이다.
【극상亟傷】 亟은 極과 통한다. 심각하게 손상받음을 말한다.
【노이이불대자怒而而不大者 기불지야肌不至也】 怒는 음경이 발기하는 것이다. 而而는 衍자로, 한 글자이어야 할 것이다. 음경이 발기되기는 했지만, 크지 못한 것은 기혈이 피부에 흘러들지 못했기 때문이라는 뜻이다.
【피避】 痿로 읽는다. 陽痿를 가리킨다.
【차위삼예此謂三詣】 원문에는 脂이나 詣이어야 할 것이다. 肌氣‧筋氣‧神氣의 세 가지가 다 이르러야 비로소 교합할 수 있다는 말이다.

황제가 좌신에게 물었다. "생식 기관은 인체의 구교·십이절 등 기관과 더불어 동시에 생겨서 제일 먼저 쇠퇴하는 것은 무엇 때문인가?"

"노력이 드는 일에는 생식기를 쓰지 않고, 희로애락의 일에도 그것이 수고하지 않아도 되며, 먹는 일에도 그것이 돕지 않아도 됩니다. 그것은 사람의 몸에 은폐되어 드러나지 않는데, 그것을 다급하게 빈번하게 사용하고, 미처 발육 성숙되기도 전에 방사에 남용하기 때문에 양성의 교합으로 생기는 열을 견디지 못하여 심각한 손상을 받는 것입니다. 인간은 음기陰器의 이름을 바로 대고 부르기를 꺼리며, 그것을 몸의 하부에 숨겨서 드러나지 않게 하는데, 만약 양성의 교합을 절제하지 않고 너무 많이 하면 손상받지 않게 하기 어렵습니다. 그러므로 이것이 바로 인체의 여러 기관과 함께 생기고서도 그 기능이 제일 먼저 쇠퇴하게 되는 원인인 것입니다.

음경이 발기되기는 했지만 크지는 못한 것은 기혈이 음부 피부에 흘러들지 않았기 때문이고, 크기는 하나 꿋꿋하지 못한 것은 기혈이 음부 근맥筋脈에 흘러들지 못했기 때문이고, 음경이 꿋꿋하기는 하지만 따뜻하지 못한 것은 양신지기陽神之氣가 음부에 흘러들지 못했기 때문입니다. 기혈이 음부 피부에 흘러들지 않았는데 교합하면 양위가 생기고, 신기神氣가 오지 않았는데 교합하면 겁이 나서 피하려는 정서가 나타납니다. 세 기가 다 이른 것을 삼지三至라고 합니다. 세 기가 다 이른 때야말로 교합하기에 가장 알맞은 때입니다."

【해설】 여기에서 토론하고 있는 문제는 그 내용이 《십문》 중의 제5문 "요가 순에게 물었다堯問於舜曰"의 내용과 같은데, 성기관이 다른 기관과 동시에 생겼으면서도 그 기능이 가장 먼저 쇠퇴하는 원인―― '거칠고 예의가 없음暴事而無禮'――을 대답하고 있다. 성욕을 절제하고 방사 생활을 감소시키는 것이 성보건 중에서는 무시할 수 없는 문제임을 지적하고 있다. 그리고 생리적으로 '음경이 발기되기는 했지만 크지

는 못하고' '크기는 하나 꿋꿋하지 못하며' '음경이 꿋꿋하기는 하지만 따뜻하지 못한' 원인에 대해 과학적인 분석을 가하여, 세 기가 모두 이르러야 교합하기 적당한 시기라고 지적했는데, 이러한 논술은 상당히 이치가 있는 것이다.

[3-2] 天下至道談

如水沫淫, 女春秋氣, 往見弗見, 不得其功; 來者弗覩, 五餐其賞. 嗚呼愼哉, 神明之事, 左於所閉. 審操玉閉, 神明將至. 凡彼治身, 務左積精. 精贏必舍, 精缺必補, 補舍之時, 精缺爲之. 爲之合坐, 闕尻鼻口, 各當其時, 忽往忽來, 至精將失, 吾奚以止之? 虛實有常, 愼用勿忘, 勿困勿窮, 筋骨凌强, 踵以玉泉, 食以芬芳, 微出微入, 待盈是常, 三和氣至, 堅勁以强. 將欲治之, 必害其言, 踵以玉閉, 可以壹其仙. 壹動耳目聰明, 再動聲音章, 三動皮革光, 四動脊骨强, 五動尻髀方, 六動水道行, 七動志堅以强, 八動志驕以揚, 九動順彼天英, 十動産神明.

【천하지도담天下至道談】이 다섯 자가 한 죽간을 차지하고 있다. 다음 글의 標題일 것이다.
【여수말음如水沫淫】沫은 昧와 통하고, 淫은 浸淫이다. 방중의 도는 물처럼 그윽하고 깊으며 어둡고 浸淫 漫衍하다는 말이다.
【여춘추기如春秋氣】春秋氣란 춥지도 덥지도 않은 中和의 기를 말한다. 옛사람들은 太陰·太陽·中和를 三元의 氣로 삼았다. 태음은 겨울의 氣, 태양은 여름의 氣, 중화는 봄가을의 氣이다.
【내자불도來者弗覩】원문에는 堵이나 睹와도 통한다. 사물의 변화 발전 법칙은 보이지 않는다는 말이다.
【오향기궤吾饗其賞】원문에는 鄕이나 饗과 같다. 누린다는 뜻이다. 賞는 饋로 읽는다. 대자연의 선물을 누린다는 말이다.
【신명지사神明之事】인간의 정기와 신기한 일을 말한다.

【심조옥폐審操玉閉】審은 審愼이라는 뜻이다. 玉은 고대에 생식기를 점잖게 일컫던 말이다. 閉精之道를 삼가하여 함부로 쏟지 않는다는 말이다.
【정영필사精贏必舍】舍는 瀉의 동음 가차자이다. 혹 舍는 捨와 통하여 버린다는 뜻이다.
【포사지시布舍之時 정결위지精缺爲之】補瀉之法을 말한다. 정기의 소모 정도를 보아 해야 한다는 것이다.
【궐고비구闕尻鼻口】闕은 尾骨을 가리킨다. 원문에는 畀이나 鼻이어야 할 것이다. 기를 보하려면 남녀가 다정하게 코·입·볼기를 맞대고 함께 앉아야 한다는 말이다.
【지정至精】眞精, 즉 정액이다.
【능강凌强】강직, 건장이다.
【종이옥천踵以玉泉】원문에는 瞳이나 踵과 통하며, 잇는다는 뜻이다. 玉泉은 혀 밑의 진액이다. 이어서 입안의 진액을 삼켜 보익한다는 말이다.
【음이분방食以芬芳】원문에는 粉放이나 芬芳의 동음 가차이다. 芬芳은 신선한 공기를 가리킨다.
【시영시상侍盈是常】侍는 혹 待로 쓰기도 한다. 정기가 충만한 것을 상규 또는 법도로 삼는다는 말이다. 또 侍는 혹 持로도 된다. 《國語·越語》에 '有持盈'이란 말이 있다. 持는 守이다. 충실하고 왕성한 정력을 늘 유지해야 하다는 뜻이다.
【삼화기지三和氣至】三和氣는 위의 글을 보면 勿困勿窮(육욕에 빠지지 마라), 踵以玉泉(진액을 삼키라), 微入微出(가늘게 내쉬고 길이 들이쉬라). 이 세 가지를 결부시키는 것을 가리킨다.
【밀해기언必害其言】害는 審으로 되어야 할 것이다. 방사 전에 그 절도를 신중히 고려해야 한다는 말이다.
【종이옥폐踵以玉閉 가이일천可以壹遷】壹은 合一이다. 遷은 仙이어야 할 것이다. 이어서 閉精에 유의하여 사정하지 않으면 仙道에 맞게 된다는 말이다. 즉 양생 장수의 도에 맞는다는 것이다.
【일동壹動】원문에는 瞳이나 動을 가리킨다. 즉 성교의 한 회이다.
【순피천영順彼天英】원문에는 天蓋이나 天英이어야 할 것이다. 《십문》에 《壽參日月 爲天地英》이라는 말이 있다. 혹은 天壤, 즉 天地로 될 수도 있다. 천지는 장구하게 존재하는 것이므로, 사물이 오래 가는 것을 비유한다. 이 편의 陽·强·壤은 다 옛 陽韻에 속하며 바로 葉韻이다. 順彼天英은 천지 음양에 순종하면 장수할 수 있다는 뜻이다.
【십동산신명十動産神明】원문에는 十瞳이나 즉 十動이다. 윗 구절의 一動부터

이 十動까지는 다 교합하면서 사정하지 않음을 말했는데, 그렇게 하면 養生 益智의 효과를 본다는 것이다.

　천하의 가장 심오한 방중 양생 원칙과 방법을 논한 학설. 방중지도房中之道는 물처럼 그윽하고 유유하고 펴지며, 봄가을 계절의 중화中和의 기氣처럼 그 묘함을 형언하기 어렵다. 흘러가 버린 사물은 온데간데 없어 우리는 그 이로움을 볼 수 없고, 미래의 사물은 또 가물가물하여 보이지 않지만, 오직 사물의 발전 법칙을 살펴 알아야 그의 선물을 향유할 수 있다.
　아아, 근신해야 한다. 그 신비로운 방중의 일은 정기를 흩어 버리지 않고 가두어 두는 것이 그 관건이다. 폐정지도閉精之道를 조심스럽게 지켜야 비로소 정신과 재지才智가 온다. 무릇 방중 양생에서는 정기를 축적해야 한다. 정기가 충만되면 반드시 배출하고, 정기가 훼손되면 반드시 보익해야 한다.
　정기를 보익할 때는 정기가 훼손된 구체적인 사정을 보아 어떤 대책을 취할 것인가를 결정해야 할 것이다. 그 방법을 말한다면, 남녀가 함께 앉아서 볼기와 넓적다리를 가까이하고, 코와 입을 마주하며 적당한 때에 가서 비로소 교합해야 한다. 만약 법칙없이 이랬다 저랬다 하면 진정眞精이 손실될 것이다. 그렇게 되지 않도록 막을 수 있는가?
　기혈의 허실은 그 법칙이 있는 것이니, 방사에 신중할 것을 잊지 말아야 한다. 방사에 빠지지 않으면 근골이 튼튼해진다. 이어서 혀밑의 진액을 삼키고 신선한 공기를 호흡한다. 호흡 토납吐納은 정기가 충만되는 것을 한도로 적게 들이쉬고 내쉬며, 삼화三和의 기가 오면 신체는 자연히 건장 강건해진다.
　방사하고 싶을 때에는 반드시 그 십동十動의 방법을 신중히 고려하고, 또 정기를 배설하지 않고 가두기에 유의하면 신선의 오래 사는 장생의 도를 터득할 수 있다. 교합 1회에 사정하지 않으면 귀와 눈이 밝아지고, 교합 2회에 사정하지 않으면 음성이 우렁차게 되고, 교합 3회에 사정하지 않으면 피부가 반들반들 윤택이 나게 되고, 교합 4회에 사정하지 않으면 척추가 굳세지고, 교합 5회에 사정하지 않으면 볼기와 넓적다리가 풍만하며 튼튼해지고, 교합 6회에 사정하지 않으면 요도가 막힘없이 통하게 되고, 교합 7회에 사정하지 않으면 의지가 굳세어지고, 교합 8회에 사정하지 않으면 의지가 앙양되고, 교합 9회에 사정하지 않으면 수명이 하늘과 땅처럼 길어지고, 교합 10회에 사정하지 않으면 신지神智가 양성되어 천지 음양을 알게 될 것이다.

【해설】 이상의 내용은 《천하지도담》의 총론으로, 여기서는 중국 방중 양생학이라는 중요한 문제인 "아아, 근신해야 한다. 그 신비로운 방중의 일은 정기를 흩어 버리지 않고 가두어 두는 것이 그 관건이다. 폐정지도閉精之道를 조심스럽게 지켜야 비로소 정신과 재지才智가 옴"을 제기했다. 바로 방사에 신중하고 성욕을 절제하고 정기를 아끼며 지나치게 배설하지 말아야 한다는 것이다. 이것은 중국 방중 양생학의 근본 관점이며, 또 고대 현명한 사람들이 방중 양생술을 연구함에 있어서의 기본 출발점이기도 하다. 이것은 어떤 다른 제멋대로 성욕을 부리고 음탕함을 가르치는 무리들의 견해와는 결코 같지 않은 것이다. 중국 고대 방중술의 정수는 무엇 때문에 그렇게 강대한 생명력을 갖는가? 무엇 때문에 그렇게 금하는 데도 없어지지 않는가 하는 것이다. 바로 거기서 인류의 몸을 기르고 건강을 지키기 위해 이바지하는 것과 제멋대로 성욕을 부리고 음탕함을 가르치는 것과 근본적으로 대립하는 것이다. 내용에서는 다음과 같은 세 가지 문제를 논하고 있다. 첫째는 방사에 신중하여 그 효과와 이로움을 연구하는 것이고, 둘째는 정기를 쌓아 지키는 것이고, 셋째는 대동大動을 잘 살펴 조금도 양생 보건의 종지를 벗어나지 않는 것이다.

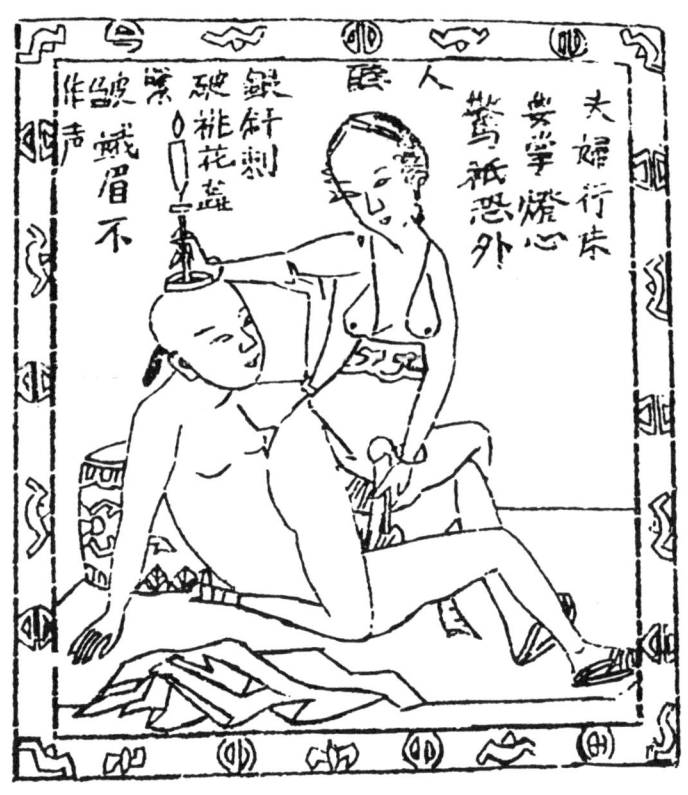

[3-3] 氣有八益，又有七損，不能用八益，去七損，則行年四十而陰氣自半也，五十而起居衰，六十而耳目不聰明，七十下枯上涚，陰氣不用，涘泣流出．今之復壯有道，去七損以振其病，用八益以貳其氣，是故老者復壯，壯者不衰．君子居處安樂，飲食次慾，皮腠曼密，氣血充贏，身體輕利．疾使內，不能道，產病出汗喘息，中煩氣亂；弗能治，產內熱；飲藥灼炙以致其氣，服司以輔其外，強用之，不能道，產痤䐜橐；氣血充贏，九瘳不道，上下不用，產痤疽，故善用八益，去七損，五病者不作．

【기유팔익氣有八益 우유칠손又有七孫】孫은 損의 동음 가차이다. 방중 생활에서 인체(정기)에 보익되는 방법이 여덟 가지가 있고, 인체에 해가 되는 방법 일곱 가지가 있다는 말이다.

【행년사십이음기자반行年四十而陰氣自半】行年은 歷年과 같다. 음기는 인체의 기능을 부단히 감퇴시키는 衰暮의 기를 가리킨다.

【하고상세下枯上涗】涗는 脫이어야 할 것이다. 虛脫이라는 뜻이다.

【음기불용陰氣不用】생리적 기능이 쇠퇴하여 성기관이 발기되지 않기 때문에 방사를 하지 못하는 것을 가리킨다.

【과읍유출淉泣留出】涕泣留出이어야 할 것이다. 涕는 콧물이다. 泣은 눈물이다.

【진기병진기병振其病】振은 《설문》에 의하면 擧救이다. 그 병을 치료한다는 말이다. 여기서는 질환을 예방한다는 뜻이 있다.

【이기기貳其氣】貳는 《설문》에 의하면 副益이다. 여기서 增益·補益의 뜻이 있다. 그 정기를 보익하다는 말이다.

【음식차욕飮食次欲】次는 恣이어야 할 것이다. 恣意라는 뜻이다. 식욕이 왕성하면 마음대로 먹을 수 있다는 말이다.

【피주만밀皮腠曼密】皮膚 肌理가 곱고 세밀하다는 말이다.

【질사내질疾使內 불능도不能道】內는 房內 교합이다. 道는 導와 같다. 막힘없이 통한다는 뜻이다. 교합을 빨리하여 정기가 막힘없이 통하지 못하게 됨을 말한다. 또 도는 원칙, 법도로 새길 수 있다. 그러므로 이 구절은 방실 생활의 원칙과 법도를 지키지 않고 교합을 빨리하면, 반드시 몸에 해롭다는 뜻이다.

【복사服司】司는 食이어야 할 것이다.

【산좌종탁産痤瘇橐】瘇은 腫이어야 할 것이다. 橐은 여기서 陰囊을 가리킨다. 이 구절은 痤癤과 陰囊腫脹 같은 병이 생긴다는 말이다.

【구교불도九竅不道】竅는 竅이어야 할 것이다. 道는 通이다. 九竅가 통하지 않는다는 것을 말한다.

【상하불용上下不用】기혈이 막혀서 上下肢가 마비된다는 말이다.

【오병자불작五病者不作】다섯 가지 병이 생기지 않게 된다는 말이다. 五病이란 위에서 말한 '陰氣自半' '起居衰' '耳目不聽明' '下枯上脫' '涕泣流出' 등 몸이 쇠약해진 다섯 가지 병을 가리키는 것일 터이다. 또 五病은 혹 五臟의 병을 가리킬 수도 있다. 《素問·宣明五氣篇》에 다음과 같은 언급이 있다. "心爲噫 肺爲咳 肝爲語 脾爲呑 腎爲欠爲嚔胃爲氣逆爲噦爲恐 大腸小腸爲泄 下焦溢爲水 膀胱不利爲癃 不約爲遺弱 膽爲怒 是爲五病."

사람의 정기는 그 왕성과 허탈에 팔익八益뿐만 아니라 칠손七損도 있다. 만약 정기를 보익하는 이 여덟 가지 법을 운용하고 정기를 훼손하는 이 일곱 가지 법을 제거하지 않는다면, 사람은 40세가 되면 체내의 생리적 기능이 절반은 감퇴될 것이고, 50세 때에는 기거 행동이 분명하지 못해질 것이며, 60세에는 시력이 나빠지고 청각이 무뎌질 것이고, 70세에는 하체가 마르고 상체가 허탈하여 성기능을 잃고, 눈물·콧물이 함께 흐르게 될 것이다.

건강을 회복하려면 방법도 있다. 즉 칠손을 제거하여 병을 고치고, 팔익을 채택하여 정기를 보익하는 것이다. 그러면 노년은 건강이 회복되고, 장년은 쇠로하지 않게 될 것이다. 수양이 있는 사람은 일상생활을 안정 쾌락하게 하고, 음식을 먹고 싶은 대로 먹어 영양을 섭취함으로써 피부가 곱고 세밀하며 기혈이 충만하고 왕성하며 신체가 민첩하고 활기 있다.

만약 방사에서 법도를 지키지 않고 조급하게 교합을 빨리하면, 병이 나고 몸이 허약해져서 땀이 멎지 않고 숨이 가쁘고 마음이 번민하여 정신이 흐려질 것이다. 만일 제때에 치료하지 않으면 내열증內熱症이 생길 것이니, 약을 먹거나 뜸을 떠서 바른 기운을 회복하고 자양보신하는 약이나 음식을 먹어 체력을 도와야 한다. 만약 법도를 지키지 않고 교합을 강행하면 부스럼 또는 음낭이 붓는 듯한 병이 생길 것이고, 기혈은 충만하나 구교九竅가 통하지 않으면 상하 사지가 마비될 것이고 역시 부스럼과 옹저와 같은 병이 생길 것이다. 그러므로 팔익을 잘 운용하고, 칠손을 잘 제거하면 오허五虛의 병이 생기지 않을 것이다.

[3-4] 八益: 一曰治氣, 二曰致沫, 三曰智時, 四曰畜氣, 五曰和沫, 六曰竊氣, 七曰嬴寺, 八曰定傾.

七損: 一曰閉, 二曰泄, 三曰渴, 四曰勿, 五曰煩, 六曰絶, 七曰費.

【치기治氣】도기導氣 운행하여 정기를 조절한다는 것이다. 방중 기공 도인을 하는 것을 말한다.
【치말致沫】진액을 보낸다는 것이다. 즉 혀밑의 진액을 삼킨다는 것이다.
【지시智時】智는 知이어야 할 것이다. 교접에 가장 알맞은 때를 안다는 말이다.
【축기畜氣】畜은 蓄과 통한다. 정기를 결집 양성함을 가리킨다.
【화말和沫】남녀 쌍방이 입을 맞추고 그 진액을 빤다는 말이다.
【절기竊氣】몰래 가지는 것을 竊이라고 한다. 竊氣는 여기서 정기를 집적함을 가리킨다.
【사영寺嬴】寺는 待 또는 持로 되어야 할 것이다. 嬴은 가득하다는 말이다. 정기가 충만되기를 기다리거나 정기를 가득히 유지한다는 말이다.
【정경定傾】즉 定傾이다. 기울어 넘어지는 것을 안정시키는 것이다. 《國語·越語》에 '夫國家之事 有持盈 有節事 有定傾'이라는 말이 있다. 여기서는 양기의 위축을 방지한다는 뜻으로 차용되고 있다.
【폐閉】精道가 막혀 통하지 않는다는 것이다.
【설泄】교접할 때 땀이 나는 것을 가리킨다.
【갈渴】竭이어야 할 것이다. 정기가 모자라거나 정액이 없어졌다는 뜻이다.
【물勿】뒤의 글에서는 咈이라 썼다. 양기의 위축 때문에 일어나지 않는다는 뜻으로 차용되고 있다.
【번煩】교접할 때 마음이 당황하고 초조 불안하다는 말이다.
【절絶】뒤글의 서술에 의하면, 여자측은 성욕이 없는데 남자측에서 교합을 강행하여, 심신의 건강에 해가 되어 마치 궁지에 빠진 것 같음을 가리키는 것이다.
【비費】교합할 때 너무 급하게 빠르기만 꾀하여, 공연히 정력을 낭비한다는 말이다.

팔익八益이란, 1) 정기를 조절하는 것, 2) 진액이 나오도록 하는 것, 3) 교접에 알맞은 때를 파악하는 것, 4) 정기를 결집 양성하는 것, 5) 음액陰液을 조화시키는 것, 6) 정기를 집적하는 것, 7) 기혈을 가득하게 유지하는 것, 8) 양기의 위축을 방지하는 것이다.

칠손七損이란, 1) 정도精道가 막히는 것, 2) 땀이 줄줄 흐르는 것,

3) 정기가 모자라는 것, 4) 양기의 위축 때문에 일어나지 않는 것, 5) 속이 답답하고 어지러운 것, 6) 궁지에 빠지는 것, 7) 급하게 빠르기만 꾀하여 공연히 정력을 낭비하는 것이다.

【해설】 이 부분은 '팔익'과 '칠손'에 관한 논술이다. 앞의 문장은 먼저 '팔익을 쓰고 칠손을 제거하는' 중요한 의의를 논술하고 있는데, 그렇게 하면 늙은 사람은 다시 젊어지고 젊은 사람은 늙지 않고 다섯 가지 병이 생기지 않지만, 그렇지 않으면 더욱 빨리 늙고 쇠해지며 다섯 가지 병이 생길 수 있다. 다음에는 팔익과 칠손의 구체적인 내용을 나누어 논술하고 있다. 바로 방중 생활 중의 여덟 가지 신체에 유익한 방법과 일곱 가지 신체에 해가 되는 상황이다. 칠손과 팔익에 관한 문제는 《황제내경》에서 이미 제기되었는데, 이 문제는 당시에 상식적인 문제였을 가능성이 있다. 그러므로 경문 가운데 설명을 하지는 않았지만, 후에 봉건 예교에 엄한 질곡과 선비들은 방중 생활의 일을 언급하지 않게 됨에 따라 마침내 이 상식적인 문제가 오묘한 것으로 변했다. 그러나 의학자들의 사명감과 인간의 생사와 연관이 있는 것이었기 때문에 언급하지 않을 수 없었기 때문에, 1천여 년 동안 연구자들이 끊이지 않았으며 많은 주석이 나와 수수께끼를 풀고자 했다. 대부분 남녀 통정通情(2816, 2714)의 세수歲數와 절정絶情의 세수(8864, 7749)에 주의했는데, 《천하지도담》이 출토되자 비로소 이 천고의 현안이 풀릴 수 있었다. 이는 중국 의학사상의 대사건이었다.

팔익과 칠손의 내용을 깊이 있게 이해하기 위해 다음의 문장들을 보기로 한다.

[3-5] 治八益: 旦起起坐, 直脊, 開尻, 翕州, 抑下之, 日治氣; 飮食; 垂尻, 直脊, 翕州, 通氣焉, 日致沫; 先戲兩樂, 交欲爲之, 日知時; 爲而耎脊, 翕州, 抑下之, 日蓄氣; 爲而勿亟勿數, 出入

和洽, 曰和沫; 出臥, 今人起之, 怒擇之, 曰積氣; 幾已, 內脊, 毋動, 翕氣, 抑下之, 靜身須之, 曰待贏; 已而灑之, 怒而舍之, 曰定傾, 此謂八益.

【직척直脊】등을 편다는 뜻이다.
【개고開尻】엉덩이의 힘을 뺀다는 것이다.
【흡주翕州】대변을 참듯이 항문을 오무린다는 것이다. 提肛이라고도 한다. 옛사람들은 이것을 烏鵲橋로 통하고 정관精關을 굳게하는 도인 동작으로 보았다. 州는 竅이다. 즉 항문이다.
【억하지抑下之】원문에는 印이나 抑이어야 할 것이다. 抑下는 밑으로 누른다는 뜻이다. 즉 밑으로 도기導氣하는 것이다.
【음식飮食】여기서는 혀밑의 진액을 삼키는 것을 가리킨다.
【선희양악先戲兩樂】남녀 쌍방이 교접하기 전에 희롱하며 놀아 끈끈하고 연연한 정을 펴서 정이 돈독해지고 정신이 경쾌해지도록 한다는 말이다.
【교욕위지交欲爲之】交는 互·皆이다. 남녀 쌍방이 모두 성 충동이 일어나 교합할 욕망이 생긴 뒤에야 비로소 교합할 수 있다는 말이다.
【위이연척爲而耎脊】耎은 軟이다. 교합할 때 허리와 등 부위를 늦추어야 한다는 말이다.
【물극물수勿亟勿數】數는 速이다. 교합할 때 거칠거나 조급하게 해서는 안 되며, 경솔하게 빠르기만 추구해서는 안 됨을 말한다.
【노택지怒擇之】怒는 음경이 발기되는 것이다. 擇은 釋이어야 할 것이다. 포기하다라는 뜻이다. 사정한 후 음경이 아직 굳셀 때 빼내야 한다는 말이다.
【기이幾已】방사가 곧 끝남을 가리킨다.
【내척內脊】즉 納脊이다. 교합할 때 심호흡을 하여 기를 받아들이고 등으로 운행시킨다는 말이다.
【수須】기다린다는 뜻이다.
【이이쇄지已而灑之】已는 방사가 끝났음을 가리킨다. 灑는 落·滌이다. 방사가 끝나면 나머지 정액을 말끔히 떨어 버리거나 씻어 버리는 것이 좋다는 뜻이다.
【노이사지怒而舍之】'怒釋之'와 뜻이 같다. 즉 음경이 아직 발기하고 있을 때 그만둬야 한다는 것이다.

팔익八益은 이렇게 수련한다.

이른 아침에 일어나 앉아서 등을 쭉 펴고 둔부를 늦추고 항문을 오무리고 밑으로 도기한다. 이것을 치기治氣라 한다.

　혀밑의 진액을 삼키고 둔부를 곧추세워 단정히 앉아 등을 쭉 펴고 항문을 오므려 도기함으로써 기가 전음前陰에 이르게 한다. 이것을 치말治沫이라고 한다.

　교합하기 전에 남녀 쌍방이 희롱하며 놀아 피차 정이 맞고 강렬하게 일어났을 때 교합한다. 이것을 지시知時라고 한다.

　교합할 때는 등을 푹 늦추고 항문을 오므려 기를 거두고 밑으로 도기한다. 이것을 축기蓄氣라고 한다.

　교합할 때 조급해서 난폭하고 빠르기만 꾀하지 말고 가벼이 부드럽게 꽂았다 뺐다 한다. 이것을 화말和沫이라고 한다.

　정액이 사출되면 부추김을 받아 몸을 일으키며 음경이 아직 발기해 있을 때 빨리 교접을 끝낸다. 이것을 적기積氣라고 한다.

　방사가 끝날 무렵에 기를 받아들여 등으로 운행시키고 교합 행위를 정지하며, 하늘의 정기를 빨아 당겨 밑으로 도기하고 조용히 기다린다. 이것이 정액을 가득하게 유지하는 것이라 한다.

　방사가 끝나면 나머지 정액을 말끔히 떨어 버리고 음부를 깨끗이 씻으며, 음경이 아직 발기되어 있을 때 빼낸다. 이것을 정경定傾이라고 한다.

　위에서 말한 것들을 팔익이라 한다.

【해설】 여기서는 점차 팔익의 구체적인 방법을 소개하고 있는데, 특히 다음과 같은 몇 가지 관점에 주의해야 한다. 첫째 평상시에는 방중 기공 조련하여 정기를 축적하고 기르며, 둘째 행위 전에 충분한 전희를 하여 쌍방이 모두 강렬한 성욕을 일으켜야 하며, 셋째 교합에서는 적당한 때에 멈추고 제멋대로 정력을 낭비하여 지나치게 사정하지 말아야 하며 음경이 발기하여 다시 살아나고 죽게 해서는 안 된다. 이러한 논술은 방

중 보건에 의의가 있다.

[3-6] 七損: <u>爲之而疾痛, 曰內閉</u>; <u>爲之出汗, 曰外泄</u>; <u>爲之不已, 曰竭</u>; <u>臻欲之而不能, 曰弗</u>; <u>爲之喘息中亂, 曰煩</u>; <u>弗欲强之, 曰絶</u>; <u>爲之臻疾</u>, 曰費, 此謂七損. 故善用八益, 去七損, 耳目聰明, 身體輕利, <u>陰氣益强</u>, 廷年益壽, 尻處樂長.

【위지이질통爲之而疾痛 왈내폐曰內閉】교합할 때 남녀가 음부에 동통이 있거나 정도가 막혀서 통하지 않고, 심지어 정액이 없기 때문에 내폐라고 한다는 말이다.
【위지출한爲之出汗 왈외설曰外泄】교합할 때 땀이 줄줄 흐르거나, 땀이 날 때 교합하여 정기가 땀을 따라 배설된다는 말이다.
【위지불이爲之不已 왈갈曰竭】방사를 절제하지 않으면 정액이 모두 소모되어 없어진다는 말이다.
【진욕지이불능 秦欲之而不能 왈불曰弗】秦은 臻이어야 할 것이고, 이른다는 말이다. 弗은 巾이 붙었고 음은 불이다. 《玉篇》에 의하면 韜髮이다. 그런데 弗은 머리를 덮는 천 또는 머리를 싸는 그물 같은 것인데, 대개가 견직물이어서 부드럽다. 여기서는 양기의 위축陽萎으로 인하여 일어나지 않는 것을 묘사하고 있다. 이 구절은 성교하고 싶은데 양기의 위축 때문에 하지 못하는 것을 弗이라고 한다는 말이다.
【위지천식중난爲之喘息中亂 왈번曰煩】교합할 때 숨이 가쁘고 마음이 산란하여 답답하고 초조한 것을 煩이라고 한다는 말이다.
【불욕강지不欲强之 왈절曰絶】여자에게 성적 욕구가 전혀 없을 때 남자가 교합을 강행하면, 쌍방 특히 여자의 심신 건강에 대단히 해로우며 궁지에 빠진 것 같기 때문에 絶이라고 한다는 말이다.
【진질臻疾】원문에는 秦이나 臻 또는 泰이어야 할 것이다. 臻疾은 즉 太疾로, 교합을 너무 다급하게 함을 가리킨다.
【음기익강陰氣益强】성기관이 쇠하지 않고, 그 기능이 날로 증강됨을 가리킨다.

이른바 칠손七損에는 다음과 같은 일곱 가지 정형이 포함된다.
교합할 때 남자의 음경에 동통이 있거나 여자의 음문에 동통이 있는 것을 내폐內閉라고 한다.

  교합할 때 땀이 그냥 줄줄 흐르는 것을 양기 외설外泄이라고 한다.

  방사를 절제하지 않아 정기가 모두 소모되는 것을 갈竭이라고 한다.

  교접하려고 할 때 양위 때문에 일어나지 않는 것을 불帶이라고 한다.

  교합할 때 마음이 산란하며 숨이 가쁜 것을 번煩이라고 한다.

  여자측은 성욕이 조금도 없는데 남자가 교합을 억지로 하여, 땀이 빠지고 기가 적어지며 속에 열이 나고 눈이 어두워져 마치 궁지에 빠진 것 같은 것을 절絶이라고 한다.

  교합할 때 너무 조급하게 하여 마음도 유쾌하지 못하고 몸도 전혀 보익되지 못하며 공연히 정력만 낭비하는 것을 비費라고 한다.

  이상의 것들을 가리켜 칠손이라고 한다. 그러므로 팔익을 능란하게 운용하고 칠손을 잘 제거하는 사람은 자연히 귀와 눈이 밝고 신체가 경쾌하고 편안하며 생리적 기능이 날로 증강되어, 반드시 해마다 수명이 길어지고 생활이 안정되고 즐거워 오래오래 원만하고 행복하게 살아갈 것이다.

【해설】이 내용은 방실 생활 중의 소위 칠손에 관한 설명으로, 심신에 해로운 일곱 가지 상황, 즉 일곱 가지 방법을 열거하고 있다. 방실 생활이 비록 부부를 화목하고 흡족하게 하며 마음을 즐겁게 하여 감정을 증진시키는 작용을 하지만, 만약 위에 열거한 일곱 가지 해가 되는 상황을 범한다면 종종 일이 바라는 바와 어긋나 그 반대의 상황이 되거나 또는 질병을 부르게 되므로, 양생 보건의 과학적인 의의에서 말한다면 이 칠손설은 오히려 사람들에게 방실사에는 당연히 일종의 엄숙성을 갖도록 하며 방실 생활에서는 양생 보건이라는 중요한 원칙에 복종하도록 한다. 그러므로 본서에서는 다시 팔익을 쓰고 칠손을 제거하고 방사를 절대 어린아이 장난으로 보아서는 안 됨을 강조한다. 이렇게 해야 부부가 천륜의 즐거움을 누리고 또 갈수록 장수하는 효과를 거둘 수 있다는 것이다.

[3-7] <u>人産而所不學者二</u>, 一曰息, 二曰食. 非此二者, 無非學與<u>服</u>. 故<u>貳生者食也</u>, 損生者色也, 是以<u>聖人合男女必有則也</u>.

【인산이불학자이人産而不學者二】사람이 나서 배우지 않아도 할 줄 아는 일이 두 가지 있다는 것이다.
【복服】事・用・習이다. 여기서는 연습・실천이라는 뜻이다.
【이생자식야貳生者食也】생명 건강에 유익한 것은 음식이라는 것이다. 貳는 《설문》에 의하면 副益이다.
【성인합남녀필유칙야聖人合男女必有則也】양생의 도를 아는 사람은 방중 생활에서 원칙과 법도를 꼭 지킨다는 것이다.

사람이 나서 배우지 않아도 할 줄 아는 일이 두 가지 있으니, 하나는 숨쉬는 것이고, 다른 하나는 먹고 마시는 것이다. 이 두 가지를 제쳐 놓고는 아무 일이나 배우지 않고 실행해 보지 않고 저절로 아는 법이 없다. 그러므로 신체 건강에 유익한 것은 음식이고, 수명에 손상을 주는 것은 색을 탐하는 것이다. 따라서 양생의 도를 아는 사람은 방중 생활에서 일정한 원칙과 법도를 꼭 지킨다.

【해설】 이 내용은 상술한 내용의 원칙적인 소결론, 즉 양성 생활에서는 팔익을 쓰고 칠손을 제거해야 하는 것일 뿐만 아니라, 또한 다음 문장에서 인용한 말, 즉 독자에게 제시한 것이기도 하다. 다음 문장에서는 양성 교합의 몇 가지 구체적인 방법과 원칙을 소개하기로 한다.

[3-8] <u>故</u>: 一曰虎流, 二曰蟬附, <u>思外</u>, 三曰尺蠖, 四曰<u>麕暴</u>, 五曰蝗磔, 息內, 六曰<u>猨居</u>, 思外, 七曰瞻諸, 八曰<u>兔鶩</u>, 九曰蜻蛉, 思外, 十曰魚嘬, 此謂十勢.
一曰致氣, 二曰定味, 三曰治節, 四曰勞實, 五曰必時, 六曰<u>通才</u>, 七曰微動, 八曰待盈, 九曰齊生, 十曰息形, 此謂十脩.
一曰<u>高之</u>, 二曰下之, 三曰左之, 四曰右之, 五曰深之, 六曰淺之, 七曰疾之, 八曰徐之, 此謂八道.
十脩旣備, 十勢豫陳, <u>八道雜</u>, <u>接形以昏</u>. 汗不及走, <u>遂氣血門</u>, <u>翕咽搖前</u>, 通脈利筋. 乃察八動, 觀氣所存, 乃知五音, 孰後孰先.

【고故】 이 자는 원래 죽간의 윗단 끝에 있었는데, 글의 뜻을 보아 이 단 첫머리로 옮겨왔다.
【호유虎流】《合陰陽》에는 虎游로 되어 있다. 범의 동작을 모방하여 방중 기공 도

인을 하거나, 그것을 교합 동작으로 한다는 것이다.

【선부蟬附】 매미처럼 붙는다는 것이다.

【사외思外】 息外이어야 할 것이다. 아래 구절의 息內와 상대된다. 외부의 기운을 빨아당기는 것을 가리킨다.

【척한尺蠖】《합음양》에는 斥蠖으로 되어 있다. 즉 尺蠖, 자벌레이다.

【균국䉒𥰭】 원문에는 困이나 䉒과 같고, 또 麇이라고 쓰기도 한다. 노루이다. 𥰭은 음이 局, 뜻은 擧이다. 노루가 뿔로 치받는 것을 모방한 동작을 말한다.

【황책黃磔】 원문에는 黃이나 《합음양》에는 蝗磔으로 되어 있다. 그 주를 참조하라.

【원거猨居】 원문에는 爰이나 《합음양》에는 爰據로 되어 있다. 그 주를 참조하라.

【첨제瞻諸】 瞻이나 詹이어야 할 것이다. 즉 蟾蠩이다. 《합음양》의 주를 참조하라.

【토목兔鶩】 원문에는 務이나 鶩이어야 할 것이다. 《합음양》에는 兔鶩으로 되어 있다. 그 주를 참조하라.

【청령蜻靈】 원문에는 靑이나 蜻이어야 할 것이다. 《합음양》에는 靑令으로 되어 있다. 즉 蜻蛉이다. 그 주를 참조하라.

【어최魚嘬】 원문에는 族이나 《합음양》에는 魚嘬로 되어 있다. 고기가 미끼를 무는 것 같은 모양이다.

【정미定味】 입안의 진액을 가리킨다. 또 味는 沫의 오자가 아닌가 의심된다.〈팔익八益〉에서 말한 '致沫' '和沫'과 뜻이 비슷하다.

【치절治節】 관절을 움직여 온몸의 혈기를 조화시키는 것이다. 또 節은 혹 음경을 가리키기도 한다. 治節은 곧 음경으로 도기 운행시키는 것이다.

【노실勞實】 穀實이어야 할 것이다. 즉 공알이다.

【통재通才】 才는 草木이 처음 만난 것이다. 여기서는 처음이라는 말이다. 通才는 교합하기 시작하는 것이다.

【제생齊生】 齊는 濟이어야 할 것이다. 양생에 유익하다는 말이다.

【식형息形】 즉 교합을 그치고 심호흡을 하면서 몸을 쉬는 것이다.

【고지高之】《합음양》에는 上之로 되어 있다. 그 주를 참조하라.

【팔도잡八道雜】 雜자 뒤에 한 글자가 빠진 것 같은데, '八道雜列' 또는 '八道雜之'나 '八道雜陳'이어야 할 것이다.

【접형이혼接形以昏】 교합은 밤에 해야 한다는 말이다.

【수기혈문邃氣血門】《합음양》에는 《邃氣宗門》으로 되어 있다. 邃는 通이다. 血門은 기혈의 문인데, 여기서는 음부를 가리킨다. 이 구절은 기혈의 문호가 막힘 없이 잘 통하게 한다는 말이다.

【흡인요전翕咽搖前】 숨을 죽이고 전신을 요동하는 기공 동작을 가리킨다.

그러므로 방사의 방법은 다음과 같다. 1) 범이 걷거나 뛰어 오르듯이 한다. 2) 매미가 붙듯이 하며 외기外氣를 빨아당긴다. 3) 자벌레가 나무에서 구불구불 기듯이 한다. 4) 노루가 뿔로 치받듯이 한다. 5) 수리나 봉황이 날개를 펴듯이 하며, 내기內氣를 고요히 간직한다. 6) 원숭이가 기어오르고 쪼그리고 앉듯이 하며 외기를 빨아당긴다. 7) 두꺼비가 숨을 들이쉬거나 뛰듯이 한다. 8) 토끼가 치닫듯이 한다. 9) 잠자리가 날듯이 하며 외기를 빨아당긴다. 10) 고기가 미끼를 물듯이 한다. 이상이 방중 기공 도인 또는 남녀 교합의 10대 자세인데, 십세十勢라고 한다.

1) 도기導氣한다. 2) 입안의 진액을 삼킨다. 3) 기혈을 조화시키며 음경에로 도기한다. 4) 공알을 어루만진다. 5) 교합하는 데 알맞은 때를 찾는다. 6) 교합을 시작한다. 7) 동작을 가볍고 부드럽게 천천히 한다. 8) 정기가 가득 차기를 기다린다. 9) 숨을 들이쉬어 양생한다. 10) 동작을 정지하고 심호흡을 하면서 진기眞氣를 고요히 지킨다. 이러한 것을 10수十修라고 한다.

무릇 교합 동작을 1) 좀 높게 한다. 2) 좀 낮게 한다. 3) 음도 왼쪽을 마찰한다. 4) 음도 오른쪽을 마찰한다. 5) 깊이 찌른다. 6) 얕게 찌른다. 7) 좀 빨리 뺐다 꽂았다 한다. 8) 좀 천천히 뺐다 꽂았다 한다. 이런 것을 팔도八道(팔동八動)라고 한다.

십수가 구비되면 십세를 즐거이 취하고 팔도를 함께 쓰며, 교합은 밤에 한다. 땀이 막 나고 기혈이 음부로 흘러들면 숨을 죽이고 전음前陰을 흔든다. 그러면 근맥筋脈이 막힘없이 잘 통하게 된다. 그런 다음에 팔동에 대한 반응과 정기 보존 상황을 살피고, 여자가 쉬는 다섯 가지 한숨 소리를 들어보면 방사를 앞당겨 끝내야 할 것인가, 아니면 미루어 끝내야 할 것인가를 알 수 있다.

【해설】여기서 열거한 십세·십수·팔도는 방사 생활 중의 동작 기교와

관련된 묘사인데, 방실 생활이 심신의 건강에 유익하고 건강하고 장수할 수 있도록 하는 데에 그 의미가 있다. 그 가운데 생물의 동작을 모방한 묘사는 고대인의 방중 양생에 대한 일을 반영하고 있는데, 관찰과 연구가 깊이 있고 세밀하다.

[3-9] 八動: 一曰接手, 二曰伸肘, 三曰平踊, 四曰直踵, 五曰交股, 六曰振動, 七曰側鉤, 八曰上鉤.

五音: 一曰喉息, 二曰喘息, 三曰累哀, 四曰疢, 五曰齕, 審察五音, 以知其心; 審察八動, 以知其所樂所通.

接手者, 欲腹之傳; 伸肘者, 欲上之麻且距也; 側勾者, 旁欲摩也, 交股者, 刺太過也; 直踵者, 深不及; 上鉤, 不下及心也; 平踊, 欲淺; 振動者, 至善也, 此謂八觀.

氣上面熱, 徐昫; 亂堅鼻汗, 徐抱; 舌薄而滑, 徐傳; 下液股濕, 徐操; 嗌乾咽唾, 徐撼, 此謂五徵; 此謂五慾, 微備乃上.

怒而不大者, 膚不至也; 大而不堅者, 筋不至也; 堅而不熱者, 氣不至也; 三至乃入. 壹已而清涼出, 再已而臭如靡骨, 三已而燥, 四已而膏, 五已而薌, 六已而精如黍梁, 七已而潝, 八已而脂, 九已而膩, 十已而迄, 迄而復滑, 朝氣乃出.

一曰笄光, 二曰封紀, 三曰澗瓠, 四曰鼠婦, 五曰谷實, 六曰麥齒, 七曰嬰女, 八曰反去, 九曰何寓, 十曰赤繾, 十一曰赤殹九, 十二曰磧石, 得之而勿釋, 成死有簿, 走理毛, 置腰心, 脣盡白, 汗流至膕, 無數以百.

【상구上鉤】 원문에는 롯이나 鉤여야 할 것이다. 발로 사람을 위로 끌어당기는 것이다. 이 구절 위에서 말한 接手·神·平踊·直踵·交服·振動·側鉤 등은 모두 교접 동작의 구체적 묘사인 것이다.

【교설嚙齧】《설문》에 '嚙齒相切也'라고 하였다. 단옥재의 주를 보면, 아랫니 윗니를 서로 가는 것이다. 갈면 소리가 나므로 《三蒼》에 '嚙鳴齒也'라 하였다고 했다. 여기서는 입을 맞추거나 이를 가는 소리를 가리킨다.
【마차거야麻且據也】麻는 摩이어야 할 것이다. 距는 持이다. 교합할 때 오래 마찰하려고 한다는 말이다.
【삼지내입三至乃入】세 가지가 다 구비되어야 교합할 수 있다는 말이다.
【대체大滯】《합음양》에는 運로 되어 있다. 여기서는 膠着·持久의 뜻이 있다.
【조기내출朝氣乃出】《합음양》에는 《淸凉復出》로 되어 있다. 아침 공기는 신선하여 정신이 난다는 말이다. 여기서는 적당한 정도의 방중 생활은 보익의 효험을 볼 수 있음을 묘사한 것이다.
【계광笄光】즉 金鉤이다. 笄光과 金鉤는 雙聲 通假로, 옛날에는 모두 母字에 속했다. 《소녀경》에 '上築金鉤'라는 말이 있다. 金鉤는 陰道口 또는 陰道 前庭을 가리킨다.
【봉기封紀】즉 玉門, 역시 陰戶이다.
【간호澗瓠】즉 玄輔이다. 陰阜 또는 陰道 前庭을 가리킨다.
【서부鼠婦】혹은 臭婦라고도 한다. 陰道口 또는 공알을 가리킨다.
【곡실谷實】즉 공알이다.
【맥치麥齒】즉 음도구의 처녀막이다.
【영여嬰女】음도 안의 後穹窿을 가리킨다.
【반거反去】去는 阹이어야 할 것이다. 《설문》에 의하면 산골짜기를 말과 소의 외양간으로 만든다는 것이다. 여기서는 음도 내의 좌우 穹窿을 가리킨다.
【하우何寓】《醫心方》 권38에 의하면, 丹穴 또는 幽谷이라고 했다. 음도 穹窿을 가리킨다.
【적수赤繻】즉 단혈이다.
【적시구赤豉九】豉는 즉 豉이다. 九자는 쓸데없이 낀 글자이다. 赤豉는 赤珠로, 음도 궁륭 내의 子宮頸口를 가리킬 것이다.
【조석碔石】즉 《玉房秘訣》에 나오는 昆石이 아닌가 생각된다. 음도 後穹窿과 直腸·子宮의 오목한 데가 이어진 곳이다.
【득지이물석得之而勿釋】방붕 보익을 얻으려면 아무렇게나 버리지 말라는 것이다.
【성사유박成死有薄】《합음양》에는 '成死爲薄'으로 되어 있다. 그 주를 참조하라.
【주리모주리모 치요심置腰心】피부 肌腠에로 도기 운행하고, 나아가 腰身과 내장에 이르러야 한다는 말이다.
【한류지괵汗流至膕】膕은 오금이다. 성교로 땀이 나서 오금 부위로 흐른다는 말

이다.

【무수이백無數以百】 교합에서 뺐다 꽂았다 하는 횟수가 이미 수백 번에 달하였다는 말이다.

    이른바 팔동八動이란, 1) 손을 맞잡아 껴안는 것, 2) 팔을 펴는 것, 3) 몸을 평평하게 흔드는 것, 4) 다리를 뻗는 것, 5) 넓적다리를 교차하는 것, 6) 온몸을 들먹이는 것, 7) 발을 들어 측면으로부터 사람을 끌어당기는 것, 8) 발을 들어 위로 사람을 끌어당기는 것이다.
    이른바 오음五音이란 1) 입을 벌려 숨쉬는 것, 2) 거친 숨찬 소리를 내는 것, 3) 애쓰는 한숨 소리를 내는 것, 4) 입김을 내부는 것, 5) 입을 맞추며 문지르는 것이다. 상술한 오음을 자세히 들어 여자의 심리 상태를 이해하고, 팔동을 자세히 살펴 여자의 성충동에서 일어나는 반응과 그 성욕의 발전 정도를 이해한다.
    두 팔로 남자를 껴안는 것은 배를 서로 붙이려는 것이다. 팔을 펴는 것은 윗도리를 오래 마찰하여 음부를 자극하려는 것이다. 발을 들어 측면으로부터 사람을 끌어당기는 것은 음호 양쪽을 마찰하라는 것이다. 넓적다리를 교차하는 것은 아주 깊이 찌르기 때문이다. 다리를 뻗는 것은 교합의 심도가 부족하기 때문이다. 다리를 들어 사람을 위로 끌어당기는 것은 교합이 음도의 궁륭 깊은 곳까지 이르지 못하였기 때문이다. 몸을 평평하게 흔드는 것은 얕게 쑤셔 주었으면 하는 것이다. 온몸을 들먹이는 것은 교합의 효과가 가장 좋은 반응이다. 이런 것을 팔관八觀이라고 한다.
    여자는 정기가 위로 올라와서 얼굴에 열이 나면 서서히 숨을 내쉰다. 여자의 젖꼭지가 일어서고 코에 땀이 나면 천천히 끌어안아야 한다. 설태가 담담하고 혓바닥이 미끌미끌하면 서서히 서로 다가가 붙어야 한다. 여자의 음액이 넓적다리까지 흐르면 서서히 동작해야 한다. 여자가 목이 말라 침을 자꾸 삼키면 서서히 흔들어야 한다. 이런 것을 오징五徵이라 하며 오욕五欲이라고 한다. 이런 특징이 모두 나타난 뒤에야 비로소 정식으로 교합할 수 있다.

　음경이 일어나기는 했지만 크지 않은 것은 기기肌氣가 이르지 못하였기 때문이다. 일어나고 크기도 하지만 굳세지 않은 것은 근기筋氣가 이르지 못하였기 때문이다. 굳세기는 하지만 따뜻하지 못한 것은 신기神氣가 이르지 못하였기 때문이다. 이 세 기가 일제히 와야만 교합할 수 있다. 교구 제1회에 곧 시원한 느낌이 생긴다. 교구 제2회에는 뼈를 끊이는 듯한 냄새가 난다. 교구 제3회에는 타고 지린 냄새가 난다. 교구 제4회에는 음부에서 기름 같은 것이 분비된다. 교구 제5회에는 벼·보리 같은 향긋한 냄새가 난다. 교구 제6회에는 사출한 정액이 좁쌀죽 같다. 교구 제7회에는 교착되어 오래 지탱할 수 있다. 교구 제8회에는 음부의 분비물이 진한 기름 같다. 교구 제9회에는 분비물이 찐득찐득하다. 교구 제10회에는 고조에 이른다. 고조가 지나간 후에 또 윤활해지고 인체를 보익하는 시원한 기가 생긴다(여자의 음도는 여러 부위로 나눌 수 있고, 교합할 때 각 부위의 민감도도 다르다).

　1은 궤광筓光, 즉 금구金鉤이다. 다시 말하면 음도구 또는 음도 전정前庭이다. 2는 봉기封紀, 즉 대소 음순이다. 3은 간호澗瓠, 즉 현보玄輔이다. 다시 말하면, 음부陰阜 또는 음도 전정이다. 4는 서부鼠婦, 즉 臭鼠이다. 음도구 또는 공알을 가리키기도 한다. 5는 곡실谷實, 즉 공알이다. 6은 맥치麥齒, 즉 처녀막이다. 7은 孀女이다. 음도 내의 후궁륭을 가리킨다. 8은 반거反去이다. 음도의 좌우 궁륭을 가리키는 것일 것이다. 9는 하우何寓, 즉 음도 내의 궁륭이다. 10은 적수赤繖, 즉 단혈이다. 역시 음도 안의 궁륭을 가리킨다. 11은 적시赤豉, 즉 적주赤珠이다. 음도 궁륭 안의 자궁경을 가리킨다. 12는 조석磧石, 즉 곤석昆石이다. 음도 궁륭과 자궁·직장이 이어진 오목한 곳을 가리키는 것이겠다. 방중 보익 기회가 오면 그것을 놓치지 말며,

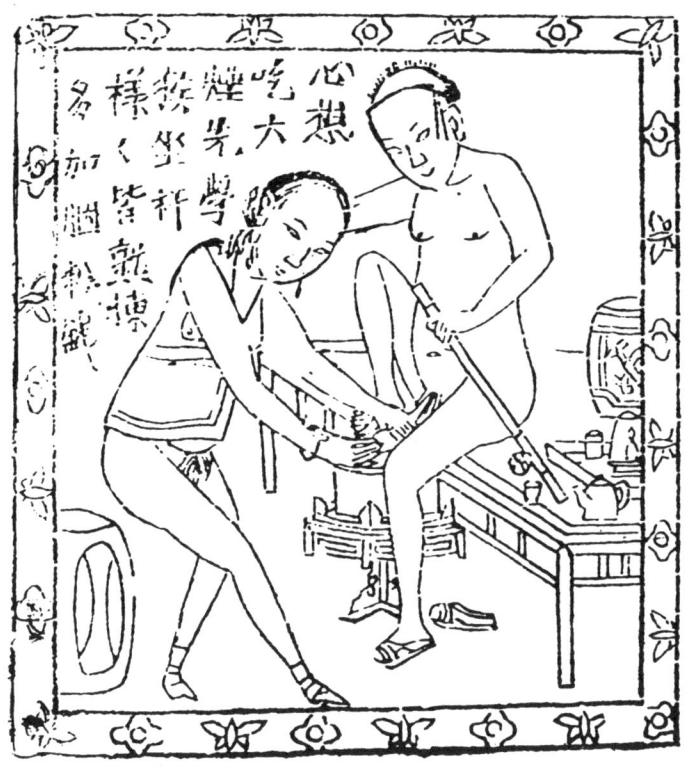

음경이 위축되고서 교합을 그만두면 해롭다. 피부 기주에 도기 운행하고 다시 허리와 내장으로 이끌어 가며 입술이 하얘지고 땀이 오금까지 흐르고 교합에서 1백 번 이상 뺐다 꽂았다 하면, 최대수에 이르렀다고 할 수 있다.

【해설】이 부분의 내용은 방중술의 구체적인 설명인데, 그 내용은 팔동·오음·오징·오욕·십이가 있고, 또 음도의 각 부위의 구체적인 묘사도 있다. 어떤 내용들은《합음양》과 대체로 같은데, 약간의 차이도 있다. 그 중 음도 분비물의 상황과 성자극의 관계 및 각 부위와 성자극의 관계에 관한 이러한 것들은, 모두 인류의 성의학과 성문화의 최초의 연

구성과로, 중요한 공헌을 했다. 음도 12해부 부위에 대해서는, 어떤 것은 이름은 다르나 실제는 같은 것도 있다. 그러나 2천수백 년 이전에 이와 같은 세밀한 연구가 있었다는 것은, 매우 대단한 것임에 의심할 수 없다.

[3-10] 人人有善者, 不失女人, 女人有之, 善者獨能, 毋予毋治, 毋作毋疑, 必徐以久, 必微以持, 如已不已, 女乃大怡. 喉息, 下咸土陰光陽; 喘息, 氣上相薄, 自窘張; 纍哀者, 尻彼疾而動封紀; 吙者, 鹽甘甚而痒乃始; 嚙者, 身振寒; 置已而久. 是以雄牡屬爲陽, 陽者外也; 雌牝屬爲陰, 陰者內也. 凡牡之屬摩表, 凡牡之屬摩裡, 此謂陰陽之數, 牝牡之理, 爲之弗得; 過在數已. 姆樂之要, 務在遲久. 苟能遲久, 女乃大喜, 親之兄弟, 愛之父母, 凡能此道矣, 命曰天土.

【인인유선자人人有善者】人자 하나가 쓸데없이 더 끼어들었다. 여기서는 방사를 잘 처리하는 사람이라는 뜻이다.
【부실여인不失女人】失은 先이어야 할 것이다. 不先女人은 즉 여자가 성충동이 일어나기 전에 교합해서는 안 된다는 것이다.
【무여무치毋予毋治】予는 豫이어야 할 것이다. 유예한다는 뜻이다. 방사는 유예도 하지 말고 황급하게도 하지 말아야 한다는 것을 말한다.
【무작무의毋作毋疑】방사에 있어서는 너무 흥분하여도 안 되고, 너무 망설여도 안 된다는 말이다.
【필서이구必徐以久 필미이지必微以持】교합에서는 동작을 조급하고 난폭하게 하지 말고, 반드시 천천히 또 오래 그리고 가볍게 또 지속적으로 해야 한다는 말이다.
【여내대이女乃大台】台는 怡이어야 할 것이다. 기쁘다는 뜻이다. 교합을 오래하면 여자가 몹시 좋아한다는 말이다.
【토음광양土陰光陽】土는 吐와 통한다. 《합음양》에 土捐陽이라는 말이 있는데, 土를 出로 새겼다. 그래도 통한다. 光은 充이라는 뜻이다. 음기를 배출하고, 양기를 충실하게 함을 말한다.

【기상상박氣上相薄】교접할 때 성적 흥분 때문에 숨이 가쁘고 기가 위로 치민다는 말이다.
【자궁장自窘張】窘은 宮자가 아닌가 생각된다. 여자가 성충동 때문에 음문이 절로 열린다는 말이다.
【고피질내동봉기尻彼疾而動封紀】彼는 頗가 아닌가 생각된다. 動은 庶이어야 할 것이다. 封紀는 음호이다. 이 구절은 둔부 동작이 상당히 빨라 음문을 충격함을 말한다.
【염감심이양내시鹽甘甚而痒乃始】鹽은 艶으로 읽어야 할 것이다. 이 구절은 온몸이 대단히 쾌적함을 느끼면서 성교의 쾌감이 생기기 시작한다는 말이다.
【진한振寒】振撼이라고 하는 것과 같다.
【범모지속비표凡牡之屬靡表】靡는 摩이어야 할 것이다. 雄性은 교합할 때 陰器의 겉만 마찰한다는 것이다.
【위지불득爲之弗得 과재수이過在數已】已는 以와 통한다. 用이라는 뜻이다. 교합할 때 음경이 발기되지 않는 것은, 방사에 절도가 없이 교합을 너무 많이 해서 탈이 났음을 가리킨다.
【남악지요娚樂之要】娚은 즉 㜮이다. 음은 뇨이고 뜻은 남녀가 서로 희롱하는 것이다. 남녀 교합의 요령이라는 말이다.
【천사天士】방중 양생을 정말 아는 사람을 가리킨다.

　방사에 능한 사람은 여자가 성충동이 일어나기 전에는 절대 교합하지 않는다. 여자에게 성욕이 생기면 고명한 사람은 그 기회를 파악한다. 미루지도 않고 황급하게 하지도 않으며, 과분하게 충동하지도 않고 미심쩍어 망설이지도 않는다. 교합 동작은 천천히 하며, 오래 한다. 그만두는 것처럼 하다가 또 계속하곤 하여야 여자가 더없이 좋아한다.
　입을 벌려 숨을 쉬고 하체를 흔들며 끊임없이 음기를 뱉고 양기를 충실히 한다. 숨을 가쁘게 쉬며 기를 위로 올라가도록 하고, 음호가 저절로 벌어진다. 고된 숨소리를 내고 엉덩이를 빨리 흔들면서 음호를 강하게 충격하여 달라는 욕망이 생긴다. 입김을 후우 하고 내부는 것은 대단히 좋고 교합의 쾌감이 생기기 시작해서 그러는 것이다. 여자가 주동적으로 입을 맞추며 몸을 들먹이는 것은 교합이 오래 지탱 되기를 바라서이다.

그러므로 웅성雄性은 다 양에 속하고 양은 주외主外하며, 자성雌性은 모두 음에 속하고 주내主內한다. 무릇 웅성은 교합할 때 생식기의 겉을 마찰하고, 무릇 자성은 교합할 때 생식기의 속을 마찰한다. 이것을 음양 교합의 법칙, 남녀 배합의 이치라고 한다. 교합할 때 음경이 발기되지 않는 것은, 교합 횟수가 너무 많았던 탓이다.

남녀 교합에서 즐거움을 보는 요령은 교합 시간을 반드시 오래 지속시키는 것이다. 오래 지속하면 여자는 몹시 좋아하고 형제보다 더 친하게 대하며 부모보다도 더 사랑한다. 이 이치를 잘 아는 사람이면 '천사天士'라 이름할 수 있다.

【해설】이 부분은 교합 과정중에 여성의 성욕 정서를 충분히 살피고, 여성측을 교합중에 흥분시켜 끊임없이 고조에 오르도록 해야 함을 논하고 있다. 이는 저 지나치게 사정하는 것과 더불어 여자를 욕망의 배설 기기로 보는 것인데, 단지 자신의 쾌락만을 도모하는 호색한들의 행동과는 분명히 다른 것이다. 이러한 여자에 대한 애호는 고대에서 취하기 힘든 행동인데, 내용 중에 또 음경 위축은 도에 넘치게 욕망을 추구하고 교합을 너무 많이 하는 과실 때문에 생긴 것이라고 일차 지적했고, 다음으로 성욕을 절제하고 방중 법도를 준수하여 방실 생활을 부부 화합과 양생 보건의 역할을 한다는 기본 사상을 펴고 있다.

四. 素女經 혹은 玄女經

《소녀경》 한 권과 함께 《현녀경》은 산실된 저작이다. 진쯥나라 때 갈홍葛洪의 《포박자抱朴子·하람遐覽》 및 《수서隋書·경적지經籍志》에 나오는데, 원제목은 《소녀비도경素女秘道經》이다. 이 책은 중국에서는 산실된 지 오래고, 일본인 凡波康賴가 지은 《의심방醫心方》(인민위생출판사, 1955년 초판) 28권에 《소녀경》《현녀경》《동현자洞玄子》《옥방비결玉房秘訣》《옥방지요玉房指要》《태청경太淸經》《산경産經》 등 책이 수록되어 있다. 민국 때 섭덕휘葉德輝가 《소녀경》《소녀방素女方》《옥방비결》《동현자》를 《의심방》에서 가려내어, 자신의 《쌍매경암총서雙楳景闇叢書》에 넣었다. '《소녀비도경》 한 권 아울러 《현녀경》'이란 설은 《수서·경적지》에 씌어 있다. 황제黃帝와 소녀素女를 가탁하여 방중 양생술을 토론하였고, 현녀玄女·채녀采女와의 문답도 씌어 있다. 이 두 책은 수나라 때 와서 이미 한 책으로 합쳐져 이런 목록이 있게 된 것이 아닌가 생각되기도 한다. 이 책은 먼저 이론적으로 남녀의 성생활과 위생 보건·장수와의 관계를 토론하였고, 이어서 중의학中醫學의 장부臟腑 기혈氣血 이론으로 성생리·성심리 내지는 성병리 면에서 여자의 오징五徵·오욕五欲·십동十動·구기九氣 및 남자의 사지四至 등 성 감응 특징을 논술하였다. 여기서는 《의심방》 찬집에 근거하여 구두점을 찍고 인쇄하였다.

[4-1] 黃帝問素女曰:"吾氣衰而不和,心內不樂,身常恐危,將如之何?"素女曰:"凡人之所以衰微者,皆傷於陰陽交接之道爾.夫女之勝男,猶水之滅火.知行之,女釜鼎能和五味以成羹臛,能知陰陽之道,悉成五樂;不知之者,身命將夭,何得歡樂?能不慎哉!"

素女云:"有採女者,妙得道術.王使采問彭祖延年益壽之法,彭祖曰:'愛精養神,服食衆藥,可得長生.然不知交接之道,雖服藥無益也.男女相成,猶天地相生也.天地得交會之道,故無終竟之限;人失交接之道,故有夭折之漸.能避漸傷之事而得陰陽之術,則不死之道也.'采女再拜曰:'願聞要教.'彭祖曰:'道甚易知,人不能信而行之耳.今君王御萬機治天下,必不能備爲衆道也.幸多後宮,宜知交接之法.法之要者,在於多御少女而莫數瀉精,使人身輕,百病消除也.'"

素女云:"御敵家當視敵女瓦石,自視如金玉.若其精動,當疾去其鄉.御女當如朽索御奔馬,如臨深坑下有刃,恐墮其人.若能愛精,命亦不窮也."

黃帝問素女曰:"今欲長不交接,爲之奈何?"素女曰:"不可.天地有開闔,陰陽有施化,人法陰陽隨四時.今欲不交接,神氣不宣布,陰陽閉隔,何以自補?練氣數行,去故納新,以自助也.玉莖不動,則辟死其舍所以常行,以當導引也.能動而不施者,所謂'還精.'還精補益,生道乃著."

黃帝曰:"夫陰陽交接節度,爲之奈何?"素女曰:"交接之道,故有形狀.男致不衰,女除百疾,心意娛樂,氣力强;然不知行者, 漸以衰損. 欲知其道, 在於定氣, 安心, 和志. 三氣皆至, 神明統歸, 不寒不熱, 不飢不飽, 亭身定體, 性必舒遲. 淺內徐動, 出入欲稀, 女快意, 男盛不衰, 以此爲節."

《玄女經》云: "黃帝問素女曰: '吾受玄女陰陽之術, 自有法矣. 願復命之, 以志其道.' 玄女曰: '天地之間, 動須陰陽. 陽得陰而化, 陰得陽而通, 一陰一陽, 相須而行. 故男感堅强, 女動闢張, 二氣交精, 流液相通. 男有八節, 女有九宮, 用之失度, 男發痛疽, 女害月經, 百病生長, 壽命消亡. 能知其道, 樂而且强, 壽卽增廷, 色如華英.'"

【소녀素女】 고대 전설에 나오는 神女이다. 노래에 능하고 方術에 통달하고 방중양생의 도에 정통하였다. 張衡의 《思玄賦》에 '素女撫弦而餘音兮'라는 말이 있는데, 소녀는 황제 때의 方術女라고 주를 달았다. 그리고 《五越春秋·勾踐伐吳外傳》에 "越王曰於范蠡曰 '何子言之其合於天' '此素女之道 一言卽合大王之事 王問焉 實金匱之要 在於上下'"라는 말이 있다.
【갱학羹臛】 臛은 음이 학이다. 채소를 넣지 않은 고깃국을 말한다. 여기서는 맛이 있는 음식이라는 말이다.
【오악五樂】 五欲의 쾌락을 말한다. 《群疑論·探要七》에 五情 쾌락을 五樂이라고 한다고 하였다.
【요절지점夭折之漸】 漸은 일의 단서라는 말이다. 이 말의 뜻은 생명이 요절되는 일이 생긴다는 것이다.
【어적가御敵家】 敵家는 상대방이라는 말과 같다. 여기서는 여자와 교접하는 일을 말한다.
【향鄕】 여자의 음도를 비유한 것이다.
【분마奔馬】 이 말은 교합의 위험성을 말한다. 정액을 아끼라고 강조하는 데에 뜻을 둔 말이다.
【벽사기사辟死其舍】 그가 살고 있는 곳에 갇히어 죽는다고 말하는 것과 같다.
【절도節度】 원칙, 법도이다. 여기서는 교합할 때 그 법도를 어떻게 파악하는가 하는 말이다.
【신명통귀神明統歸】 神明은 정신이다. 이 말은 정신이 歸一하고 의식이 집중되는 것이다.

【벽장闢張】 음도가 벌어진다는 말이다.
【남유팔절南有八節 여유구궁女有九宮】 八節은 사지의 큰 관절을 가리키는 것이 아닌가 생각된다. 九宮은 즉 九竅이다. 귀 둘, 눈 둘, 콧구멍 둘, 입, 前陰, 後陰을 말한다.

황제가 소녀에게 이렇게 물었다.
"나는 정기가 쇠미하고 또 화순하지 못하며 속마음이 불쾌하고 신체가 허약한 느낌을 늘 느끼는데 어떻게 하면 되는가?"
"사람의 신체가 쇠미해지는 것은 남녀 교합의 도에서 손상을 받기 때문입니다. 여자의 정력과 성욕은 남자보다 강합니다. 그것은 마치 물이 불을 끌 수 있는 것과 같습니다. 교접의 이치를 알고 교접에서 그대로 하면 솥으로 음식을 만드는 데 다섯 가지 맛을 맞춰 하는 것과 같이 됩니다. 남녀 교합의 이치를 알면 오욕의 즐거움을 누릴 수 있습니다. 그것을 모르면 신체에 손상을 받게 되고 생명도 보장되지 못할 것이니, 어찌 쾌락을 운운할 수 있겠습니까? 이에 대하여 신중을 기하지 않을 수 있겠습니까?"
"채녀라고 하는 사람이 있는데, 그녀는 남녀 교접 기교를 정묘하게 파악하고 있습니다. 임금이 채녀를 시켜 팽조彭祖에게 해가 갈수록 장수하는 방법을 물어보게 하였더니, 팽조는 '정기를 애호하고 정신을 보양하며 여러 가지 자양 보신 약품을 먹으면 오래 살 수 있소. 그러나 남녀 교접의 이치를 모르면 자양 보신 약물을 많이 먹어도 쓸데없소. 하늘과 땅이 서로 보완하듯이 남녀는 서로 보완하오. 하늘과 땅이 교합은 음양 변화의 이치에 맞는 것이오. 따라서 하늘과 땅은 처음과 끝이 없이 무궁무진하게 운행하고 있소. 사람이 만일 교접의 이치대로 교합하지 않는다면 목숨이 줄어 요절하게 될 것이오. 생명이 요절되는 일이 발생하지 않도록 음양 교합의 기술을 파악하는 것이 장생불로의 법칙이오'라고 하였습니다. 채녀가 또 절을 하면서 '그 요점을 좀 듣고자 합니다' 하니, 팽조는 다음과 같이 말했습니다. '교접의 이치는 파악하기 쉬운데, 단지 사람들이 그것을 믿지 않고 그대로 하지 않을 뿐이오. 지금 임금은 날마다 그렇게 많은 온갖 일을 보면서 나라를 다스리고 있으니, 갖가지 일을 모두 돌본다는 것은 분명 불가능하오. 그러나 후궁 처첩이 많으니, 남녀 교접 방법은 알아야 하는 것이오. 남녀 교합 이치의 요점은, 젊은 여자와 많이 교합하고 쉽게 사정하지 않는 것이오. 그러면 몸이 거뜬해지고 모든 병이 없어지게 되오' 라고 하였습니다."

"여자와 교합함에는 여자를 돌이나 기왓장으로 보고, 자신은 금이나 옥으로 여겨 쉽게 사정하지 말아야 합니다. 사정이 되려고 하면 즉시 음경을 음도에서 빼내야 합니다. 여자와 교합하는 것은 마치 썩은 고삐로 말을 달려 깊은 구렁에 다다른 것과 같습니다. 깊은 구렁을 앞에 하고 있으니, 떨어지지 않도록 시시각각 경각심을 높여야 합니다. 자신의 정액을 아낄 줄 알면 수명은 무궁해질 것입니다."

"이제 나는 오랫동안 여자와 교접하지 않으려고 하는데, 그러면 어떤가?"

"안 됩니다. 천지에는 서장폐합舒張閉合의 교체가 있고 남녀에게도 교접 화육化育의 변화가 있으니, 사람은 자연을 법칙으로 삼고, 음양 사계절의 운행법칙을 지켜야 합니다. 이제 오랫동안 방사를 하지 않겠다고 하시는데, 그러면 정신과 기혈이 풀리지도 않고 음양의 기가 막힘없이 통하지 못할 것이니, 무엇으로 자신을 보익하시겠습니까? 그러므로 끊임없이 방중지사房中之事를 통하여 자신의 정기를 배양하고 보호하며, 낡은 것을 버리고 새것을 받아들여야만이 자신을 보익할 수 있습니다. 만약 그냥 성욕이 없고 옥경이 발기하지 않으면 성기능을 잃게 됩니다(옥경이 거기에 갇혀 죽게 된다). 그러므로 법칙에 맞게 방사하고, 그로써 정기를 도인하여 신체 건강의 목적을 달성하여야 합니다. 성 기능이 아주 강한데도 그냥 사정하지 않는 것, 이것이 소위 '환정還精'입니다. '환정'으로 신체를 보익하면 양생 장수의 도에서 매우 현저한 효과를 보게 될 것입니다."

"남녀가 교합할 때 어떻게 그 법도를 파악할 것인가?"

"남녀 교합에는 본래 일정한 규칙과 요구가 있습니다. 이것은 남자는 신체가 쇠약해지지 않고 여자는 온갖 병이 없어지며, 남녀 쌍방이 다 보익을 받아 정신이 유쾌하고 기력이 강건하여지게 합니다. 그런데 남녀 교접의 이치를 모르면 몸이 날로 더 못쓰게 됩니다. 그러면 남녀 교합의 이치를 알고자 할텐데, 그것은 호흡을 알맞게 조절하며 심신心神을 안정시키며 감정을 즐겁게 되도록 하는 데에 있습니다. 만약 이 삼기三氣가 다 제대로 오면 정신이 귀일되고 생각이 집중됩니다. 덥지도 춥지도 않고 부르지도 고프지도 않아서 신체가 고요히 안정되고 심정이 우아하고 태연해지면, 이때 음경을 음도에 얕게 넣고 천천히 뺐다 꽂았다 하며 드물게 해야 합니다. 그렇게 하면 여자는 성적 쾌감이 생기게 될 뿐만 아니라 남자도 정기가 쇠하지 않고 왕성하게 됩니다. 교합할 때 이것을 절도로 삼아야 합니다."

《현녀경》을 보면 다음과 같은 황제와 현녀의 대화가 있다.

"나는 소녀에게서 남녀 교합술을 듣고 거기에 그런 이치도 있다는 것을 바로소 알았는데, 남녀 교접의 도의 오묘한 이치를 더 깊이 이해하기 위해서 나는 이 문제를 놓고 그대의 말을 더 듣고 싶소."

"천지간에 사물이 생장 변화하는 데에는 음과 양을 벗어날 수 없습니다. 양은 음을 얻어야 생겨 변화할 수 있고, 음은 양을 얻어야 트일 수 있습니다. 양과 음은 서로 작용하며 서로 의존합니다. 그러므로 남자는 여음女陰의 감동을 받아서 음경이 꼿꼿하게 발기되고 여자는 남양男陽의 감동을 받아서 음도가 벌어지며, 남녀가 교접하면 정기가 서로 통합니다. 남자는 사지에 여덟 마디 골격이 있고, 여자는 눈·귀·코·입·전음·후음 등 구규九竅가 있습니다. 만약 교접에 절도가 없고 음양의 이치대로 하지 않으면, 남자는 혹이 생기고 여자는 월경병에 걸리며, 여러 가지 병이 연달아 생겨 수명에 보장이 없게 됩니다. 남녀 교접의 이치대로 할 줄 알 것 같으면 교합에서 쾌락을 볼 수 있을 뿐만 아니라, 신체의 건강에도 유익하고 수명도 연장되며 안색도 꽃처럼 아름다워질 것입니다."

[4-2] 黃帝曰:"夫陰陽之道, 交接奈何?" 素女曰:"交接之道, 固有形狀, 男以致氣, 女以除病, 心意娛樂, 氣力益壯, 不知道者, 則侵以衰. 欲知其道, 在安心和志, 精神充歸, 不寒不暑, 不飽不飢, 定身正意, 性必舒遲, 深內徐動, 出入欲稀. 以是爲節, 愼無敢違, 女旣歡喜, 男則不衰.

黃帝曰:"今欲强交接, 玉莖不起, 面慙意羞, 汗如珠子, 心情貪欲, 强助以手, 何以强之? 願聞其道." 素女曰:"帝之所問, 衆人所有. 凡欲接安, 固有經紀, 必先和氣, 玉莖乃起. 順其五常, 存感九部, 女有五色, 審所足扣, 採其溢精, 取液於口, 精氣還化, 塡滿髓脂, 避七損之禁, 行八益之道, 無逆五常, 身乃可保. 正氣內充, 何疾不去? 腑臟安寧, 光澤潤理, 每接卽起, 氣力百倍, 敵人賓服, 何慙之有?

【황제왈黃帝曰】이 단락은 내용이 앞의 글과 대체로 중복된다. 인용하거나 전사轉寫하는 사람에 따라 차이가 생긴 것을 뒷사람들이 버리지 않고 그대로 수록한 것인 아닌가 여겨진다.
【치기致氣】남자가 여자의 정기를 취하여 보한다는 말이다.
【경기經紀】기강·법칙이다.
【오상五常】仁·義·禮·智·信을 말한다. 전부 모두 남자 음경의 교접의 덕을 찬양한 것이다.

【존감구부存感九部】 여자 몸의 아홉 부위를 머리에 생각하면, 성욕 충동의 감응이 생긴다는 말이다. 또 《周易》에는 陽爻를 九라 하였고, 《說文·九部》에서는 '九 陽之變也'라고 하였다. 九部는 陽變의 部, 역시 여자의 음부를 가리킨다.
【오색五色】 五는 《說文·五部》에 '五行也 從二 陰陽在天地間交五也'라고 했다. 林義光의 《文源》에는 '五, 本義爲交五, 假借爲數名'이라 하였다. 그러므로 五色은 여자가 성충동이 일어나 교접할 기색이 있음을 말하는 것일 것이다.
【심소족구審所足扣】 扣는 《廣雅·釋詁一》에 '擧也'라고 하였다. 또 《玉篇·手部》에는 '扣, 擊也'라 하였다. 이 구절은 남자가 여자의 몸을 찬찬히 살펴서 성욕의 감응을 일으키고, 음경을 충분히 일어서게 하여 찌른다는 말이다.

황제가 소녀에게 물었다.
"남녀 교접의 이치는 도대체 어떤 것인가?"
"남녀의 교합은 본래 일정한 원칙과 요구가 있습니다. 남자는 교합에서 여자의 정기를 취하여 스스로 보해야 하고, 여자는 교합을 통하여 온갖 질병을 없애야 하며, 남녀 쌍방이 다 마음이 기쁘고 기력이 더 강해져야 합니다. 남녀 교합의 방법을 모르면 몸이 날로 더 못쓰게 됩니다. 남녀 교합의 방법에서, 관건이 되는 것은 심신心神을 안정시키고 심정을 유쾌하게 하여 정신을 귀일시키고 생각을 집중하는 것입니다. 춥지도 덥지도 않고 고프지도 부르지도 않을 때, 몸을 안정시키고 마음을 편히 하여 음경을 깊이 넣고 천천히 드물게 뺐다 꽂았다 합니다. 이것을 법도로 하여 위반하지 않고 조심스럽게 하면, 여자가 좋아할 뿐만 아니라 남자도 신체가 강건하게 됩니다."
"이제 막 교합하려 하는데, 음경이 발기하지 않아 얼굴에는 면구스런 기색이 돌고 마음속에는 부끄러운 생각이 들어 땀이 방울방울 떨어진다. 생각은 간절하나 힘이 모자라니 손으로 돕는다. 어떻게 해야 약하던 음경이 굳세지겠는가? 그 이치를 말해 주기 바라오."
"말씀하신 문제는 많은 사람들이 부딪쳤던 문제입니다. 여자와 교합하려면 일정한 법칙을 지키지 않으면 안 됩니다. 우선 둘이 모두 심정이 기꺼워져야 합니다. 그래야 음경이 발기하는 것입니다. 옥경 교합의 오덕五德을 지키고, 마음속으로 여자 몸의 아홉 부위를 생각해야 합니다. 여자가 성적 충동이 일어나 교합하려고 할 때는 다섯 가지 반응이 나타납니다. 여자의 반응이 변화하는 것을 찬찬히 살펴서 성욕의 감응을 받아 음경이 충분히 일어난 뒤에 찔러야 합니다. 남녀 쌍방이 서로 입안의 진액을 빨아 자기의 정기를 뇌수에 가득 차도록 환화還化해야 합니다. 칠손七損을 피하고 팔익八益의 방법을 쓰며, 인·의·예·지·신을 어기지 말아야 합니다. 그래야 건강을 유지할 수 있습니다. 신체 내의 정기正氣가 충분하면 무슨 병인들 없애지 못하겠습니까? 만약 장부臟腑가 탈없이 편하면 피부가 윤택해질 것입니다. 그러면 정기가 충족되어 교합을 하고 싶을 때면, 음경이 빨리 발기하고 기력이 세어서 여자도 기꺼이 복종할 것입니다. 그러면 면구스러울 것이 어디 있겠습니까?!"

[4-3] 《玄女經》云: "黃帝曰: '交接之時, 女或不悅, 其質不動, 其液不出, 玉莖不强, 小而不勢, 何以爾也?" 玄女曰: "陰陽者, 相感而應耳. 故陽不得陰則不喜, 陰不得陽則不起. 男欲接而女不樂, 女欲接而男不欲, 二心不和, 精氣不感. 加以卒上暴下, 愛樂未施. 男欲求女, 女欲求男, 情意合同, 俱有悅心. 故女質振感男莖盛, 男勢營扣兪鼠, 精液流溢, 玉莖施縱, 乍緩乍急, 玉戶開翕, 或實, 作而不勞, 强敵自伏, 吸精引氣, 灌漑朱室. 今陳九事, 其法備悉, 伸縮俯卻, 前劫屈折, 帝審行之, 愼莫違失!"
黃帝曰: "陰陽貴有法乎?" 素女曰: "臨御女時, 先令婦人放手安身, 屈兩脚, 男入其間, 銜其口, 吮其舌, 拊摶其莖, 擊其

門戶, 東西兩傍. 如是食頃, 徐徐內入, 玉莖肥大者內寸半, 弱小者一寸, 勿搖動之, 徐出更入, 除百病. 勿令四旁泄出, 玉莖入玉門, 自然生然且急, 婦人身當自動搖, 上與男相得, 然後深之, 男女百病消滅. 淺刺琴弦入三寸半, 當閉口刺之, 一二三四五六七八九, 因深之至昆石旁往來, 口當婦人口而吸氣, 行九九之道, 訖乃如此.

黃帝曰: "何謂五常?" 素女曰: "玉莖實有五常之道. 深居隱處, 執節自守, 內懷至德, 施行無已, 夫玉莖意欲施與者, 仁也; 中有空者, 義也; 端有節者, 禮也; 意欲卽起, 不欲卽止者, 信也; 臨事促仰者, 智也. 是故眞人因五常而節之. 仁雖欲施予, 精苦不固, 義守其空者, 明當禁, 使無得多, 實旣禁之道矣. 又當施予, 故禮爲之節矣. 執誠持之, 信旣著矣. 卽當知交接之道, 故能從五常, 身乃壽也."

【졸상포하卒上暴下】 갑작스럽게 교합하고 후다닥 끝냄을 말한다.
【남세영구유서男勢營扣兪鼠】 男勢는 남자 음경을 말한다. 營은 《廣雅·釋詁一》에 《上也》라고 하였다. 扣는 擊이다. 兪鼠는 또 臭鼠라고도 하는데, 공알 또는 陰道口를 가리킨다.
【강적자일强敵自佚】 성욕이 강한 여자가 자연히 시원하고 즐거움을 느끼게 됨을 말한다.
【주실朱室】 여자의 膣 또는 丹穴을 가리키는 것일 것이다. 《交接經》에 여인의 질이 단혈이라고 하였다.
【극부郤】 음이 극이고 뜻은 仰이다. 《八事》의 하나를 말하는 것일 것이다.
【부박拊搏】 무마, 안마한다는 뜻이다.
【곤석昆石】 陰道 後穹窿과 直腸·子宮이 잇닿은 오목한 곳을 가리킨다.
【구구지도九九之道】 九淺一深之道를 가리킨다.
【실유오상지도實有五常之道…… 시행무이施行無已】 이것은 모두 남성 생식기에 대한 일종의 숭배를 가리킨다. 그 중 정액을 스스로 아껴야 한다는 이치는 취할 만한 것이다.
【명당금明當禁 사무득다使無得多】 사정을 그쳐야 한다는 것이 명확할 때는 더

사정하지 않는다는 말이다.

《현녀경》에는 다음과 같은 황제와 현녀의 문답이 있다.

"교합할 때 여자가 좋아하지 않고 마음속에 충동이 일어나지 않아 음액이 흐르지 않으며, 남자는 음경이 작고 굳세지 않은데 무엇 때문에 이렇게 되는가?"

"교합할 때 남녀 쌍방은 서로 감응하여 정욕의 충동이 일어납니다. 남자는 교합하려고 하는데 여자가 싫어하고, 여자는 교합하려고 하는데 남자가 좋아하지 않아 두 사람의 마음이 맞지 않으면 정기는 물론 서로 감응하지 못합니다. 게다가 갑작스럽게 교합하고 급히 정지하며 사전에 충분히 희롱하지 않으면 성교의 환락을 느끼지 못합니다. 만약 남자는 여자를 봤으면 하고 여자도 남자를 봤으면 하며 두 사람이 감정이 같고 뜻이 맞으며 모두 교합하고자 하는 마음이 있으면, 여자는 몸을 흔들고 남자는 음경이 꿋꿋하게 발기할 것입니다. 이때 남자가 음경으로 여자의 음도구를 자극하면 여자는 음액이 흐를 것이고, 음경을 음도에 꽂아 빠르게 혹은 천천히 꽂았다 뺐다 하면 여자의 음도가 벌어질 것입니다. 이런 때이면 교합에 피로를 느끼지 않을 것이고, 성욕이 몹시 강한 여자라도 만족을 느낄 것입니다. 교합에서 여자는 정기를 빨아 음실陰室을 적실 것입니다. 이제 신축伸縮·부앙俯仰·전앙前仰·굴절屈折 여덟 가지를 알려 드리겠습니다. 교합의 방법은 전적으로 이 여덟 글자에 있으니, 자세히 이해하고 그대로 하여, 그것을 위반하지 말아야 합니다."

황제가 물었다.

"남녀가 교합에서 어떤 방법을 중요시해야 하는가?"

소녀가 다음과 같이 대답했다.

"교합하기 전에 여자를 반듯하게 눕혀 무릎을 구부리게 하고, 남자가 여자의 사타구니에 들어가 여자의 입술을 맞추며 그 혀를 빱니다.

그런 뒤에 자기의 음경을 만지며, 음경으로 여자의 음호 양쪽을 두드립니다. 이렇게 한참 하다가 음경을 여자의 음도 속에 천천히 꽂습니다. 옥경이 굵고 크면 반 치 가량 꽂고 가늘고 작으면 한 치 가량 꽂습니다. 흔들지 말고 천천히 뺐다 다시 꽂고 하면 온갖 병을 없앨 수 있습니다. 음정이 둘레로 넘쳐나지 않게 해야 합니다. 음경을 음도구에 꽂으면 자연히 따뜻한 감이 나면서 여자는 성욕이 충동되어 몸을 흔들면서 남자를 꼭 끌어안습니다. 이때 음경을 다시 길게 꽂으면 남녀가 온갖 병이 없어집니다. 여자의 음도구를 얕게 찌르고, 다시 세 치 반 가량 깊이 꽂습니다. 입을 다물고 일, 이, 삼, 사, 오, 육, 칠, 팔, 구 아홉 번 찌르되, 점점 깊이 음도 후궁륭과 직장·자궁이 잇닿은 오목한 곳까지 찌릅니다. 입을 여자의 입에 대고 숨을 들이쉬며, 다시 아홉 번 얕게 한 번 깊게 찌르는 방법대로 한 다음 끝냅니다. 이것이 방법입니다."

"오상이란 무엇인가?"

"음경은 실로 인·의·예·지·신 오상의 도덕이 다 있습니다. 음경은 은폐된 곳에 깊이 들어 있으면서 절도節度를 유지하여 스스로 수호하고, 고상한 품성을 가지고 있으며, 교합하면서도 오래 시들지 않습니다. 음경이 교합을 하려고 하는 것이 인仁입니다. 음경 가운데에 구멍이 있어 정액이 막힘없이 통하는 그것이 의義입니다. 단정하고 절도있는 그것이 예禮입니다. 교합할 생각이 나면 교합하고 생각이 없으면 그만두는 그것이 신信입니다. 방사를 하는 데는 임의로 낮췄다 높였다 하는 그것이 지智입니다. 그러므로 방중술에 통달한 사람은 인은 교접할 생각을 하지만 정액이 안온하지 못하여 괴로워하고, 의는 정액을 내보내는 구멍에 있어 사정을 그만두어야 할 때에는 더 사정하지 않으니, 사실은 사정과 정지의 이치를 다한 것입니다. 그리고 다시 하고자 할 때에는 예가 또 작용하여 절제합니다. 진실한 마음으로 교합을 대하니 신이 아주 명백합니다. 이러한 교접의 이치를 알고 오상의 도덕을 지키면 장수합니다."

[4-4] 黃帝曰:"何以知女之快也?" 素女曰:"有五徵, 五慾, 又有十動, 以觀其變而知其故. 夫五徵之候, 一曰面亦, 則徐徐合之; 二曰亂堅鼻汗, 則徐徐內之; 三曰嗌乾咽唾, 則徐徐搖之; 四曰陰滑, 則徐徐深之; 五曰尻傳液, 徐徐引之."

素女曰:"五欲者以知其應. 一曰意欲得之, 則屛息屛氣; 二曰陰欲得之, 則鼻口兩張; 三曰精欲煩者, 振掉而抱男; 四曰心欲滿者, 則汗流濕衣裳; 五曰其快欽之甚者, 身直目眠."

素女曰:"十動之效, 一曰兩手抱男者, 欲體相薄陰相當也; 二曰伸云其兩肶者, 切磨其上方也; 三曰張腹者, 欲其淺也; 四曰尻動者, 快喜也; 五曰擧兩脚拘人者, 欲其深也; 六曰交其兩股者, 內癢淫淫也; 七曰側搖者, 欲深切左右也; 八曰擧身迫人, 淫樂甚也; 九曰身布縱者, 支體快也; 十曰陰液滑者, 精已泄也. 見其效以知女之快也."

【오징五徵·오욕五欲·우유십동又有十動】여자가 교합에서 나타내는 성욕과 쾌감의 여러 가지 반응·현상을 가리키는 것이다. 馬王堆 醫書《天下至道談》에 이 내용이 있으니 참조하라.
【익嗌】목구멍이다.
【고전액尻傳液】여자의 음액이 뒤 臀部까지 흐른다는 말이다.
【정욕번자情欲煩者】煩은《周禮·秋官·司隸》의 주에 의하면 劇이다. 여기서는 여자가 성의 고조에 이르러 정액이 막 흐르려고 함을 말한다.
【진도이포남振掉而抱男】여자가 몸을 흔들면서 남자를 끌어안는다는 말이다.
【체상박體相薄】남녀가 몸을 바짝 붙인다는 말이다.
【비肶】음은 비이고, 넓적다리이다.

【구인拘人】 여자가 두 발로 남자의 몸을 끌어당긴다는 말이다. 《天下至道談》에는 '鉤人'으로 되어 있다.

　황제가 "여자가 쾌감이 생긴 것을 어떻게 아는가?"라고 묻자, 소녀가 다음과 같이 대답했다.
　"여자의 오징·오욕·십동에서 알 수 있습니다. 여자의 성교 과정의 변화를 자세히 살펴보아야 하며, 그런 변화가 생기게 되는 까닭을 알아야 합니다. 소위 오징의 표현은, 첫째 낯이 붉어집니다. 여자의 낯이 붉어지면 천천히 끌어안고 입을 맞춰 주어야 합니다. 둘째, 젖꼭지가 일어서고 코끝에 땀이 납니다. 이런 변화가 일어나면 음경을 여자의 음도에 천천히 꽂아 넣어야 합니다. 셋째, 목이 말라 침을 자꾸 삼킵니다. 이때는 여자를 천천히 흔들어 주어야 합니다. 넷째, 음진陰津이 흐르고 음도가 윤활해집니다. 그러면 천천히 깊이 쑤셔야 합니다. 다섯째, 여자의 음진이 엉덩이 뒤까지 흐릅니다. 그러면 음경을 천천히 뽑아내야 합니다."
　"오욕을 통하여 여자 성욕의 외적 반응을 알 수 있습니다. 첫째, 여자는 성교 욕망이 생기면 숨을 죽입니다. 둘째, 여자는 성교를 하고 싶으면 입과 코가 벌어집니다. 셋째, 여자는 성교가 고조에 이르러 정액이 막 흐르려고 할 때는 몸을 흔들면서 남자를 꽉 끌어안습니다. 넷째, 여자는 성욕에 만족을 느끼면 땀이 흘러 옷을 적십니다. 다섯째, 여자는 더할나위없이 성욕에 만족을 느끼면 몸을 쭉 펴고 눈을 감습니다."
　"여자는 성교 과정에 열 가지 동작을 하는데, 그것이 나타내는 바람을 보면 다음과 같습니다. 첫째, 여자가 두 손으로 남자를 껴안습니다. 자기의 몸과 남자의 몸을 딱 붙이고 자기 음부를 남자 음부와 맞대자는 것입니다. 둘째, 두 다리를 쭉 펍니다. 남자가 자기의 상체를 어루만져 주었으면 하는 것입니다. 셋째, 배를 내밉니다. 남자가 자

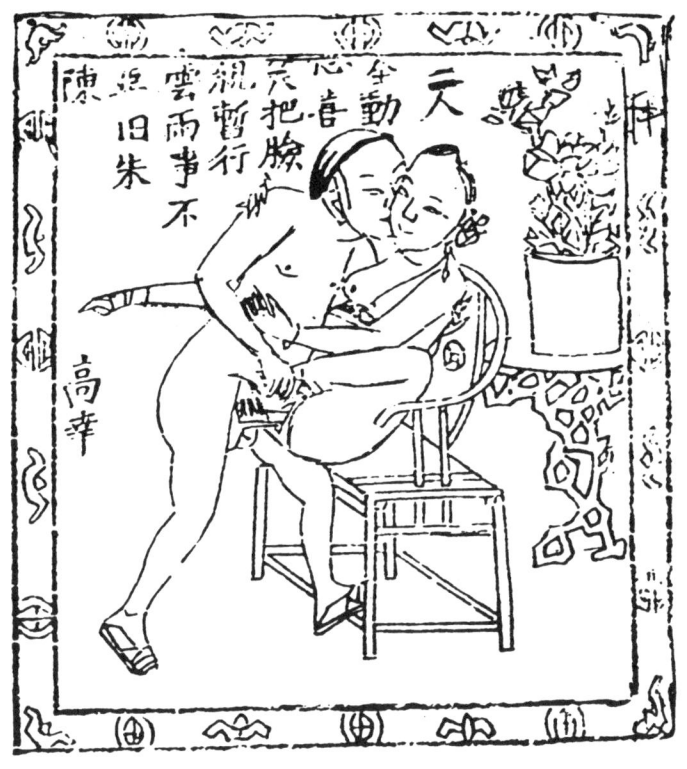

기를 꼭 끼어 주었으면 하는 것입니다. 넷째, 여자가 엉덩이를 흔들면 그것은 성교의 쾌감을 느낀 표현입니다. 다섯째, 두 발로 남자의 몸을 끌어당기는 것은, 남자가 깊이 찔러 주기를 바라서입니다. 여섯째, 여자가 두 다리를 꼭 끼면 그것은 음도 안이 간지러움을 느낀 표현입니다. 일곱째, 여자가 몸을 양쪽으로 흔드는 것은, 남자가 음도 양쪽을 문질러 주기를 바라서입니다. 여덟째, 여자가 온몸을 남자에게 딱 붙이고 꼭 끌어안는 것은, 쾌감이 극도에 이른 표현입니다. 아홉째, 여자가 온몸을 느슨하게 늦추면, 그것은 온몸이 쾌적함을 말합니다. 열째, 여자의 음도가 아주 윤활해지면, 여자가 이미 사정하였음을 나타냅니다. 이상의 열 가지 동작을 관찰하면, 여자가 성교에서 쾌감이 어느 정도에 이르렀다는 것을 알 수 있습니다."

[4-5] 黃帝曰:"意貪交接而莖不起, 可以強用不?"玄女曰: "不可矣. 夫欲交接之道, 男注四至, 乃可致女九氣."黃帝曰: "何謂四至?"玄女曰:"玉莖不怒, 和氣不至; 怒而不大, 肌氣不至; 大而不堅, 骨氣不至; 堅而不熱, 神氣不至. 故怒者精之明, 大者精之關, 堅者精之戶, 熱者精之門. 四氣至而節之以道, 開機不妄, 開精不泄矣."

黃帝曰:"善哉! 女之九氣, 何以知之?"玄女曰:"伺其九氣以知之. 女人大息而咽唾者, 肺氣來至; 鳴而吮人者, 心氣來至; 抱而持人者, 脾氣來至; 陰門滑澤者, 腎氣來至; 殷勤咋人者, 骨氣來至; 足拘人者, 筋氣來至; 撫弄玉莖者, 血氣來至; 持弄男乳者, 肉氣來至. 久與交接, 弄其實以惑其意, 九氣皆至. 有不至者, 則容傷, 故不至可行其數以治之.

【화기和氣】 남녀가 정욕이 감응되어 생기는 和悅의 氣이다.
【기기肌氣】 기혈이 肌膝로 흘러듦을 가리킨다.
【골기骨氣】 기혈이 근골로 흘러듦을 가리킨다.
【노자정지명怒者精之明】 음경이 발기된 것은 정기가 온 확증이라는 말이다. 다음에 나오는 '關' '戶' '門' 은 모두 정기가 각기 다른 정도로 온 것을 묘사한 것이다.
【개기불망開機不妄 개정불설開精不泄】 함부로 교합하지 않고 함부로 사정하지 않는다는 말이다.
【대식大息】 무거운 숨이다.
【사인咋人】 혀로 남자 혀의 진액을 빤다는 말이다.
【실實】 즉 谷實, 여자 음도 해부 부위 명칭이다. 즉 공알이다.
【용상容傷】 상처를 받는다는 말과 같다.
【행기수이치지行其數以治之】 數는 術로, 음양의 교접술을 가리킨다. 이 구절은

음양 교접술로 어느 氣가 이르지 않는 증세를 고친다는 말이다. 또 數는 혹 九氣의 數 중의 어느 수를 가리킨다. 어느 수의 기가 이르지 않으면, 그 수로 고친다는 것이다. 예컨대 肉氣는 九氣 중의 제8기이니, 남자의 젖을 매만지는 방법을 쓰면 육기가 온 것을 알 수 있다.

《현녀경》에는 황제와 현녀의 다음과 같은 문답이 있다.

"교합하고 싶은 생각은 간절하나 음경이 발기하지 않는데 교합할 수 있는가?"

"그래서는 안 됩니다. 남녀 교접의 도를 행하려면, 남자는 사기四氣가 오기를 기다려야 합니다. 사기가 와야 여자로 하여금 구기九氣가 일어나게 할 수 있고, 그 다음에야 교접할 수 있습니다."

"사기가 온다는 것은 무엇인가?"

"음경이 발기하지 않는 것은 화열의 기가 음경에 흘러들지 않는 것이고, 음경이 발기하기는 했지만 크지 않은 것은 정기가 기주肌腠에 흘러들지 않은 것이며, 음경이 크기는 하나 꿋꿋하지 못한 것은 정기가 근골에 흘러들지 않은 것이고, 음경이 꿋꿋하기는 하지만 따뜻해지지 않는 것은 신기神氣가 오지 않은 것입니다. 그러므로 음경이 발기하는 것은 정기가 온 표징이고, 음경이 발기하여 크게 된 것은 정기가 온 관關이고, 음경이 크고도 꿋꿋한 것은 정기가 온 호戶이고, 음경이 꿋꿋하면서도 따뜻한 것은 정기가 온 문門입니다. 함부로 교합하지 않고 네 기가 다 온 다음 교합의 이치에 따라 때를 파악하여 교합하여야 하며, 교합하여도 함부로 사정하지 말아야 합니다."

"잘 들었소. 그러면 여자에게 9기가 온 것은 어떻게 알 수 있는가?"

"여자의 9기가 온 것은 다음과 같이 살펴보면 알 수 있습니다. 여자가 숨을 거칠게 쉬고 또 침을 삼키면 폐기肺氣가 온 것입니다. 코에서 이이 하는 소리가 나고 남자에게 입을 맞추면 심기心氣가 온 것입니다. 남자를 꽉 끌어안고 놓지 않으면 비기脾氣가 온 것입니다. 음도에 음액이 윤활하면 신기腎氣가 온 것입니다. 남자 입안의 진액을 은근히 빨면 골기骨氣가 온 것입니다. 남자의 음경을 매만지면 혈기血氣가 온 것입니다. 남자의 젖을 쓰다듬고 희롱하면 육기肉氣가 온 것입니다. 오래 여자와 교합하는 데서 여자의 공알을 매만져 성욕을 감응시키면, 여자의 9기가 모두 오게 됩니다. 9기 중에서 오지 않는 것이 있으면, 신체의 대응 부위가 해를 입게 됩니다. 만일 9기 중의 어느 기가 오지 않으면, 그에 상응하는 방법을 써서 그 기가 오도록 촉진시켜야 됩니다."

[4-6] 黃帝曰:"所說九法未聞其法, 願爲陳之以開其意, 藏之石室, 行其法式."

玄女曰:"九法, 第一曰龍翻. 令女正偃臥向上, 男伏其上, 股隱於牀, 女擧其陰以受玉莖, 刺其谷實, 又攻其上, 疏緩動搖, 八淺二深, 死往生返, 勢壯且强, 女則煩悅, 其樂如倡, 致自閉固, 百病消亡.

第二曰虎步. 令女俯俛, 尻仰首伏, 男跪其後, 抱其復, 乃內玉莖, 刺其中極, 務令深密, 進退相簿, 行五八之數, 其度自得, 女陰閉張, 精液外溢, 畢而休息, 百病不發, 男益盛.

第三曰猿搏. 今女偃臥, 男擔其股, 膝還過胸, 尻背俱擧, 乃內玉莖, 刺其臭鼠, 女煩動搖, 精液如雨, 男深案之, 極壯且怒, 女快乃止, 百病自愈.

第四曰蟬附. 令女伏臥, 直伸其軀, 男伏其後, 深內玉莖, 小擧其尻, 以扣其赤珠, 行六九之數, 女煩精流, 陰裏動急, 外爲開舒, 女快乃止, 七傷自除.

第五曰龜騰. 今女正臥, 屈其兩膝, 男乃推之, 其足至乳, 深內玉莖刺嬰女, 深淺以度, 令中其實, 女則感悅, 軀自搖擧, 精液流溢, 乃深極內, 女快乃止, 行之勿失精, 力百倍.

第六曰鳳翔. 令女正臥, 自擧其脚, 男跪其股間, 兩手授席, 深內玉莖, 刺其昆石, 堅熱內牽, 令女動作, 行三八之數, 尻急相簿, 女陰開舒, 自吐精液, 女快乃止; 百病銷.

第七曰兎吮毫. 男正反臥, 直伸脚, 女跨其上, 膝在外邊, 女背頭向足, 據席俯頭, 乃內玉莖, 刺其琴弦, 女快, 精液流出如泉, 欣喜和樂, 動其神形, 女快及止, 百病不生.

第八曰魚接鱗. 男正偃臥, 女跨其上, 兩股向前, 安徐內之, 微入便止, 才授勿深, 如兒含乳, 使女獨搖, 務令遲久, 女快男退, 治諸結聚.

第九曰鶴交頸. 男正箕坐, 女跨其股, 手抱男頸, 內玉頭, 刺麥齒, 務中其實, 男抱女尻, 助其搖擧, 女自感快, 精液流溢, 女快乃止, 七傷自愈.

【석실石室】 고대 도서·문서를 보관하던 곳. 《漢書·高帝紀》의 '丹靑鐵契 金匱石室藏之' 라는 구절에 '以石爲室, 重緘封之, 保愼之義' 라고 주가 달려 있다.
【사주생반사왕생반死往生返】 교합에서 음경이 무를 때 꽂고 빳빳할 때 빼야 신체에 유익하다는 말이다.
【번열煩悅】 煩은 《說文·頁部》에 《熱頭痛也》라고 하였다. 그 파생적 의미는 煩燥·躁急이다. 여기서는 여자가 흥분하여 조급해 함을 말한다.
【창倡】 여기서는 猖과 같다. 狂이라는 뜻이다. 《楚辭·離騷》에 《何桀紂之倡('猖'이라고 쓰기도 한다)披兮, 夫唯捷徑以窘步》라는 말이 있다.
【중극中極】 음도구를 가리킨다.
【원박猿搏】 원숭이가 먹을 것을 잡아채는 것과 같다는 것이다. 여기서 말한 九法은 모두 동물을 모방한 동작이다.
【적주赤珠】 즉 陰道 穹窿 내의 子宮頸이 있는 곳이다.
【영녀嬰女】 음도 후궁륭을 가리킨다.
【견열내견堅熱內牽】 꿋꿋하고 따뜻한 음경을 자궁 안으로 넣는다는 말이다.

【고급상박尻急相薄】 여자가 엉덩이로 남자의 음부를 맹렬하게 친다는 말이다.
【금현琴弦】 大小 陰脣을 가리킨다.
【재수물심才授勿深】 이것은 어린애가 젖을 물고 있듯이 알맞게 넣고 깊이 찌르지 말라는 말이다.
【결취結聚】 혈기가 鬱結하여 통하지 않는 증세를 말한다.
【맥이麥齒】 처녀막을 가리킨다.

《현녀경》을 보면 황제와 현녀의 다음과 같은 대화가 있다.
"나는 그대가 말하는 구법九法의 구체적 내용에 대해 들어본 적이 없소. 내가 그 오묘한 이치를 알고 그 법식대로 하며 그것을 진귀한 법전으로 소중하게 간직할 수 있도록 구체적으로 설명해 주기 바라오."
"구법의 첫째 방법은 용의 꿈틀거림龍翻이라고 합니다. 여자를 반듯이 눕게 하고 남자가 여자의 몸에 엎드려 두 다리를 자리에 붙이고, 여자는 음부에 올려 밀어 음경받습니다. 남자가 음경으로 여자의 공알을 찌르며 음도 상부를 찌르고 천천히 꽂았다 뺐다 하면서 흔듭니다. 먼저 여덟 번 얕게 찌르고 뒤에 두 번 깊이 지릅니다. 음경이 아직 덜 꿋꿋할 때 음도에 넣고, 꿋꿋하지만 아직 사정하지 않았을 때 빼냅니다. 이렇게 해야 남자는 양세陽勢가 강해지고, 여자도 미친 듯 흥분되어 좋아합니다. 이와 같이 하면 남자는 스스로 정액을 가둘 수 있고, 여러 가지 병이 다 없어집니다.
둘째 방법은, 호랑이의 걸음虎步라고 합니다. 먼저 여자를 엎드려 엉덩이를 들게 하고, 남자가 여자 뒤에 꿇어 앉아 두 손으로 여자의 배를 끌어안고 뒤에서 음경을 음도에 넣으며 중극인 음도구를 찌릅니다. 깊이 배도록 꽂았다 뺐다 하면서 마찰하고 마흔 번을 하면서 여자의 반응을 살핍니다. 이렇게 하면 여자의 음문이 따라서 벌어졌다 오무라졌다 하며 음액이 흐릅니다. 교합이 끝난 뒤 곧 휴식하면, 온갖 병이 생기지 않고 남자도 더욱 건장해집니다.
셋째 방법은 원숭이의 잡아채기猿搏라고 합니다. 구체적인 방법은, 여자를 바로 눕게 하고 남자가 여자의 두 다리를 어깨에 걸치되 여자의 무릎이 가슴을 넘게 하여 둔부를 높이고, 음경을 음도에 넣어 여자의 음도구나 공알을 문지릅니다. 그러면 여자는 온몸을 흔들며 음액이 비오듯 합니다. 이어서 남자는 음경을 음도에 깊이 넣고 꼭 누릅니다. 그러면 음경이 대한히 세집니다. 여자가 고조에 이른 뒤 즉시 교접을 그치면 온갖 병이 자연히 낫습니다.

넷째 방법은, 매미 붙기蟬附라고 합니다. 어떻게 하는가 하면, 먼저 여자를 엎드려 몸을 쭉 펴게 하고 남자가 여자의 등에 엎드려 음경을 깊이 꽂습니다. 엉덩이를 좀 들게 하고, 그 음도 궁륭 안에 자궁경이 있는 적주赤珠를 찌르며, 마흔여덟 번을 합니다. 그렇게 하면 여자는 성욕이 극도로 일어나서 음액이 흐르고 음도 안이 심하게 떨며 음문이 짝 벌어집니다. 여자가 성의 고조에 이른 뒤 교합을 그치면 칠상七傷의 근심이 저절로 없어집니다.

다섯째 방법은, 거북 오름龜騰이라고 합니다. 여자를 바로 눕히고 무릎을 굽혀 발을 두 젖까지 밀게 하고, 음경을 깊이 넣어 여자의 음도 뒷궁륭인 영녀嬰女를 찌릅니다. 깊이를 알맞게 하여 오직 그 민감한 부위를 찔러야 합니다. 그렇게 하면 여자는 몹시 흥분되어 좋아하며 몸을 저절로 흔들고 음액이 줄줄 흐릅니다. 그러면 되도록 깊이 찔러 여자가 성의 고조에 이른 뒤에 그칩니다. 이렇게 교합하면서 사정하지 않으면 정신이 더없이 맑아집니다.

여섯째 방법은, 봉황의 비상鳳翔이라고 합니다. 여자를 바로 눕혀 스스로 아랫도리를 들게 하고, 남자가 여자의 넓석다리 사이에 꿇어 앉아 두 손으로 자리를 짚고 음경을 깊이 넣어 여자의 음도 속 깊은 곳인 곤석崑石을 찌릅니다. 따뜻하고 또 꿋꿋한 음경을 자궁 안으로 넣으며 여자에게 흔들게 하고 스물네 번을 합니다. 여자는 엉덩이로 남자의 음부를 맹렬하게 치며 음도가 저절로 벌어지고 음액이 저절로 흐릅니다. 여자가 고조에 이른 뒤 그치면 온갖 병이 없어집니다.

일곱째, 토끼의 털 핥음兎吹毫이라고 합니다. 남자가 바로 누워 두 다리를 펴고, 여자는 남자의 두 다리 밖에 무릎을 두고 남자를 탑니다. 여자가 얼굴을 남자 발쪽으로 향하고 두 손으로 자리를 짚고 머리를 숙입니다. 음경을 넣어 대소 음순인 금현琴弦을 찌릅니다. 여자는 성욕이 충동되어 음액이 샘솟듯하며 또 몸과 마음이 다 동하여 기뻐하며 즐거워합니다. 여자가 고조에 이른 뒤 그만하면 온갖 병이 생기지 않습니다.

여덟째 방법은, 고기의 미끼 물기魚接鱗라고 합니다. 남자가 바로 눕고 여자가 두 다리를 앞으로 하여 올라탑니다. 음경을 천천히 꽂습니다. 어린애가 젖을 물고 있듯이 음경을 깊이 넣지 말고 얕게 조금 넣습니다. 여자 혼자서 흔들게 하되 반드시 오래 하도록 해야 합니다. 여자가 쾌적한 뒤에 곧 음경을 빼냅니다. 이렇게 하면 기혈이 울결되어 통하지 않는 증세를 고칠 수 있습니다.

아홉째 방법은, 학의 목걸기鶴交頸라고 합니다. 남자는 키箕 모양으로 바로 앉고, 여자는 남자의 넓적다리를 타고 손으로 남자의 목을 끌어안습니다. 음경을 넣어서 여자의 처녀막인 맥치麥齒를 찌르되 제자리를 찔러야 합니다. 또 남자가 여자의 엉덩이를 안아서 여자가 올렸다 내렸다 하는 것을 도와줍니다. 여자 스스로 즐거움을 느끼고 음액이 흐릅니다. 여자의 성욕이 고조에 이르면 즉시 그칩니다. 이렇게 하며 칠상이 저절로 낫습니다."

[4-7] 素女曰: "陰陽有七損八益. 一益曰固精. 今女側臥張股, 男側臥其中, 行二九數, 數卒止. 令男固精, 又治女子漏血, 日再行, 十五日愈.

二익曰安氣. 令女正臥高枕, 伸張兩肶, 男跪其股間刺之, 行三九數, 數畢止. 令人氣和, 又治女門寒, 日三行, 二十日愈.

三익曰利臟. 令女人側臥, 屈其兩股, 男橫臥, 郤刺之, 行四九數, 數畢止. 令人氣和, 又治女門寒, 日四行, 二十日愈.

四익曰强骨. 令女人側臥, 屈左膝, 伸其右肶, 男伏刺之, 行五九數, 數畢止. 令人關節調和, 又治女閉血, 日五行, 十日愈.

五익曰調脈. 令女側臥, 屈其右膝, 伸其左肶, 男據地刺之, 行六九數, 數畢止. 令人脈通利, 又治女門辟, 日六行, 二十日愈.

六익曰畜血. 男正偃臥, 令女戴尻跪其上, 極內之, 令女行七九數, 數畢止. 令人力强, 又治女子月經不利, 日七行, 十日愈.

七익曰益液. 令女人正伏擧後, 男上往, 行八九數, 數畢止. 令人骨塡.

八익曰道體, 令人正臥, 屈其肶, 足迫尻下, 男以肶脇刺之, 以行九九數, 數畢止. 令人骨實, 又治女陰臭, 日九行, 九日愈."

【장고張股】넓적다리를 벌린다는 말이다.
【일재행日再行】하루에 두 번 교합한다는 말이다.
【여문한女門寒】여자의 음문 虛寒症이다.
【극자郤刺】음경을 위로 올려 찌른다는 말이다. 郤은 음이 극으로, 우러른다는 뜻이다. 《儀禮·士婚禮》에 '贊啓會郤於敦南'이라는 말이 있는데, 賈公彦의 疏에 '郤, 仰也, 謂仰於地也'라고 했다.
【여문벽女門辟】여자 음문의 병증을 가리키는 것일 것이다.
【골전骨塡】기혈이 가득하고 근골에 힘이 있음을 말한다.

소녀는 이렇게 말했다.

"남녀 교합에는 칠손팔익七損八益의 주장이 있습니다. 일익은 고정固精이라고 합니다. 여자를 옆으로 눕혀 두 다리를 벌리게 하고, 남자가 그 가운데 옆으로 누워 열여덟 번을 하고 그 수가 끝나면 그칩니다. 이렇게 하면 남자는 정기를 공고히 할 수 있고, 또 여자의 누혈漏血을 고칠 수 있습니다. 매일 두 번 교접하면 보름이면 낫습니다.

이익은 안기安氣라고 합니다. 여자를 바로 눕혀 둔부를 높이 받치고 두 팔을 펴게 하고서, 남자가 여자의 넓적다리 사이에 꿇어 앉아 음경을 넣고는 꽂았다 뺐다 합니다. 스물일곱 번을 하고 그 수가 끝나면 그칩니다. 이렇게 하면 기혈을 조화시킬 수 있고, 또 여음女陰의 한랭증을 고칠 수 있습니다. 매일 세 번 교접하여 스무날이면 낫습니다.

삼익을 이장利臟이라고 합니다. 여자를 옆으로 눕혀 두 다리를 구부리게 하고, 남자가 가로누워 뒤에서 음경을 위로 올려 찌릅니다. 서른여섯 번을 하고 그 수가 끝나면 그칩니다. 기혈이 조화되게 할 수 있고, 또 여자의 음문 허한증을 고칠 수 있습니다. 매일 네 번 교접하여 스무날이면 낫습니다.

사익은 강골强骨이라고 합니다. 여자를 옆으로 눕혀 왼쪽 무릎을 구부리고 오른팔을 쭉 펴게 합니다. 남자가 여자에게 엎드려 뒤에서 찌릅니다. 마흔다섯 번 하고 그 수가 끝나면 그칩니다. 관절을 조화시킬 수 있고, 또 여자의 폐경을 고칠 수 있습니다. 매일 다섯 번 교접하여 열흘이면 낫습니다.

오익은 조맥調脈이라고 합니다. 여자를 옆으로 눕혀 오른 무릎을 굽히고 왼팔을 쭉 펴게 합니다. 남자가 몸을 옆으로 돌리고 자리에 의지하여 찌릅니다. 쉰다섯 번을 하고 그 수가 끝나면 그칩니다. 혈맥이 잘 통하게 할 수 있고, 또 여자의 음문 벽증辟症을 고칠 수 있습니다. 매일 여섯 번 교접하여 스무날이면 낫습니다.

육익은 축혈蓄血이라고 합니다. 남자가 바로 눕고 여자가 둔부로 남자의 두 다리를 누르고 꿇어앉아 음경을 되도록 깊이 찌릅니다. 여자에게 예순여섯 번을 하게 하고, 그 수가 끝나면 그칩니다. 사람이 강건하고 힘 있게 되도록 할 수 있고, 여자의 월경불순을 고칠 수 있습니다. 매일 일곱 번 교접하여 열흘이면 낫습니다.

칠익은 일액益液이라고 합니다. 여자를 바로 엎드려 둔부를 높이 들게 하고, 남자가 음경을 위로 찌릅니다. 일흔두 번을 하고 그 수가 끝나면 그칩니다. 매일 여덟 번 교접하면 기혈이 가득 차고 근골이 힘 있게 되도록 할 수 있습니다.

팔익은 도체道體라고 합니다. 여자를 바로 눕혀 팔을 굽히고 발꿈치를 둔부에 대게 합니다. 남자가 엎드려 여자의 허리를 끼고 음도를 찌릅니다. 여든한 번을 하고 그 수가 끝나면 그칩니다. 골격이 튼튼해지게 할 수 있고, 또 여자의 음취陰臭를 고칠 수 있습니다. 매일 아홉 번 교접하여 아흐레면 낫습니다."

[4-8] 素女曰: "一損謂絶氣. 絶氣者, 心意不欲而强用之, 則汗泄氣少, 令心熱目冥冥. 治之法: 令女正臥, 男擔其兩股, 深案之, 令女自搖, 女精出止, 男勿得快, 日九行, 十日愈.

二損謂溢精. 溢精者, 心意貪愛, 陰陽未和而用之, 精中道溢, 又醉而交接, 喘息氣亂, 則傷肺, 令人咳逆, 上氣消渴, 喜怒或悲慘慘, 口乾身熱, 而難久立. 治之法: 令女人正臥, 屈其兩膝挾男, 男淺刺, 內玉莖寸半, 令女子自搖, 女精出止, 男勿得快, 日九行, 十日愈.

三損謂雜脈. 雜脈者, 陰不堅而强用之, 中道强瀉, 精氣竭, 及飽食訖交接傷脾, 令人食不化, 陰痿無精. 治之法: 今女人正臥, 以脚勾男子尻, 男則據席內之, 令女自搖, 女精出止, 男勿快, 日九行, 十日愈.

四損謂氣泄. 氣泄者, 勞倦汗出未乾而交接. 令人腹熱唇焦.

治之法: 令男子正申臥, 女跨其上向足, 女據席淺內玉莖, 令女自搖, 精出止, 男子勿快, 日九行, 十日愈.

五損謂機關厥傷. 機關厥傷者, 適新大小便, 身體未定而強用之, 則傷肝, 及卒暴交會, 遲疾不理, 勞疲筋骨, 令人目茫茫, 癰疽並發, 衆脈槁絶, 久生偏枯, 陰痿不起. 治之法: 令男子正臥, 女跨其股跼前向, 徐徐案內之, 勿令女人自搖, 女精出止, 男勿快, 日九行, 十日愈.

六損謂百閉. 百閉者, 淫佚於女, 自用不節, 數交失度, 竭其精氣, 用力強瀉, 精盡不出, 百病並生, 消渴目冥冥. 治之法: 令男正臥, 女跨其上, 前伏據席, 令女內玉莖, 自搖, 精出止, 男勿快, 日九行, 十日愈.

七損謂血竭. 血竭者, 力作疾行, 勞因汗出, 因以交合, 俱已之時, 偃臥推深, 沒本暴急, 劇病因發, 連施不止, 血枯氣竭, 令人皮虛膚急, 莖痛囊濕, 精變爲血. 治之法: 令女正臥, 高抗其尻, 申張兩股, 男跪其間深刺, 令女自搖, 精出止, 男勿快, 日九行之, 十日愈."

【대席】 본래는 처마 옆에 비스듬하게 친 장막을 가리킨다. 여기서는 席이어야 할 것이다. 침대자리이다.
【향족向足】 남녀의 발이 한 방향으로 서는 것, 즉 여자가 남자 앞에서 등을 남자에게 돌리는 것이다.
【기관궐상機關厥傷】 機關은 대소변의 문을 말한다. 厥은 之로 조사이다.
【지질불리遲疾不理】 동작을 느리게 빠르게 하는 이치를 모른다는 말이다.
【고槁】 마른다는 뜻이다. 《莊子 · 齊物論》에 "形固可使如槁木, 而心固可死如灰乎?"라는 말이 있다.
【급본汲本】 음경의 뿌리가 묻힌다는 말일 것이다.
【고항高抗】 高擧와 같다.

소녀가 말했다.

"일손一損은 절기絶氣입니다. 절기한 사람은 성욕의 충동이 일어나지 않았는데 마지못해 교합하여, 숨이 차고 땀이 흐르고 속이 답답하고 눈이 희미한 것입니다. 치료하는 방법은 여자를 바로 눕히고 남자가 두 어깨로 여자의 두 다리를 메고서 음경을 깊이 눌러 넣고서는 여자에게 몸을 흔들게 합니다. 여자의 음액이 흘러 나오면 그칩니다. 남자는 성욕이 충동되어 사정해서는 안 됩니다. 매일 아홉 번 교접하면, 열흘이면 낫습니다.

이손은 일정溢精이라고 합니다. 일정하는 사람은 성애를 탐하여 남녀의 정욕이 아직 서로 감응하지 못했는데 황급하게 교합하고, 교합 중도에 사정합니다. 이밖에 취하거나 배부른 뒤에 교합하여 숨이 차고 기가 어지러워지며, 결국에는 폐가 상하고 맙니다. 그래서 기침이 멎지 않고 기가 거슬려 딸꾹질이 나고 입이 마르고 성을 잘 내거나 혹은 기분이 좋지 않고 입이 마르고 신열이 나며 음경이 오래 발기되기 어렵습니다. 치료하는 방법은 여자를 바로 눕히고 두 무릎으로 남자를 끼게 하고 남자가 음경을 얕게 찌릅니다. 한 치 반 가량 넣고서 여자에게 몸을 흔들게 합니다. 여자의 음액이 흘러 나오면 그칩니다. 남자는 쉽게 사정하지 말아야 합니다. 매일 아홉 번 교접하면 열흘이면 낫습니다.

삼손은 잡맥雜脈입니다. 잡맥한 사람은 억지로 교합하며 중도에 억지로 사정하여 정기가 쇠갈됩니다. 혹은 포식한 뒤에 곧 교접하여 비장이 상합니다. 그래서 소화불량에 걸리며 양위에 걸리고 정액이 없어집니다. 치료하는 방법은 여자를 바로 눕혀 두 다리로 남자 엉덩이를 끌어당기게 하고 남자가 두 손으로 자리를 짚고 음경을 넣습니다. 여자에게 몸을 흔들도록 하고 음액이 흘러 나오면 그칩니다. 남자는 사정하지 말아야 합니다. 매일 아홉 번 교접하면 열흘이면 낫습니다.

사손은 기설氣泄입니다. 기설하는 사람은 힘들고 피곤하고 땀이 아직 마르기 전에 교접하여 배에 열이 나고 입술이 탑니다. 치료하는 방법은 남자가 곧게 바로 눕고 여자가 남자의 발을 향하여 남자를 타고 두 손으로 자리를 짚고서 음경을 얕게 넣습니다. 여자에게 몸을 스스로 흔들도록 하고 음액이 나오면 그칩니다. 남자는 쉽게 사정하지 말아야 합니다. 매일 아홉 번 교접하면 열흘이면 낫습니다.

오손은 항문과 요도가 손상된 것입니다. 이런 손상을 입은 사람은 대소변 뒤에 몸이 아직 안정되지 않았는데 억지로 교접하여 간이 상하거나 혹은 빠름과 더딤, 느림과 급함의 조화없이 난폭하게 교접합니다. 조화가 없으면 근골이 피로하게 되고, 나아가서는 두 눈이 캄캄해지며 옹저가 동시에 생기고 근맥筋脈이 말라 끊어집니다. 오래되면 반신불수나 양위에 걸립니다. 치료하는 방법은 남자가 바로 눕고 여자가 남자의 넓적다리를 타고서 앞으로 쪼그리고 앉으며 남자가 음경을 천천히 음도에 꽂습니다. 여자가 몸을 흔들지 않도록 하고, 음액이 나오면 그칩니다. 남자는 쉽게 사정하지 말아야 합니다. 매일 아홉 번 교접하면 열흘이면 낫습니다.

육손은 백폐百閉라고 합니다. 백폐한 사람은 절제하지 않고 여자와 마음대로 교접하고 절도없이 빈번히 교접하여 정기가 쇠갈되고 힘주어 억지로 사정하여 정액이 없어지고 온갖 병이 다 생기며 입이 마르고 눈이 희미해집니다. 치료하는 방법은 남자가 바로 눕고 여자가 남자를 타고 앞으로 엎드려 손으로 자리를 짚고 음경을 음도에 넣어서 서로 흔듭니다. 음액이 흘러 나오면 그칩니다. 남자는 쉽게 사정하지 말아야 합니다. 매일 아홉 번 교접하면 열흘이면 낫습니다.

칠손은 혈갈血竭이라고 합니다. 혈갈한 사람은 힘들게 일하거나 빨리 달린 뒤 땀이 채 마르기 전에 교접하며 또 음경을 뿌리가 묻히게 깊이 밀어넣고 난폭하게 교합하며 끊임없이 사정합니다. 그래서

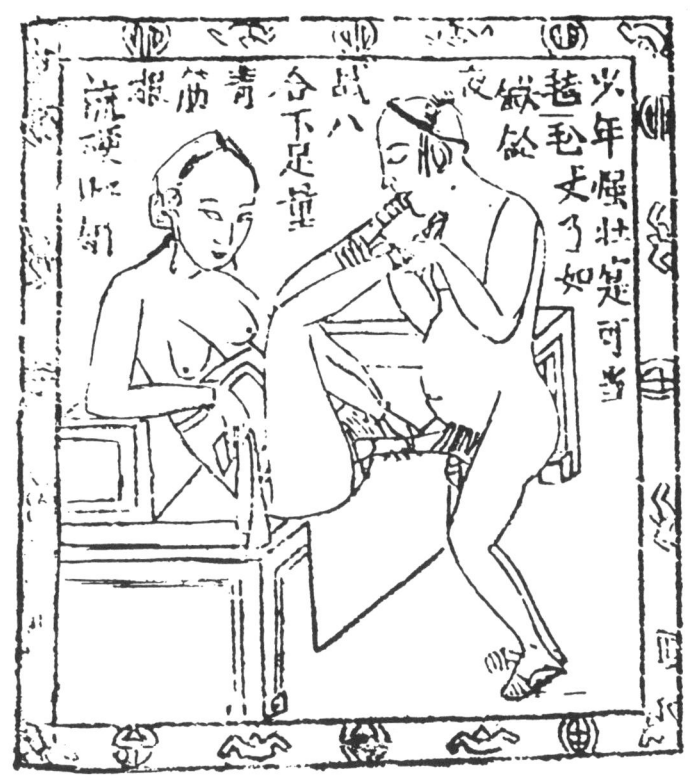

중병이 생기고 혈기가 고갈되며 피부가 마르고 음낭이 축축하며 음경이 아프고 정액이 없어 피가 나옵니다. 치료하는 방법은 여자를 바로 눕혀 엉덩이를 높이고 두 다리를 펴게 한 다음 남자가 여자의 두 다리 사이에 꿇어앉아 깊이 찌릅니다. 여자에게 몸을 스스로 흔들도록 하고 음액이 흘러 나오면 그칩니다. 매일 아홉 번 교접하면 열흘이면 낫습니다."

[4-9] 采女問曰: "交接以瀉精爲樂, 今閉而不瀉, 將何以爲

樂?" 彭祖答曰: "夫精出則身體怠倦, 耳苦嘈嘈, 目苦欲眠, 喉咽乾枯, 骨節解墮, 雖復暫快, 終於不樂也. 若乃動而不瀉, 氣力有餘, 身體能便, 耳目聰明, 雖自抑靜, 意愛更重, 恆若不足, 何以不樂耶?"

黃帝曰: "願聞動而不施, 其效何如." 素女曰: "一動不瀉, 則氣力強; 再動不瀉, 耳目聰明; 三動不瀉, 衆病消已; 四動不瀉, 五神咸安; 五動不瀉, 血脈充長; 六動不瀉, 腰背堅強; 七動不瀉, 尻股益力; 八動不瀉, 身體生光; 九動不瀉, 壽命未央; 十動不瀉, 通於神明."

【억정抑靜】 抑禁과 같다. 억제하고 사정하지 않는다는 말이다.
【항약부족恒若不足】 늘 부족한 듯하다는 말과 같다.
【오신함안五信咸安】 五神은 오장의 신이다. 咸은 다, 모두라는 뜻이다.

채녀采女가 물었다.
"남녀가 교합함에 있어서는 사정을 해야 쾌락을 느끼는데, 이제 정액을 가두고 쏟지 말라고 하니 무엇으로 쾌락을 느끼겠습니까?"
팽조가 이렇게 대답했다.
"정액을 사출하면 몸에 피곤을 느끼게 될 것이고, 귀에서 윙윙 소리가 나서 야단이고, 눈이 희미해져 졸음이 와 야단이고, 목이 마르고 뼈가 박살나는 듯하오. 비록 사정할 당시는 쾌락을 느끼겠지만 결국은 쾌락하지 못하게 되오. 교접만 하고 사정하지 않으면 기력이 남아돌아 몸이 가볍고 귀와 눈이 밝아지게 되오. 억제하고 사정은 하지 않지만, 성애는 늘 만족이 없는 듯 더 강렬해지오. 이러면 어찌 쾌락을 느끼지 못하겠소?"
황제가 "교합만 하고 사정하지 않는 방법을 듣고 싶소. 그 효과는 어떻소?" 하고 묻자, 소녀는 이렇게 대답했다.

"제1회에 사정하지 않으면 기력이 강해집니다. 제2회에 사정하지 않으면 귀와 눈이 밝아집니다. 제3회에 사정하지 않으면 온갖 병이 없어집니다. 제4회에 사정하지 않으면 오장의 신이 다 평안하게 됩니다. 제5회에 사정하지 않으면 혈맥이 충실해집니다. 제6회에 사정하지 않으면 허리와 등이 다 굳세집니다. 제7회에 사정하지 않으면 엉덩이와 넓적다리가 곱고 튼튼해집니다. 제8회에 사정하지 않으면 몸이 윤택해집니다. 제9회에 사정해 않으면 수명이 끝이 없습니다. 제10회에 사정하지 않으면 신명의 경지에 들어서게 됩니다."

[4-10] 黃帝問素女曰: 道要不欲失精, 宜愛液者也. 即欲求子, 何何得瀉?"素女曰: "人有强弱, 年有老壯, 各隨其氣力, 不欲强快, 强快即有所損. 故男年十五, 盛者可一日再施, 瘦者可一日一施; 年卄, 盛者日再施, 羸者可一日一施, 年卅, 盛者可一日一施, 劣者二日一施; 卌, 盛者三日一施, 虛者四日一施; 五十, 盛者可五日一施, 虛者可十日一施; 六十, 盛者十日一施, 虛者卄日一施; 七十, 盛者可卅日一施, 虛者不瀉."

素女法 "人年卄者, 四日一泄, 年卅者, 八日一泄, 年卌者, 十六日一泄, 年五十者, 二十一日一泄, 年六十者即畢(閉)精, 勿復更泄也, 若体力猶壯者, 一月一泄. 凡人氣力自相有强盛過人者, 亦不可抑忍, 久而不泄, 致癰疽. 若年過六十而有數旬不得交接, 意中平平者, 可閉精勿泄也."

【리羸】음은 리이고, 몸이 약하다는 뜻이다. 《國語·楚語》에 '民之羸, 日已甚矣'라는 말이 있다.
【십卌】즉 사십이다.
【자상自相】自視와 같은 말이다.

황제가 "방중의 도는 사정하지 말고 정액을 아끼라고 한다. 만약 자식을 보자고 하면 어떻게 사정해야 하는가?"라고 묻자, 소녀는 이렇게 대답했다.

"사람의 체질에는 강약이 있고 연령에는 젊고 늙음이 있으니, 잘난 체하여 빨리할 요량만 하지 말고, 자기 정력에 근거하여 방사를 해야 합니다. 만약 잘난 체하여 통쾌하기만 꾀한다면 몸에 손상이 옵니다. 그러므로 15세 남자로 몸이 튼튼한 사람은 하루에 두 번 사정해도 되고, 약한 사람이면 하루에 한 번 사징하면 됩니다. 20세 남자로 튼튼한 사람이면 하루에 두 번, 약한 사람이면 하루에 한 번 사정하면 됩니다. 30세 남자로 강한 사람이면 하루에 한 번, 약한 사람이면 이틀에 한 번 사정하면 됩니다. 40세 남자로 몸이 튼튼한 사람은 사흘에 한 번, 약한 사람이면 나흘에 한 번 사정하면 됩니다. 50세의 몸이 튼튼한 사람은 닷새에 한 번, 약한 사람이면 열흘에 한 번 사정하면 됩니다. 60세의 몸이 튼튼한 사람이면 열흘에 한 번, 약한 사람이면 스무날에 한 번 사정하면 됩니다. 70세의 몸이 튼튼한 사람은 30일에 한 번 사정하면 되고, 몸이 약한 사람은 사정하지 말아야 합니다."

소녀의 방법: "사람이 스무 살이 되면 나흘에 한 번, 서른 살에는 여드레에 한 번, 마흔 살에는 열엿새에 한 번, 쉰 살에는 스무 하루에 한 번, 예순 살에는 평생 정액을 가두고 다시는 사정하지 말아야 하고, 만약 체력이 아직 강하면 한 달에 한 번 사정하면 된다. 무릇 기력이 대단히 강하다고 느껴지는 사람은 억지로 참지도 말아야 한다. 만약 오래 참고 사정하지 않으면 옹저가 생기게 된다. 만약 나이 예순을 넘어 수십 일 동안 교접하지 않아도 성욕이 일어나지 않고 마음이 고요하다면, 정액을 가두고 배설하지 않아도 좋다."

[4-11] 采女曰: "男之盛衰, 何以爲候?" 彭祖曰: "傷盛得氣, 則玉莖當熱, 陽精濃而凝也. 其衰有五: 一曰精泄而出, 則氣傷也; 二曰精淸而少, 比肉傷也; 三曰精變而臭, 此筋傷也; 四曰精出不射, 此骨傷也; 五曰陽衰不起, 此體傷也. 凡此衆傷, 皆由不徐交接, 而卒暴施瀉之所致也. 治之法: 但御而不施, 不過百日, 氣力必致百倍."

【후候】 검증. 징후이다.
【정설이출精泄而出】 早泄이라는 말이다.
【정출부사精出不射】 遺精 현상이 있으나, 세게 쏘지 못한다는 말이다.
【어이불시御而不施】 교접은 하면서 사정을 하지 않는다는 말이다.

채녀가 "남자 정기의 성쇠는 어떤 징후가 있습니까?"라고 묻자, 팽조는 다음과 같이 대답했다.
"양기가 충족하면 음경에 열이 나고 배설한 정액이 짙고 엉기오. 만약 정기가 쇠갈하면 다섯 가지 징후가 나타나오. 첫째, 일찍 배설하는 것은, 기가 상했기氣傷 때문이오. 둘째, 정액이 맑고 적소. 육상肉傷으로 인한 것이오. 셋째, 배설한 정액이 구리오. 근상筋傷 때문이오. 넷째, 유정은 하지만 사정을 하지 못하오. 골상骨傷 때문이오. 다섯째, 양위 때문에 일어나지 않소. 체상體傷 때문이오. 이러한 손상은 모두 서서히 교접하지 않고 갑자기 난폭하게 교접하여 사정했기 때문이오. 치료하는 방법은, 교합하되 사정하지 않으면 백일이 지나지 않아 기력이 백 배로 증강되오."

[4-12] 黃帝曰: "人之始生, 本在於胎合陰陽也. 夫合陰陽之時, 必避九殃. 九殃者, 日中之子, 生則歐逆, 一也; 夜半之子,

天地閉塞不窨則聾盲, 二也; 日蝕之子, 體戚毀傷, 三也; 雷電之子, 天怒興威, 必易服狂, 四也; 月蝕之子, 與母俱凶, 五也; 虹霓之子, 若作不祥, 六也; 冬夏日至之子, 生害父母, 七也; 弦望之子, 必爲亂兵風盲, 八也; 醉飽之子, 必爲病癲, 疽痔有瘡, 九也."

素女曰: "求子法自有常體, 淸心遠慮, 安定其衿抱, 垂虛齋戒, 以婦人月經後三日, 夜半之後. 雞鳴之前嬉戱, 令女盛動, 乃往從之, 適其道理, 同其快樂, 卻身施瀉, 勿過遠至麥齒, 遠則過子門, 不入子戶. 若依道術, 有子賢良而老壽也."

又云: 素女曰 "夫人合陰陽當避禁忌, 常乘生氣, 無不老壽. 若夫婦俱老, 雖生化有子, 皆不壽也."

【일중지자日中之子】정오에 교합하여 낳은 아이라는 말이다.
【구역歐逆】구토이다.
【음음】《설문》에 '不能言也'라고 했다.
【위威】惕이다.
【복광服狂】망령된 짓을 함에 습관이 되었다는 말이다. 服은 習이다.
【난병풍맹亂兵風盲】風盲은 바람이 빠르고 센 것이다. 이것은 兵亂疾風으로서, 전란이 생기기 쉬운 것을 비유하거나, 싸우기를 좋아하고 일을 잘 저지르는 아이를 비유한 것이다.
【금포衿袍】懷抱라는 말과 같다. 즉 心胸·心志이다.
【수허재계垂虛齋戒】垂虛는 마음을 고요히 한다는 말이다. 齋戒는 마음을 깨끗이 하는 것을 齋라 하고, 화를 막는 것을 戒라고 한다.
【자문子門】즉 자궁의 문이다. 다음에 나오는 子戶는 자궁의 內戶를 말한다.

황제는 다음과 같이 말했다.

"사람의 잉태는 남녀 음양의 교합에 근본한다. 음양이 교합할 때 반드시 아홉 가지 화를 피해야 한다. 소위 아홉 가지 화란 정오에 교합하여 잉태된 아이는 출생하면 틀림없이 구토하면서 먹지 않는다. 이것이 첫째 화이다. 밤중에 교합하여 잉태된 아이는 이때 천지가 폐색되었기 때문에 나면 벙어리가 아니면 귀와 눈이 먼다. 이것이 둘째 화이다. 일식 때 잉태된 아이는 몸이 훼상되지 않도록 경각성을 높여야 한다. 이것이 셋째 화이다. 번개가 칠 때 잉태된 아이는 그때 하늘이 진노했기 때문에 나면 틀림없이 망령된 인간이 된다. 이것이 넷째 화이다. 월식 때 잉태된 아이는 어머니와 함께 재앙을 만나게 된다. 이것이 다섯째 화이다. 하늘에 무지개가 설 때 잉태된 아이는 나면 그 운명이 상서롭지 못하다. 이것이 여섯째 화이다. 동짓날이나 하짓날 잉태된 아이는 나면 부모를 해친다. 이것이 일곱째 화이다. 반달이나 보름달일 때 잉태된 아이는 싸우기를 잘하고 일을 잘 저지르는 인간이 된다. 이것이 여덟째 화이다. 취하거나 배부를 때 잉태된 아이는 나면 틀림없이 간질·치질 환자가 된다 이것이 아홉째 화이다."

소녀는 다음과 같이 말했다.

"자식을 보자면 일정한 방법이 있으니, 마음을 맑게 하고 안정시키고 고요히 해야 합니다. 부인의 월경이 끝난 지 사흘 뒤 밤중이 지나고 닭이 울기 전에 여자와 마음껏 희롱하여 여자의 성욕이 강렬하게 일어난 다음 방중 교접의 이치대로 하여 함께 교합의 쾌락을 누립니다. 사정할 때는 음경을 너무 깊이 꽂지 말고, 처녀막이 있는 맥치麥齒까지 꽂으면 됩니다. 깊이 꽂는다 하더라도 자궁문까지 이르러야 하지, 자궁 안에 꽂아서는 안 됩니다. 이런 방법으로 교합하여 낳은 아이는 착하고 건강하며 장수합니다."

"남여 교합에는 금기가 있습니다. 젊고 생기 있는 여사와 늘 교합하여 낳은 아이는 반드시 건강하고 장수합니다. 부부가 다 늙었다면 잉태된다 하더라도 난 아이는 역시 장수하지 못합니다."

[4-13] 黃帝曰:"入相女人, 云何謂其事?" 素女曰:"入相女人, 天性婉順, 氣聲濡行, 絲髮黑, 弱肌細骨, 不長不短, 不大不小, 鑿孔欲高, 陰上無毛, 多精液者, 年五五以上, 卅以還, 未生産者, 交接之時, 精液流漾, 身體動搖, 不能自定, 汗流四逮, 隨入擧止. 男子者雖不行法, 得此人由不爲損."

【입상入相】入은 받아들인다는 뜻이고, 相은 선택한다는 뜻이다. 여자를 고른다는 뜻이다.

【운하위기사云何謂其事】이런 일은 어떤 면을 가리키는 것인가고 묻는다는 뜻

이다.

【기성유행氣聲濡行】濡는 온유하다는 뜻이다. 음성이 부드럽다는 말이다.
【불장불단불대불소不長不短不大不小】키가 크지도 작지도 않고, 몸이 뚱뚱하지도 여위지도 않다는 말이다.
【착공鑿孔】음문을 가리킨다.
【미생산자未生産者】아직 생산을 한 적이 없는 여자이다.
【유양流漾】《集韻》에 의하면 물이 넘치는 모양을 말한다.
【사포四浦】사방으로 흘러 넘친다는 말이다. 浦는 《廣韻·釋言》에 의하면 寙이다.

황제가 "여자를 고르는 데는 어떤 면을 봐야 하는가?"라고 묻자, 소녀가 다음과 같이 대답했다.

"여자를 고르는 데는 천성이 곱고 온순하며 말소리가 부드럽고 머리가 새까맣고 살결이 보드랍고 골격이 가늘고 키가 크지도 작지도 않고 몸이 뚱뚱하지도 여위지도 않았으며, 음문이 올려붙고 거웃이 없으며 또 음액이 많은 여자를 골라야 합니다. 나이는 25세 이상 30세 이하, 아이를 낳아 본 적이 없는 여자를 골라야 합니다. 그런 여자는 교접할 때 음액이 흘러 넘치고 몸을 흔들며 스스로 억제하지 못하여 가만히 있지 못하고 땀을 막 흘리면서 남자에게 맞춰 움직입니다. 남자는 이런 여자를 얻으면 설령 교접의 법을 쓰지 않는다 하더라도 손상을 입지 않습니다."

[4-14] 房中禁忌: 日月晦朔, 上下弦望, 六丁六丙日, 破日月卄八日, 月蝕大風甚雨, 地動雷電霹靂, 大寒大暑, 春秋冬夏節變之日, 送迎五日之中, 不行陰陽. 本命行年禁之重者, 夏至後丙子丁丑. 冬至後庚申辛酉, 及新沐頭, 新遠行疲倦, 大喜怒, 皆不可合陰陽. 至丈夫衰忘之年, 不可妄施精.

素女論曰: "五月十六, 日天地牝牡日, 不可行房. 犯之, 不出三年必死. 何以知之? 但取新布一尺, 此夕懸東牆上, 至明日視之, 必有血色, 切忌之!"

【파일破日】흐린 날을 가리킨다.
【전치빈모天地牝牡】천지의 기가 상호 교접한다는 말이다. 도가에서는 5월 16일에 천지가 서로 만난다고 한다.

"방중 금기는 음력 매달 초하루와 마지막 날, 음력 매달 초이레, 초여드레, 15일, 16일, 22일, 23일, 간지로 추산한 정일丁日, 병일丙日, 흐린 날, 매달 28일, 일식, 월식이 드는 날, 광풍이 불며 큰 비가 쏟아지는 날, 지진이 일어나는 날, 천둥이 울고 번개가 치고 벼락이 떨어지는 날, 그리고 송구영신送舊迎新 5일 내에는 남녀 교합을 하지 않습니다. 자기가 난 해와 같은 지지地支의 해에 특히 금해야 할 날은, 하지 이후의 병자일, 정축일, 동지 이후의 경신일, 신유일, 그리고 방금 머리를 감았거나 멀리 나갔다 방금 돌아왔거나 몹시 피곤하거나 대단히 기쁘거나 매우 노하거나 하면 교합해서는 안 됩니다. 남자는 쇠퇴하는 나이가 되면 함부로 사정해서는 안 됩니다."

"5월 16일은 천지의 기가 교합하는 날이니, 이 날에 교합해서는 안 됩니다. 만약 이를 범하면 3년 내에 꼭 죽습니다. 그것을 어떻게 검증하는가? 새 옷감 한 자를 이날 밤 동쪽 벽에 걸어두고 이튿날 보면 천천히 핏빛이 납니다. 이날에는 반드시 금해야 됩니다."

[4-15] 采女云:"何以有鬼交之病?" 彭祖曰:"由於陰陽不交, 情慾深重, 卽鬼魅假像與之交通. 與之交通之道, 其有勝自於人, 久交則迷惑, 諱而隱之, 不肯告人, 自以爲佳, 故至獨死而莫之知也. 若得此病, 治之法: 但令女與男交, 而男勿瀉精,

晝夜勿息, 用困者, 不過七日必愈. 若身體波勞, 不能獨御者, 但深接勿動, 亦善也. 不治之, 煞人不過數年也. 欲驗其事實, 以春秋之際, 入於深山大澤間, 無所云爲, 但遠望極思, 唯含交會陰陽, 三日三夜後, 則身體翕然寒熱, 心煩目眩, 男見女子, 女見男子, 但行交接之事, 美勝於人, 然必病人而難治. 怨曠之氣, 爲邪所凌, 後世必當有此者. 若處女貴人, 若不當交. 與男交以治之者, 當以石流黃數兩, 燒以熏婦人陰下身體, 並服鹿角方寸匕, 日三, 以差爲度.

【귀교鬼交】꿈에 사람으로 변한 귀신과 교접하는 것을 말한다.
【귀매가상鬼魅假像】귀신이나 도깨비가 사람의 형상을 빌린다는 말이다.
【곤자困者】병이 무거움을 가리킨다.
【독어獨御】獨은《說文》에《犬相得而鬪也》라고 했다. 獨御는 즉 相交이다.
【살煞】殺이다.
【무소운위無所云爲】아무 말도 아무 짓도 하지 않는 것이다.
【함含】생각을 한다는 뜻이다. 남녀 교합의 생각만 머리에 둔다는 말이다.
【신체흡연한열身體翕然寒熱】翕然은 변동되는 모양이다. 몸에 한열이 발작한다는 말이다.
【귀인貴人】여자의 관직명이다. 한나라 광무제光武帝 때 두었는데, 황후 다음이다. 金印 紫綬를 주었다. 후대에도 그 명칭을 그대로 썼으나, 그 지위의 높낮음은 각기 달랐다. 그리고 太監을 가리킨다는 설도 있다.
【차차위도以差爲度】差는 瘥와 같다. 병이 낫는다는 뜻이다. 병이 낫는 것을 한도로 함을 말한다.

채녀가 "무엇 때문에 어떤 사람은 귀교鬼交와 같은 병에 걸리는가?"라고 묻자, 팽조가 다음과 같이 말했다.
"어떤 사람은 음양 교합을 할 여건이 안 되어 정욕이 오랫동안 울결되오. 이때 요괴가 사람 형상을 하고서 그 여자(남자)와 교합하게 되오. 요괴와 교합하기는 사람과 교합하기 보다 좋지만 오래 지속되면 그에게 홀리게 되오. 또 남이 알까 꺼려서 비밀에 부치고 남에게 말하려고 하지 않으며, 자기딴에는 좋은 일로 여기오. 그래서 병마가 온몸을 덮쳐 죽소. 그러고도 무슨 원인으로 그렇게 된 것인지도 모르오. 만약 이런 병에 걸리면, 치료하는 방법은 여자를 남자와 교접시키되, 남자는 사정하지 말고 주야로 교접해야 하오. 병세가 무겁다 하더라도 7일 내에 반드시 낫게 되오.

만일 남자가 피로를 느껴 능동적으로 교합하지 못하면, 음경을 깊이 꽂아 넣고 움직이지 않기만 해도 되오. 지료하지 않으면 몇 해 지나지 않아 목숨을 잃게 되오. 요괴와 교합한다는 것이 정말인지 거짓말인지를 검증하려면, 봄·가을에 깊은 산과 큰 못 사이에 가서 아무 말도 아무 행동도 하지 않고, 멀리 바라보면서 골똘히 생각하되 단지 남녀 교접만 생각하면 되오. 그러면 밤낮 사흘 뒤 몸에 한열이 나고 속이 답답하고 눈이 침침해지면서, 남자는 꿈에 여자가 보이고 여자는 꿈에 남자가 보이오. 그래서 교접을 하기만 하면 사람과 교합하기보다 훨씬 좋소. 그러나 반드시 병이 나 고치기 어렵소. 그 남자(여자)의 끝없는 원한의 기가 요괴에 의해 침범받기 때문이오. 이런 사람이 후세에도 꼭 있을 것이오. 예컨대 처녀·귀인 같은 사람들이 교접을 하지 못하고 괴로워하는 것 등이오.

꿈에 남성 요괴와 교접하는 환자는 남자와 교합을 하게 하고, 석유황을 몇 냥 태워 아랫몸을 그을리고 녹각 한 조각鹿角方寸匕을 먹이면 낫소. 이때 요괴는 울면서 가버리오. 다른 한 치료 방법은 녹각 한 조각을 매일 세 번씩 나을 때까지 먹는 것이오."

[4-16] 采女曰:"交接之事, 旣聞之矣. 敢問服食葯物, 何者亦得而有效?"彭祖曰:"使人丁强不老, 房室不勞損, 氣力顏色

不衰老者, 莫過麋角也. 其法: 取麋角刮之爲末十兩, 輒用八角, 生附子一枚合之. 服方寸匕, 日三, 大良. 亦可熬麋角令微黃, 單服之, 亦令人不老. 然遲緩, 不及內附子者, 服之卄日大覺, 亦可用隴西頭伏苓分等擣篩, 服方寸匕, 日三, 令人長生, 房內不衰."

黃帝問素女, 對曰: "女人年二十八九, 若二十三四, 陰氣盛, 欲得男子, 不能自禁, 食欲無味, 百脈動体, 候精脉實, 汗出汚衣裳. 女人陰中有虫, 如馬尾, 長三分, 赤貫者悶, 黑貫者沫. 治之方: 用面作玉莖, 長短大小隨意, 以醬及二瓣綿裹之, 內陰中, 虫卽着來出, 出復內, 如得大夫, 其虫多者三十, 少者二十.

【정강丁强】 强壯이다.
【대부大夫】 남자 음경이다.

　채녀가 "교접에 관해서는 이미 들은 바 있습니다. 약물을 먹는 데는 어떤 약이 제일 효험 있는가요?"라고 묻자, 팽조는 이렇게 대답했다.

　"쇠로하지 않고 강장하며 방사에 피로하지 않고 기력이 훼손되지 않으며 낯이 쇠하지 않게 하는 데는 미각麋角 이상이 없소. 구체적인 방법은 미각을 가루로 만들어 열 냥, 거기에 팔각八角·생부자生附子를 하나씩 섞어 함께 먹되, 한 치 평방의 구기勺로 하루에 세 구기씩 먹으면 큰 효험을 보오. 미각을 노르스름할 때까지 다려서 그것만 먹어도 쇠로하지 않소. 병세가 미처 부자를 쓸 형편이 못되면, 그것을 20일 먹으면 많이 호전되오. 그리고 농서두隴西豆·복령伏苓을 꼭 같게 나누어서 빻아 체로 쳐서 한 치 평방의 구기로 매일 세 구기씩 먹으면 불노장생하고 쇠하지 않고 방사할 수 있소."

四. 素女經 혹은 玄女經

황제의 물음에 소녀가 다음과 같이 대답했다.

"여자가 나이 스물여덟, 아홉 살에 마치 스무서너 살처럼 되어 보이고, 음기가 대단히 성하며 남자를 보고 싶어 성욕을 스스로 억누르지 못하며, 음식이 맛이 없고 온 맥이 몸을 충동하며 정맥精脈이 가득 차고 음정陰精이 흘러 옷을 더럽힙니다. 그러면 음도에 말총 같은 벌레가 있는데, 길이가 세 품입니다. 붉은 것은 멍하고, 검은 것은 거품이 있습니다. 치료하는 방법은, 밀가루로 음경처럼 만들되 길이와 굵기는 마음대로 하고, 간장괴 면포 두 조각으로 싸서 음도 안에 넣으면 음충이 나오게 됩니다. 마치 남자와 교구하듯이 빼냈다가는 다시 넣곤 합니다. 그 벌레가 많으면 서른 개 쯤 되고, 적어도 스무 개 쯤 합니다."

五、素女方

失名氏 著

《소녀방素女方》이라는 책은 그 저자를 알 수 없다. 《소녀경素女經》과 함께 《수서隋書·경적지經籍志》에 실려 있다. 갈홍葛洪의 《포박자抱朴子·하람遐覽》에는 《소녀경》만 실려 있고 《소녀방》은 없으며, 일본인 凡波康賴의 《의심방醫心方》 28권에도 《소녀방》이 없다. 수隋·당唐의 견권甄權이 《소녀방》 7수를 《고금록험방古今錄驗方》에 실었고, 성당盛唐 시기의 왕도王燾도 그것을 《외태비요外台秘要》에 수록하였으며, 청淸나라의 손성연孫星衍도 그것을 《평진관총서平津館叢書》에 수록하였다. 이 책의 원제목은 《소녀경 사계보익방 칠수素女經 四季補益方 七首》이므로 혹 《소녀경》과 같은 책으로 생각되기도 한다. 경經이 앞에 있고 방方이 뒤에 있어 갈홍이 경만 수록하여 후세에 전한 것이 아닌가 생각된다. 수당 이후에 경과 방이 두 책으로 분리된 것으로 보여진다.

《소녀방》은 황제가 소녀와 고양부高陽負와 더불어 교접에서의 금기할 일과 사계절의 약품에 대하여 문답함으로써 방중 생활에서 병을 물리치는 방법을 해설한 것이다. 이제 손씨의 《평진관총서》에 근거하여 손씨의 서문과 함께 문장 부호를 달아 인쇄한다.

[5-1] 序

《素女方》一卷, 見《隋書·經籍志》, 其名不載《漢書·藝文志》. 然卽神仙家黃帝雜子十九家方二十卷之一也. 其書自宋不傳. 鄭樵《通志·藝文略》載其目, 亦僅蹈襲前志. 隋唐猶有傳本. 王燾取入《外台秘要》卷十七中, 云出《古今錄驗》, 眞古書也. 書稱黃帝與素女, 高陽負問答, 述交接之禁忌, 叙四時之藥物, 以爲房中却病之術. 云凡經方, 神仙所造. 盖古人方藥, 傳授有本, 配合君臣佐使, 皆按陰陽五行, 若遇俗醫, 加減用之, 卽有偏重之弊, 治疾所宜愼擇. 且文句有韻, 以逆爲迎, 以知爲愈, 皆古字古義, 審非后人僞作. 恐傳寫旣久, 或有脫誤, 及鄙俗字, 番伇舊文, 不敢更改. 房中之術, 古有傳書, 《容成》《務成》《堯舜陰道》, 俱一家之學. 班氏所云 '樂而有節, 則和平壽考. 迷者弗顧, 以生疾而隕命,' 誠哉斯言! 予旣刊黃帝古書, 又刊此以備亡佚古書之一冲, 不獨后之志藝文者可增其目, 亦足資養生之助云.《千金翼方》卷五云. "行房法一依《素女經》, 婦人月信斷, 一日爲男, 二日爲女, 三日爲男, 四日爲女, 以外無子. 每日午時夜半后行事, 生子吉, 餘時生子不吉." 亦此書佚文. 幷附于序. 嘉慶十五年九月八日. 孫星衍撰于安德道署之平津舘.

〔서문〕《소녀방》은《수서·경적지》에 수록되어 있는데,《한서·예문지》에는 그 이름이 오르지 않았다. 그러므로 신선가神仙家, 황제의 잡자雜子 19가방家方의 20권 중의 하나이다. 이 책은 송나라 이후 전하지 않고 있다. 정초鄭樵의《통지通志·예문략藝文略》에 그 목

록이 있는데, 역시 앞에 든 《경적지》에서 옮긴 것이다. 왕도가 《외태비요外台秘要》 17권 중에 수록하였는데, 출처를 《고금록험古今錄驗》이라 하였으니, 과연 고서이다. 이 책에서 황제가 소녀, 고양부와 더불어 교접에서 금기할 일과 사계절의 약품에 대하여 문답함으로써 방중각병술房中却病術을 해설한 것이다. 《소녀경》에 실린 《소녀방》은 보통 신선이 지은 것이라 한다. 대체로 옛사람의 방方·약藥은 군신좌사君臣左使를 배합하고 음양오행에 준하여 근본을 전수하는데, 보통의 의사들은 가감하여 쓸 때 한쪽으로 치우치는 폐단이 있어, 병을 고칠 때는 삼가서 선택해야 한다. 그리고 문구에는 운이 달려 있고, 역逆을 영迎으로 지知를 유愈로 하였으니, 모두 옛 글자와 뜻이다. 이로 보아 후세인이 거짓으로 만든 것이 아니다. 그러나 오랜 세월을 두고 베껴 쓰는 중에 탈락되거나 잘못 베껴지는 경우와 속자를 적은 경우도 있지만, 모두가 옛날 글이니 감히 고치지 않았다. 방중술은 예로부터 책으로 권하는데, 《용성容成》《무성務成》《요순음도堯舜陰道》는 모두 한 학파의 학설이다. 반씨班氏가 말한 "즐겁되 절제하면 화평하고 수를 누리며, 미혹되어 돌보지 않으면 병이 나고 목숨이 끊긴다"는 말은 옳은 말이다. 나는 황제의 고서를 출간하여 잃어버린 고서의 일종을 보탬으로써, 앞으로의 문장에 목록을 더해 줄 뿐만 아니라 또 양생에 보탬이 되는 자료를 더하고자 한다. 《천금익방千金翼方》 권5에 이르기를, "행방법의 하나로 《소녀경》에 의하면 부인의 월경이 끝난 첫날은 남아, 이튿날은 여아, 사흘째는 남아, 나흘째는 여아, 그후는 임신하지 못한다. 매일 오시午時, 밤중 후에 행사하여 낳은 자식은 길하고, 그후에 행사하여 낳은 자식은 불길하다"고 하였는데, 이 역시 이 책에서 빠진 내용이다. 이에 서문에 적어 둔다.

가경嘉慶 15년 9월 8일
손성연이 안덕도서安德道署의 평진관平津館에서 적음

[5-2]《素女經》：黃帝問素女曰："男子受氣，陰陽俱等．男子行陽，常先病耳目．本其所好，陰萎不起，氣力衰弱，不能强健，敢問療之道．"

素女曰："帝之所問，衆人同有．陰陽爲身，各皆由婦人，夭年損壽，男性節操，古不能專心貪女色．犯之竭力，七傷之情，不可不思．常能慎，長生之道也．其爲疾病，宜以葯療之．今所說犯者七．

第一之忌：日月朔晦，上下弦望，六丁之日，以合陰陽，傷子之精，今人臨敵不戰，時時獨起，小便赤黃，精空自出，夭壽喪身．

第二之忌：雷電風雨，陰陽晦暝，振動天地，日月無精光，以合陰陽，生子今狂癲，或有聾盲瘖啞失神，或多忘誤，心意不安，忽常喜，驚，恐，悲，懮，不樂．

第三之忌：新飽食飲，谷力未行，太倉內實，五藏防響，以合陰陽，六腑損傷，小便當赤，或白或黃，腰脊疼痛，頭項寄強，或身體浮腫，心腹脹滿，毀形夭壽，天道之常．

第四之忌：新小便，精氣微弱，榮衛不固，衛氣未散，以合陰陽，令人虛乏，陰陽氣閉，絕食無味，腹脹滿結，怫鬱不安，忘誤，或喜怒無常，狀如癲發．

第五之忌：作事步行身体勞，榮氣不定，衛氣未散，以合陰陽，臟氣相干，今人氣乏，喘息爲難，唇口干燥，身体流汗，谷不消化，心腹脹滿，百處酸痛，起臥不安．

第六之忌：新息沐浴，頭身發濕，舉重作事，流汗如雨，以合陰陽，風冷必傷，少腹急痛，腰脊疼強，四肢酸疼，五臟防響，上功頭面，或生漏瀝．

第七之忌：共女語話，玉莖盛強，以合陰陽，不將札防，氣朕理開, 莖中痛傷, 外動肌体, 內損腑臟, 結發塞耳, 目視䀮䀮, 心中怵惕, 恍忽喜忘, 如杵舂膈, 欬逆上氣, 內絶傷中, 女絶痿弱, 身可不防. 犯此七篇, 形證已彰, 天生神葯, 療之有方."

【남아수기男兒受氣 음양구등陰陽俱等】남자는 천지의 기를 타고나, 그 체내에 음양이 조화되어 있고 균등하다.
【선병이목先病耳目】먼저 귀와 눈에 질병이 생긴다.
【본기소호本其所好】남자가 방사를 하는 것은 남자의 성생리의 변화에 순응하는 자연반응이다.
【음양위신陰陽爲身 각개유부인各皆由婦人】남자가 음양 교합을 행하여 신체를 손상하는 것은 모두 여색을 탐하기 때문이다.
【임적불전臨敵不戰 시시독기時時獨起】여자를 대했을 때는 음경이 시들어 교합을 못하고, 여느 때는 음정이 자주 발기함을 말한다.
【태창太倉】위胃.
【오장방향五藏防響】藏은 臟과 통한다. 이 말은 오장의 기氣와 기기機가 아직 조화되지 못하였다는 말이다.
【두항기강頭項寄强】寄는 奇와 같다. 기형, 비정상이다. 즉 목이 굳어져 제대로 돌리지 못함을 말한다.
【영위부고榮衛不固】葉氏의《雙楳景闇叢書》에는《榮氣不因》으로 되어 있다. 榮衛는 곧 榮氣·衛氣이다. 榮氣란 脈管 속에서 운행되는 정기, 즉《營氣》이다. 衛氣가 脈 밖을 운행하여 신체 표면의 각 부위에 퍼지면서 오장육부를 덥히고 기르며 피부를 윤택하게 하고 땀구멍을 여닫는 기능을 하여, 마치 피부를 보호하고 외부의 나쁜 기운의 침입을 막는 衛士와 같으므로 衛氣라고 한다. 이 구절은 榮과 衛 두 기가 공고하지 않다는 뜻이다.
【누역漏瀝】漏下淋瀝, 즉 임질이다.
【신身】'其'자를 잘못 쓴 것 같다.

황제가 소녀에게 물었다.

"남자는 천지의 기를 타고나 그 체내에 음양이 조화되어 있고 균등하다. 남자가 교접을 하면 흔히 귀와 눈에 먼저 질병이 생긴다. 방사를 하는 것은 본디 남자의 성생리의 변화에 순응하는 자연 반응인데,

방사에 임하여 음경이 시들고 기력이 쇠하여 마음대로 할 수가 없을 경우, 이 병은 어떤 방법으로 치료할 수 있는가?"

소녀가 이렇게 대답했다.

"물으신 현상은 많은 사람에게 흔히 있는 것입니다. 남자가 음양 교합을 행하여 신체에 손상이 오는 것은, 모두 여색을 탐하기 때문에 수명을 제대로 누리지 못하는 것입니다. 남자는 이 점에서 절제가 있어야지, 정욕에만 끌려서는 안 됩니다. 그렇지 않으면 기력이 쇠갈되어 일곱 가지 면에서 손상을 받게 되니, 이를 깊이 생각하지 않으면 안 됩니다. 방사를 삼가며 방사의 도를 지켜 따르는 것이 양생 장수의 법칙입니다. 이 방면의 질병에 걸리면 약으로 치료해야 합니다. 이제 '칠상七傷'의 유형을 다음과 같이 설명드립니다.

첫째 피해야 할 일: 초승과 그믐, 상현 하현과 보름, 육정일六丁日과 같은 날에 교합하면 사람의 정기가 손상되어 여자를 대했을 때 음경이 시들어 교합을 못하고, 여느 때는 음경이 자주 발기하며 소변이 적황색이고 정액이 저절로 흐르며 수명이 짧아집니다.

두번째 피해야 할 일: 우레가 울고 비바람이 불며 천둥이 치고 진동하며, 음양이 어둡고 해와 달이 빛나지 않을 때에 교접하면 자식을 낳아도 간질에 걸리기 쉽고, 농아나 맹아가 되거나 바보 같으며 건망증이 심하거나, 심신이 안정되지 못하여 웃고 울고 놀라고 겁내고 걱정하고 즐거움이 없습니다.

세번째 피해야 할 일: 배불리 먹은 직후 오곡의 기가 아직 체내에 운행하지 못하고 위에 소화되지 않고 쌓여 있어, 오장의 기가 채 조화를 이루어 활달하게 통하지 않았을 때 교합하면 소변이 붉거나 희거나 누르고 등과 허리가 아프며 목이 굳어져 제대로 돌리기 어렵거나, 몸이 붓고 배가 부르고 몸이 손상되어 수명이 줄어듭니다. 이것은 천도天道의 필연적인 법칙입니다.

네번째 피해야 할 일: 소변 직후에는 정기가 미약하고 영榮·위衛가 아직 굳지 않았고, 위기가 신체 표면 여러 곳에 아직 퍼지지 않았을 때입니다. 이런 때에 교합하면 사람이 허약해지고 피로하며 음양 두 기운이 막히고 통하지 않아, 음식이 맛이 없으며 헛배가 부르고 단단하며 마음이 우울하고 불안하며 쉽게 잊거나 혹은 기쁨과 노여움이 일정하지 않아 마치 미친 듯합니다.

다섯번째 피해야 할 일: 일을 했거나 걸음을 걸어 몸이 피곤하고 영기가 아직 고정되지 못하였고 위기가 신체 표면 여러 곳에 퍼지지 못했을 때, 이런 때에 교합하면 장의 기운이 서로 충돌하여 기력이 부족하고 숨이 가쁘고 입술이 마르고 입안이 타며 몸에 땀이 나고 먹은 것이 소화되지 않고 헛배가 부르며 전신이 시리고 아프며 자나깨나 불안합니다.

여섯번째 피해야 할 일: 일을 하고 목욕한 직후 머리 몸이 젖어 있거나 무거운 짐을 옮기고 땀이 비오듯 하는 이런 때에 교합하면, 풍을 맞기 쉽고 아랫배가 갑자기 아프거나 등골이 몹시 아프고 사지가 시리며 오장의 기가 아직 조화를 이루고 잘 통하지 않아, 위로는 머리와 낯을 침범하고 아래로는 임질이 생깁니다.

일곱번째 피해야 할 일: 여자와 음탕한 말을 지껄여 음경이 일어났을 때 교합하는 것은 예의도덕에 맞지 않는 일이어서 피부가 트고 음경이 상하여, 겉으로는 피부가 상하고 안으로는 오장육부에 해로워 귀가 어두워지고 눈이 흐리며 마음에 두려움이 생기고 황홀하고 잘 잊으며 가슴이 방망이질하듯 뛰고 기침이나 딸꾹질을 하며 안으로 상하고 여성은 허약해지니 주의하지 않을 수 없습니다.

이상 일곱 가지를 거스르면 그 형체와 증상이 매우 현저하지만, 하늘이 내린 신약이 있어 치료할 방법이 있습니다."

[5-3] 黃帝問高陽負曰:"吾知素女明知經脈, 臟腑虛盈, 男子五勞七傷, 婦人陰陽隔閉, 漏下赤白, 惑絕産無子, 男子受氣, 陰陽同等. 其病緣由, 因何而起? 故欲問之, 請爲具設."

對曰:"深哉, 問也! 男子五勞, 六極, 七傷, 病皆有元本由狀."

帝曰:"善哉! 七傷之病, 幸愿悉設."

對曰:"一曰陰汗, 二曰陽衰, 三曰精清, 四曰精少, 五曰陰下濕痒, 六曰小便數少, 七曰陰痿, 行事不遂, 病形如是, 此謂七傷."

黃帝曰:"七傷如是, 療之奈何?"

對曰:"有四時神藥, 名曰茯苓. 春秋冬夏, 療隨病形. 泠加熱藥, 溫以泠漿, 風加風藥, 色脈診評, 隨病加藥, 悉如本經. 春三月, 宜以更生丸(更生者, 茯泠也). 療男子五勞七傷. 陰衰消小, 囊下生瘡, 腰背疼痛, 不得俯仰, 兩膝臏冷, 時時熱痒. 或時浮腫, 難以行步. 目風淚出, 遠視䀮䀮. 欬逆上氣, 身體痿黃. 繞臍弦急, 痛及膀胱, 小便尿血, 莖痛損傷, 時有遺瀝. 汗衣赤黃, 或夢驚恐, 口干舌强, 渴欲飲水, 得食不常. 或氣力不足, 時時氣逆. 坐犯七忌, 以成勞傷, 此藥主之甚驗. 方:

茯苓四分(若不消食 三分加一)　　菖蒲四分(若耳聾 三分加一)

山茱萸四分(若身痒 三分加一)　　栝樓根四分(若熱渴 三分加一)

菟絲子四分(若痿泄 三分加一)　　牛膝四分(若機熱 三分加一)

赤石脂四分(若內傷 三分加一)　　干地黃七分(若煩熱 三分加一)

細辛四分(若目䀮䀮 三分加一)　　防風四分(若風邪 三分加一)

薯蕷四分(若陰濕痒 三分加一)　　續斷四分(若有痔 加一倍)

蛇床子四分(若少氣 三分加一)　　柏實四分(若少力 加一倍)

巴戟天四分(若痿弱 三分加一)　　天雄四分(炮若有風 三分加一)

遠志皮四分(驚恐不安 三分加一)　　石斛四分(若体疼 加一倍)

杜仲四分(若絶陽痛 三分加一)　　從蓉四分(若泠痿 加一倍)

右二十味, 擣篩, 蜜和丸如桐子, 先食服三丸, 日三, 不知漸增, 以知爲度. 亦可散服, 以淸粥飮服方寸匕, 七日知, 十日愈, 三十日余氣平, 長服老而更少. 忌猪羊肉, 糖, 冷水, 生菜, 蕪荑等物."

【고양부高陽負】가탁한 이름이다.《內經》에 있는 황제의 여러 신하 중에도 이런 이름은 없다. 아마 고대의 방중가인 듯하다.

【육극六極】隋 巢元方의《諸病源候論》에서는 氣極·血極·筋極·骨極·肌極·精極을 육극이라고 하였다. 이 육극은 모두가 노勞·상傷·손損·허虛의 병증이다.

【소편수소小便數少】누차·빈번의 뜻이다. 이 구의 뜻은 소변이 잦고 양이 적음을 말한다.

【색맥진평色脈診評】望色·切脈의 진단에 의하여 약을 쓴다는 뜻이다.

【본경本經】《神農本草經》을 가리킨다.

【좌범坐犯】坐는 觸, 즉 觸犯이다.《史記》: '坐法去官'

【부지不知】효험이 없음을 말한다.

황제가 고양부에게 "나는 소녀가 경맥經脈과 오장육부가 비고 차는 것을 잘 알며, 남자의 오로칠상五勞七傷과 부인의 음양격폐陰陽隔閉, 누하적백漏下赤白, 혹은 자식을 낳지 못하며 남자의 수기受氣, 음양동등陰陽同等 등의 상황을 잘 안다고 들었소. 이런 병이 왜 생기는지 그대의 가르침을 받고 싶으니 자세히 설명해 주기 바라오"라고 묻자, 고양부는 이렇게 대답했다.

"말씀하신 것은 매우 심각합니다. 남자의 오로·육극·칠상 등 병은 모두 최초의 원인과 증상이 있습니다."

"그럼 칠상에 대하여 상세하게 말해 주기 바라오."

"일은 음한陰汗, 이는 음쇠陰衰, 삼은 정청精淸, 사는 정소精少,

오는 음하陰下가 습하고 가려우며, 육은 소변이 잦고 적으며, 칠은 음경이 위축되어 잘 교합되지 못하는 것인데, 이런 증상을 칠상이라고 합니다."

"이런 칠상은 어떻게 치료하는가?"

"사계절의 신약이 있어 치료할 수 있습니다. 그 약을 복령茯苓이라고 하는데, 봄 여름 가을 겨울의 계절에 따라 증상을 보아 치료합니다. 추울 때는 열약熱藥을 가미하고, 더울 때는 냉장冷漿을 가미하며, 풍을 맞았을 때는 풍약風藥을 가미합니다. 한마디로 말씀드려, 망색望色·절맥切脈의 진단에 근거하여 약을 짓고 증세에 비추어 약을 씁니다. 즉《신농본초경神農本草經》에 쓰인대로 합니다. 춘삼월에 갱생환更生丸을 써서 남자의 오로·칠상을 치료합니다(갱생이란 복령이다). 음경이 쇠하여 작아지고 음낭 아래가 헐며, 등과 허리가 아프고 몸을 굽히거나 펴기가 불편하고, 두 무릎이 차고 때때로 뜨겁고 가려우며, 혹은 몸이 붓고 운신하기 힘들거나 바람이 불면 눈에서 눈물이 나고 체중이 줄어들고 누리끼리하거나 배꼽 주위가 갑자기 아프고 그 아픔이 방광에 미치고 소변에 피가 섞이며 음경이 아프고 상하기 쉬우며 자주 오줌이 나오거나 땀이 축축하게 나고 그 색깔이 누르거나 때로는 꿈속에서 놀라 깨며 입안이 마르고 혀가 굳으며 늘 물을 마시고 싶게 입이 마르고 음식이 제맛이 없으며 혹은 기력이 부족하고 늘 숨이 찹니다. 방중 금기를 범하면 이런 일곱 가지 병이 생깁니다. 갱생환更生丸은 칠상을 주로 치료하는 데에 신비한 효험이 있습니다."(처방, 용법은 생략)

[5-4] 又, 黃帝問曰:"夏三月, 以何方葯? 幸得具聞."

對曰: 宜以補腎茯苓丸, 療男子內虛, 不能食飮, 忽忽喜忘,

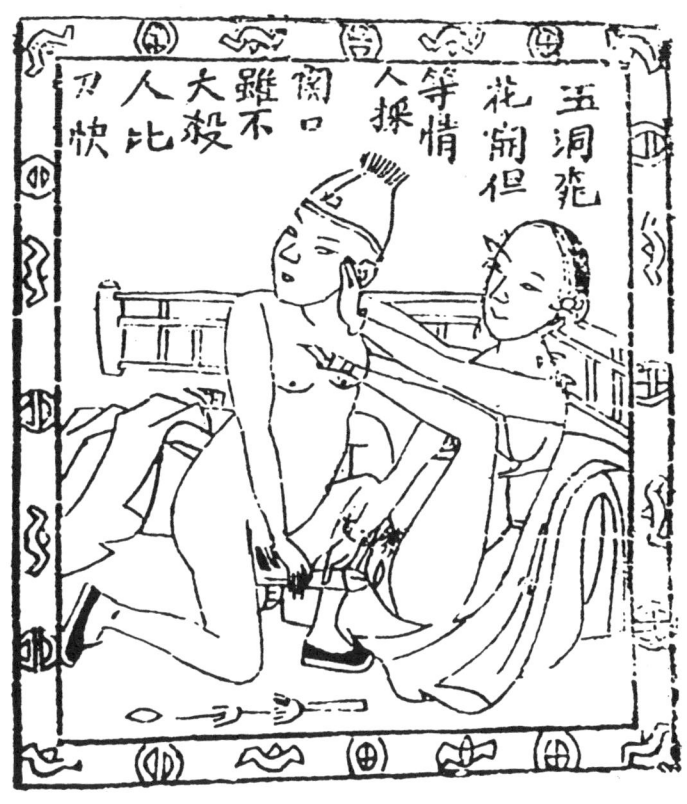

悲憂不采,恚怒無常,或身体浮腫,小便赤黃,精泄淋瀝,痛絞膀胱,脛疼泠痺,伸不得行,渴欲飲水,心腹脹滿,皆犯七忌,上已具記.當療之法,隨病度量,方用如左:

茯苓(二兩,食不 消加一倍) 附子(二兩,炮有風 三分加一)

山茱萸(三兩,身痒 三分加一) 杜仲(二兩,腰痛 三分加一)

牡丹(二兩,腹中游氣三分加一) 澤瀉(三兩,有水氣三分加一)

薯蕷(三兩,貫風加一倍) 桂心(六兩,顏色不足三分加一)

細辛(三兩,目視䀰䀰三分加一) 石斛(二兩,陰濕痒三分加一)

苁蓉(三兩, 身痿三分加一)　　　黃耆(四兩, 体疼三分加一)
　右十二味, 擣篩, 蜜和丸如梧桐子, 先食服七丸, 日二服, 忌生葱, 生菜, 冷水, 大酢, 胡荽等物."

【에노恚怒】분노이다.
【초酢】醋(초)이다.

　황제가 "여름 석 달 동안에는 무슨 약을 써야 하는지 자세히 말해 주기 바라오"라고 청하자, 고양부가 다음과 같이 대답했다.
　"보신복령환補腎茯苓丸을 써야 합니다. 이 약으로 남자의 내허內虛·음식 불능·황홀건망·비관하고, 기뻐하지 않고, 성을 잘 내거나, 몸이 붓고, 소변이 누르고, 정액이 줄줄 새거나, 방광이 아프고, 다리가 아프고, 차고 저리며, 운신하기 어렵고, 입이 마르며, 헛배가 부른 등의 증세를 치료합니다. 이런 병은 일곱 가지 피해야 할 일을 피하지 않았기 때문에 생긴 것입니다. 위에서 상세히 말씀드린 대로입니다. 치료 방법은 증세에 따라 고려해야 합니다. 처방은 다음과 같습니다."(처방, 용법 생략)

　[5-5] 又, 黃帝問曰: "春夏之療, 已聞良驗. 秋三月, 以何方藥?"
　對曰: "宜以補腎茯苓丸. 療: 男子腎虛冷, 五臟內傷, 風冷所苦, 今人身體濕痒, 足行失顧, 不自覺省. 或食飮失味, 目視䀮䀮. 身偏拘急, 腰脊痛強. 不能食飮, 日漸羸瘦. 胸心懊悶, 欬逆上氣. 轉側須人, 起則扶舁. 針灸服葯, 療之小折. 或乘馬觸風, 或因房室不自將攝, 飮食不量, 用力過度. 或口干舌燥, 或流涎出口, 或夢寤精便自出. 或尿血, 尿有淋瀝, 陰下痒濕. 心驚動悸, 少腹偏急, 四肢酸疼, 氣息噓吸, 身体浮腫, 氣逆胸脇. 醫不能識, 妄加余療. 方用如左 : 茯苓(三兩) 防風(二兩) 桂心(二兩) 白術(二兩) 細辛(二兩) 薯蕷(二兩) 山茱萸(二兩) 擇瀉(二兩) 附子(二兩 炮) 干地黃(二兩) 紫菀(二兩) 牛膝(二兩) 芍藥(二兩) 丹參(二兩) 黃耆(二兩) 沙參(二兩) 蓯蓉(二兩) 干姜(二兩) 玄參(二兩) 人參(二兩) 苦參(二兩) 獨活(二兩)

右二十二味, 擣篩, 蜜和丸如梧桐子. 食前服五丸, 臨時以酒飮下之. 忌酢物, 生葱, 桃李, 雀肉, 生菜, 猪肉, 蕪荑等."

【기칙부기즉부扶】《설문》에《共擧也》라고 했는데, 일어서서 움직이려면 남이 부축해야 한다는 뜻이다.
【장호將攓】調養함을 말한다.

황제가 "봄여름의 병은 좋은 치료 처방을 들었소. 그럼 가을 석 달간에는 어떤 처방을 쓰는가?"라고 묻자, 고양부는 이렇게 대답하였다.

"보신복령환을 써야 합니다. 남자의 신이 허허롭고 냉랭하며 오장에 내상이 있어 바람과 추위를 겁내고 신체가 습하고 가려우며 보행이 불편하고 마음대로 안 되거나, 혹은 음식이 맛이 없고 시력이 어둡고 몸이 굳어지고 등과 허리가 아프고 굳어지며 음식을 먹을 수 없고 날로 여위며 가슴이 답답하고 기침과 천식이 나며 돌아누우려면 남이 거들어야 하고 일어서려면 남이 부축해야 하며, 침이나 뜸이나 약을 먹어 치료하면 다소 호전되며, 혹은 말을 타고 바람을 맞거나 행방에 절도가 없으며 음식을 제한하지 않고 노동을 과도하게 하며, 혹은 입안과 혀가 마르고, 혹은 입에서 침이 흐르며, 혹은 꿈속에 유정遺精이나 유변遺便하고, 혹은 오줌에 피가 섞이고 오줌이 많으며 음부가 습하고 가려우며 가슴이 뛰놀고 아랫배 한쪽이 아프며 사지가 시리고 아프며 숨이 허약하며 몸이 붓고 가슴과 옆구리가 불편한 등의 증세를 치료합니다. 이상의 여러 증세를 서툰 의사들은 알지 못하여 무턱대고 치료하여 병이 가중됩니다. 처방과 용법은 다음과 같습니다."(처방, 용법 생략)

[5-6] 又, 黃帝問曰:"春夏秋皆有良方, 冬三月復以何方治之?"

對曰:"宜以<u>垂命</u>茯苓丸. 療: 男子五勞七傷, 兩目茫茫. 得風淚出, 頭項寄强, 不得回戻. 心腹脹滿, 上支胸胁, 下引腰脊, 表裏疼痛, 不得喘息. 飮食欬逆, 面目痿黃. 小便淋漓, 淸精自出, 陰痿不起, <u>臨事不對</u>. 足脛酸痛. 或五心煩熱, 身體浮腫, 盜汗流釉, 四肢拘攣. 或緩或急, 夢寤驚恐, 呼吸短氣, 口干舌燥, 狀如消渴, 忽忽喜忘, 或悲憂鳴咽. 此藥主之, 補諸絶, 今人肥壯, 强健氣力, 倍常飮食, 百病除愈. 方:

茯苓(二兩) 白術(二兩) 澤寫(二兩) 牡蒙(二兩) 桂心(二兩) 牡蠣(二兩 熬) 牡荊子(二兩) 薯蕷(二兩) 杜仲(二兩) 天雄(二兩 炮) 人參(二兩) 石長生(二兩) 附子(二兩) 干姜(二兩) 菟絲子(二兩) 巴戟天(二兩) 蓯蓉(二兩) 山茱萸(二兩) 甘草(二兩) 炙天門冬(二兩 去心)

右二十味, 擣篩, 以蜜和丸如梧桐子. 先食服五丸, 酒飮, 皆得忌海藻, 菘菜, 鯉魚, 生葱, 猪肉, 酢等物."

【수명垂命】救命과 같다. 《荀子·富國》: '垂施養民.' 〈주〉: '垂, 下也. 以上所操持之事 下就於民而養之,' 즉 위에서 아래로 작은 은혜를 베풂을 말한다.
【임사부대臨事不對】교합의 일에 임하였으나 행할 수 없음을 말한다.

황제가 "봄·여름·가을에는 다 좋은 처방이 있는데, 겨울 석 달 간에는 어떤 처방과 약을 쓰는가?"라고 묻자, 고양부가 이렇게 대답했다.

"마땅히 수명(구명)복령환을 써야 합니다. 이 약은 남자의 오로·칠상으로 일어나는 두 눈이 흐리고 바람이 불면 눈물이 나며, 목이 굳어져 돌리지 못하며, 헛배가 불러 위로는 가슴과 옆구리를 치밀고 아래로는 허리와 등을 당겨 안팎으로 아프고 큰 숨을 쉴 수 없으며, 음식이 내려가지 않고 치밀고 얼굴이 누르게 파리해지며, 소변이 많고 맑은 정액이 절로 나오면서 음경이 시들어 일어나지 않고 교합에 임하여 응대를 못하며, 다리와 발목이 저리며, 혹은 오장에 타는 열이 나고 몸이 붓고 도한盜汗이 많고 사지에 경련이 일며, 혹은 느리게 혹은 급하게 꿈에서 놀라 깨며 호흡이 짧고 급하며 입과 혀가 말라 소갈증 같으며, 혹은 흐리멍텅하고 잘 잊으며 혹은 슬퍼하고 흐느끼는 등의 증세를 치료합니다. 이 약은 위에 말씀드린 병증을 치료할 뿐만 아니라, 사람을 건장하게 하고 기력을 도우며 식욕이 늘어 온갖 병이 고쳐지도록 합니다. 처방은……." (처방은 생략한다.)

[5-7] 又, 黃帝問曰:"四時之葯, 具已聞之. 此葯四時通服, 得不?"

對曰:"有四時之散, 名茯苓散, 不避寒暑, 但能久服, 長生延年, 老而更壯. 方用于左.

茯苓 鍾乳 云母粉 石斛 菖蒲 柏子仁 菟絲子 續斷 杜仲 天門冬(去心) 牛膝 五味子 澤瀉 遠志(去心) 甘菊花 蛇床子 薯蕷 山茱萸 天雄(炮) 石韋(去毛) 干地黃 菘蓉(幷等分)

右二十二味, 擣篩爲散, 以酒服方寸匕, 日再, 二十日知, 三

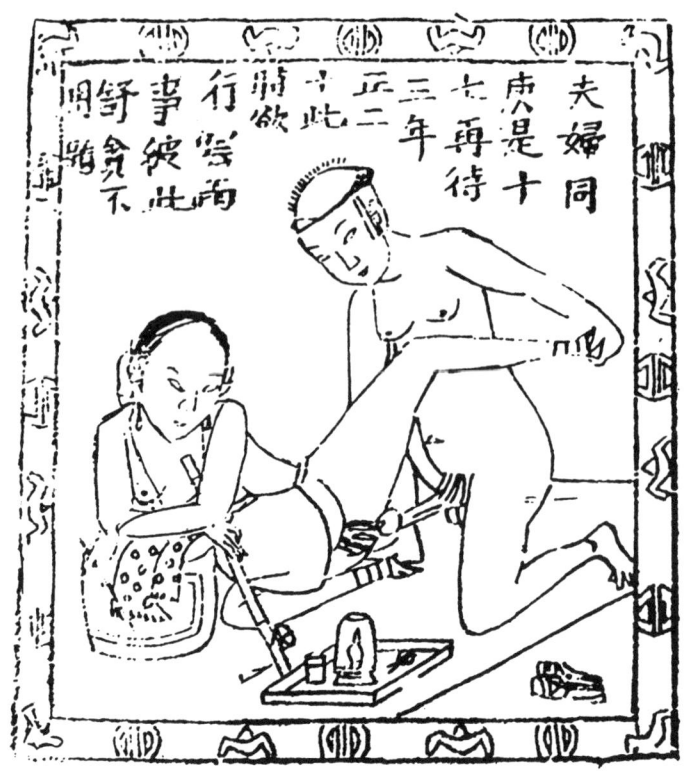

十日病悉愈. 百日以上, 体氣康强, 長服, 八十, 九十老公, 還如童子. 忌酢物, 羊肉, 糖, 鯉魚, 猪肉, 蕪荑等."

高陽負曰: "凡經方神仙所造, 服之療病, 具已論訖, 如是所擬, 說從開闢以來, 無病不治, 無生不救也."(并出《古今錄驗》二十五卷中.)

【득불득不】 不은 否・弗이다. 不得은 可以不可以와 같다.
【일제日再】 하루 두 번 마심.
【개벽開闢】 천지개벽.

황제가 "사계절의 약에 대한 이야기를 다 들었는데, 그것을 다른 계절에 써도 되는가?"라고 묻자, 고양부가 이렇게 대답했다.

"사계절에 모두 복용하는 약이 있는데, 그것을 복령산이라고 합니다. 추운 겨울이나 더운 여름을 가리지 않고 장복할 수 있으며, 해가 갈수록 장수하고 다시 젊어지는 효력이 있습니다. 처방은 다음과 같습니다…….(처방은 생략) 대체로 경방經方은 모두 신선이 내놓은 것이고, 그것으로 병을 치료하는 법은 이미 말씀드렸습니다. 위에서 말씀드린 바와 같이, 천지개벽 이래 그야말로 이 약이 고치지 못한 병이 없고 살리지 못한 사람이 없습니다."

[5-8] 茯苓蘇方. 茯苓(五斤, 灰汁煮十遍, 漿水煮十遍, 淸水煮十遍) 松脂(五斤, 煮如茯苓法, 每次煮四十遍) 生天門冬(五斤, 去心皮, 暴干作末) 牛酥(三斤, 煉三十遍) 白蜜(三斤, 煎今沫盡) 蠟(三斤, 煉三十遍)

"右六味, 各擣篩, 以銅器重湯上, 先內酥, 次蠟, 次蜜, 消訖內藥, 急攪之勿住, 務今大均, 內瓷器中密封之, 勿泄氣. 先一日<u>不食</u>. 欲不食, 先須吃好美食, 今极飽, 然后絶食, 卽服二兩, 二十日后服四兩, 又二十日服八兩, 細丸之以咽, <u>中下爲度</u>. 第二度以四兩爲初, 二十日后八兩, 又二十二兩. 第三度服以八兩爲初, 二十日二兩, 二十日四兩, 合一百八十日藥成, 自后服三丸, 將補不服, 亦得恒以酥蜜消息之. 美酒服一升爲佳. 合葯, 須取四時<u>王相日</u>, 特忌<u>刑殺厭</u>, 及<u>四激休廢</u>等日, 大凶. 此彭祖法.

"茯苓膏方(又名凝靈膏)"

"茯苓(淨去皮) 松脂(二十四斤) 松子人柏子人(各十二斤) 右四

味皆依法煉之. 松柏人不煉, 擣篩. 白蜜二斗四升, 內銅器中, 湯上, 微火煎一日一夕. 次第下葯, 攪令相得, 微火煎七日七夜止, 丸如小棗, 每服七丸, 日三. 欲絕谷, 頓服取飽, 卽得輕身, 明目不老."

【복령소방茯苓蘇方】위의 五方은 모두《古今錄驗方》권25에 있다. 그러나《素女方》考, 甄權의《고금록험방》과 王濤의《外台秘要》에는 모두 일곱 수라고 하면서, 다섯 수만 수록하고 두 수는 없다. 葉德輝의《千金要方》27에는 복령방 2수가 실려 있고, 그 중에 "약을 조합할 때는 사계절의 길일을 택한다"는 말이 있어 四季方의 명칭과 부합되며, 그 기피하는 것도 5수와 같다. 그리고 方 뒤에 '이는 彭祖의 법'이라고 하였는데, 經에서는 "采女가 도술을 얻었는데, 왕이 채녀를 시켜 팽조에게 해가 갈수록 장수하는 법을 묻게 하였다"라고 하였다. 이로 미루어 이 처방을 먼저 채녀가 팽조에게서 배웠고, 다시 소녀에게 전해진 것임을 알 수 있다. 그래서 섭씨가 보충하여 수록한 2방에 의해 7방의 명칭을 살려 썼다.

【불식不食】밥을 먹지 않음.

【중하위도中下爲度】모두 다 복용하는 것을 한 치료기간으로 한다.

【왕상일王相日】즉 길일이다. 택일가란 말이다. 王日은 四時正王之辰・四正之位・帝王之像인 春寅・夏巳・秋申・冬亥日이다. 相日은 四時官日에서 생기는 相氣之辰이고 宰相之象이다. 春巳・夏申・秋亥・冬寅日인데, 이는 모두 吉辰이어서 장수를 임명하고 작위를 봉하고 관리가 부임하고 정치에 임하는 등 모두 좋은 날이다.

【형살염급사격휴폐등일刑殺厭及四激休廢等日】모두 禁日이다. 厭은 厭日이다.《회남자淮南子・천문훈天文訓》에 '太陰이 居辰하면 厭日이오, 厭日에는 百事를 不可擧라' 하였다. 四激은 四徼이며 凶日이다. 睡虎地秦簡《日書》에 "八月 七日과 冬未・春戌・夏丑・秋辰을 四徼라 하는데, 初穿門・爲戶爽・伐木・壞垣・起垣・徹屋及殺生하지 말 것. 大凶"이라 하였다.

복령소방: (처방은 생략)

六・素女妙論

《소녀묘론》은 명明의 홍도洪都 전천진편全天眞編에 실려 있으나, 그 실제 성명은 알 수 없다. 본서는 《소녀경》《동현자》 등 방중술을 기록한 책의 단편을 개작하여 만든 것으로, 그 속에는 편자의 견해가 많이 들어 있다. 그 내용 역시 방중 양생을 위한 정액 보존과 성교요법性交療法의 역할을 강조하였다. 이 책에 수록된 것은 네덜란드의 한학자 高羅佩(R. H. van Gulik, 1910-1967)의 《비희도고秘戱圖考》에서 뽑은 것이다. 반 길릭은 《소녀묘론》에는 두 가지 판이 있는데, 하나는 삽도를 넣은 일본의 각판으로 문록文祿 연간(1592-1596)에 나온 것이고, 《인간락사人間樂事》《황소묘론黃素妙論》이라는 소제목이 붙어 있다. 또 하나는 중국의 원초본原抄本으로 1880년경에 쓴 것이고, 모두 42쪽, 각쪽 10행, 각행 21자이다. 혹은 이 책에 발문이 있었고, 그 날짜는 1566년 11월이며, "서원거사가 난향각에서 쓰다西園居士書於暖香閣"(반 길릭의 《중국고대방내고中國古代房內考》, 상해인민출판사 1990년판)라고 서명하였다고 한다. 그러나 고씨가 쓴 《소녀묘론》에는 이 발문이 없다.

[6-1] 採補修煉之術, 假之以素女. 夫素者, 不染之稱也. 以不染之質而說染汚之言, 夫誠其淫也. 九轉丹方, 以龍虎配陰陽, 以鉛汞擬牝牡, 其所指示, 非男歡女悅之道也. 人身中自有陰陽, 有氣血卽有表裡, 若能靜思默坐, 而修煉己身之丹藥, 則牝牡和合, 水火旣濟, 心腎交感, 此乃三淸要旨, 金匱秘蘊也. 惟求之獨悟自得, 而審黃白之理, 則必攀龍髥於鼎湖, 聽雞犬於雲中矣. 只其素也, 難寫易汚. 故能謹其素, 而不失樸, 則志學而及鄒魯之門牆, 修道則至神仙之淨域矣. 此書不知何人所著, 或云傳自茅山道士, 其九勢淺深二篇, 悉說吐納採補之狀, 不可以猥褻論焉, 然非無虛憊勞之益者也. (吟月庵主注: 此句有脫誤.) 若以之爲紅粉帳中顚鸞倒鳳之秘要, 則必有添薪減油之患矣.

　　　　　　　　　　　內寅仲冬 摘紅樓主人

篇目
(一) 原始篇 (二) 九勢篇 (三) 淺深篇 (四) 五欲五傷篇 (五) 大倫篇 (六) 大小長短篇 (七) 養生篇 (八) 四至九至篇

채보수련술採補修煉術을 소녀에게 가탁하였다. 대개 소素란 물들지 않았음을 말한다. 물들지 않은 깨끗한 품질로 오염된 말을 하게 하는 것은 음란함을 경계함이다. 구전단방九轉丹方에 음양을 용과 호랑이로, 암수를 연홍鉛汞으로 비유한 것은 그 가리키는 것이 남환여열男歡女悅의 방법이 아님을 뜻한다. 사람의 몸에는 본디 음양이 있고, 기혈에는 안팎이 있어 능히 정사묵좌靜思默坐하면서 자기몸의 단약을 수련한다면 암수화합·수화기제水火旣濟·심신교감心腎

交感하게 된다. 이것이 곧 삼청요지三淸要旨이고 금궤비온金匱秘蘊이다. 오로지 홀로 깨달아 스스로 터득해야 하고 황백지리黃白之理에 밝으면, 반용염어정호攀龍髯於鼎湖하고 구름 속에서 개소리, 닭소리를 들으리라고 하였다. 다만 그것이 소素하여 쓰기는 어렵고 더러워지기는 쉽기 때문에, 그 소함에 조심하고 소박함을 잃지 않고, 학문에 뜻을 두고 유가의 학문에 들어가 수도하면 신선의 정역淨域에 이를 수 있다. 이 책은 누가 지었는지 모르는데, 혹자는 모산茅山 도사가 전한 것이라 한다. 그 중의 〈구세九勢〉〈천심淺深〉두 편은 모두 토납채보吐納採補에 대해 말한 것이어서 외설스럽다고 논할 수 없지만, 피곤하고 힘든 것에 도움이 안 되는 것은 아니다(음월암주吟月庵主의 주: 이 구절에 탈락된 부분과 잘못된 부분이 있다). 만일 이를 곱게 화장한 방 안에 엎드려 있는 난새 봉황이라고 여긴다면 땔나무에 기름을 붓는 환란을 당할 것이다.

병인년 겨울 적홍루주인

편목篇目

1. 원시편原始篇 2. 구세편九勢篇 3. 천심편淺深篇 4. 오욕오상편五欲五傷篇 5. 대륜편大倫篇 6. 대소장단편大小長短篇 7. 양생편養生篇 8. 사지구도편四至九到篇

[6-2] 一. 原始篇

在昔, 軒轅問素女曰: "朕聞上古聖人, 壽有千歲, 或八百歲, 又有二百歲; 中古聖人有百二十歲; 今時人壽或三十或二十而亡, 又五七歲而亡, 又二三歲而亡, 安逸者少, 抱疾者多矣. 其故何哉? 幸諭開悟, 願勿吝其要."

素女答曰："凡人之生，感父精母血而受胎，合地水火風而成形.蓋壽夭之際，其因不一.有二三歲，五七歲至十二三歲而亡者，皆由父母受胎而無禁忌，故生子不壽.或二三十歲而亡者，其人四大本虛，初無堅固之質，不能學養生之術；年及少壯，血氣方剛，而迷戀欲情，使精氣耗散，疾病多生，而不識治療之方，是乃自喪其本源，豈得望延年益壽乎！"

帝問曰："太極剖判，陰陽肇分，輕清爲天，混濁爲地，乾道成男，坤道成女，惟人處乎其中，萬物生焉，何者而無陰陽矣哉！天無陰陽則日月不明，地無陰陽則萬物不生，人無陰陽則倫道絕矣.陰陽交感，不可一日而無焉也.卿之斯言，朕有未悟，男女交合之要，疾病治療之方，幸望備道其詳，以濟人壽."

素女答曰："甚哉甚哉！凡男女交合，乃一陰一陽之道也.是以陰中有陽，陽中有陰，陰陽男女，天地之道也.然失其要，則疾病起矣."又曰："抱陰而負陽，陽極則陰生，陰極則陽萌矣.凡女子陰中自具陰陽，其間剛健柔順，各有快美之趣."

帝問曰："夫婦交感之道，既已聞之，未達其旨而夫婦交媾之時，親之不得其美情，願爲是說."

素女答曰："凡男女交合之道及補精採氣之法，按摩導引之義，返本還元，深根固蒂，得其長久之情.若非採陰之法，徒勞交合，不得其暢美，終爲杳冥，而不能通美快之意，此因人不能慕其道也.若行此法，實爲養生之秘要也.凡男女交合，其女人陰中自有美快之秘，而知其趣者小焉矣.故只多感其情，遂以致兩情不樂，虛勞交合，而不美快.且夫女子精液未發，而陰中乾澀，若男子勉強行之，玉莖鑽刺空虛，只勞神思而無適用也.或女子欲火已動，男子玉莖不剛堅，精津離形，而意未舒暢，女子心中不快不滿, 終生憎惡之心."

【지다감기정只多感其情】 여자 태도의 변화에 너무 주의하고 생각하여, '陰中'의 재미를 추구하지 않아 양쪽이 즐겁지 않음을 말한다.
【정진이형精津離形】 남자의 정액과 여자의 진액이 동시에 발동되지 않아 정액과 진액의 '형'이 제멋대로 흘러 없어짐을 말한다.

1. 원시편

옛날 헌원제軒轅帝가 소녀에게 양생의 도를 물었다.

"듣건대 상고上古 때의 성인은 천 살, 팔백 살을 산 사람도 있고 이백 살을 산 사람도 있으며, 중고中古 때의 성인도 백이십 살을 살았다는데, 오늘의 사람들은 이삼십 세에 죽는 자도 있고 더러는 오륙 세, 심지어는 이삼 세에 요절하며 건강한 사람은 적고 병에 걸린 사람이 많소. 이는 무슨 까닭이오? 그 원인을 상세히 알려 주기 바라오."

"세상 사람의 생명은 모두 부정모혈父精母血이 감응하여 수태되고, 지수화풍地水火風이 화합하여 형체를 이룬 것입니다. 명이 짧게 된 원인은 각기 다릅니다. 두세 살에 죽었거나 대여섯 살. 열두세 살에 죽었거나 요절한 사람은 모두가 부정모혈이 합쳐 태를 만들 때 금기를 범하였기 때문에 자식들의 명이 짧게 된 것입니다. 이삼십 살에 요절하는 사람들은 그들의 형태가 생길 때, 지·수·화·풍의 사대四大가 허약하여 원래 바탕이 견고하지 못한 데다가 양생하는 방법을 배우지 못하였고 소년 장년이 된 후 혈기가 강하고 연정戀情을 탐욕하여 정기가 소모되고 질병이 자주 생기며 치료하는 방법을 몰라서 스스로 그 본원을 잃게 되는 것이니, 어찌 해가 갈수록 장수하기를 바랄 수 있겠습니까?"

"태극에서 이의二儀가 나고, 음양이 처음 갈라져 가볍고 맑은 것은 떠올라 하늘이 되고 혼탁한 것은 가라앉아 땅이 되었으며, 건도乾道가 남자를 이루고 곤도坤道가 여자를 이루어 사람이 천지 사이에 살게 되었으니, 만물이 생기는 것이 어찌 음양을 떠날 수 있겠는가? 하늘에 음양이 없으면 해와 달이 밝지 못하고 땅에 음양이 없으면 만물이 생기지 못하며 인간에 음양이 없으면 자손이 없게 되오. 그러니 음양의 교감은 하루도 없는 날이 없음을 알 수가 있는 것이오. 그대가 말한 이치를 어떤 것은 아직 깨닫지 못하였는데, 이를테면 남녀교합의 요령과 질병의 치료 방법을 가급 상세히 설명하여 사람들을 장수하게 도와주기 바라오."

"남녀의 교합은 일음일양一陰一陽의 법칙에 부합됩니다. 그러므로 음 가운데 양이 있고 양 가운데 음이 있는 남녀의 교합은 천지의 법칙입니다. 만일 이 근본법칙에서 벗어나면 사람에게 병이 생깁니다. 음 가운데 양이 있고 양 가운데 음이 있으므로, 양이 극하면 음이 생기고 음이 극하면 양이 생깁니다. 그리고 여자의 음 가운데에는 음양이 갖추어져 있어 강건함과 유순함이 겸비되어 자연히 다른 즐겁고 아름다운 맛을 주게 됩니다."

"부부교합 감응의 이치는 들었으나, 그 요령을 모르겠소. 부부의 교합 때에 어떤 사람은 그 중의 쾌락을 느끼지 못하는데 그 이치를 설명해 주기 바라오."

"대개 남녀교합의 이치와 보정채기補精採氣의 방법·안마도인按摩導引의 요체는 반본환원返本還源하고 심근고체深根固蒂하며 오래 지탱하는 데 있습니다. 가령 채음채음採陰의 방법을 쓰지 않고 억지로 교합한다면 그 미묘함을 느끼지 못하여 결국은 허환虛幻하며 그 쾌락을 느끼지 못하는데, 이는 교합의 도를 지키지 않았기 때문입니다. 교합의 도를 지키는 것이 양생의 비결입니다. 대체로 남녀가 교합할 때 여자의 음중에 미묘하고 쾌적함이 있는 법인데, 그것을 아는 사람이 매우 적습니다. 그러므로 정만 느끼고 '음중'의 취미를 알지 못하면 교합의 헛수고만 하고 쾌감을 얻지 못하여 두 사람이 다 불쾌하게 됩니다. 여자의 음진陰津이 나오지 않아 음도가 말랐을 때 남자가 억지로 행하면 음경만 괜스레 꽂았다 뺐다 하지 아무런 보탬이 없습니다. 만약 여자는 정욕이 동하였어도 남자의 음경이 힘 있고 굳세지 않으면 남정과 여진이 동시에 발동되지 않아 정진精津의 '형형'이 아무데로나 흘러 흩어져 버리고 의욕이 잘 통하지 못하므로, 여자가 불쾌해하고 불만감을 일으켜 끝내는 남녀교합을 혐오하게 됩니다."

[6-3] 二. 九勢篇

帝問曰: "男女者, 人道大欲, 而萬勿化生之源也. 而今忽之者, 未得其要之故也乎?"

素女答曰: "其言愼微, 愚者以爲褻, 而非誨淫導欲之說, 實乃養生之妙術. 交媾之秘訣, 其法有九, 名具以提之: 一曰龍飛勢; 二曰虎步勢; 三曰猿搏勢; 四曰蟬附勢; 五曰龜騰勢; 六曰鳳翔勢; 七曰兎吮勢; 八曰魚唼勢; 九曰鶴交勢."

帝問曰: "九勢已聞其目, 而行之有法哉?"

素女答曰: "每一勢有一法, 只擬其物狀而爲勢, 故目云曰《九勢》.

一. 龍飛勢: 令女人仰臥其體, 兩足朝天. 男子伏其上, 據其股, 含其舌. 女人自擧起牝戶, 而受玉莖刺入玄牝之門, 抽出扣其戶, 擧身動搖, 行八深六淺之法, 則陰中壯熱, 陽物剛强, 男歡女悅, 兩情娛快, 百疾消除. 其法如蛟龍發蟄攀雲之狀.

二. 虎步勢: 令女人胡跪低頭. 男子踞其後, 抱其腰而插入玉莖於托門, 行五淺六深之法, 抽出百回, 玉鉗開張, 精涎湧出, 水火旣濟, 盡丹鼎之妙. 煩懣已除, 血脈流通, 補心益志. 其法如虎豹出林嘯風之狀.

三．猿搏勢：令女人開起兩股，坐在男子於兩腿上，牝門開張滑滑．插玉槌，數扣陰戶，次行九淺五深之法，女子噥噥不休，津液溢流，男子固濟陽匱而不泄．百疴忽除，益氣長生，不飢．其法如猿猴搏枝取果實之狀，最以快捷為妙．

四．蟬附勢：令女人直舒左股而屈右股．男子踞其後，曳玉如意叩其赤珠，行七深八淺之法，紅球大張，快活潑潑，極活動之妙．通利關脈，久久利人．其法如金蟬抱樹吸露清吟之狀，只含蓄不吐．

五．龜騰勢：令女人仰臥，澹然虛無，如忘其情．男子以兩手指托兩腿，筈起過乳房，伸出其頭，忽入紅門，深撞谷實．忽縮忽伸，如龜頭伸縮．能除留熱，遂五臟邪氣．其法如玄龜游騰之狀，堅甲自守，曳尾泥中，而全其真．

六．鳳翔勢：令女人橫身仰臥牀上，手自舉兩股．男子以兩手緊抱摟女腰，將金槌插玉門，左右奔突，至陰中壯熱，女體軟動，行九淺八深之法，則女悅微喘，滑液沸出．能補諸虛，填精髓，輕身，延年不老．其法如丹山瑞鳳搏扶搖而翱翔寰中之狀．

七．兔吮勢：先男子仰臥牀上，直伸兩股，令女人反騎跨男子股上，手握郎中探房門，直穿琴弦，覺玉條堅硬而後行淺深之法，則養血行氣，除四股酸疼．其法如玉兔跳躍之快，忽蹲忽跳，出沒不定，只不失其真，則能捉蟾魄於九霄．

八．魚唼勢：令二女人一仰一俯，互摟抱以為交接之狀．牝戶相合，自摩擦則其魚口自開，猶游魚唼萍之形．男子箕坐其側，俟紅潮喘發，先以手探兩口相合處，將莖安其中間，上下乘便，插入兩方交歡．大堅筋骨，倍氣力，溫中補五勞七傷．其法如游魚戲藻之狀，只以唼清吐濁為要．

九. 鶴交勢: 令女人摟男子之頸, 以右足負牀上. 男以右手提女之左股而擔肩上, 兩體緊貼, 微抽玉莖, 窺其菱齒, 徐徐撞谷實, 搖擺輕漫, 行九淺一深之法, 花心忽開, 芳液浸潤. 保中守神, 消食開胃, 療百病, 長生不飢. 其法如丹鶴回族之狀, 張翎不收, 自至妙境.

2. 구세편
헌원제가 물었다.
"남녀 음양의 교합은 인도人道의 대욕大欲이고 만물이 생겨나 변화하는 근원이오. 그런데 지금 사람들은 그것을 소홀히 하니 그 요령을 파악하지 못했기 때문인가?"
소녀가 대답했다.
"이 방면의 논의는 매우 심오하고 현묘하여 우매한 사람들은 추잡한 말로 생각하는데, 사실 그것은 사람들을 음탕하게 이끄는 것이 아니라 양생의 묘술이고 교합의 비결입니다. 그 방법은 아홉 가지인데, 구체적으로 말씀드리면 다음과 같습니다. 1은 용비세龍飛勢이고, 2는 호보세虎步勢이고, 3은 원박세猿搏勢이고, 4는 선부세蟬附勢이고, 5는 귀등세龜騰勢이고, 6은 봉상세鳳翔勢이고, 7은 토윤세兎吮勢이고, 8은 어삽세魚唼勢이고, 9는 학교세鶴交勢입니다."
"이 아홉 가지 방법의 명칭은 알았는데, 구체적으로 어떻게 하는 것인가?"
"각 자세마다 방법이 다른데 그 명칭은 자연계에서의 동물의 행위의 형상에 비겼으므로 '구세'라고 합니다.
1. 용비세龍飛勢: 여자가 반듯이 눕고 두 다리를 쳐들고 남자가 그 위에 엎드려 두 다리로 여자의 두 넓적다리를 누르며 입으로 여자의 혀를 뭅니다. 여자는 음호를 올리며 옥경을 꽂히게 합니다. 빼낸 후

옥경으로 음호를 누르고 몸을 요동하면서 여덟 번은 깊게, 여섯 번은 얕게 하는 팔심육천八深六淺 방법으로 행하여 음중이 더워지고 옥경이 굳으면 남녀가 다 즐거워지며 흡족하여 온갖 병이 다 없어집니다. 이 방법은 교룡蛟龍이 하늘에 올라 구름을 타는 형상과 같습니다.

2. 호보세虎步勢: 여자가 꿇어 엎드린 자세로 고개를 숙이고 남자가 그 뒤에 꿇어 앉아 여자의 허리를 안고 옥경을 옥문에 찌른 다음 다섯 번은 얕게 여섯 번은 깊게 하는 오천육심五淺六深 방법을 행합니다. 백 번 꽂았다 뺐다 하면 옥문이 벌어지고 음진과 정액이 솟아나며 물과 불이 서로 도와 단정지묘丹鼎之妙를 다할 수 있습니다. 마음 속의 번민이 없어지고 혈맥이 유통하여 몸과 마음에 이롭습니다. 이 방법은 호랑이와 표범이 숲에서 나와 울부짖는 형상과 같습니다.

3. 원박세猿搏勢: 여자에게 두 다리를 벌리고 남자의 다리 위에 앉게 하고 옥문을 벌리고 옥경을 몇 번 꽂은 후 아홉 번은 얕게 다섯 번은 깊게 하는 구천오심九淺五深 방법을 행합니다. 여자는 계속 신음하며 음진이 넘치고 남자는 정을 굳혀 배설하지 않습니다. 이렇게 하면 온갖 병을 제거하고 기를 더하여 장수하며 배가 고픈 줄을 모르게 됩니다. 이 방법은 원숭이가 나무에 기어오르며 열매를 따는 형상과 같습니다. 동작이 빠를수록 더욱 묘합니다.

4. 선부세蟬附勢: 여자가 왼다리를 펴고 오른 다리는 굽히고, 남자는 여자 뒤에 꿇어 앉아 손에 옥경을 쥐고 적주赤珠를 두드리며 일곱 번은 깊고 여덟 번은 얕게 하는 칠심팔천七深八淺 방법을 행합니다. 그러면 음순이 부풀어 오르고 쾌활 활발하며 요동하는 극치에 이르러, 혈맥이 잘 통하고 오래 할수록 이롭습니다. 그 방법이 마치 매미가 나무에 붙어 이슬을 빨며 우는 것과 같이 빨기만 하고 토하지 않습니다.

5. 귀등세龜騰勢: 여자를 반듯하게 눕히고 마음과 기운을 안정시

키고 모든 것을 잊은 듯이 누워 있게 합니다. 남자가 두 손으로 두 다리를 받쳐 젖 위까지 누릅니다. 그러면서 음경을 뻗쳐 옥문에 깊이 꼽는데 마치 거북 대가리가 나왔다 움츠렸다 하듯 들어갔다 나왔다 합니다. 이렇게 하면 체내의 더운 열기가 제거되고 오장의 사악한 기운이 없어집니다. 그 방법이 마치 거북이 노는 것 같이 굳은 뚜껑으로 몸을 보호하고 진흙 속에서 꼬리를 젓는 것과 같이 그 진정眞精을 보전하게 됩니다.

6. 봉상세鳳翔勢: 여자가 자리에 반듯이 누워 두 손으로 다리를 받쳐 듭니다. 남자는 두 손으로 여자의 허리를 꼭 껴안고 옥경을 옥문에 찔러 넣습니다. 좌우로 흔들면서 음중이 더워지고 여자의 몸이 나른하면서 움직일 때 아홉 번은 얕게 여덟 번은 깊은 방법을 씁니다. 그러면 여자가 좋아서 약간 헐떡이며 음진이 나옵니다. 이렇게 하면 여러 가지 허증을 고칠 수 있고, 정수의 부족을 채울 수 있어 몸이 가볍고 해가 가도 늙지 않습니다. 이 방법은 마치 봉황이 하늘에 날아오르는 모양과 같습니다.

7. 토윤세兎吮勢: 남자가 자리에 두 다리를 뻗고 반듯이 눕습니다. 여자가 남자의 다리 위에 걸터앉아 손으로 옥경을 쥐고 옥문을 찾아 직접 금현琴弦까지 찌르고 옥경이 굳어진 후에 깊고 얕게 하는 방법을 실시합니다. 이렇게 하면 양혈행기養血行氣하며 사지가 시리고 아픈 증세를 없앨 수 있습니다. 그 방법이 옥토끼가 쭈그렸다 뛰었다 하면서 뛰노는 것과 같은데, 이 방법의 핵심을 파악하면 몸이 가벼워 하늘의 달을 잡을 듯합니다.

8. 어삽세魚唼勢: 두 여자를 하나는 바로 눕히고 한 사람은 엎드려 서로 안고 교접하는 것처럼 하게 합니다. 둘이 음호를 맞대고 서로 비비면 옥문이 절로 열리고 물고기가 물풀을 먹는 모양이 됩니다. 남자는 한쪽에 앉아서 여자의 정이 동하고 얼굴이 붉어지고 헐떡이기를

宗禎間(1628-1644) 畫,《江南銷夏》春宮畫

기다려 손으로 두 옥문이 접한 곳을 만져 음경을 그 가운데 밀어넣고 위와 아래로 번갈아 꽂으면서 교접합니다. 이 방법으로 근골을 강하게 하고 기력을 돋구며 속을 덥혀 오로칠상五勞七傷을 다스릴 수 있습니다. 그 방법이 마치 물고기가 물풀을 가지고 희롱하는 모양인데, 맑은 것을 받아들이고 탁한 것을 내뱉는다는 요점을 파악해야 합니다.

9. 학교세鶴交勢: 여자가 남자의 목을 안고 오른발을 얹습니다. 남자가 오른손으로 여자의 왼다리를 들어 어깨에 얹고 두 몸을 밀착시킵니다. 옥경을 살며시 맥치麥齒까지 밀어 넣어 서서히 곡실谷實을 부딪칩니다. 몸을 흔드는 동작은 느려야 하고 아홉 번은 얕게 한 번은 깊은 방법을 행합니다. 이렇게 하면 화심花心이 활짝 열려 음진이 흐르고 보중수신保中守神하며 소식개위消食開胃하여 백병이 낫고 장생하며 배고픔을 모르게 됩니다. 이 방법은 학이 선회하는 모양과 같으며, 그대로 하면 미묘한 경지에 이를 수 있습니다.

[6-4] 三. 淺深篇

帝問曰: "火候淺深, 煉丹之要旨也. 然調停不得法, 各有所損哉?"

素女答曰: "淺而不足者戾意, 深而大過者懊人. 又有三十六種, 七十二般之法, 能合恬情, 益快意, 然其理深邃."

帝問曰: "男女交媾之道, 妄行淺深之法則多損傷, 而補益者少焉矣. 嘗聞有採補秘奧之濟人壽, 願示其詳."

素女答曰: "男子須察女人情態, 亦要固守自身之寶物, 勿令輕漏泄. 先將兩手掌摩熱, 堅把握玉莖; 次用淺抽深入之法, 耐久戰, 益美快. 不可太急, 不可太慢, 又勿盡意深入, 深則有所損焉. 刺之琴弦, 攻其菱齒, 若至其美快之極, 女子不覺噤齒,香汗喘吁,目合面熱,芳蕊大開,滑液溢流,此快活之極也.又女子陰中有八名,又名《八谷》:一曰琴弦,其深一寸;二曰菱齒,其深二寸;三曰妥谿,其深三寸;四曰玄珠,其深四寸;五曰谷實,其深五寸;六曰愈闕,其深六寸;七曰昆戶,其深七寸;八曰北極,其深八寸."

帝問曰:"交合所傷,亦生何病?"

素女答曰:"交會之要,切忌太深,深則傷於五臟.若至谷實則傷肝,其病昏眵淚,四肢不遂;至愈闕則傷肺,其病惡心噦逆,痰喘昏暈;至昆戶則傷脾,面黃腹脹,煩懣泠痢;至北極則傷腎,腰腳痿軟,骨蒸潮熱;忽淺忽深則傷心,其人面熱虛嗽,夢魘遺精.所以交合不可太深.女子丹穴在臍下三寸,勿令傷之.又不可太速,不可太慢,太速則傷血,太慢則損氣,幷有損而無益焉矣."

帝問曰:"火侯調度淺深之要既審領之,損害之理亦不可忽之.尚有禁忌之功者,冀無吝之."

素女答曰:"煉丹避忌,若誤犯之,大者天地奪其壽算,鬼神殃其身,三彭窺其隙,抱疾罹厄;其生兒夭促,不慧不肖,或頑劣凶惡,遺害於父母.可不謹哉!夫天地晦冥震動之時,迅雷烈風暴雨之日,及晦朔弦望・大寒酷暑・日月薄蝕・神聖誕辰・庚申甲子・自己本命之辰・三元八節・五月五日・月殺月破・披麻紅殺,皆不可犯焉.又天地五嶽川瀆祠壇之近側・神聖祠宇,及諸神鬼像前・井竈溜厠之傍,各有害,多令人夭亡或生怪形奇狀之子也,交媾之際,亦有避忌.大飢勿犯,大飽勿犯,大醉勿犯,神勞力倦勿犯,憂愁悲恐勿犯,病新瘥勿犯,喪服勿犯,女子經中勿犯."

【삼팽三彭】 '三尸' '三蟲'이라고도 한다. 사람 몸의 건강과 수련에 지장을 주는 사악한 것이 세 가지 있다. 그것을 彭倨, 彭質, 彭矯라고 한다. 唐나라 張讀의 《宣室志》 권3에 다음과 같은 기록이 있다. 棒子가 말하기를 "彭子는 三尸의 성이며, 늘 사람의 몸속에 살면서 공과 죄를 살핀다. 庚申日이면 上帝에게 그것을 보고한다. 고로 신선의 도를 배우는 사람은 먼저 몸에 있는 삼시를 없애야 신선이 될 수 있으며, 그렇지 않으면 헛고생만 한다"고 하였다.

3. 천심편

헌원제가 "연단煉丹할 때는 화세火勢의 깊고 얕음이 중요한데, 만일 깊고 얕음을 파악하지 못하여 깊거나 얕아지면 신체에 해롭지 않겠는가?"고 묻자, 소녀가 이렇게 대답했다.

"너무 얕으면 마음에 차지 않고 너무 깊으면 쾌감이 없습니다. 36종 72법이 있어 쌍방의 달콤한 꿀같은 정을 만족시키고 쾌감을 증가시켜 주는데 그 중의 이치가 매우 오묘합니다."

"남녀가 교합함에 있어 깊고 얕음의 방법을 잘못 쓰면 신체에 이롭지 못할 뿐만 아니라 큰 손상을 주오. 듣자 하니 채음보양의 비결이 있어 갈수록 장수할 수 있다고 하는 데 상세히 설명해 주기 바라오."

"남자는 여자의 정태情態를 관찰하는 한편, 자신의 양정陽精을 고수하여 쉽게 내보지 말아야 합니다. 구체적인 방법은 우선 두 손을 더워지도록 마찰하여 옥경을 단단히 쥐고 천출심입법淺出深入法으로 급하지도 더디지도 않게 행사합니다. 이렇게 하면 오래 견딜 수 있고 쾌감도 증가됩니다. 그리고 너무 깊이 꽂지 말아야 합니다. 너무 깊으면 몸에 해롭습니다. 금현을 지나 맥치에 이르러 여자가 쾌감의 극치에 달하면 저도 모르게 이를 악물며 향기로운 땀이 비치고 숨이 가빠지며 눈을 감고 얼굴이 뜨거워지고 음도가 탁 열리어 음진이 흐릅니다. 이는 여자가 흡족했음을 말합니다. 이밖에 여자의 음도의 구조에 8개 명칭이 있는데 이를 팔곡八谷이라고 합니다. 1) 금현琴弦: 음도 내 한 치 되는 곳. 2) 맥치麥齒: 음도 내 두 치 되는 곳. 3) 타계

安谿: 음도 내 세 치 되는 곳. 4) 현주玄珠: 음도 내 네 치 되는 곳. 5) 곡실谷實:음도 내 다섯 치 되는 곳. 6) 유궐愈闕: 음도 내 여섯 치 되는 곳. 7) 곤호昆戶: 음도 내 일곱 치 되는 곳. 8) 북극北極: 음도 내 여덟 치 되는 곳입니다."

"교합 때 손상이 생기면 무슨 병이 생기는가?"

"교합 때 가장 중요한 것은 너무 깊지 않도록 삼가는 것인데 너무 깊으면 오장을 상합니다. 만약 깊이가 곡실에 이르면 간을 상하여 증상은 눈이 어둡고 눈물이 나며 사지가 저리고 제대로 쓰지 못합니다. 깊이가 유궐에 이르면 폐를 상하게 하며 증세는 구역질이 나고 담이 끓고 숨이 차고 어지럽습니다. 깊이가 곤호에 이르면 비장이 상하며 증세는 얼굴이 누르고 헛배가 부르고 번열이 나고 설사를 합니다. 깊이가 북극에 이르면 신을 상하며 그 증세는 허리와 다리가 무기력하고 골증조열骨蒸潮熱합니다. 깊었다 얕았다 하면 심장이 상하는데, 그 증세는 얼굴이 뜨겁고 헛기침을 하며 몽정을 합니다. 때문에 교합시 너무 깊으면 안 됩니다. 여자의 단혈丹血은 배꼽 아래 세 치에 있는데, 그것이 상하면 안 됩니다. 너무 빨라도 너무 늦어도 안 됩니다. 너무 빠르면 혈을 상하게 하고 너무 늦으면 기를 상하게 하니, 해로울 뿐만 아니라 이로움이 없습니다."

"깊이에 대한 요령도 알았고 몸에 손상을 주는 이치도 무시할 수 없는데, 이밖에 무엇을 삼가야 하는지 가르쳐 주기 바라오."

"주의가 부족해서 연단할 때의 금기를 범하면, 심할 때는 수명이 줄고 귀신이 몸에 붙고 삼시가 사람의 허물을 찾아 질병과 재난이 생기며 자식이 나면 명이 짧고 불혜불초不惠不肖하고 완열흉악頑劣凶惡하여 부모에게 해를 끼치니 이 점을 삼가야 합니다. 그러므로 천지가 어둡고 진동할 때, 우레가 울고 폭풍우가 일 때, 그믐·초승·보름 때, 몹시 춥거나 더울 때, 일식이나 월식 때, 신성탄신神聖誕辰, 경신

갑자庚申甲子, 자기 띠의 해, 삼원팔절三元八節, 오월 오일, 달이 없거나 가리운 날, 상중喪中, 죄수를 처결하는 날에는 교합하지 말아야 합니다. 그리고 자연계의 오악五岳・강江・하河・구溝・거渠・사단祠壇 근처・신묘神廟・사우祠宇나 온갖 귀신의 소상 앞과 우물・아궁이・처마・뒷간 가까이에서 교합하면 요절하거나 기형아를 낳기 쉽습니다. 이외에도 배가 아주 고프거나 아주 부를 때, 크게 취했을 때, 심신이 피로할 때, 근심 걱정 슬픔 두려움이 있을 때, 병이 나은 직후, 상중에 있을 때, 여자의 월경이 있을 때는 피해야 합니다."

[6-5] 四. 五欲五傷篇

帝問曰: "少壯努力, 則有衰敗之患. 歡樂之極, 必多衰傷. 至人節之以道, 故曰御百女壽比天地. 而今人不至半百, 筋痿肉脫, 火盛水枯, 終爲敗物者, 何乎?"

素女答曰: "凡人, 有五欲・五傷・十動之候, 若得其宜, 則意滿欲足; 不得其宜, 則各有所傷.

五欲之候:

第一, 面上潮紅者, 其意有所思欲, 先刺入玉莖, 徐徐搖動, 慢慢抽出, 多在戶外, 探其情; 第二, 鼻孔吐氣者, 欲火微動, 先以玉莖穿陰戶, 刺其谷實, 不可太深, 宜俟火候之至; 第三, 咽喉乾嗄者, 情動火熾. 抽玉莖, 俟其眼閉舌吐・喘氣爲聲, 出入任意, 漸至佳境. 第四, 紅球浸潤者, 心火大盛, 刺之則滑澤外溢, 輕及菱齒, 一左一右, 一緩一急, 隨便如法; 第五, 今蓮擎抱者, 火候旣足焉, 必以足纏腰上, 兩手摟肩背, 舌吐不縮, 宜刺愈闕, 其時四肢通快.

五傷之候:

第一, 陰戶尙閉未開者, 不可刺之, 刺之傷肺, 肺傷則痰喘聲嗄; 第二, 情興已至, 金莖軟痿, 其興過而後漸交者, 傷心, 心傷則經水不調; 第三, 以少陰合老陽, 欲火空燃, 而不得欲者, 傷肝, 肝傷則心眩目昏; 第四, 欲足情滿, 陽興未休者, 傷腎, 腎傷則帶下崩漏; 第五, 月厄未盡遇逼合者, 傷脾, 脾傷則顔色痿黃."

十動之候:

一, 玉手抱男背, 下體自動, 援吐舌相偎者, 令男子動情, 興之候也; 二, 芳體仰臥, 直伸手足而不動, 鼻中微發喘急者, 欲刺抽之候也; 三, 伸腕開掌, 握睡漢之玉槌而動轉者, 垂涎之候也; 四, 言語戲喋, 眼來眉去, 時發懊憹之聲者, 春情極到之候也; 五, 自以兩手抱金蓮, 露張玄牝之門者, 情熟意快之候也; 六, 口含玉如意, 如醉如睡, 陰中隱痒者, 欲淺深奔突之候也; 七, 長伸金蓮, 勾挽玉槌, 如進如退, 低發呻吟者, 陰湖湧來之候也; 八, 忽得所欲, 而微微轉腰, 香汗未徹, 時帶笑容者, 恐陽氣發泄興情已盡之候也; 九, 甛情已到, 美快漸多, 精液發泄, 尙抱摟緊緊者, 意未滿之候也; 十, 身熱汗洽, 足緩手慢者, 情極願足之候也."

【사嗄】음은 사. 목소리가 쉬고 갈라짐을 말한다.
【한합汗洽】洽은 축축하게 젖음. 땀이 흠뻑 젖음을 말한다.

4. 오욕오상편

헌원제가 물었다.

"젊었을 때 욕구대로 하면 쇠패衰敗의 환을 입게 되고, 환락이 극에 달하면 애상哀傷을 가져오오. 고명한 사람은 욕구를 절제하는 방법이 있어, 백 명의 여자를 거느리고도 수명이 하늘과 땅처럼 장구하오. 그러나 오늘의 사람들은 백 살을 넘기지 못하고 근골이 무력하고 여위며 화성수고火盛水枯하니 이는 무슨 해를 입어서인가?"

소녀가 대답했다.

"사람이 방사를 행함에 오욕·오상·십동 등의 정황이 있는데, 이를 잘 처리하면 정욕이 만족되고 잘못 처리하면 손상됩니다. 오욕의 징후는 이렇습니다.

첫째, 낯이 붉어지게 되는 것은 그 마음속에 정욕이 생긴 것입니다. 먼저 옥경을 꽂고 서서히 흔들며 천천히 빼내고 흔히 옥문 밖에서 정욕을 살핍니다. 둘째, 콧구멍으로 김이 나오는 것은 정욕이 좀 동한 것입니다. 먼저 옥경을 옥문에 꽂되 너무 깊이 들어가지 말고 곡실에 머물면서 고조가 되기를 기다려야 합니다. 셋째, 목이 마르고 목소리가 갈리는 것은 정욕이 크게 동한 것입니다. 옥경을 빼고 여자가 눈을 감고 혀를 내밀며 가쁜 숨소리를 낼 때 마음대로 꽂고 빼면서 고조에 들어갑니다. 넷째, 음순이 축축하고 부은 듯한 것은 정화情火가 크게 동한 것입니다. 꽂으면 음진이 나오고 가볍게 맥치까지 찔러 한 번은 좌로 한 번은 우로, 한 번은 천천히 한 번은 급하게 마음대로 행사합니다. 다섯째, 여자가 두 손으로 발을 잡아당기는 것은 성욕이 고조에 달한 것입니다. 그러므로 다리로 남자의 허리를 끼거나 두 손으로 어깨를 끌어안고 혀를 내밉니다. 이때에는 유궐을 찌르는 것이 좋은데 사지가 가뿐해집니다.

오상의 징후는 이렇습니다.

첫째, 음호가 아직 벌려지지 않았을 경우는 꽂지 말아야 하며, 꽂으면 폐를 상하여 가래가 성하고 기침이 오고 목이 쉽니다. 둘째, 여자는 춘흥春興이 동했는데 음경이 시들어 있고, 춘흥이 지난 후에야 겨우 교합하면 실망하며, 실망하면 월경이 불순합니다. 셋째, 젊은 여자와 늙은 남자가 교합할 경우 성욕은 불타나 만족을 얻지 못해 간이 상하며, 간이 상하면 어지럽고 눈이 흐립니다. 넷째, 여자는 이미 만족하였는데 남자는 아직 한창이어서 억지로 계속하면 신이 상하며 신이 상하면 대하붕루帶下崩漏가 생깁니다. 다섯째, 월경이 끝나기 전에 억지로 교합하면 비장이 상하며, 비장이 상하면 얼굴이 누르고 파리해집니다.

십동의 징후는 이렇습니다.

1) 여자가 손으로 남자의 등을 안고 하체를 움직이며 입을 벌리고 혀를 내밀며 기대는 것은 남자의 정욕을 발동시키는 것이니, 이는 정이 동한 징후입니다. 2) 바로 누워서 손발을 쭉 뻗고 움직이지 않으며 코에서 가는 숨찬 소리가 나는 것은 음경을 꽂았다 뺐다 하기 바라는 징후입니다. 3) 팔을 펴고 손을 벌려 남자의 옥경을 돌리며 어루만지는 것은 갈망하는 징후입니다. 4) 말로 시시덕거리고 추파를 보내며 이따금 흥흥거리는 것은 춘흥이 발동한 징후입니다. 5) 여자가 두 손으로 발을 안고 옥문을 열어 보이는 것은 정이 무르익고 만족한 징후입니다. 6) 입에 남자의 옥경을 물고 취한 듯 조는 듯하며 음중이 은근히 간지러운 것은, 얕고 깊고 힘 있게 해주기 바라는 징후입니다. 7) 다리를 뻗어 발로 남자의 옥경을 걸어당기며 일진일퇴의 모양을 짓고 낮게 신음하는 것은 음진이 넘치는 징후입니다. 8) 방사를 하면서 허리를 약간 틀며 땀이 조금 나고 미소를 짓는 것은 남자가 사정하여 성욕의 만족을 얻은 징후입니다. 9) 달콤한 정을 맛보고 쾌감을 더욱 느끼며 사정하였는데도 남자를 꼭 끌어안고 있는 것은 아직 미진하다는 징후입니다. 10) 몸에서 열이나고 땀이 흠뻑하며 손발이 굼뜬 것은 극히 만족한 징후입니다."

[6-6] 五. 大倫篇

帝問曰："人之大倫，有夫婦而後有子孫．婦德婦貌，不可不撰乎？"

素女答曰："婦德，內美也；婦貌，外美也．先相其皮，而後相內．若婦人髮焦黑，骨大肉粗，肥瘦失度，長短非常，年歲不合者，子孫不育．言語雄壯，舉動暴忽，陰內乾澀，子宮不暖，及淋露赤白濁瀝胡臭者，大損陽氣．"

帝問曰："損傷陽氣之說已聞之．或以藥餌為補導者，如何？"

素女答曰："男女交合，非為淫樂也．今時之人，不曉修養，勉強臨事，故多損精敗氣，疾病依生焉；或誤飲食服餌而損性喪命，良可衷哉！"

帝問曰："夫婦之道，為子孫之計，而今無子者何乎？"

素女答曰："三婦無子，三男無子．男子精泠滑者・多淫虛憊者・臨敵畏縮者・無子也；婦人性淫見物動情者・子藏虛寒藏門不開者・夫婦不和妬忌火壯者，無子也．"

帝問曰："若人無子，取之以何術乎？"

素女答曰："求子之法，按陰合陽合之數，用黃紗黃綾黃絹之屬，造衣被帳褥之類，以黃道吉日，取桃枝書年庚，放之臥內．又九月三日，取東引桃枝書姓名，插之牀上，須察婦人月經已止過三四日，各沐浴烓香，祈天地鬼神，入帳中而為交合．其時子宮未合閉，故有子也．御法：進退如法，洗心滌慮，勿戲調戲弄，勿借春藥，勿見春宮冊．若犯之，損父母，不利生子．"

帝問曰："陰陽之道，名之為交接者，何乎？"

素女答曰："陰陽交合，男施女接，故名之為交接也．女人陰中自有明兆焉，先刺琴弦而及菱齒，美快之極，放露真寶，陰血包陽精則生男, 陽精包陰血, 則生女. 謂之陰陽交接之道矣."

帝問曰: "交接, 人倫之原也, 而有不相和悅者, 何故也乎?"

素女答曰: "蓋因女子不能察丈夫之意, 男子亦不曉婦人之性, 此不達人倫之道, 生育繼嗣之理也. 各頑劣多淫, 各懷不足, 互塡憤怨; 或棄自己妻妾而通外婦, 又欺丈夫而野合奸淫; 又男子痿軟不滿欲情, 或强陽慓悍無休息, 後終生厭惡."

帝問曰: "夫妻親睦相敬愛者, 人倫之常也. 而敬愛之情, 因何乎生焉?"

素女答曰: "旣濟者, 順也; 未濟者, 逆也. 八庚相合, 少壯應時者, 順也; 八字不協, 老幼不遇者, 逆也. 才貌兩全, 意氣相合者, 順也; 蠢醜相背, 狼戾反目者, 逆也. 但恩愛契合則生敬恭, 敬恭則富貴長命而子孫蕃育."

【명회부족各懷不足】 서로 상대방에 불만을 갖는다는 뜻이다. 또는 각기 생리적·심리적 또는 성격상의 장애를 가지고 있음을 말한다.

5. 대륜편

헌원제가 물었다.

"사람의 대륜은 부부가 있은 후에 자손이 있는 법이오. 그러니 부덕婦德·부모婦貌를 신중히 골라야 옳지 않은가?"

소녀가 대답했다.

"부덕은 내재된 미이고, 부모는 외재적 미입니다. 그러니 먼저 용모를 보게 되고 연후에 덕행을 살피게 됩니다. 만약 부인의 머리칼이 윤기가 없고 어두우며 골격이 크고 너무 여위거나 비대하며, 키가 특히 크거나 작고, 나이가 서로 맞지 않으면 자식을 낳기 힘듭니다. 만약 부인의 목소리가 굵고 거칠며 행동거지가 미련하고 난폭하며 음내가 메마르고 자궁이 덥지 않으며, 적백탁력赤白濁瀝이 흐르고 겨드랑이에서 누린내가 나면, 남자의 양기가 크게 손상됩니다."

"양기를 손상하는 것은 알았는데, 약으로 고칠 수 있는가?"

소녀가 대답했다.

"남녀의 교합은 음락淫樂을 위한 것이 아닌데, 사람들이 수양을 모르고 함부로 방사를 하기 때문에 흔히 정기가 손상되고 질병이 생깁니다. 때로는 증세에 맞지 않는 약을 함부로 써서 목숨을 잃으니 참으로 가련한 일입니다."

"부부의 도는 자식을 낳아 길러 대를 잇기 위함인데, 어떤 사람이 자식을 못 낳는가?"

"세 유형의 부인과 세 유형의 남자에게 자식이 없습니다. 남자는 정액이 차고 어지러운 사람, 방사가 과도하여 허한 사람, 교합할 때 양물이 위축되어 행위를 하지 못하는 사람입니다. 여자는, 음란하여 이성을 보면 정욕이 동하는 사람, 자궁이 허한虛寒하고 궁구宮口가 열리지 않는 사람, 부부가 불화하고 질투심이 강한 사람입니다. 이러한 사람은 낳아 기르기 어렵습니다."

"자식이 없을 때는 어떤 방법이 있는가?"

"자식을 구하는 방법은 음합양합陰合陽合의 수에 따라 황사黃紗 · 황능黃綾 · 황견黃絹 등 포백으로 의복과 이부자리를 짓고 황도길일黃道吉日을 택하여 복숭아 나뭇가지에 생년월일을 써서 이불 밑에 넣습니다. 또는 구월 삼일에 동쪽으로 뻗은 복숭아 나뭇가지에 성명을 써서 침상에 꽂습니다. 그리고 부인의 월경이 끝난 후, 삼사일에 남녀가 목욕훈향沐浴薰香하고 천지신명께 빈 후, 휘장을 치고 교합합니다. 이때는 자궁이 아직 닫기지 않아서 자식을 얻을 수 있습니다. 방사는 정확한 방법으로 해야 하며, 마음에 잡념이 없고 희롱하는 마음이 없어야 하며, 춘약을 쓰거나 춘궁화를 보아서는 안 됩니다. 만약 범하였을 경우에는 부모에게 해가 미칠 뿐만 아니라, 자식에게도 해롭습니다."

"음양의 도를 왜 교접이라고 하는가?"

"음양이 교합하여 남자가 주고 여자가 받으니 교접이라고 하는 것입니다. 여자의 음중에는 원래 명조明兆가 있습니다. 먼저 금현을 찌르고 이어 맥치에 이르면 미묘하기 끝이 없습니다. 양정이 사출되어 음혈이 양정을 싸면 아들을 낳고, 양정이 음혈을 싸면 딸을 낳습니다. 이것을 음양교접의 도라고 합니다."

"교접은 인류의 본능인데 어떤 사람은 교접하여 화락함과 쾌감을 가지지 못하니, 그것은 무엇 때문인가?"

"그것은 여자가 남편의 생각을 모르고 남자가 여자의 성정을 모르기 때문입니다. 이것을 인류의 도에 이르지 못하고 생육계사生育繼嗣의 이치를 모르기 때문이라고 합니다. 두 사람이 모두 고집스럽고 미련하며 음탕하고 상대방에 대한 불만을 가지고 서로 원망합니다. 남편이 처실을 버려두고 다른 여자와 사통하며, 아내도 남편을 배반하고 야합합니다. 또 남자의 음경이 시들어 여자의 성욕을 만족시키지 못하거나, 남자의 음경이 굳고 성하여 끝이 없으면 결국에는 여자의 혐오를 일으킵니다."

"부부가 화목하고 공경하고 사랑하는 것은 인륜의 정한 이치이다. 그런데 공경하고 사랑하는 정은 무엇 때문에 생기는가?"

"화목하면 서로 공경하고 사랑하며, 화목하지 못하면 서로 공경하고 사랑하지 못합니다. 팔자가 맞고 나이가 비슷하면 서로 공경하고 사랑하며, 팔자가 맞지 않고 나이가 너무 차이나면 서로 공경하고 사랑하지 못합니다. 재질과 모습을 함께 겸하고 뜻이 맞으면 서로 공경하고 사랑하며, 미련하고 못나고 싫어하고 흉악하여 서로 미워하면 공경할 수 없고 사랑할 수 없습니다. 한마디로 뜻이 맞고 서로 사랑하면 서로 존중할 수 있고, 서로 존중하면 부귀하고 장수하며 자손이 늡니다."

[6-7] 六. 大小長短篇

帝問曰:"男子寶物, 有大小長短硬軟之別者, 何也?"

素女答曰:"賦形不同, 各如人面. 其大小長短硬軟之別, 共在稟賦, 故人短而物雄, 人壯而物短, 瘦弱而肥硬, 胖大而軟縮. 或有專車者, 有抱負者, 有肉怒筋脹者, 而無害交會之要也."

帝問曰:"郎中有大小長短硬軟之不同, 而取交接快美之道, 亦不同乎?"

素女答曰:"賦形不同, 大小長短異形者, 外觀也; 取交接快美者, 內情也. 先以愛敬繫之, 以眞情按之, 何論大小長短哉!"

帝問曰:"硬軟亦有別乎?"

素女答曰:"長大而萎軟, 不及短小而堅硬也; 堅硬而粗暴, 不如軟弱而溫藉也. 能得中庸者, 可謂盡美盡善焉矣."

帝問曰:"方外之士, 能用藥物, 短小者令其長大, 軟弱者令其堅硬, 恐遺後患乎? 將有補導之益乎?"

素女答曰:"兩情相合, 氣運貫通, 則短小者自長大, 軟弱者自堅硬也. 有道之士能之, 故御百女而不痿. 得修養之術, 則以陰助陽, 呼吸吐納, 借水救火, 固濟眞寶, 終夜不泄, 久久行之, 則益壽除疾. 若用五石壯陽之藥, 膃肭增火之劑, 虛炎獨燒, 眞陽涸渴, 其害不少."

帝問曰:"有修養之術者, 亦不禁乎?"

素女答曰:"氣運巡環, 臨事而合, 應時而止, 只量力而施, 其餘勉强迷惑, 則修養之士亦至枯敗焉. 服藥三朝, 不如獨宿一

宵, 前哲之誡也."

【올눌膃肭】 올눌은 짐승 이름으로, 즉 바다곰인데 보통 물개라고 한다. 그 생식기를 약으로 쓴다. 《本草綱目 51. 獸2》에 있다.

6. 대소장단편

헌원제가 "남자의 음경에 크고 작음과 길고 짧음과 굳세고 부드러움의 차이가 있는 것은 무엇 때문인가?"라고 물었다.

소녀가 이렇게 대답했다.

"그것의 모양이 생기면서부터 다른 것은 마치 사람의 모양이 각기 다른 것과 마찬가지입니다. 그 크고 작음, 길고 짧음, 굳세고 부드러움의 차이는 타고난 것입니다. 그러므로 어떤 사람은 몸집은 작으나 양물은 웅대하고, 어떤 사람은 몸집은 장대하지만 양물은 짧고 작으며, 어떤 사람은 몸은 여위었으나 양물은 굵고 굳으며, 어떤 사람은 몸은 비대하나 양물은 연하고 작습니다. 또 특별히 길고 크며 울퉁불퉁한 것도 있으나, 교합에는 관계없습니다."

"음경의 크고 작음, 길고 짧음, 굳세고 부드러움이 같지 않으니, 교접에서 쾌감을 얻는 방법도 다르지 않겠는가?"

"형상이 다르고 크고 작음과 길고 짧음이 다른 것은 외관상일 뿐이고, 교접에서 쾌감의 효과를 얻는 것은 뜻이 맞고 정이 있기 때문입니다. 우선 사랑으로 하여 뜻이 맞고 정이 있어 성욕이 통하면 대소장단에 구애될 것이 없습니다."

"굳세고 부드러움에 따라 차이가 있는가?"

"길고 굵으나 연하고 시들시들하면, 짧고 작으나 굳센 것만 못합니다. 굳세고 단단하나 거칠면, 연하고 약하나 따뜻하고 부드러운 것만 못합니다. 능히 중등 정도가 되면 진선진미盡善盡美라고 할 수 있습니다."

"방술사는 약으로 짧고 작은 음경을 길고 크게, 연하고 약한 것을 굳세고 강하게 만들 수 있다는데, 부작용은 없는가? 아니면 보익補益됨이 있는가?"

"두 정이 서로 화합하고 두 기운이 관통하면 짧고 작은 것도 길고 커지고 부드럽고 약한 것도 굳세고 강해집니다. 도를 터득한 이들은 이 경지에 도달했기 때문에 1백 명의 여인을 부리고도 시들지 않습니다. 수양방사술修養房事術을 파악한 사람은 음으로 양을 돕고 정기를 빨아들이고 폐기를 내보내며 물로 불을 끄듯이 양정을 굳게 하고 밤이 새도록 내보내지 않으므로, 오랫동안 견지하면 장수하고 병을 제거할 수 있습니다. 만약 오석장양五石壯陽의 약을 쓰거나 해구신 등 증화제增火劑를 쓰면 허화독소虛火獨燒하고 양정이 고갈되어 해로움이 많습니다."

"수양술을 터득한 사람은 금기할 사항이 없는가?"

"교접하는 일은 체내 기혈의 운행에 의한 것이므로 적합한 때 행하고 적당한 때 그치고 기력에 맞게 해야 합니다. 만약 정에 끌리고 색에 미혹되어 제약하지 않으면, 수양술이 있는 사람도 양이 쇠패하게 됩니다. "사흘 복약하는 것이 하룻밤 혼자 자는 것만 못하다"는 말은 옛날 성인들의 충고입니다."

[6-8] 七. 養生篇

帝問曰: "養生之道, 以何爲本?"

素女答曰: "養生之道, 以何爲本. 氣能運血, 血能化精, 精能養神, 神在則生, 神散則死也. 氣者, 神之本也. 能煉氣者, 入火不焦, 入水不溺. 固守其精而不散, 故終夜御女而不泄. 若不能保守精神, 而狂妄任意者, 必失神喪氣, 名之爲奪命之斧."

帝問曰："若人專守養生之道而不行夫婦房幃之禮，則人倫已絕，後繼將斷."

素女答曰："凡人年少之時，血氣未充足，戒之在色，不可過欲暴泄.年已及壯，精氣滿溢，固精厭欲，則生奇病，故不可不泄，不可太過，亦不可不及."

帝問曰："時泄而遺其興，能閟其精而養神乎？"

素女答曰："不然也.若帝泄而偶不漏，反生瘡痛；常秘而偶泄，則患暴虛.各害養生之道."

帝問曰："男子精血盈滿，神氣充足，何以知之乎？"

素女答曰："男子二八天癸至，而血氣不足，精神未定，故戒之也.年至二十，血氣漸盛，而精聚腸胃，三十日而一泄焉.三十而血氣壯盛，而精在兩股，五日一泄焉.年四十，精聚腰脊，七日一泄焉.五十而血氣將衰，精聚背膂，半月一泄.年至六十四歲，天癸盡，卦數滿，血氣衰，精液竭矣.六十已上，能保全餘氣，興壯者尚可泄.至七十，不可妄思欲動情"

帝問曰："有無知無賴之子，自賴強壯，一日三泄或五泄者，何乎？"

素女答曰："暴泄者暴虛，後必痿躄.若泄而不休，自招滅亡"

帝問曰："人陽氣夜間勃然起立，騰然興發者，何？"

素女答曰："晨晝暮夜，此一日中之四時也.故陽氣生子時，於卦為復；至丑時而二陽生下，於卦為臨；寅時三陽已全，於卦為泰.若人半夜暴泄，則陽精枯損，年未五十，必發頭暈腑痛目昏耳塞.又有五傷：其一，男女交會，精泄而少者，為氣傷；其二，精出而悖者，為肉傷；其三，泄而疼者，為筋傷；其四，精出而澀者，為骨傷；其五，臨門忽痿垂涎者，為血傷.各泄精過渡，精液竭乏所致, 何可不謹哉!"

【필알】 폐함.
【패悖】 음은 패. 혼란스러움이다. 精亂은 정액이 묽음을 가리킬 것이다.

7. 양생편

헌원제가 "양생지도의 근본은 무엇인가?"고 묻자 소녀는 이렇게 대답했다.

"양생지도의 근본은 기氣입니다. 기가 피를 나르고 피가 정을 만들며 정이 신神을 길러서, 신이 있으면 사람이 살아 있고 흩어지면 죽습니다. 그러므로 기가 신의 근본입니다. 기를 단련한 사람은 불 속에서도 타지 않고 물 속에서도 빠져 죽지 않습니다. 능히 정을 굳게 하여 흐트리지 않으면, 밤새워 여자와 상관해도 사정하지 않습니다. 만약 정신을 지키지 못하여 정욕에 빠지면 반드시 신과 기를 잃게 됩니다. 이렇게 하는 것은 목숨을 빼앗는 도끼라고 할 수 있습니다."

"사람이 양생지도의 수련에 몰두하여 부부간 교합의 예절을 폐하면, 인륜을 끊는 것이고 자손이 끊기지 않겠는가?"

"아직 나이가 어려 혈기가 충족되지 않았을 때는 색을 멀리하고 정욕을 삼가야 하고 지나쳐서는 안 됩니다. 장년이 되어 정기가 다 차서 넘칠 때는 정을 굳히고 성욕을 억제하면 병이 생깁니다. 그러므로 정은 내보내지 않아도 안 되고, 지나쳐도 안 되며 못 미쳐도 안 됩니다."

"다만 간혹 정을 배설하여 성욕을 만족시켜야만 보정양신保精養神할 수 있는가?"

"그렇지 않습니다. 만약 늘 사정하는 사람이 우연히 사정하지 않게 되면 도리어 창통瘡痛이 생기며, 만약 늘 굳게 지켜 사정하지 않던 사람이 우연히 사정하게 되면 역시 폭허증暴虛症에 걸립니다. 어느 경우든 양생에 해롭습니다."

"남자가 정혈이 가득 차고 신기가 충만함을 어떻게 알 수 있는가?"

"남자는 16세에 정이 생기나 혈기가 부족하고 정신이 안정되지 않았으므로 성욕을 삼가야 합니다. 20세가 되면 혈기가 왕성해지고 정이 장과 위에 모이므로 30일에 한 번 사정할 수 있습니다. 30세가 되면 혈기가 장성壯盛하고 정이 두 다리 사이에 있으니 5일에 한 번 사정할 수 있습니다. 나이 40이 되면 정이 허리에 모이니 7일에 한 번 사정할 수 있습니다. 50세에는 기혈이 쇠해가고 정이 등에 모이므로 보름에 한 번 사정할 수 있습니다. 나이 64세가 되면 정이 없어지고 괘수卦數가 다하여 혈기가 쇠하고 양정이 고갈됩니다. 60세 이후는 남은 혈기를 잘 지켜야 하며, 건장한 사람은 간혹 사정할 수 있습니다. 70세가 되면 정욕을 일으키지 말아야 합니다."

"무지하고 우매한 사람이 건장한 몸만 믿고 하루에 세 번 심지어는 다섯 번 사정하는데, 결국은 어떻게 되는가?"

"함부로 사정하면 거칠고 허하게 되어 얼마 후 틀림없이 발기되지 않습니다. 만약 사정하고 휴식하지 않으면 스스로 요절을 초래하는 것입니다."

"음경이 밤에 살아서 꿈틀거리면 어떻게 하는가?"

"새벽·낮·저녁·밤, 이것이 하루의 사시입니다. 양기는 자子시에 나는데, 자시의 괘는 복復입니다. 축丑시에 이양二陽이 생하고 괘는 임臨입니다. 인寅시에 삼양三陽이 완전해지는데, 괘는 태泰입니다. 만약 밤중에 지나치게 사정하면 양정이 말라 50세가 되기 전에 어지럼증과 복통이 생기고 눈이 흐리며 귀가 어두워집니다. 또 오상五傷이라는 것이 있습니다. 하나는 남녀가 교합하여 정액이 적은 것으로 기상氣傷이고, 둘째는 정액이 맑고 묽은데 육상肉傷이며, 셋째는 사정은 하나 아픈 것인데 근상筋傷이고, 넷째는 사정하기가 매우 곤란한데 골상骨傷이며, 다섯째는 교접을 시작할 때에 시들시들하고 정액이 방울져 흐르는데 혈상血傷입니다. 이상의 여러 가지는 모두 사정이 과도하여 정액의 고갈로 생기는 상황이니, 삼가지 않을 수 없습니다."

[6-9] 八. 四至九到篇
帝問曰:"男女好述, 未發言語而知其情. 機微愼密, 以何術惻之取之?"

素女答曰:"凡男子欲探女子私情, 先以言語戲諧挑其意, 以手足扭揎趣其情. 男子有四至, 女子有九到, 若四不至九不到而交合者, 必有後患."

帝問曰:"男子四至者, 若何?"

素女答曰:"玉莖不强者, 陽氣未至也; 剛强而不動者, 肌氣未至也; 振搖而不怒者, 骨氣未至也; 怒張而不久者, 腎氣未至也. 若一不至而犯之, 必有損傷."

帝問曰:"女人九到者, 若何?"

素女答曰:"倦伸欠息, 而睡覺朦朧, 肺氣未到也; 門戶不潤, 屈股不開, 心氣未到也; 目不流視, 擧止不忻, 脾氣未到也; 手押玉莖而情意不悅, 血氣未到也; 手軟足緩, 橫臥不動, 筋氣未到也; 撫弄兩乳, 意向無味, 骨氣未到也; 瞬波微動, 鶯口不開, 肝氣未到也; 擧身向人, 桃頰不紅, 腎氣未到也; 玉關僅潤, 口中不渴, 液氣未到也. 九候已到而後行九淺一深之法, 則陰陽調和, 情思纏綿. 能助陽氣, 補虛之勞損."

帝問曰:"何爲九淺一深之法?"

素女答曰:"淺揷九回, 深刺一回, 每一回以呼吸定息爲度, 謂之九淺一深之法也. 自琴弦至玄珠爲淺, 自妥谿至谷實爲深.

凡太淺不美快, 太深有所傷."

帝問曰:"凡鼎調度, 火候愼微, 水火旣濟之妙旣詳聞之, 尙有餘蘊, 願盡其理, 博施救世之仁, 令萬世無夭亡之患, 亦無虛羸絶嗣之憂."

素女答曰:"天地交泰, 陰陽會施, 先察其情興, 審辨其氣候到不到, 極抽出揷入添炭之妙, 固濟自己陽匱, 香吻相偎, 吸陰精而補陽氣, 引鼻氣以塡脊髓, 含津液以養丹田, 令泥丸熱氣透切, 貫通四支, 溢益氣血, 駐顔不老."

帝問曰:"探補修養, 煉內丹第一妙義也. 含靈之者, 不可不達其理焉?"

素女答曰:"然矣, 如帝命. 此延齡益壽之妙要也. 夫天不足四北, 故男子陽氣有餘, 陰血不足; 也不滿東南, 故女子陰血充實, 陽氣不足. 能達玄微者, 以有餘補不足, 雖至期頤, 不改其樂. 快活娛樂, 無窮極之時, 長生久視, 壽儔天地. 宜錄之金石, 長傳後世. 則普濟德澤, 亦不少也矣.

帝齋戒沐浴, 以其法煉內丹八十一日, 壽至一百以十歲. 而丹藥已成, 鑄鼎於湖邊, 神龍迎降, 共素女白日升天.

【기이期頤】백살이 되는 사람. 백년을 사람이 사는 극한으로 치기 때문에 期라고 하고, 이때는 남의 부양을 받아야 하기 때문에 頤라고 한다.

8. 사지구도편

"화목한 부부는 말하지 않고도 상대방의 정과 생각을 알 수 있다는데, 어떤 방법으로 상대방의 마음을 알고 정욕을 일으키게 할 수 있는가?"

"대개 남자가 여자의 마음속을 알려면 먼저 말로 그 뜻을 탐지하고,

후에 손발을 움직여 그 정을 돋구어야 합니다. 남자에게는 사지四至가 있고 여자에게는 구도九到가 있는데, 만약 사불지四不至 구불도九不到한데도 교합하면 반드시 후환이 있습니다."

"무엇이 남자의 사지인가?"

"옥경이 꿋꿋하지 않은 것은 양기의 미지未至이고, 꿋꿋하나 꿈틀거리지 않는 것은 근기筋氣의 미지이며, 흔들어도 발기하지 않는 것은 골기骨氣의 미지이고, 발기해도 오래 견디지 못하는 것은 신기腎氣의 미지입니다. 이 사기 중 한 기라도 미지하였는데 방사를 행하면 틀림없이 손상이 옵니다."

"여자의 구도는 어떻게 표현되는가?"

"권태롭고 하품하며 조는 것은 폐기肺氣의 미도입니다. 음호가 눅눅하지 않고 다리를 벌리지 않는 것은 심기心氣의 미도입니다. 눈에 애교가 없고 불쾌해 하는 것은 비기脾氣의 미도입니다. 손으로 옥경을 주무르면서도 기쁜 기색이 없는 것은 혈기血氣의 미도입니다. 손발이 나른하고 옆으로 누워 움직이지 않는 것은 근기筋氣의 미도입니다. 두 젖을 어루만지면서도 정욕이 일지 않는 것은 골기骨氣의 미도입니다. 추파를 보내면서 입을 열지 않는 것은 간기肝氣의 미도입니다. 몸을 남자에게 기대고도 볼이 붉어지지 않는 것은 신기의 미도입니다. 음호는 축축하면서도 입속이 마르지 않는 것은 액기液氣의 미도입니다. 아홉 가지 징후가 모두 있은 다음 구천일심의 방법으로 행하면 음양이 조화되고 정의가 끓어 양기를 돕고 허로虛勞의 손상을 고칠 수 있습니다."

"구천일심법이란 무엇인가?"

"아홉 번 얕게 꽂고 한 번 깊이 꽂으며, 매번 한 호흡과 배합되게 하는 것을 구천일심법이라고 합니다. 금현에서 현주까지 찌르는 것을 얕다 하고, 타계에서 곡실까지 찌르는 것을 깊다고 합니다. 일반적으로 너무 얕으면 쾌감이 없고, 너무 깊으면 손상이 생깁니다."

"여러 가지 방법과 요령을 파악하는 비결을 상세히 들었소. 그러나 아직 분명하지 않은 점이 있으니, 그것을 설명해 주어 구세지인救世之仁을 베풀어 세상 사람들이 다시는 요절하거나 허약하여 자손이 끊어지는 일이 없도록 하기 바라오."

"천지교태天地交泰・음양교합은 우선 정이 동하였는가, 시기가 성숙되었는가를 관찰하고 살펴 추출 삽입의 재간을 다하고, 화중송탄火中送炭의 묘를 다하면 자신의 양정을 굳힐 수 있습니다. 입을 맞추고 서로 의지하며 음정을 받아들여 양기를 보충하고 콧김을 받아 척수를 채우고 진액을 머금어 단전을 굳게 하면, 니환泥丸의 열기가 투철하여 사지에 관통되고 혈기를 보익하여 장생불로하게 됩니다."

"채보수양採補修養은 내단을 단련하는 첫째가는 묘의妙義이니, 총명한 사람이면 그 이치에 통달하지 않을 수 없도다."

"그렇습니다. 폐하께서 말씀하신 바와 같이 여기에 장생불로의 비결이 있습니다. 하늘은 서북西北이 부족하여 남자는 양기는 남으나 음혈이 부족하고, 땅은 동남이 차지 않아 여자는 음혈은 충실하나 양기가 부족합니다. 이 현묘한 이치를 아는 사람은 남는 것으로 부족한 것을 메우기 때문에 백살이 되어도 그 기쁨을 잃지 않습니다. 쾌활하고 즐거움이 끝날 날이 없으니, 장생불로하여 수명이 하늘과 땅에 비견됩니다. 가장 좋은 것은 이러한 이치를 쇠나 돌에 새겨 후세에 전함으로써 중생을 널리 구제하면 공적이 무량할 것입니다."

헌원제는 이로부터 목욕재계하고 음양교합지도로 81일 동안 내단을 단련하여 120살까지 살았다. 이때 단약이 단련되어 호숫가에서 만들어졌다. 하늘에서 신룡神龍이 내려와 헌원제와 소녀를 함께 맞아 백일승천白日昇天하였다.

七、受形・精血・門子

南朝 褚澄 著

《저씨유서褚氏遺書》는 본래 남제南齊의 저징褚澄이 편찬한 것이다. 징澄(?-499)의 자는 언도彦道이고, 남북조 때 하남의 양적陽翟 사람이다. 송 무제 유유劉裕의 생질이며, 상서좌복야尙書左僕射 저담褚湛의 둘째아들이고, 제의 태재시중록상서공太宰侍中錄尙書公 저연褚淵의 아우이며, 송 문제의 딸 여강공주廬江公主의 남편으로 부마도위와 오군吳郡태수, 좌민左民상서를 지냈다. 영명永明 원년(499년)에 어사중승御史中丞 원단袁彖의 상주에 의해 관직에서 물러나 금고에 처해졌고, 후에 사면되어 시중으로 옮겼다가 우군右軍 장군이 되었으나 그 해에 죽었다. 동혼후東昏侯가 그의 딸을 황후로 맞고 금자광록대부金紫光祿大夫를 추증하였다.

  징은 의술이 능하여 이름이 알려졌다. 태수를 지낼 때 예장왕豫章王이 병이 나 제 태조의 명을 받고 징이 치료하여 즉시 나왔다. 그리고 백성 이도념李道念이 냉병을 앓았는데 징이 맥을 보고, 그대의 병은 냉병도 열병도 아닌 백약계자白瀹鷄子를 과식한 탓이라고 하면서 들깨 한 되를 약으로 쓰게 하여 곧 나왔다. 징이 지은 《잡약방雜藥方》 12권(《수서 경적지》에는 20권이라고 하였다)은 이미 없어졌다. 지금 남아 있는 《저씨유서》 1권 10편은 수형受形·본기本氣·평맥平脈·진윤津潤·분체分體·정혈精血·제질除疾·심미審微·변서辨書·문자問子이다. 이는 그의 의학 실천의 경험과 이론, 임상실험의 총화로, 그 중 수형·정혈·문자 세 편은 방사보건房事保健과 생육구자生育求子에 관한 것이다. 그것을 유서라고 하는 것은, 《사고전서四庫全書 총목제요總目提要》에 근거한 것인데, 당 말년에 황소黃巢가 난을 일으켰을 때 도적이 묘를 발굴하여 석각을 파서 버렸다. 중 의감義堪이 그것을 초록한 것을 유의선劉義先(고증 못함)이 간행하여 《저씨유서》라고 이름하였기 때문이다. 어떤 사람은 당·송 년간에 의리醫理에 통한 사람이 저징의 이름을 빌려 만든 것이라고 의심하나 고증하지 못했다. 여기서는 그대

七. 受形·精血·問子 213

로 저씨의 것으로 치고, 《문연각사고전서文淵閣四庫全書》에 의해 정리 출판한다.

[7-1] 受形

　男子之合, 二情交暢, 陰血先至, 陽精后沖, 血開裹精, 精入爲骨, 而男形成矣. 陽精先入, 陰血后參, 精開裹血, 血入居本, 而女形成矣. 陽氣聚面, 故男子面重, 溺死者必伏, 陰氣聚背, 故女子背重, 溺死者必仰. 走獸溺死者伏仰皆然. <u>陰陽均至</u>, 非男, 非女之身; 精血散分, <u>騈胎</u>, 品胎之兆.

　父少母老, 産女必羸, 母壯父衰, 生男必弱, 古之<u>良工</u>首察乎此. 補羸女, 先養血壯脾; 補弱男, 則壯脾節色. 羸女宜及時而嫁, 弱男宜待壯而婚, 此疾外所務之本, 不可不察也.

【음양균지陰陽均至】 교합할 때 남정여혈(경혈)이 동시에 이르면, 자식을 낳아도 비남비녀, 즉 양성인이 된다.
【병태騈胎】 一胎二子. 品胎: 一胎三子.
【양공良工】 良醫.

　남녀의 교합은 두 사람의 감정의 교화交和이다. 교합에서 음혈이 먼저 오고 양정이 뒤에 오면 혈이 정을 둘러싸고 양정이 파고 들어가 뼈가 되어 남자의 형태가 이루어진다. 만약 양정이 먼저 이르고 음혈이 뒤에 들어오면 정이 혈을 둘러싸고 음혈이 주체의 자리를 차지하므로 여자의 형태가 형성된다. 양기는 얼굴에 모이므로 남자의 얼굴은 무거워 물에 빠저 죽으면 얼굴이 밑으로 간다. 음기는 등에 모이므로 여자는 등이 무거워 물에 빠져 죽으면 얼굴이 위로 뜬다. 짐승이 죽은 경우도 이러하다. 만약 음혈이 양정과 같이 오면 생긴 자식이 남자도 여자도 아닌 음양인이다. 만약 정·혈이 분산되면 쌍둥이·삼태의 징조이다.

아버지는 젊고 어머니는 늙은 사이에서 난 딸은 몸이 약하고, 어머니는 건장하고 아버지는 쇠약한 사이에서 난 아들은 허약하다. 고대의 용한 의사들은 이 점을 파악하고 있었다. 연약한 여자는 먼저 양혈하고 비장을 튼튼히 해야 하며, 허약한 남자는 먼저 비장을 튼튼히 하고 색욕을 절제해야 한다. 파리하고 약한 여자는 제 때에 시집을 가야 하고, 허약한 남자는 몸이 건장해진 후에 혼인해야 한다. 이것은 병이 있는 경우 외에, 몸이 허약한 경우에도 반드시 지켜야 할 법칙이므로 알아두어야 한다.

[7-2] 精血

飮食五味, 養髓, 骨, 肉, 血, 肌, 膚, 毛, 發. 男子爲陽, 陽中必有陰. 陰之中數八, 故一八而陽精升, 二八而陽精溢. 女子爲陰, 陰中必有陽. 陽之中數七, 故一七而陰血升, 二七而陰血溢.

陽精陰血, 皆飮食五味之實秀也. 方其升也, 智慮開明, 齒牙更始, 發黃者黑, 筋弱者强. 暨其溢也, 凡充身肢体手足耳目之余, 雖針芥之瀝, 無有不下. 凡子形肖父母者, 以其精血雲于父母之身, 無所不歷也. 是以父一肢廢, 則子一肢不肖其父; 母一目虧, 則子一目不肖其母. 然雌鳥牝獸無天癸而成胎者, 何也? 鳥獸精血, 往來尾閭也.

精未通而御女以通其精, 則五体有不滿之處, 異日有難狀之疾. 陰已痿而思色以降其精, 則精不出, 內敗小便, 道澁而爲淋. 精已耗而復竭之, 則大小便道牽疼, 愈疼則愈欲大小便, 愈便則愈疼.

女人天癸旣至, 逾十年無男子, 合則不調; 未逾十年思男子,合亦不調, 不調則舊血不出, 新血誤行, 或淸而入滑, 或變而之腫, 或雖合而無子. 合男子多則瀝枯虛人, 産乳衆則血枯殺人. 觀其精血, 思過半矣.

【실수實秀】 과일과 꽃. 양정 음혈은 온갖 음식을 인체가 흡수한 후에 형성되는 것이 마치 초목이 양분을 받아 꽃이 피고 열매를 맺는 것과 같음을 말한다.
【기曁】 미치다. 이르다.
【수침개지려雖針芥之濾 무유부하無有不下】 온갖 음식이 신체의 어디나 다 자양하듯, 바늘과 같이 작은 곳에도 다 침투함을 말한다.
【산유중産乳衆】 자식을 많이 낳는다는 뜻이다.

  온갖 음식은 사람의 수髓·골·살·근육·피부·모발에 영양을 공급한다. 남자는 양이고, 양 중에는 반드시 음이 있다. 음의 중수는 팔이므로, 남자가 8세가 되면 양정이 생기기 시작하며, 16세가 되면 양정이 넘치게 된다. 여자는 음이고 음의 중수는 칠이므로, 여자가 7세가 되면 음혈이 생기기 시작하고 14세가 되면 월경이 시작된다. 음혈과 양정도 모두 온갖 음식이 인체에 흡수되어 생긴 '결과'이다.
  음혈과 양정이 생기기 시작하면서 사람의 지혜와 사상이 싹트고 이를 갈기 시작하며, 누르던 머리카락이 검어지고 근골이 굳어지기 시작한다. 양정·음혈이 넘치게 되면 온갖 음식의 영양이 온몸에 즉 바늘끝처럼 아주 작은 데까지 퍼지게 된다. 보통 모습이 부모와 닮은 자녀는 그 피를 부모에게 돌려주는 경우 융합되지 않는 법이 없다. 따라서 아버지의 한 다리가 병신이면 자녀의 한 다리가 부모와 다르고, 어머니의 한쪽 눈이 없으면 자녀의 한쪽 눈이 부모와 다르다. 그러나 암새나 어미 짐승은 월경이 없는데 새끼를 낳는가? 그것은 새·짐승의 정혈은 교미하는 데서 교류되기 때문이다.
  남자의 양정이 아직 개통되기 전에 여자와 교합하여 양정을 개통시키면 아직 신체의 각 부위의 발육이 미성숙되었기 때문에 후일에 말

하기 어려운 질병을 앓게 된다. 음경이 이미 시들었는데 색을 탐하여 억지로 사정하면 정액은 나오지 않고 요도가 잘못되어 임병에 걸린다. 정기가 이미 소모되었는데 또 그것을 소모하면 그것이 고갈되어 대소변의 통로에 동통이 생긴다. 아프면 아플수록 더 마렵고 더 아파진다.

여자가 월경이 온 후 10년이 넘어서도 남자와 교합하지 않으면, 그 기혈이 실조失調된다. 만약 10년이 되기 전에 너무 일찍 남자와 교합하면 역시 실조되며, 실조되면 낡은 피가 나오지 못하고 새 피가 잘못 돌아 혹은 뼈에 영향을 주거나 혹은 종기가 되거나 혹은 생산을 못한다. 여자가 교합을 너무 많이 하면 정갈허손精竭虛損되고, 자식을 많이 낳으면 혈고상명血枯傷命한다. 사람 정혈의 변화를 관찰하여 정확히 진단하면, 태반이 파악된다.

[7-3] 問子

建平王妃姬等皆麗而無子, 擇良家未筓女入御, 又無子, 問曰: "求男有道乎?" 澄對之曰: "合男女必當其年, 男雖十六而精通, 必三十而娶. 女雖十四而天癸至, 必二十而嫁. 皆欲陰陽氣完實而后交合, 則交而孕, 孕而育, 育而爲子, 堅壯强壽. 今未筓之女, 天癸始至, 已近男色, 陰氣早泄, 完而傷, 未實而動, 是以交而不孕, 孕而不育, 育而子脆不壽此王之所以無子也. 然婦人有所産皆女者, 有所産皆男者, 大王誠能訪求多男婦人, 謀置宮府, 有男之道也." 王曰: "善."

未再期, 生六男. 夫老陽遇少陰, 老陰遇少陽, 亦有子之道也.

【미계未筓】 筓의 음은 계이며, 머리를 쪽지는 비녀이다. 여자가 15세이면 머리를 쪽지고 비녀를 꽂았다. 未筓란 15세 미만이다.

【완실完實】 筋骨이 완전해지고 기혈이 충실하고 발육이 건전함을 말한다.
【취부수脆不壽】 체질이 약하고 장수하지 못함.
【재기再期】 期는 일주년이다. 再期는 이주년이다.
【노양老陽】 노년 남자, 少陰은 소년 여자이다.

건평왕建平王의 비妃와 희姬들은 모두 아름답게 생겼으나, 잉태를 못했다. 그래서 왕은 15세 미만의 양가良家 소녀를 골라서 교합하였다. 그래도 잉태를 못했다. 그래서 그는 (나에게) 물었다.
"아들을 낳고 싶은데 무슨 방법이 없는가?"
그래서 나는 이렇게 대답하였다.
"남녀간의 교합은 나이가 적당해야 합니다. 남자는 16세에 정이 통하지만, 30세에 가서 아내를 얻어야 합니다. 여자는 14세에 월경을 하나 20세에 가서 시집가야 합니다. 남자와 여자는 음양의 기가 충실하고 건전해진 다음에 교합해야 곧 잉태할 수 있고, 잉태된 태아가 정상적으로 발육하고 성숙되어 낳은 사내아이가 건장하고 장수할 수 있습니다. 그런데 폐하께서 15세 미만의 월경하기 시작한 소녀를 남자와 교접시켜 음정이 일찍 배설되게 하여 근골이 아직 완전하지 못한 채로 손상되고 정혈이 아직 충실하지 못한데 움직이게 하니, 교합해도 잉태할 수 없고 잉태해도 태아가 정상적으로 발육할 수 없어 체질이 허약하고 요절하게 됩니다. 폐하에게 자식이 없는 원인은 여기에 있습니다. 하지만 여자들 중에는 여자만 낳거나 남자만 낳는 여자가 있으니, 남자애를 많이 낳는 부인을 얻어 궁부宮府에 두면 아들을 낳게 될 것입니다."
건평왕은 "좋소이다"고 말하였다.
그후 불과 2년 만에 과연 건평왕은 아들 여섯을 낳았다. 노년 남자와 소년 여자가 교합하고, 노년 여자가 소년 남자와 교합하여도 생육하는 방법이 있다.

八、御女損益篇

南朝 陶弘景 著

도홍경陶弘景(456-536)은 자가 통명通明이고 호는 화양은거華陽隱居이며 시호는 정백貞白 선생이다. 남조 단양말릉丹陽秣陵(현재의 강릉현江陵縣 동남쪽) 사람으로, 효창현령孝昌縣令 도정陶貞의 아들이다. 전하는 바에 의하면, 그 어머니가 꿈에 청룡을 보고 잉태하여 홍경을 낳았다고 한다. 홍경은 어려서부터 남달라 열 살에 갈홍葛洪의 《신선전神仙傳》을 얻어 종일토록 탐독하더니, 마침내 도를 닦아 신선을 따르려는 뜻을 가졌다. 송나라 말년에 추천되어 시독侍讀을 지내고, 높은 벼슬을 하면서도 세상 사람들과 사귀지 않고 글만 읽었다. 영명 10년(492)에 사표를 올리고 관직에서 물러나 입산 수도하였다. 제나라 무제가 이를 허락하고 의식을 하사하였다. 홍경은 구용현句容縣 구곡산句谷山(즉 모산茅山)에 은거하여 관관을 세우고, '화양은거華陽隱居'라 이름하였다. 처음에는 동양도사東陽道士 손악유孫岳游에게서 부도符圖와 경법經法을 배우고, 후에는 명산들을 편력하면서 선약仙藥을 찾아 다녔다. 양梁 무제 때 예를 갖추어 청하였으나, 산에서 나오지 않았다. 그러나 조정에 큰 일이 있을 때마다 자문을 구하였다. 때문에 사람들이 '산중재상山中宰相'이라고 하였다. 천감天監 4년(505)에 적금동간積金東澗에 옮겨 벽곡辟穀과 도인導引의 술을 익혀 양생하였다. 대동大同 2년(536)에 81세로 병없이 타계했다. 도홍경은 남조의 유명한 의학자이고, 도교 양생학가이다. 《양서梁書 본전本傳》에 "그는 저술을 즐기고 기이한 것을 숭상하여 풍광을 좋아했고 늙을수록 더하였다. 특히 음양오행·풍각성산風角星算·산천지리·방도산물方圖産物·의술본초醫術本草에 정통하였다"고 씌어 있다. 홍경은 한평생 많은 저술을 남겼는데 도합 223권이다. 의약 저작으로는 주로 《신농본초경집주神農本草經集注》《양성연명록養性延命錄》《주후백일방肘後百一方》《효험시용방效驗施用方》《태청초목집요太淸草木集要》《약총결藥總訣》 등이다.

《양성연명록養性延命錄》은 두 권으로, 각권이 세 편이다. 상권은 교계敎誡·식계食誡·기양祈禳이고, 하권은 복기요병服氣療病·도인안마導引按摩·어녀손익御女損益인데, 여러 면에서 양성연명의 이론과 방법을 서술하였다. 이 책에 수록한 《양성연명록 어녀손익편》은 도씨의 방중양생에 관한 전문저작이다. 그의 "도는 精을 보배로 여긴다"는 것과, 음양의 교합을 중요하게 여기고, "양생장수의 요점은 정액을 아끼는 데에 있다. 교합할 때 한 달에 두 번 사정하고, 일년에 24차 사정하면 능히 120세를 살 수 있다"는 말들은 모두 긍정적 의의가 있다. 그러나 《어녀손익편》에는 도씨의 견해가 없고 거의가 당시의 방중서들, 예를 들면 《팽조양성경彭祖養性經》《선경仙經》《도림道林》《자도경子都經》 등에서 수록한 것들이다. 이 저작들은 전하지 않는지 오래고, 특히 《천로天老》를 인용한 것을 보아 도씨가 《한서 예문지》에 수록된 《천로잡자음도天老雜子陰道》를 본 것으로 짐작된다. 그러므로 《어녀손익편》은 문헌적 가치가 더욱 드러난다.

　《양성연명록》 2권은 따로 간행된 것이 없고, 《도장道藏》 동신부洞神部 방법류方法類에만 있으며, 《운급칠전雲笈七箋》 권32에 실렸다. 후에 《도장정화록道藏精華錄》《도장요적선간道藏要籍選刊》에도 수록되었다. 이 책은 1986년 문물출판사판 《도장》에 의해 정리하였다.

[8-1] 道以精爲寶, 施之則生人, 留之則生身. 生身則求度在仙位, 生人則功遂而身退. 功遂而身退, 則陷欲以爲劇. 何說妄施而廢棄, 損不覺多, 故疲勞而命墮. 天地有陰陽, 陰陽人所貴, 貴之合于道, 但當慎無費.

彭祖曰:"上士別床, 中士异被. 服藥千裹, 不如獨臥. 色使目盲, 聲使耳聾, 味使口爽, 苟能節宣其道, 适抑揚其通塞者, 可以增壽. 一日之忌, 暮食無飽(夜飽食眠, 損一日之壽). 一月之忌, 暮飲無醉(夜醉臥 損一月之壽). 一歲之忌, 暮須遠內(一交損一歲之壽, 養之不復). 終身之忌, 暮須護氣(暮臥勻閉口, 開口失氣, 又邪從口入)."

【도이정위보道以精爲寶】도가에서는 양생함에 있어 정액을 가장 소중히 여기는 것을 말한다.
【함욕이위극陷欲以爲劇】성욕에 탐닉함이 매우 심함을 말한다.
【음양陰陽】남녀의 교합을 가리킨다.
【상사上士】상등의 양생가.
【과裹】싸다. 여기서는 심는다는 뜻이다.
【미사구상味使口爽】
【절선기도節宣其道】節宣은 調節宣泄이다. 여기서는 운용·파악한다는 뜻이다. 道는 교접의 도이다.
【원내遠內】멀리 房內之事를 피하는 것이다.

도가에서는 양생에서 정액이 가장 귀중하다고 생각한다. 사정하면 자식이 생기고, 폐정閉精하면 자신이 오래 살 수 있다. 장수하면 신선이 될 수 있고, 자식을 낳으면 자기 일을 다하고 은퇴할 수 있다. 은퇴한 후에도 강한 성욕을 유지할 수 있다. 그러나 함부로 사정하거나 폐정한 사람은 신체가 점점 손상됨을 깨닫지 못하여, 몸이 피폐하거나 생명이 위급하게 된다. 하늘과 땅은 음양교합하며, 사람도 음양교합을 중시한다. 교합을 중시하면 교합의 도를 지켜야 하고, 신중히 대해야 하며 치우치면 안 된다.

팽조는 이렇게 말했다.

"상등의 양생가는 반드시 아내와 따로 자며, 중등의 양생가는 반드시 아내와 이불을 달리한다. 천 가지 약을 먹기보다 혼자 자는 것이 좋다. 아롱진 것은 눈을 어둡게 하고 소리는 귀를 먹게 하며 맛을 탐하면 입이 상한다. 만약 교접하면서 정액의 사射와 폐閉를 잘 조절하여 정기가 잘 통하면 수명을 연장할 수 있다. 하루의 피할 바는 저녁에 너무 과식하는 것이다(밤에 포식하고 자면 하루 수명이 준다). 한 달의 피할 바는 밤에 술을 과음하는 것이다(밤에 취해 자면 한 달의 수명이 단축된다). 일 년의 피할 바는 밤에 잘 때 방사를 피하는 것이다(밤에 한 번 교합하면 일 년의 수명이 줄고 다시 회복되지 않는다). 일생의 피할 바는 밤에 잘 때 기식氣息을 기르고 보호하는 것이다(밤에 잘 때는 입을 다물고 호흡하는 버릇을 길러야 하며, 입을 벌리고 호흡하면 기가 허실되며 잡병이 침입할 수 있다)."

[8-2] 采女問彭祖曰: "人年六十, 當閉精守一, 爲可爾否?"

彭祖曰: 不然, 男不欲無女, 無女則意動, 意動則神勞, 神勞則損壽. 若念眞正無可思而大佳, 然而萬一焉. 有强郁閉之, 難持易失, 使人漏精尿濁, 以致鬼交之病. 又欲令氣未感動, 陽道垂弱, 欲以御女者, 先搖動令其强起, 但徐徐接之, 令得陰氣. 陰氣推之, 須臾自强. 强而用之, 務令遲疏. 精動而正閉精, 緩息瞑目, 偃臥導引, 身體更復, 可御他女. 欲一動則輒易人, 易人可長生. 若御一女, 陰氣旣微, 爲益亦少. 又<u>陽道法火</u>, <u>陰道法水</u>, 水能制火. 陰亦消陽, 久用不止, 陰氣吸陽, 陽則轉損, 所得不補所失. 但能御十二女子而復不泄者, 令人老有美色. 若御九十三女而不泄者, 年萬歲. 凡精少則病, 精盡則死. 不可不忍, 不可不愼. 數交而時一泄, 精氣隨長, 不能使人虛損. 若數交接則泄精, 精不得長益, 則行精盡矣. 在家所以數數交接者, 一動不泄則羸(嬴), 得一泄之精減, 卽不能數交接. 但一月輒再泄精, 精氣亦自然生長, 但遲微不能速起, 不如數交接不泄之速也. (采女者, 少得道, 知養性, 年一百七十歲, 親如十五. 殷王奉事之年, 問道于彭祖也.")

【수일수一】 인체의 眞元之氣를 지킨다.
【만일언萬一焉】 만 사람 중의 한 사람.
【양도법화陽道法火】 法은 지키다, 모방하다는 뜻. 여기서는 같다는 의미. 즉 남자의 음경은 불과 같다는 뜻이다.
【음도법수陰道法水】 여자의 음도는 물과 같다는 뜻.

채녀가 팽조에게 물었다.

"사람이 60세가 되면 사정하지 말고 폐정하면서 체내의 진원지기를 지켜야 한다는데, 이렇게 하는 것이 옳은가요?"

팽조가 다음과 같이 대답했다.

"옳지 않소. 여자를 생각하지 않는 남자가 없으니, 여자가 없으면 의욕이 움직이고 의욕이 움직이면 정신을 쓰게 되어 수명이 줄게 되오. 만약 아무것도 생각이 없을 수 있다면 그것은 아주 좋은 일이나, 그런 사람은 만 사람 중 하나도 없소. 억지로 교합의 욕망을 누른다면 그것이 오래 갈 수도 없고, 누정漏精에 걸려 소변이 혼탁하게 되며, 귀교지병鬼交之病에 걸리오. 이밖에 아직 정기가 동하지 않았고

228 中國房內秘籍

음경이 느른한데 여자와 교접하려는 사람이 있는데, 그런 때는 먼저 음경을 흔들어 발기시키고 서서히 교합하여 음경이 양기를 얻게 하면 음기를 받아서 음경이 속히 꿋꿋해지오. 이렇게 교접할 때는 동작이 더디고 느려야 하오. 만약 사정하려 하면 급히 정관精關을 닫고, 눈을 감고 천천히 호흡하면서 반듯하게 누워 토납도인吐納導引하오. 몸의 정기가 회복된 후 다른 여자와 교접하오. 교접하여 정기가 동하면 또 다른 여자와 교접하오. 이렇게 바꾸어 가면서 교접하면 장생할 수 있소. 만약 한 여자와만 교합할 때는 여자의 음기가 약해져 얻는 것이 적소. 다른 한편 남자의 음경은 불과 같고 여자의 음도는 물과 같아 물이 불을 끄듯, 음기가 양기를 끄므로 오래 한 여자와 교합하면 여자의 음기가 남자의 양기를 흡수하게 되어 양기가 손상되오. 이렇게 하면 잃는 것을 보충할 수가 없게 되오.

만약 12세 여자와 교합하여 사정하지 않으면 늙어서도 안색이 윤택하고, 만일 93명의 여자와 교합하여 사정하지 않을 수 있으면 만년을 사오. 그러므로 정이 적은 사람은 병이 나고 정이 고갈되면 죽소. 사정하려는 생각을 참고 이겨내며 억제해야 하며, 신중하게 대해야 하오. 만약 여러 번 교접하여 한 번 사정하면 정기가 증가되고, 몸 손상이 없소. 만일 할 때마다 사정하면 정액이 제때 보충되지 못하여 고갈되오. 부부간에 오래도록 자주 교접할 수 있는 것은 매번 정이 통한 때 사정하지 않기 때문이며, 만일 한 번에 정액을 다 없애 버렸으면 재차 교접하지 못하오. 그러나 한 달에 두 번만 사정을 하도록 하면, 정기가 자연히 생겨날 수 있소. 그러나 음경이 발기가 늦으면 여러 번 교접하면서 사정하지 않고 음경이 신속히 발기되게 하는 것보다 못하오.”(고대에 채녀라는 여자가 어려서 음양교합의 도를 얻어 양성연명술에 통달하였다. 나이 백칠십 살 때 열다섯 살 소녀같이 풍만하고 예뻤다. 상나라 은왕殷王이 집정할 때 팽조에게 음양교접의 도를 물은 바 있다.)

[8-3] 彭祖曰:"奸淫所以使人不壽者, 非是鬼神所爲也. 眞由用意俗猥, 精動欲泄, <u>務副彼心</u>, 竭力無厭, 不以相生, 反以相害, 或驚狂消渴, 或癲癡惡瘡, 爲失精之故. 但施泄, 輒導引以補其處, 不爾, 血脈髓胸日損, 風濕犯之, 則生疾病, 由俗人不知補泄之宜故也."

彭祖曰:"凡男不可無女, 女不可無男. 若弧獨而思交接者, 損人壽, 生百病, 鬼魅因之共交, 失精而一當百. 若欲求子, 今子長命, 賢明富貴, 取月宿日, 施精大佳.(月宿日, 眞隷之于后.)"

【무부피심務副彼心】副, 幇助. 왕충王充의 《논형론형論衡·박장박장薄葬》에 《민사독장閔死獨葬고혼무부孤魂無副》라는 말이 있다. 이 구절은 그의 욕심을 도와 주어야 한다는 뜻이다.

팽조는 다음과 같이 말했다.

"간음하면 목숨이 짧아지는 원인은 귀신의 장난이 아니다. 마음이 비속하고 음란하며 정기가 동하면 사정하니, 성욕은 늘어가고 애를 써도 만족할 줄을 모르기 때문이다. 따라서 교합하는 것이 그에게 무익할 뿐만 아니라 유해하며, 경광驚狂·건갈乾渴(즉 당뇨병)·치전痴癲·생창生瘡 등 악질에 걸리는데, 이는 모두 실정失精했기 때문이다. 그러므로 일단 사정한 후에는 기공도인술을 행하여 잃은 것을 채워야 한다. 만일 그렇게 하지 않으면 혈맥과 뇌수가 날로 감소되고 풍습風濕이 침범하여 질병이 생긴다. 이것은 속인들이 정기를 보익하는 방법을 모르기 때문이다."

"대저 남자는 여자가, 여자는 남자가 없을 수 없다. 만일 홀로 외로이 교합을 그리워하면 목숨이 손상되고 온갖 병이 생기며 귀신이

나 도깨비에 홀리고, 그와 교접하게 되면 한 번 실정하는 것이 백 번보다도 심하다. 만약 자식을 낳고 장수하게 하며, 후일에 현명하고 부귀하게 하려면 '월수일月宿日'을 택하는 것이 좋다. 이 날에 사정하는 것이 제일 좋다."

[8-4] 天老曰:"人生俱含五常, 形法復同, 而有尊卑貴賤者, 皆由父母合八星陰陽, 陰陽不得其時, 中也. 不合宿, 或得其時人, 中上也. 不合宿, 不得其時, 則爲凡夫矣. 合宿不會者, 非(唯)生子富貴, 亦利己身, 大吉之兆(八星者, 室, 參井, 鬼, 柳, 張, 心, 斗. 月宿在此星, 可以合陰陽, 求子). 月二日, 三日, 五日, 九日, 二十日, 此是王相生氣日, 交會各五倍, 血氣不傷, 今人無病. 仍以王相日, 半夜后, 鷄鳴前, 徐徐弄玉泉, 飮玉漿, 戱之. 若合用春甲寅, 乙卯, 夏丙午, 丁未, 秋庚申, 辛酉, 冬壬子, 癸亥, 與上件月宿日合者, 尤益佳. 若欲求子, 待女人月經絶后一日, 三日, 五日, 擇中王相日, 以氣生時, 夜半之后乃施精, 有子皆男, 必有壽賢明. 其王相日, 謂春甲乙, 夏丙丁, 秋庚辛, 冬壬癸. 凡養生, 要在于爱精. 若能一月再施精, 一歲二十四氣施精, 皆得壽百二十歲. 若加藥餌, 則可長生. 所患人年少時不知道, 知道亦不能信行. 至老乃始知道, 便已晚矣, 病難養也. 雖晚而能自保, 猶得延年益壽. 若小壯而能行道者, 仙可冀矣."

【천로天老】 고대의 방중 양생가이다. 《한서·예문지》에 《천로잡자음도천로잡자陰道》가 있는데, 이 책은 오래전에 없어졌다. 이 말이 그 책에서 나온 것인지는 의심이 간다.
【구함오상俱含五常】 모두가 오행운행의 법칙에 포함됨을 말한다.
【중야中也】 即中等人也. 교접이 성수에는 맞지만, 절호의 시간은 아니라는 의미

이다. 이것은 중등의 정황에 부합되는 것이다.

천로가 말했다.

"사람의 생명은 오행운행의 법칙 아래 있으니, 그 표현 형식과 내재 법칙이 서로 같다. 그런데 무엇 때문에 존비귀천의 구별이 있는가? 그것은 모두가 그들의 부모가 팔성음양八星陰陽의 법칙을 운용함의 다름에 달렸기 때문이다. 음양교합을 하는 때가 적합하지 않으면 중등이고, 성수星宿는 맞지 않고 시기만 맞으면 중상등인이고, 둘이 다 맞지 않으면 속인이다. 성수가 맞으면 그 자식이 부귀할 뿐만 아니라 자신에게도 유익하다. 이것이 대길할 징조이다(팔성八星이란 실室 · 삼參 · 정井 · 귀鬼 · 유柳 · 장張 · 심心 · 두斗이고, 월수月宿가 위에서 말한 위치에 있을 때 교접하면 자식을 얻는다). 매달 2일, 3일, 5일, 9일, 20일은 왕상생기일王相生氣日이고, 교합을 다섯 배 더하여도 기혈이 손상되지 않으며, 병이 생기지 않는다. 왕상일을 택하여 밤중이 지나 닭이 울기 전에 천천히 여자의 음부를 만지면서 입을 침을 빨며 가지고 논다. 만약 다시 결합할 때는 봄의 갑인 · 을묘, 여름의 병오 · 정미, 가을의 경신 · 신유, 겨울의 임자 · 계해일에 해당한 상술한 어느 월수일을 선택하면 더욱 좋다.

만일 자식을 보려면 여자의 월경이 끝난 후, 1 · 3 · 5일의 왕상일을 택하여 기가 생길 때 밤중 뒤에 사정하면 잉태하여 아들을 낳고 후일 어질고 장수한다. 소위 왕상일이란 봄에는 갑을, 여름에는 병정, 가을에는 경신, 겨울에는 임계이다. 대개 양생연년지도에서 중요한 점은 정액을 소중히 여기고 교접할 때는 한 달에 두 번, 일 년에 24번 사정하는 것이며, 그렇게 하면 120세까지 살 수 있다. 만약 약으로 보까지 하면 장생불로할 수 있다. 사람이 젊을 때에 이 이치를 모르거나 알고도 실행하지 못하고 늙어서야 알게 되면, 때는 이미 늦어 병을 다스릴 수 없다. 하지만 늦더라도 능히 교접지도를 운용하여 자신을 보양하면 장생불로의 효과를 볼 수 있다. 만약 젊은 시절에 이 도를 실시하게 되면 신선의 무리에 들 희망이 있다."

[8-5]《仙經》曰:"男女俱仙之道, 深內勿動精, 思臍中亦色大如鷄子, 乃徐徐出入, 精動便退, 一旦一夕可數十爲之, 令人益壽. 男女各息, 意共存之, 唯須猛念."

道人劉京云:"春三日一施精, 夏及秋一月再施精, 冬常閉精勿施. 夫天道, 冬藏其陽, 人能法之, 故得長生. 冬一施, 當春百."

胡道人言:"人年六十便當都絶房內. 若能接而不施精者, 可御女耳. 若自度不辨者, 都遠之爲上. 服藥百種, 不如此事可得久年也."

【유수맹념唯須猛念】오직 강렬한 욕망만 요구된다.

《선경》에는 다음과 같은 기록이 있다.

"남녀가 방사를 통하여 함께 신선이 되는 방법은 남자의 음경이 음도에 깊이 들어가도 정기가 통하지 않고 항상 배꼽 속에 계란만한 붉은 것이 있다고 느끼며, 음경이 천천히 들어갔다 나왔다 하여 정기가 통하면 물러난다. 이렇게 조석으로 수십 번 하면 수명이 길어진다. 남녀가 각기 뜻을 가지고 각각 자중하면서 강한 의욕을 가지고 있어야 한다."

도인 유경劉京이 이렇게 말하였다.

"봄에는 3일에 한 번 사정하고, 여름 가을에는 한 달에 한 번 사정하며, 겨울에는 폐정한다. 천지자연의 법칙은 겨울이면 그 양기를 감추는 것인데, 사람이 능히 대자연을 따르면 장생할 수 있다. 겨울에 한 번 사정하는 것은 봄에 백 번하는 것과 같다."

괴핵 도인이 말했다.

"60세가 되면 방내 생활은 그만두어야 한다. 만일 교접하여도 사정을 하지 않을 수 있으면 교접해도 좋다. 만일 자기 생각에도 그럴 자신이 없으면 방사를 멀리하는 것이 상책이다. 백약을 먹어도 이렇게 하는 것보다 장수하지 못한다."

[8-6] 《道林》云: "命本者, 生命之根本, 決在此道. 雖服大葯及呼吸導引, 備修萬道, 而不知命之根本. 根本者, 如樹木, 但有繁枝茂怪而無根本, 不得久活也. 命本者, 房中之事也. 故聖人云: 欲得長生, 當由所生. 房中之事, 能生人, 能殺人, 辟(▨)如水火, 知用之者, 可以養生; 不能用之者, 立可死矣. 交接尤禁醉飽, 大忌, 損人百倍. 欲小便忍之以交接, 令人得淋病, 或小便難, 莖中痛, 小腹强. 大恚怒后交接, 令人發癰疽.《道機》: 房中禁忌, 日月晦朔, 上下弦望, 日月蝕, 大風惡雨, 地動, 雷電, 霹靂, 大寒暑, 春夏秋冬節變之日, 送迎五日之中, 不行陰陽, 本命行年月日忌禁之尤重(陰陽交錯不可合, 損血氣, 瀉正納邪, 所傷正氣甚矣, 戒之). 新沐頭, 新行疲倦, 大喜怒, 皆不可行房室."

彭祖曰: "消息之情, 不可不知也. 又須當避大寒, 大熱, 大雨, 大雪, 日月蝕, 地動, 雷震, 此是天忌也. 醉飽, 喜怒憂愁, 悲哀恐慎, 此人忌也. 山川神祇, 社稷井竈之處, 此爲地忌也. 旣避此三忌, 又有吉日, 春甲乙, 夏丙丁, 秋庚辛, 冬壬癸, 四季之月戊己, 皆王相之日也. 宜用嘉會, 令人長生, 有子必壽. 其犯此忌, 旣致疾, 生子亦凶夭短命."

老子曰: "還精補腦, 可得不老矣."

《子都經》曰：施瀉之法，須當弱入強出(何謂弱入強出？納玉莖于琴弦麥齒之間，及洪大便出之，弱納之，是謂弱入強出，消息之，令滿八十動，則陽數備，即爲妙也)."

老子曰："弱人強出，知生之術；強入弱出，良命乃卒，此之謂也."

【차도此道】교접의 도를 말한다.

《도림》에서는 다음과 같이 말했다.

"생명의 근본은 교접의 도가 결정한다. 가령 온갖 진귀한 보약을 쓰고 호흡도인의 법술을 배우거나 기타 방법을 배워도 생명의 근본을 알 수 없다. 근본이란 바로 나무가 무성한 잎과 가지만 있고 든든한 뿌리가 없으면 오래 살 수 없는 것과 같다. 생명의 근본은 방중 남녀의 교접이다. 성인도, 장생하려면 어떻게 해야 하는 것을 알아야 한다고 말씀하셨다. 방중교접은 사람을 낳기도 하고 죽이기도 한다. 이것은 물과 불 같아서 운용할 줄 알면 이득을 보고, 정확하게 운용하지 못하면 사람을 죽인다.

교접의 도는 취하도록 술마시고 배부르도록 밥을 먹은 후에 행방하는 것을 엄금한다. 이는 교접에서 제일 꺼리는 일로서, 사람에게 백배의 해가 된다. 소변이 마려운데 참고 교접하면 임질에 걸리거나 소변곤란·경중통莖中痛·소복강小腹強에 걸린다. 크게 화가 난 후 교접하면 옹저癰疽가 생긴다."

《도기道機》에는 다음과 같은 언급이 있다.

"방중의 금기는 그믐과 초하루, 상현 하현과 보름, 일식과 월식, 큰 비바람, 지진, 우레, 천둥, 혹독한 추위나 더위, 춘하추동의 환절기일, 손님이 오거나 간 닷새 내인데, 이 안에 교합하지 않는 것이다. 자기가 난 해와 간지가 같은 해에는 금기를 지키는 것이 중요하다(음양이 교차되면 교합하지 않으며, 교합하면 혈기가 손상되고 정기正氣가 빠지고 사기私氣가 들어 정기의 손상이 아주 크므로 삼가야 한다). 방금 머리를 감았거나 외출 여행하여 피곤할 때, 큰 기쁨과 노여움이 있을 때는 방사를 하지 말아야 한다."

팽조는 이렇게 말했다.

"교접할 때는 대자연의 사계절 기후와 사람의 정서 변화 등을 파악하지 않으면 안 된다. 교접할 때는 반드시 모진 추위와 더위·큰비·큰눈·일월식·지진·천둥 등이 천기天忌이므로 반드시 피해야 한다. 술취하거나 배부르게 먹거나 기쁘거나 화나거나 근심걱정이 있거나 슬프거나 두렵거나 한 것을 인기人忌라고 한다. 산천신지山川神祇·사직정조社稷井竈가 있는 곳을 지기地忌라고 한다. 이 3기를 파하고 남은 길일, 즉 봄은 갑을, 여름은 병정, 가을은 경신, 겨울은 임계와 사계절의 무기戊己월 등은 모두 왕상일이다. 길일을 택하여 교합하면 장생하고, 자식이 장수한다. 이 금기를 범하면 몸에 질병이 생기고 자식을 낳아도 흉하며 요절한다."

노자가 말하였다.

"정액을 돌려 뇌를 보하면 장생불로한다."

《자도경》에서는 이렇게 말했다.

"교접과 사정의 법을 말하면, 음경을 약하게 삽입하고 강하게 빼는 弱入强出 것이 좋다."(약입강출이란 옥경을 여음의 금현, 맥치 사이에 넣고 음경이 크고 굳세지면 빼고, 약하고 느른해지면 넣는 것이다. 음경을 넣고 빼는 회수를 계산하여 80번이 되면 양수陽數가 구비되니, 더욱 좋다.)

노자는 말했다.

"음경을 약입강출하는 것은 생환生還의 기술을 아는 것이니, 강입약출하면 명이 좋아도 죽게 된다고 하는 것은 바로 이런 이치 때문이다."

九·房中補益

唐 孫思邈 著

손사막은 당나라의 유명한 양생학가이자 의약학자이다. 경조京兆 화원華原, 즉 오늘날의 섬서성 요현耀縣 사람이다. 그의 생년에 대해서는 세 가지 설이 있다. 일반적으로는 581년-682년이라고 하는데, 561년-682년 또는 541년-682년 설도 있다. 사막은 어려서부터 총명하였고 크면서는 백가의 설에 정통하였으며, 노장을 숭상하고 불전에도 능하였다. 18세에 의학에 뜻을 두었다. 북주北周 선제宣帝 대성大成 원년(579)에 태백산太白山에 은거하여 양생장수술을 수련하였다. 정제靜帝 때 국자박사國子博士로 불렀으나 응하지 않았다. 수나라의 대업大業 연간(605-618)에 촉蜀에 있는 아미산峨嵋山을 유람하였다. 수가 망한 후 종남산終南山에 은거하며 불문佛門과 가까이 하였다. 당 무덕武德년간(618-626)에 수련. 의술로 유명하였다. 태종이 등극하여 서울로 불렀는데, 그때는 이미 연로하였으나 보고 듣는 것이 밝았다. 태종이 《유도자有道者》라고 탄복하여 작위를 주었으나 받지 않았다. 현경顯慶 4년(659)에 간의대부諫議大夫를 주었으나 오지 않았다. 함형咸亨 4년(673) 고종이 앓자 그에게 수어隨御를 명하였다. 상원上元 원년(674)에 사퇴를 청하여 고종이 파양공주읍사鄱陽公主邑司의 벼슬을 주었다. 영순永淳 원년에 박장薄葬할 것과 명기明器를 묻지 말 것과 생뇌牲牢를 쓰지 말 것을 유언하고 서거하였다. 신구《당서唐書·속선전續仙傳》에《손사막전》이 있다.

손사막은 의덕이 숭고하고 의술이 정밀하며 의학·약물학에 큰 공헌을 하여, 민간에서는《약왕藥王》으로 존경받았다. 그는 저작이 매우 많은데, 현존하는 주요 저작으로는《비급천금요방備急千金要方》《천금익방千金翼方》《섭양침중방攝養枕中方》《복록방福祿方》《존기연기명存氣煉氣銘》《태청단경요결太淸丹經要訣》등이 있다.《방중보익》은《비급천금요방》권27에서 고른 것이다.《비급천금요방》은《천금요방》《천금방》이라고 약칭하며, 전부 30권이다. 이 책은 당 이전 여러 사람들의 의약 문헌에서 발췌하여 작자의 시술 경험을 결합시켜 당 이전의 각과 의학의 연구 성과를 총화한 것으로, 당 이전 고대 의약 문헌의 집대성이라고 할 수 있다. 《방중보익》편은 손씨의 방중양생에 관한 전문저작으로, 그 중에서는 이전 사람들의 방중양생 자료를 수록한 것 이외에 작자 개인의 견해가 피력되어 있다. 《천금요방》은 판본이 비교적 많은데, 단행본도 전해지고 있고 또 《도장》 《사고전서》에도 수록되어 있다. 여기서는 1987년 인민위생출판사에서 영인한 일본 에또의학에서 영인한 북송 시기 판본에 근거하였다.

[9-1] 論曰: 人年四十已下. 多有放恣, 四十已以上, 卽頓覺氣力一時衰退. 衰退旣至, 衆病蜂起, 久而不治, 遂至不救. 所以彭祖曰: 以人療人, 眞得其眞. 故年至四十, 須識房中之術. 夫房中術者, 其道甚近, 而人莫能行其法. 一夜御十女, <u>閉固</u>而已, 地房中之術畢矣. 兼之藥餌, 四時勿絶, 則氣力百倍, 而智慧日新. 然此方之作也. 非欲務於淫佚, 苟求快意, 務存節欲, 以廣養生也, 非苟欲强身力, 辛女色以縱情, 意在補益以遣疾也. 此房中之微旨也.

是以人年四十已下卽服房中藥者, 皆所以速禍, 愼之! 愼之! 故年未滿四十者, 不足與論房中之事, 貪心未止, 兼餌補藥, 倍力行房, 不過半年, 精髓枯竭, 唯向死近, 少年極須愼之, 人年四十已上, 常服<u>練乳散</u>不絶, 可以不老, 又餌<u>雲母</u>, 足以愈疾延年. 人年四十已上, 勿服瀉藥, 常餌補藥大佳.

【폐고閉固】 정관을 닫고 사정하지 않음.
【연유산練乳散】 方藥이다. 유즙으로 만든 가루이다. 효능: 補虛益氣하고 潤燥淸熱하며, 오장을 돕고 혈액을 기르며 심기를 돕는다.
【운모雲母】 약 이름. 효능: 폐를 돕고 기침을 다스리며 경증驚症을 누르고 피를 멈추며 瘡을 거둔다.

다음과 같이 논한다. 사람이 40세 이하인 때는 흔히 정욕에 방자하다. 40세가 넘으면 기력이 전보다 못함을 느낀다. 신체의 정력이 쇠퇴하면서 온갖 질병이 잇따라 생기며, 잘 치료하지 않으면 나중에는 구해낼 수 없게 된다. 그러므로 팽조는 "남을 빌려 자신을 치료하면 자기의 진원이 타인의 진원을 받아 보익된다"고 하였다.

그러니 40세가 되면 방중양생술을 잘 알아야 한다. 소위 방중술이란, 그 이치는 심오한 것이 아니나 행하기는 어렵다. 간단히 말해서, 방중술이란 하룻밤에 열 여자와 교접하되 정관精關을 닫고 사정을 하지 않는 것이 그 전부이다. 게다가 일 년 사계절 보하는 약품을 쓰면 정력이 넘치고 두뇌가 민첩해진다. 하지만 방중술을 행하는 것은 결코 정욕에 방자하고 쾌락을 추구하는 것이 아니라, 성욕을 절제함으로써 양생장수하는 것을 제창한다. 그리고 방중술로 신체를 건장하게 한 후 여색에 골몰하는 것이 아니라, 신체를 보익하고 병을 제거하는 것을 목적으로 한다. 이것이 방중술의 정수이고 요지이다.

그러므로 40도 되기 전에 방중의 약을 쓰는 것은 화를 재촉하는 것이니, 극히 삼가야 한다. 따라서 40세 미만의 사람과는 방중의 일을 토론할 것이 못된다. 이 나이에는 여색을 탐하는 마음이 강하고, 또 약까지 먹으면 제한없이 여자와 교접한다. 이렇게 하면 반년도 못가서 정수가 고갈하여 사망에까지 진행되니, 청소년은 이 일을 신중하게 대해야 한다. 나이 40이 넘어서 늘 연유산 따위의 보약을 쓰면 늙는 것을 방지하고, 게다가 운모를 약간 먹으면 병을 없애고 수명을 연장한다. 40세가 넘으면 사약瀉藥을 먹지 말고 보약을 늘 먹는 것이 좋다.

[9-2] 昔黃帝御女一千二百而登仙, 而俗人以一女伐命, 知與不知, 豈不遠矣, 其知道者, 御女若不多耳.

凡婦人不必須有顔色姸麗, 但得少年未經生乳, 多肌肉, 益也. 若足財力, 選取細髮, 目精黑白分明, 體柔骨軟, 肌膚細滑, 言語聲音和調, 四肢骨節皆欲足肉, 而骨不大, 其陰及掖皆不欲有毛, 有毛當軟細. 不可極於相者, 但蓬頭蠅面, 槌項結喉,雄聲大口, 高鼻麥齒, 目精渾濁, 口頷有毛, 骨節高大, 髮黃少肉, 隱毛多而且強, 又生逆毛, 與之交會, 皆賊命損壽也.

凡御女之道, 不欲令氣未感動, 陽氣微弱即以交合, 必須先徐徐嬉戲, 使神和意感良久, 乃可令得陰氣, 陰氣推之, 須失自強. 所謂弱而內迎, 堅急出之. 進退欲令疏遲, 情動而止. 不可高自投擲, 顛倒五臟, 傷絶精脈, 生致百病, 但數交而愼密者, 諸病皆愈, 年壽日益, 去仙不遠矣, 不必<u>九一三五之數</u>也. 能百接而不施瀉者, 長生矣.

若御女多者可採氣, 採氣之道可深接勿動, 使良久氣上面熱, 以口相當, 引取女氣而吞之, 可疏進退, 意動便止. 緩息瞑目, 偃臥道引, 身體更強, 可復御他女也. 數數易女, 則得益多. 人常御一女, 陰氣轉弱, 爲益亦少. 陽道法火, 陰家法水, 水能制火, 陰亦消陽, 久用不止, 陰氣逾陽, 陽則轉損, 所得不補所失. 但能御十二女而不復施瀉者, 令人不老, 有美色. 若御九十三女而自固者, 年萬歲矣. 凡精少則病, 精盡則死, 不可不思, 不可不愼. 數交而一瀉, 精氣隨長, 不能使人虛也. 若不數交, 交而即瀉, 則不得益; 瀉之精氣自然生長, 但遲微, 不如數交接不瀉之速也.

【구일삼오지수九一三五之數】九淺一深, 三左五右를 말한다.

옛날 황제는 1천2백 여자와 교합하고 신선이 되었는데, 일반 사람들은 흔히 한 여자 때문에 목숨을 잃는다. 방중술을 아는 것과 모르는 것이 그 차이가 얼마나 큰가? 방중술을 아는 사람은 교접함에 있어 여자가 적어서 걱정이다.

여자는 꼭 용모가 고운 사람을 고를 필요가 없이, 나이 젊고 자식을 낳지 않고 젖을 먹이지 않는 살찐 여자면 좋다. 만일 재산이 넉넉하면 머리칼이 부드럽고 가늘며 눈의 검은자위와 흰자위가 분명하며 몸이 유연하고 피부가 윤택 있고 목소리가 듣기 좋고 골절이 크지 않고 살이 많으며 음부와 겨드랑이에 털이 없거나 있어도 부드러운 여자를 골라 교합한다. 만약 여자가 쑥대머리에 맹꽁이 얼굴이고 목이 가늘고 길며 목젖이 높고 목소리가 굵으며 입이 크고 코가 높으며 이가 어긋나고 눈이 흐리며 입술에 털이 나고 뼈마디가 굵으며 머리칼이 누르고 여위었고 음부와 겨드랑이에 털이 많고 굳세며, 심지어는 거꾸로 난 경우에는 교합하지 말아야 한다. 이런 여자와 교합하면 건강에 해롭고 수명이 감소된다.

무릇 여자와 교합하는 데는 정기가 아직 동하지 않고 양기가 아직 미약한(즉 음경이 느른한) 때 교합하지 말고, 먼저 천천히 희롱하여 남녀간에 신神과 의意가 감응하여 한참 지나서 남자의 음경이 양기를 얻고 양기가 동하여 음경이 굳어진 다음에 교합한다. 소위 음경이 느른할 때 음도에 들어가고 굳어졌을 때 신속히 뺀다. 음경이 들어가고 나오는 것은 반드시 드물고 느려야 하며, 정이 동하여 사정하게 되면 교합을 정지해야 한다. 교합할 때 아래 위로 동작이 커서 오장이 뒤틀리고 정맥精脈이 끊기어 여러 가지 질병이 생기게 되면 안 된다. 그러나 여러 번 교합하여도 신중히 자신을 보호하는 사람은 병을 없애고 수명을 연장할 수 있으며, 신선에 가까우므로 더 이상 구일삼오의 수를 따질 것 없다. 만일 1백 번 교합하여 사정을 않게 되면 장생불로한다.

만약 많은 여자와 교합하면 채기採氣의 도를 행할 수 있다. 채기의 방법은 음경을 음도에 깊이 꽂고 한참 움직이지 않으면 여자의 음기가 상승하여 낯이 더워진다. 이때 여자와 입술을 맞대고 여자의 기를 빨아 넘긴다. 천천히 음경을 뺐다 꽂았다 하다가 정이 동하면 정지한다. 눈을 감고 천천히 호흡하면서 반듯하게 누워 토납도인의 공을 하면 몸이 건장해지고, 다시 다른 여자와 교합할 수 있다. 계속 여자를 바꿔가면서 교접하면 몸에 더욱 좋다. 만약 늘 한 여자와 교합하면 여자의 음기가 점점 약해져 보익됨이 적어진다. 남자의 음경은 불과 같고 여자의 음도는 물과 같아서 물이 불을 끄듯이 음기가 양기를 끌 수 있으므로, 오래 한 여자와 교합하면 여자의 음기가 남자의 양기를 눌러 양기가 손상되므로 얻는 것보다 잃는 것이 많게 된다. 만일 12명의 여자와 교합하여 사정을 하지 않으면 늙지 않고 용안이 고우며, 만약 93명의 여자와 교합하여 사정을 하지 않으면 1만 살을 살 수 있다.

일반적으로 정액이 적으면 병이 나고 정액이 다하면 죽으므로, 이를 생각하지 않을 수 없고 신중히 취급하지 않을 수 없다. 가령 자주 교접하지 않고, 혹 교접하여 사정해도 얻는 것이 없다. 이렇게 하면 정기가 자연 생장을 하지만, 생장이 더디고 적어 자주 여러 번 교접하고 사정하지 않는 것보다 이로움이 적다.

[9-3] 凡人習交合之時, 常以鼻多內氣, 口微吐氣, 自然益矣. 交會畢, 蒸熱, 是得氣也, 以菖蒲末三分, 白梁粉傳摩令燥, 旣使强盛, 又濕瘡不生也. 凡欲施瀉者, 當閉口張目, 閉氣握固兩手, 左右上下縮鼻取氣, 又縮下部及吸腹, 小偃脊膂, 急以左手中兩指抑屛翳穴, 長吐氣並啄齒千遍, 則精上補腦, 使人長生. 若精妄出, 則損神也.

《仙經》曰: 令人長生不老, 先與女戱, 飮玉漿. 玉漿, 口中津也. 使男女感動, 以左手握持, 思存丹田, 中有赤氣, 內黃外白, 變爲日月, 徘徊丹田中, 俱入泥垣. 兩半合成一團, 閉氣深內勿出入, 但上下徐徐咽氣, 精動欲出, 急退之, 此非上士有智者不能行也. 其丹田在臍下三寸, 泥垣者, 在頭中對兩目眞入內, 思作日月, 想合徑三寸許, 兩半放形而一, 謂日月相翕者也. 雖出入, 仍思念所作勿廢, 佳也.

又曰: 男女俱仙之道, 深內勿動精, 思臍中赤色大如雞子形, 乃徐徐出入, 精動乃退, 一日一夕可數十爲定, 令人益壽, 男女各息, 意其存思之, 可猛念之.

【병예혈屛翳穴】前後陰 사이, 즉 會陰穴이다.
【니원泥垣】즉 泥丸이다. 도가에서는 상단전을 니환이라고 하며, 양미간에 있다. 기공에서 의수意守하는 부위의 하나이다. 본문을 참고하라.

누구나 교접할 때는 흔히 코로 숨을 들이쉬고 입으로 가볍게 내쉬는데, 이렇게 하면 물론 이로움이 있다. 교합이 끝나고 전신에서 더운 기가 나는 것은 기를 얻은 표현이다. 이때 창포 가루 3푼, 백량분白粱粉을 바르고 문질러서 전신을 말리면, 몸이 건장해지고 습창濕瘡이 생기지 않는다. 사정하려고 할 때는 입을 다물고 눈을 뜨고 숨을 멈추고 두 손을 꼭 쥐고 좌우 상하로 코를 움츠리고 숨을 들이쉬면서 음부와 복부를 수축하고, 등을 약간 굽히면서 왼손 둘째 세째 손가락으로 음낭과 항문 사리의 회음혈을 누르고 길게 숨을 내쉬면서 이를 1천 번 맞쪼으면 정기가 위로 올라가 대뇌를 보익하여 장수할 수 있다. 만약 함부로 사정해 버리면 몸이 손상된다.

《선경》에서는 이렇게 말했다. 장생불로하려면 교합할 때 먼저 여자와 희롱하고, 그의 옥장玉漿을 빨아야 한다. 옥장이란 여자 입속의 침이다. 남녀의 음양이 서로 감응한 후에 왼손에 음경을 쥐고 단전에 적기赤氣가 있어 속은 누르고 밖은 희며 그것이 일월日月로 변하여 단전에서 왔다갔다 하다가 함께 니환혈泥丸穴로 들어간다고 생각한다. 두 조각이 한덩어리로 되었을 때 숨을 쉬지 않고 음경을 여자의 음도에 깊이 꽂고 움직이지 말며, 천천히 숨을 들이쉬면서 성욕이 충동하여 사정할 지경일 때 급히 음경을 뺀다. 이것은 상등의 지혜를 가진 사람이 아니고서는 하지 못한다. 단전이란, 배꼽 아래 세 치 되는 곳에 있고, 니환은 머릿속 두 눈이 서로 대한 곳인데, 그것이 일·월로 화한다고 생각되는 곳이며, 그것이 합쳐진 직경은 세 치 가량이다. 일월이 하나로 합친다는 것은, 일월이 서로 흡수함을 가리킨다. 교접의 전체 과정 중에서 시종 일월의 형태를 없어지지 않게 생각하고 있어야 그 효과가 좋다.

남녀가 방사를 통하여 신선이 되는 방법은 음경을 여자의 음도에 깊이 꽂고 정기를 동하지 않고 배꼽 속에 계란만큼 큰 붉은 것이 있다고 생각하면서 천천히 꽂았다 뺐다 하다가, 정기가 동하면 빼기를 아침 저녁에 수십 번 거듭하면 장수한다. 쉴 때는 남녀가 교합할 때의 생각(즉 계란만큼 큰 붉은 것)을 계속하며 그 생각이 또렷할수록 좋다.

[9-4] 御女之法, 能一月再泄, 歲二十四泄, 皆得二百歲. 有顏色, 無疾病. 若加以藥, 則可長生也. 人年二十者, 四月一泄; 三十者, 八日一泄; 四十者, 十六日一泄; 五十者, 二十日一泄; 六十者, 閉精勿泄, 若體力猶壯者, 一月一泄. 凡人氣力自有强盛過人者, 亦不可抑忍, 久而不泄, 致生癰疽. 若年過六十, 而有數旬不得交合, 意中平平者, 自可閉固也.

昔正觀初, 有一野老, 年七十餘, 諧余云: 數日來陽氣益盛, 思與家嫗晝寢, 春事皆成, 未知垂老有此, 爲善惡也? 余答之曰: 是大不祥. 子獨不聞膏火乎? 膏火之將竭, 必先暗而後明, 明止則滅. 今足下年邁桑榆, 久當閉精息欲, 玆忽春情萌發, 豈非反常耶? 竊謂足下憂之, 子其勉歟! 後四旬發病而死, 此其

不愼之效也. 如斯之輩非一, 且疏一人, 以勖將來也.

　所以, 善攝生者, 凡覺陽事輒盛, 必謹而抑之, 不可縱心竭竭意以自賊也. 若一度制得, 則一度火滅, 一度增油. 若不能制, 縱情施瀉, 卽是膏火將滅, 更去其油, 可不深自防? 所患人少年時不知道, 知道亦不能信行之, 至老乃知道, 便以晩矣, 病難養也. 晩而自保, 猶得延年益壽. 若年少壯而能行道者, 得仙速矣.

　或曰: 年未六十, 當閉精守一, 爲可爾否? 曰: 不然. 男不可無女, 女不可無男. 無女則意動, 意動則神勞, 神勞則損壽. 若念眞正無可思者, 則大佳長生也, 然而萬無一有. 抑鬱閉之, 難持易失, 使人漏精尿濁, 以致鬼交之病, 損一而當百也. 其服食藥物, 見第二十卷中.

【정관正觀】貞觀일 것이다. 당 태종의 연호(627-649)이다.
【미지수노유차未知垂老有此】말년에 들어서 이런 일이 될 줄은 생각 밖이다.
【고화膏火】촛불.
【상유桑楡】원뜻은 지는 해가 뽕나무에 비낌을 가리키는데, 노년·만년을 비유한 것이다.
【소疏】기술·기재.

　교합에 있어 한 달에 두 번 사정하고, 일 년에 24번 사정하면 2백 세를 살 수 있고, 용안이 아름답고 병이 생기지 않는다. 거기에 보약을 쓰면 장수할 수 있다. 20세의 사람은 4일에 한 번, 30세의 사람은 8일에 한 번, 40세의 사람은 16일에 한 번, 50세의 사람은 20일에 한 번 사정할 수 있고, 60세의 사람은 폐정하되, 만약 몸이 매우 건장하면 한 달에 한 번 사정할 수 있다. 대체로 기력이 강성한 사람은 성욕을 억제하고 오랫동안 사정하지 않으면 옹저가 생긴다. 만약 60이 넘었고 수십일 교합하지 않아도 마음이 평정하면 폐정할 수 있다.

　과거 정관 초년에 70이 넘은 운유雲游 노옹이 나를 찾아와서 "이 며칠 나는 성욕이 점점 강하여져 백주에도 마누라와 교합하고 싶으면 매번 성공하는데, 늙어서 이런 일이 될 줄은 생각도 못했소. 이것이 좋은 징조요, 나쁜 징조요?" 하고 물었다. "그것은 가장 좋지 못한 징조요. 그대는 어찌 초가 다 타버리는 이치를 모르시오. 촛불이 다 타고 꺼지기 전에 어둡던 것이 한 번 밝아졌다 곧 꺼지오. 지금 그대는 나이가 많아 이미 욕심을 버리고 폐정했을 것인데, 갑자기 청춘이 싹트니 어찌 비정상이 아니겠소? 나는 그대가 걱정되니 조심하기 바라오." 과연 40일 후에 그 노옹은 병들어 죽었다. 이것은 방사 생활을 삼가지 않은 벌이다. 이런 사람이 어찌 그뿐이겠는가? 지금 이 예를 드니 앞으로 경계삼기 바란다.

　양생할 줄 아는 사람은 성욕이 강함을 느낄 때 삼가고 절제하며 함부로 하지 말고 자기 몸을 상하지 않도록 명심해야 한다. 만약 한 차례의 성욕이 고조되었을 때 절제한다면, 그것은 꺼져가는 초에 제때 기름을 보태는 것과 같다. 만일 성욕을 절제하지 못하고 방자하게 정액을 함부로 사정한다면 그것은 꺼져가는 촛불에서 기름을 빼가는 것과 같으니, 삼가지 않으면 안 된다. 걱정되는 것은, 사람들이 젊을 때에 이 이치를 모르거나 안다 해도 충실하게 실행하지 않고, 늙어서 그 이해 관계를 알게 된 때는 이미 때가 늦어 병도 고치기 어려운 것이다. 하지만 알게 되고 교합의 도를 운용하여 자신을 보양하면, 그래도 해가 갈수록 장수하는 효과를 볼 수 있다. 만약 청장년 시기에 교접지도를 실행한다면, 신선이 되는 날이 멀지 않다.

　일찍이 어떤 사람이 물었다. 아직 60이 되기도 전에 폐정하여 사정하지 않고 체내의 진원지기를 고수하면 어떤가? 나쁘다. 남자는 여자를 떠날 수 없고, 여자는 남자를 떠날 수 없다. 남자가 여자를 가지지 못하면 욕심이 동하고, 욕심이 동하면 노신勞神하게 되고 노신하면 수명을 감쇠시킨다. 만일 생각 속에 정말 아무것도 사모함이 없다면, 그것은 매우 좋으며 장수하게 된다. 그러나 이런 사람은 만에 하나도 없다. 억지로 교접하고 싶은 생각을 누르면 그것이 오래 갈 수 없고, 자칫하면 누정하거나 소변이 혼탁해지고 귀교鬼交의 병에 걸린다. 그렇게 한 번 교합하면 그 손상됨이 정상적인 교합 백 번에 해당된다. 거기에 쓰는 약은 20권을 보라.

[9-5] 御女之法, 交會者當避丙丁日, 及弦望晦朔, 大風大雨, 大寒大署, 雷電霹靂, 天地晦冥, 日月薄蝕, 虹蜺地動, 竟若御女者則損, 人神不吉, 損男百倍, 令女得病, 有子必癲癡頑愚, 瘖啞聾聵, 攣跛盲眇, 多病短壽, 不孝不仁. 又避日月星辰, 火光之下, 神廟佛寺之中, 並灶圊厠之側, 塚墓屍柩之傍, 皆悉不可. 夫交合如法, 則有福德, 大智善人, 隆託胎中, 仍令性行調順, 所作和合, 家道日隆, 祥瑞競集. 若不如法, 則有薄福愚癡惡人來託胎中, 仍令父母性行凶險, 所作不成, 家道日否, 殃咎屢至, 雖生成長, 家國滅亡. 夫禍福之應, 有如影響, 此乃必然之理, 可不再思之?

欲求子者, 但待婦人月經絶後一日·三日·五日, 擇其王相日及月宿在貴宿日, 以生氣時夜半後乃施瀉, 有子皆男, 必壽而賢明, 高爵也. 以月經絶後二日·四日·六日施瀉, 有子必女過六日後, 勿得施瀉, 旣不得子, 亦不成人.

王相日: 春甲乙·夏丙丁·秋庚辛·冬壬癸.

月宿日: 正月一日·六日·九日·十日·十一日·十二日·十四日·二十一日·二十四日·二十九日;

二月四日·七日·八日·九日·十日·十二日·十四日·十九日·二十二日·二十七日;

三月一日·二日·五日·六日·七日·八日·十日·十七日·二十日·二十五日;

四月三日·四日·五日·六日·八日·十日·十五日·二十日·二十二日·二十八日;

五月一日·二日·三日·四日·五日·六日·十二日·十五日·二十日·二十五日·二十八日·二十丘日·三十日;

六月一日·三日·十日·十三日·十八日·二十三日·二十六日·二十七日·二十八日·二十九日;

七月一日·八日·十一日·十六日·二十一日·二十四日·二十五日·二十六日·二十七日·二十九日;

八月五日·八日·十日·十三日·十八日·二十一日·二十二日·二十三日·二十四日·二十五日·二十六日;

九月三日·六日·十一日·十六日·十九日·二十日·二十一日·二十二日·二十四日;

十月一日·四日·九日·十日·十四日·十七日·十八日·十九日·二十日·二十二日·二十三日·二十九日;

十一月一日·六日·十一日·十四日·十五日·十六日;

十二月四日·九日·十二日·十三日·十四日·十五日·十七日·二十四日.

若合春甲寅乙卯,夏丙午丁巳秋庚申辛酉,冬壬子癸亥,與此上件月宿日合者尤盒.

【영향影響】 그림자와 산울림을 말한다. 그림자나 메아리처럼 반응이 있다는 의미이다.

여자와 교합하는 방법은 병정·삭망·현회弦晦의 날·대풍대우·대한대서·뇌성벽력·천지암흑·일식월식·하늘가에 무지개가 서고 지진이 있을 때, 교접하면 많은 손상이 있고 불길하며, 남자에게는 백배의 손상이 있고 여자에게는 병이 생기며, 그렇게 난 자식은 바보가 되거나 백치가 되고 벙어리나 귀머거리가 되며 손발이 굽어 펴지 못하고 눈이 멀고 병이 많아 수명이 짧으며 어질지 못하고 불효하게 된다. 그리고 일월성신과 불빛 밑에서, 신묘에서, 부엌 아궁이, 화장실 옆, 분묘, 시체나 관 옆에서 교합하는 것을 피해야 한다. 만일 교합함이 옳게 되면 복과 덕이 있고 크게 지혜롭고 선한 사람이 잉태되어, 자식을 낳으면 성질과 행동이 온순하고 무슨 일이나 성공하여 집안이 날로 융성하고 상서로운 조짐이 잇따를 것이다. 교합을 옳게 하지 못하면 덕이 없고 우매한 악인이 잉태되어, 부모에게 흉험한 일이 생기고 아무 일도 안 되므로, 집안이 패망하고 재난이 거듭된다. 그런 애는 자란다 해도 가정·국가가 그로 인하여 멸망하게 된다. 이처럼 화와 복이 그림자나 메아리처럼 매우 영험하니, 이는 필연적인 이치인지라 세 번 고쳐 생각하고 행함이 마땅하다.

만약 자식을 보려면 부인의 월경이 끝난 후, 1·3·5일의 왕상일과 월수가 귀수貴數인 날을 택하여 밤중이 지나서 기가 가장 성할 때 교접하고 사정한다. 이때 수태하면 틀림없이 아들을 낳으며, 장수하고 현명하며 높은 벼슬을 한다. 월경이 끝난 후 2·4·6일에 사정하면 딸을 낳는다. 월경이 끝난 6일 후에는 사정하지 말며, 이때는 수태되지 못하고 수태되어도 크지 못한다. 왕상일: (역문 생략)

[9-6]《黃帝雜禁忌法》曰: 人有所怒, 血氣未定, 因以交合, 令人發癰疽. 又不可忍小便交合, 使人淋, 莖中痛, 面失血色.

及遠行疲乏來入房, 爲五勞虛損, 少子. 且婦人月事未絶而與交合, 令人成病, 得白駁也. 水銀不可近陰, 令人消縮. 鹿豬二脂不可近陰, 令陰萎不起.

【오노五勞】志勞・思勞・心勞・憂勞・瘦勞 등 다섯 가지 情志勞傷을 말한다.

《황제잡금기법黃帝雜禁忌法》에서는 다음과 같이 말했다. 사람이 성을 내어 혈기가 부족할 때 교합하면 옹저가 생긴다. 소변을 참고 교합하면 안 된다. 이렇게 교합하면 임병에 걸리고, 음경 속이 아프며 낮에 혈색이 없다. 그리고 먼길을 걸어 피로한데도 방사를 하면, 오로허손五勞虛損을 얻으며 자식이 적다. 또 부인의 월경이 끝나기 전에 교합하면 병이 생기고 백박白駁에 걸린다. 수은을 음부 가까이에 가져가면 안 된다. 그렇게 하면 성욕이 감퇴된다. 사슴, 돼지의 지방은 음부 가까이 두면 안 된다. 그러면 음경이 시들고 일어나지 않는다.

【해설】손사막의 이 《방중보익房中補益》은 그가 지은 《비급천금요방備急千金要方》 권27 《양성養性》 중에 있다. 손씨의 전문을 보면, 그 대부분 자료가 앞서 다른 사람들의 방중 저작에서 취해온 것임을 알 수 있는데, 어떤 것은 《소녀경》에 있고, 어떤 것은 《포박자》와 도홍경의 《어녀손익御女損益》에 보이며, 《천금방千金方・양성서養性序》에서는 손씨가 또 《내경內經》 및 중장통・갈홍 등의 일부 방중 논술을 인용했다. 이로 보아 고대 방중학房中學의 계승 상황을 알 수 있다. 손씨가 논한 방중술의 운용은 주로 40세 이상의 사람들을 가리키는데, 이 논의는 손씨의 일대 공헌으로 앞사람들이 언급한 적이 없는 것이다. 왜냐하면 40세 이상의 사람들은 '기력이 전보다 못함을 느끼며,' '온갖 질병이 잇따라 생기며, 잘 치료하지 않으면 나중에는 구해낼 수 없게 된다. 그러므로 팽조는, 남을 빌려 자신을 치료하면 자기의 진원이 타인의 진원을 받

아 보익된다고 하였다. 그러니 40세가 되면 방중양생술을 잘 알아야 하기'때문이다. 방중술을 연구하는 목적에 대해서도 손씨는 "결코 정욕에 방자하고 쾌락을 추구하는 것이 아니라, 성욕을 절제함으로써 양생장수해야 한다"고 강조했다. 또 한걸음 더 나아가 방중술을 이해하는 것은 신체를 건강하게 한 후에 '여색에 골몰하기' 위함이 아니라 '신체를 보익하고 병을 제거하기' 위함이라고 반복하여 강조했다. 그러므로 그는 '이것이 방중술의 정수이고 요지' 라고 지적했다. 방중술의 구체적인 내용에 있어서, 손씨가 "굳게 닫는 것이 방중술의 최상이다"는 것은 바로 정관을 공고하게 닫고 함부로 배설하지 않는 것이다. 그밖에 약을 함께 복용하고, 유산과 운모를 복용하며 배설약을 복용하지 않는다면, 몸을 건강하게 하고 오래 살 수 있다는 것이다. 그러나 '사람이 40세 이하인 때는 흔히 정욕에 방자하므로,' 그래서 그는 "그러므로 40도 되기 전에 방중의 약을 쓰는 것은 화를 재촉하는 것이니, 극히 삼가야 한다. 따라서 40세 미만의 사람과는 방중의 일을 토론할 것이 못 된다. 이 나이에는 여색을 탐하는 마음이 강하고, 또 약까지 먹으면 제한없이 여자와 교접한다. 이렇게 하면 반년도 못 가서 정수가 고갈하여 사망에까지 진행된다"고 말했다. 손씨의 이러한 논술은 아주 가치 있는 것이다. 남녀 교합법에 관한 논의에서, 행방 횟수는 연중 행사에 따라 감하거나 방실 금기 등에 따르는데, 일부 유익한 것이 있다. 본서에서는 앞에서 이미 논급했으므로 재론하지 않는다. 앞에서 예를 든 70이 넘은 노인이 양이 동하여 행방하고 얼마 지나지 않아 죽음에 이른 경우는, 생각해 볼 여지가 있으며 노인들이 중시할 가치가 있는 것이다. 당연히 목이 멘다고 먹기를 그만둘 수는 없는 것인데, 건강 상태가 좋다면 적당한 성생활은 좋은 점이 있는 것이다. 과학적으로 말한다면, 적당한 성생활은 인체에 배설 작용을 조절하여 심신을 조화롭고 즐겁게 하여 건강을 촉진할 수 있다. 그러나 성생활이 과도하면, 동하더라도 배설하지 않아도 체력의 소모를 분명히 쉽게 느낄 수 있을 것이므로, 소위 《채기採氣》설은 그 이론 역시 자체 모순된 것이다. 손씨는 "오래 한 여자와 교합하면 여자의 음기가 남자의 양기를 눌러 양기가 손상된다"고 했는데, 손상된다면 어떻게 앞으로 계속 교합할 수 있겠는가? 따라서 이러한 '여자와의 교합은 많을수록 좋다' 는 이론은 완전히 허황한 것으로, 고대 사회제도하의 산물이다. 이러한 그릇된 이론은 또한 손사막 등 방중양생가들 한 학파의 견해를 대표할 수 있으며, 그것은 또 계속 많은 의학가들과 양생가들의 비판과 반대를 받아왔다.

十·玉房秘訣

失名氏 著

《옥방비결玉房秘訣》이란 책은 《수서隋書·경적지經籍志》의 자부子部 의가류醫家類에 처음 보이는데, 저술 수록된 것이 10권이고 또 다시 8권이 나왔으나, 편찬자는 밝히지 않았다. 《구당서舊唐書·경적지》에는 《방비녹결房秘錄訣》8권이 운충화자雲沖和子 편찬이라고 하였다. 《신당서·예문지》에는 《충화자옥방비결》10권, 운장정雲張鼎(당대의 의약가, 충화자는 그의 호) 편찬으로 되어 있다. 그러나 이 몇 가지 책이 국내에서는 전해진 것을 볼 수 없고, 다만 일본인 凡波康賴의 《의심방醫心方》 권28에 《옥방비결》《옥방지요玉房指要》라는 책명과 '충화자왈' 이라는 말이 자주 나오는 것을 보면, 《충화자옥방비결》을 인용한 것 같다. 그러나 이 책의 원본은 8권인데 《의심방》에 수록된 것은 열에 하나를 넘지 않는다. 또 《옥방지요》란 겨우 몇 조목밖에 없는데 《옥방비결》과 같은 책을 두 가지 이름으로 부른 것이거나, 그 요지를 뽑아 따로 한 것 같기도 하다. 지금 이 두 책을 《의심방》의 대본으로 하여 섭씨의 《쌍매경암총서》를 참고하고 고증하여 인쇄하였다. 책에서 서술된 방중제질除疾법, 방실금기, 방약 등의 내용은 일정한 가치가 있으나, 쓸모없는 군더더기도 적지 않으니 독자들이 분석하여 취하거나 버리기 바란다.

[10-1] 沖和子曰: 夫一陰一陽之謂道, 構精化生之爲用, 其理遠乎? 故帝軒之問素女, 彭鏗之酬殷王, 良有旨哉.

沖和子曰: 養陽之家, 不可令女人竊窺此術, 非但陽無益, 乃至損病, 所謂利器假人, 則攘袂莫擬也.

彭祖曰: 夫男子欲得大益者, 得不知道之女爲善, 又當御童女, 顏色亦當如童女, 女苦但不少年耳. 若得十四五以上, 十八九以下, 還甚益佳也. 然高不過三十, 雖未三十而已產者, 爲之不能益也. 吾先師相傳此道者, 得三千歲. 兼藥者可得仙.

欲行陰陽取氣養生之道, 不可以一女爲之, 得三若九若十一, 多多益善. 采取其精液, 上鴻泉還精, 肌膚悅澤, 身輕目明, 氣力强盛, 能服衆敵, 老人如卄時, 若年少, 勢力百倍.

御女欲一動輒易女. 易女可長生. 若故還御一女者, 女陰氣轉微, 爲益亦少也.

青牛道士曰: 數數易女則益多, 一夕易十人以上尤佳. 常御一女, 女精氣轉弱, 不能大益人, 亦使女瘦瘠也.

沖和子曰: 非徒陽可養也, 陰亦宜然. 西王母是養陰得道之者也, 一與男交, 而男立損病, 女顏色光澤, 不著脂粉, 常食乳酪而彈五弦, 所以和心系意, 使無他欲.

王母無夫, 好與童男交, 是以不可爲世教. 何必王母然哉?

【수酬】대답.
【양몌막의야攘袂莫擬也】攘袂는 팔을 걷는다는 뜻으로, 분발함을 형용한다. 莫擬는 아무것으로도 비길 수 없다는 뜻이다. 이 구절의 뜻은 만일 방중술을 여자가 파악하면 그 해로움은 비길 데가 없다는 것이다.
【약若】만일.

【청우도사青牛道士】 후한의 방사로 이름은 封衡이고 자는 君達이다. 《漢武帝內傳》에 말하기를, 봉군달이 처음에는 黃連을 50여 년 먹었고, 鳥擧山에 들어가서는 수은을 1백여 년 먹었다. 고향에 돌아올 때 20여 세 같았다. 늘 푸른 소를 타고 다녔으므로, 청우도사青牛道士라고 했다.

충화자는 이렇게 말했다. "한 번 음하면 한 번은 양하는 것을 도라 하고, 남녀가 교합하여 생육하는 것을 용用이라고 하니, 그 중의 이치가 심오하지 않은가?" 옛날 황제가 소녀에게 음양교합의 도를 물었고, 팽조도 은왕의 같은 질문에 대답하였다. 이에 미루어 볼 때, 그 중에는 확실히 심오한 이치가 있는 것이다.

방중 양양養陽가는 여자가 방중술을 파악하게 해서는 안 된다. 만일 여자가 알게 되면 남자가 보양의 이로움을 얻지 못할 뿐만 아니라, 도리어 상하거나 병들게 된다. 예리한 무기가 타인의 손에 든 것과 같이 그 해로움이 비길 데 없다.

팽조는 이렇게 말했다. 남자가 만약 보익을 크게 얻으려면 방중술을 모르는 여자와 교합하는 것이 좋다. 그리고 동녀와 교합하거나 용모가 동녀 같은 여자와 교합해야 한다. 여자와 교합함에 있어 나이가 많은 사람은 꺼려야 한다. 만일 열너댓 살 이상에서 열아홉 살 이하면 가장 좋다. 그러나 여자의 나이 서른 미만이면 교합하여 효과를 볼 수 있다. 하지만 나이는 서른 미만이라도 이미 생육하였으면 효과를 보지 못한다. 나의 선사先師께서 이 도를 전해 주셨는데, 그는 3천 년을 살았다. 만약 이렇게 하는 한편 보약까지 겸하여 쓰면 신선이 될 수 있다.

만일 교합을 하여 보기 양생을 하려면 한 여자하고 교합할 것이 아니라, 셋이나 아홉 또는 열하나를 골라야 하며, 많을수록 좋다. 여자의 정액을 홍천鴻泉에서 받아 환정전골還精塡骨하면 피부가 곱고 윤택하며 몸이 가볍고 두 눈이 밝으며 기력이 강성하여 성교할 때 많은 여자의 성욕을 만족시킬 수 있다. 이런 사람은 늙어서도 20세 때와 같아서 성능력이 백배로 강하다. 여자와 교합할 때 정기가 동하면 여자를 바꿔서 교합해야 장수할 수 있다. 만약 늘 한 여자와 교합하면 여자의 음기가 약해져서 이로움이 적어진다.

청우도사는 말했다. 여자를 자주 바꿔서 교합하면 보익이 많고, 하루 밤에 열 명 이상의 여자와 교합하면 제일 좋다. 언제나 한 여자하고 교합하면 여자의 음정이 약해져 남자에게 무익할 뿐만 아니라 여자도 음이 부족하여 허약해진다. 충화자는 말했다. 양陽을 보하고 기를 수 있을 뿐만 아니라 음도 보하고 기를 수 있다.

서왕모西王母가 바로 양음득도養陰得道한 사람이다. 그가 남자와 교합하면 남자는 해를 입고 병을 얻으나, 그는 안색이 고와지고 윤기가 나서 화장할 필요가 없었다. 서왕모는 또 늘 유락乳酪을 마시고 비파와 거문고를 타서 심지心志가 조화되어 다른 잡념이 없었다. 서왕모는 남편이 없었고 동남童男과 교합하기 좋아했으므로 그의 행위는 사람들에게 본보기가 될 것이 없었다. 하필이면 서왕모의 본을 배울 것이 무엇이랴?

[10-2] 與男交, 當安心定意, 有如男子之未成, 須氣至, 乃小收情志, 與之相應, 皆勿振搖踊躍, 使陰精先竭也. 陰精先竭, 其處空虛, 以受風寒之疾. 或聞男子與他人交接, 嫉妬煩悶, 陰氣鼓動, 坐起悁恚, 精液獨出, 憔悴暴老, 皆此也, 將宜抑愼之.

若知養陰之道, 使二氣和合, 則化爲男子. 若不爲子, 則轉成精液, 流入百脈, 以陽養陰, 百病消除, 顔色悅澤, 肌好, 延年不老, 常如少童. 審得其道, 常與男子交, 可以絶谷九日而不知飢也. 有病與鬼交者, 尙可不食而瘠瘦, 況與人交乎?

年卄常二日一施; 卅, 三日一施; 卌, 四日一施; 五十, 五日一施; 年過六十以去, 勿復施瀉.

【수기지須氣至】 남자의 정기가 오기를 기다리다.
【연에悁恚】 분노. 여자가 남편이 다른 여자와 교합한다는 말을 듣고 생기는 태도이니, 속된 말로 질투라고 한다.

여자가 남자와 교합할 때는 마음을 가라앉혀 비록 음경이 발기하였더라고 발기하지 않은 것과 같이 남자의 정기가 올 때까지 기다려야 한다. 그러므로 자기의 정욕을 다소 눌러 남자에게 적응해야 한다. 절대로 먼저 발동되어 음정이 먼저 진하면 음부가 속이 비어 풍한지질風寒之疾에 걸리기 쉽다. 혹은 남자가 다른 여자와 사통한다는 말을 듣고 분노하여 질투하면 음기가 상승하여 음정이 저절로 흐르고 마음이 초조하여 빨리 늙는다. 이런 상황은 모두 질투에서 오는 것이니, 삼가서 자신의 감정을 억제해야 한다.

만일 양음지도를 알아 음양 두 기를 화합시키면 반드시 아들을 낳으며, 낳지 않으려면 채집한 남자의 양기로 음정을 만들어 전신의 모든 맥락에 주입한다. 양으로 음을 기르면 백병을 없애고 안색이 아름다워지고 피부가 부드럽고 장수불로하여 동녀와 같게 된다. 양으로 음을 돕는 법을 알고 늘 남자와 교합하면, 9일을 먹지 않아도 배가 고프지 않다. 귀교의 병에 걸린 사람도 먹지 않고 마시지 않으면 야윌 뿐인데, 하물며 사람과 교합함에 있어서는 말할 것도 없다.

나이 20세인 때는 2일에 한 번 사정할 수 있고, 30인 때는 3일에 한 번, 40인 때는 4일에 한 번, 50일 때는 5일에 한 번 사정할 수 있으며, 60이 넘으면 더 이상 사정하지 말아야 한다.

1688년경 元代 本版畫册《花營錦陣》

[10-3] 沖和子曰: 夫极情逞欲, 必有損傷之病, 斯乃交驗之著明者也. 旣以斯病, 亦以斯愈, <u>解醒以酒</u>, 足爲喻也.

交接取敵人着腹上者, 從下擧腰應之. 則苦腰痛, 少腹里急, 兩脚拘, 背曲. 治之法: 覆体正身, 徐戲, 愈.

交接開目, 相見形体. 夜燃火視圖書, 卽病目瞑靑盲. 治之法: 夜閉目而交, 愈.

交接側身，旁向敵，手擧敵尻，病脇痛．治之法：正臥徐戲，愈．

交接低頭延頸，則病頭重項强．治之法：以頭置敵人額上不低之，愈．

交接侵飽，謂夜半飯氣未消而以戲，即病創胸，氣滿，脇下如拔，胸中苦裂，不欲飲食，心下結塞，時嘔吐青黃，胃氣實，結脈．若衄吐血，若脇下堅痛，面生惡瘡．治之法過夜半向晨交，愈．

交接侵酒，謂醉而后交接，戲，用力深極，即病黃疸，里癉，脇下痛，有氣接接動手下，脾里若囊盛水撒臍上，引肩膊．甚者，胸背痛，頦吐血，上氣．治之法：勿復乘酒熱，向晨交接，戲徐緩体，愈．

當溺不溺以交接，則病淋，少腹氣急，小便難，莖中疼痛，常欲手撮持，須臾乃欲出．治之法：先小便，還臥，自定，半飯久，頃乃徐交接，愈．

當大便不大便而交接，即病痔，大便難至，清移日月，下膿血，孔旁生瘡如蜂穴狀，清上傾倚，便不時出，疼痛癰腫，臥不得息，以道治之．法用：鷄鳴際先起，更衣還臥，自定，徐相戲弄，完体緩意，令滑澤而退，病愈神良，并愈婦病．

交接過度，汗如珠子．屈伸轉側，風生被里，精虛氣竭，風邪入体，則病緩弱爲跂蹇，手不上頭．治之法：爰養精神，服地黃煎．

巫子都曰：令人目明之道，臨動欲施時，閉氣大呼，嗔目左右視，縮腹，還精氣令入百脈中也．

令人不聾之法：臨欲施瀉，大咽氣，合齒閉氣，令耳中蕭蕭聲，復縮腹合氣，流布至堅，至老不聾．

調五臟消食療百病之道：臨施張腹，以意內氣，縮后，精散而還歸百脈也．九淺一深至琴弦，麥齒之間，正氣還，邪氣散去．

令人腰背不痛之法：當壁伸腰，勿甚低昂，平腰背所，却行，常令流欲補虛，養体治病．欲寫勿瀉．還流流中，流中通熱．

夫陰陽之道，精液爲珍．卽能爰之，性命可保．凡施瀉之后，當取女氣以自補．復建九者，內息九也；厭一者，以左手殺陰下，還精復液也．取氣者，九淺一深也．以口當敵口，氣呼以口吸，微引二無咽之．致氣以意下也，至腹，所以助陰爲陰力．如此三反，復淺之，九淺一深，九九八十一，陽數滿矣．玉莖堅出之，弱內之，此爲弱入強出．陰陽之和，在于琴弦麥齒之間，陽困昆石之下，陰困麥齒之間，淺則得氣，遠則氣散．一至谷實傷肝，見風淚出，溺有余瀝．至臭鼠傷肺，欬逆，腰背痛．至昆石傷脾，腹滿，腥臭，時時下利，兩股疼，百病生于昆石，故傷．交接合時，不欲及遠也．

黃帝曰：犯此禁，療方奈何？

子都曰：當以女復療之也．其法：今女正臥，兩股相去九寸，男往從之，先飲玉漿，久久乃弄鴻泉，乃徐內玉莖，以手節之，則裁至琴弦麥齒之間，敵人淫欲心煩，常自堅持，勿施瀉之．度號息，令堅強，乃徐內之，令至昆石，當極洪大，大則出之．少息劣弱，復內之，常令弱入強出，不過十日，堅如鐵，熱如火，百戰不殆也．

【해성이주解醒以酒】해성이란 술이 깬 후 앓는 사람처럼 정신이 맑지 않은 느낌이다. 이 구절은 술은 술로 깨게 한다는 뜻으로, 성교 때문에 생긴 병은 성교로 고친다는 비유이다.
【침포侵飽】과식.
【뉵衄】코피.
【이단里癉】안색이 누래지고, 심하면 전신이 검어지는 병.
【접접接接】연속.

【닉溺】 오줌.

【청이일월淸移日月】 조용히 시간의 흐름에 따라.

【청상경의淸上傾倚】 淸은 《詩·風》에 《子之淸揚》이라고 하였다. 《疏》에, 눈 위 아래를 모두 淸이라고 한다고 했다. 이 구절은 눈이 바르지 않고 기울었다는 뜻이다.

【완체완의完體緩意】 심신을 느긋하게 하다.

【유포지견流布至堅】 堅은 엉킨다는 뜻으로, 바로 정기가 전신에 퍼져 체내에 엉킴을 가리킨다.

【당벽신요當壁伸腰】 허리를 곧게 해야 한다. 壁은 여기서 곧다는 뜻으로 이해된다.

【평요배소平腰背所】 허리·등을 곧게 한다.

【거행却行】 倒行이다. 기공수련법의 일종이다.

【환유유중還流流中】 정기가 굽어 흘러 체내에 흘러든다.

【복건구자復建九者 내식구야內息九也】 復建은 恢復建立으로, 여기서는 補益의 뜻이다. 九는 괘효 중의 양수이므로 양정, 즉 남자의 정기를 가리킨다. 두번째의 《九》자는 아홉 번의 뜻이다. 이 구절의 뜻은 양정을 보하는 방법은 아홉 번 납기納氣하는 것이라는 뜻이다.

【염일자厭一者 이좌수살음하이左手殺陰下】 사정하지 않도록 누르는 방법은, 왼손으로 음낭을 누르는 것이다.

【이무二無】 無는 炁(氣)의 오자인 듯하다. 여기서는 남녀 2인의 입안의 김일 것이다.

【치기이의하致氣以意下】 생각으로 기를 이끌어 아래로 가게 한다.

【조음위음력助陰爲陰力】 음기로 음경의 힘을 강해지게 돕는다.

【하리下利】 즉 下痢, 설사이다.

【홍천鴻泉】 즉 金溝, 여자의 음도 입구이다.

충화자는 말했다. 정욕에 방탕하면 반드시 손상으로 인한 병이 생긴다. 이것은 실제로 증명되는 가장 뚜렷한 일이다. 교합하여 병이 생긴 것이니, 교합하여 고쳐야 한다. 이른바 '술로 술을 깨운다'고 하는데, 이 비유가 이에 해당되는 것이다.

교접할 때 여자가 배 위에 엎드리고 남자가 허리를 들어 행사하게 되면, 허리병·아랫배앓이·두 다리가 굽어들고 등이 굽는 등 질병에 걸리기 쉽다. 치료하는 법은, 교합할 때 자세를 고치고 바로 엎드려 서서히 희롱하면 낫는다.

　교접할 때 눈을 뜨고 여자의 형체를 보는 것은 밤에 등불을 켜고 책을 보는 것과 같아서, 눈을 뜨고도 보지 못하는 병에 걸리기 쉽다. 치료하는 방법은, 밤에 눈을 감고 교합하면 낫는다.

　교합할 때 여자와 마주 누워 손으로 여자의 엉덩이를 안고 교합하면 협통痛脇(가슴 양쪽의 통증)에 걸리기 쉽다. 치료하는 방법은, 바로 누워 천천히 교합하면 낫는다.

　교접할 때 머리를 숙이고 목을 늘이면, 머리가 무겁고 목이 굳는 증세가 생기기 쉽다. 치료하는 방법은, 머리를 여자의 머리 위에 두고, 머리를 굽히지 않으면 병이 낫는다.

　교접하기 전 과식하여 밤중이 되어도 먹은 것이 소화되지 않았을 때 교접하면 가슴에 탈이 나고 뿌듯하며, 가슴과 옆구리가 째는 듯 쑤시고 아프며, 식욕이 없고, 가슴이 막히고, 이따금 누런 물을 토하고, 위기胃氣가 차고, 맥상脈象은 결맥結脈이며, 코와 입에서 피가 나고, 옆구리가 아프고, 얼굴에 악창惡瘡이 난다. 치료하는 방법은, 밤중이 지나 새벽 전에 교합하면 낫는다.

　술먹고 교접하는 것: 술에 취하여 교합하여 너무 힘을 쓰면 황달에 걸리고 낯빛이 누르고 전신이 검어지고 옆구리가 아프며 기가 계속 움직이고 비장에 물이 찬 것처럼 배꼽 쪽으로 밀리며 어깨가 불편하다. 엄중하면 가슴과 등이 아프고 혈담血痰이 나오고 숨이 찬다. 치료하는 방법은, 더 이상 술김에 교합해서는 안 되며, 교합할 때는 새벽에 천천히 희롱해야 한다.

　소변을 참고 교합하면, 임병에 걸리기 쉽고 아랫배 속이 급하며 소변이 힘들고 음경이 아픈데, 흔히 손으로 대고 있어야 아픔이 덜한 것 같고 자주 오줌이 마렵다. 고치는 방법은, 먼저 소변을 보고 조용히 누워 한참 쉬다가 천천히 교접한다. 대변을 참고 교접하면 치질과 변비에 걸리기 쉽고 그것이 오래면 대변에 농혈膿血이 섞이고 항문 주위에 벌집처럼 창이 생기며 눈이 비뚤어지고 대변이 무시로 나오며 몸이 붓고 아파서 편한 때가 없다. 교접지도로 치료한다. 방법은, 닭이 울 때 일어났다가 다시 옷을 바꿔입고 누워서 혼자 마음을 안정시킨 다음 여자와 천천히 희롱하며 자기 몸과 마음을 푹 늦추고 여자의 음도가 윤활해질 때 즉시 물러난다. 병이 낫고 정신이 맑아지며, 여자의 병도 고쳐진다.

교접이 과도하면 땀이 방울져 흐른다. 들썩일 때마다 이불 속에 바람이 일며 바로 정이 허하고 기가 갈한 때이므로, 풍사風邪가 체내에 침입하여 점차 병이 되고 두 발이 절름거리고 불편하며 두 손이 머리 위로 올라가지 않는다. 치료법은, 정신을 가꾸고 지황전제地黃煎劑를 복용한다.

무자도巫子都는 말했다. 사람의 눈을 밝게 하는 방법은, 정기가 동하고 사정을 하려 할 때 숨을 죽이고 크게 내쉬며 눈을 뜨고 좌우를 보며, 다시 배를 끌면서 숨을 들이쉬어 호흡을 배합시킨다. 이렇게 하면 정기가 다시 되돌아 백맥 중에 흘러든다.

사람의 귀가 먹지 않는 방법은, 사정을 하려고 할 때 크게 숨을 삼키고 이를 맞물고 숨을 죽여 귀 속에서 쉬쉬 소리가 날 때 다시 배를 끌면서 숨을 쉬면 정기가 사지에 퍼져 체내에 엉킨다. 이렇게 하면 늙도록 귀가 밝다.

오장을 조절하고 쌓인 음식을 소화하며 백병을 치료하는 방법은, 사정을 하려고 할 때 배에 숨을 죽이고 생각으로 배에 몰아넣으며, 항문을 수축시킨다. 이렇게 하면 흩어졌던 정기가 다시 돌아와 체내의 백맥에 흐른다. 그런 후에 음경을 꽂아 아홉 번은 얕게 한 번은 깊게 하는 방법으로 금현과 맥치 사이까지 찌른다. 이렇게 해야 정기가 다시 모이고 사기가 흩어진다.

　사람의 허리, 등이 아프지 않게 하는 방법은, 허리를 펴고 앞으로 수그리지 않고 허리와 등이 직선이 되도록 한 후 거꾸로 간다. 이렇게 하면 흔히 정기가 되흘러 허한 것을 보하고 몸을 기르고 병을 치료한다. 만약 사정을 하게 되었을 때 사정을 하지 않고 정기를 체내에 되돌리면 옥경이 꿋꿋하고 더워진다.

　남녀 교접에서는 정액이 가장 진귀하다. 만일 정액을 아끼면 생명을 보호하게 된다. 사정을 하였을 때는 여자의 음기를 빨아들여 자신을 보해야 한다. 보하는 방법은, 아홉 번 납기納氣하는 것이다. 정을 지키고 사정하지 않으려면, 왼손으로 음낭을 눌러 정기를 정액에 돌린다. 음기를 흡수하는 방법은, 구천일심법을 행하는 것이다. 입을 여자의 입 위에 맞대고, 여자가 내쉬면 남자가 들이쉬면서 두 사람의 숨을 빨아들이는 것이다. 음기를 흡수할 때는 생각으로 그것을 인도하여 복부에 이르게 하고, 음기로 음경을 도와 힘을 증강해 준다. 이렇게 세 번 거듭하고 다시 옅게 찔러 구천일심법을 9 9 81차 행하면 양수가 찬다. 음경이 꿋꿋하면 빼고 약해지면 꽂는 것이 소위 약입강출이다. 남녀가 교합할 때 음경을 금현과 맥치 사이에 밀어넣는 것이 좋은데, 이렇게 하면 양정이 곤석昆石 아래 음정이 맥치 사이에 있어, 얕게 꽂으면 기를 얻고 깊으면 기가 흩어진다. 만약 곡실까지 깊이 들어가면 간기가 상하고, 바람이 불면 눈물이 나며 오줌을 찔끔찔끔 싼다. 만일 깊이가 취서臭鼠까지 들어가면, 폐를 상하게 하여 기침과 구역질이 나고, 등과 허리가 아프다. 만일 곤석까지 들어가면 비장이 상하여 배가 붓고 대변이 비리며, 때로는 설사를 하고 두 다리가 아프다. 모든 병이 음경을 곤석까지 깊이 꽂는 데서 생기니, 교합할 때 깊이 꽂지 않도록 해야 한다.

　황제가 물었다. "만일 이런 금기를 위반하면 병이 생겼을 때는 어떻게 치료해야 하는가?"

자도가 말했다. "여자에 의해 치료해야 합니다. 방법은, 여자를 반듯이 눕히고 두 다리를 아홉 치 벌리게 합니다. 남자가 그 위에 엎드려 먼저 여자 혀밑의 침을 받아먹고, 여러 번 계속 홍천을 어루만지다가 음경을 천천히 꽂아 넣되 손으로 음경을 달래어 금현·맥치 사이에 넣습니다. 그러면 여자의 음욕이 충동되어 안달합니다. 이때 남자는 절대 사정을 하지 말아야 합니다. 한 서른 번 호흡할 만한 시간이 되면 음경이 꿋꿋해집니다. 이때 다시 곤석까지 꽂으면 음경이 아주 굵어지는데, 그때 빼야 합니다. 좀 쉬었다 음경이 약간 느긋해지면 또 꽂습니다. 항상 이렇게 약입강출하면 열흘 미만에 음경이 무쇠같이 굳고 불같이 뜨거워 백전백승하게 됩니다."

[10-4] 七忌

第一之忌, 晦朔弦望以合陰陽, 損氣, 以是生子, 必刑殘, 宜深愼之.

第二之忌, 雷風, 天地感動以合陰陽, 血脈涌, 以是生子, 必痛腫.

第三之忌, 新飮酒, 飽食, 谷氣未行以合陰陽, 腹中彭亨, 小便白濁, 以是生子, 子必顚狂.

第四之忌, 新小便, 精氣竭以合陰陽, 經脈得澁, 以是生子, 必妖孼.

第五之忌, 勞倦重担, 志氣未安以合陰陽, 筋腰苦痛, 以是生子, 必夭殘.

第六之忌, 新沐浴, 發膚未燥以合陰陽, 令人短氣, 以是生子, 子必不全.

第七之忌, 兵堅盛怒, 莖脈痛, 當合不合, 內傷有病, 如此爲七傷.

人生喑聾者, 是腊月暮之子. 腊暮百鬼聚會, 終夜不息. 君子齋戒, 小人私合陰陽, 其子必喑聾.

人生傷死者, 名曰火子. 燃燭未滅而合陰陽, 有子必傷, 死市中.

人生顛狂, 是雷電之子. 四月, 五月, 大雨霹靂, 君子齋戒, 小人私合陰陽, 生子必顛狂.

人生爲虎狼所食者, 重服之子. 孝子戴麻不食肉, 君子羸頓, 小人私合陰陽, 有子必爲虎狼所食.

人生溺死者, 父母過胞藏于銅器中, 覆以銅器理于陰坦下, 入地七尺, 名曰童子里溺死水中.

大風之子多病, 雷電之子顛狂, 大醉之子必痴狂, 勞倦之子必夭傷, 月經之子兵亡, 黃昏之子多變, 人定之子不喑則聾, 日入之子口舌不祥, 日中之子顛病, 哺時之子自毀傷.

凡服葯虛劣及諸病未平復, 合陰陽幷損人.

月煞不可合陰陽, 凶, 建破執定日及血忌日不可合陰陽, 損人.

沖和子曰:《易》會: "天垂象見吉凶, 聖人象之."《禮》會: "雷將發聲, 生子不戒, 必有凶災." 斯聖人作誡, 不可不深慎者也. 若夫天變見于上, 地災作于下, 人居其間, 安得不畏而敬之? 陰陽之合, 尤是敬畏之大忌者也.

【형잔刑殘】 살육당하여 병신이 됨.
【팽형彭亨】 부어오름.
【득삽得澁】 막혀 통하지 않음.
【부전不全】 不健全.
【중복重服】 부모상을 당함.

【과포過胞】 어린애가 낳아 벗은 태.
【음탄陰坦】 담장의 그늘진 곳.
【인정人定】 고대의 시간을 재는 방법의 하나로, 亥時와 같다. 즉 밤 9-11시. 이때 사람들이 잠들었다고 人定이라고 한다.
【포시晡時】 즉 오후 3-5시.
【월살月煞】 즉 月朔. 매달 초하루.
【건파집정일建破執定日】 術數家는 建으로 12辰을 除하여 일월의 길흉을 정한다. 《회남자·天文訓》에는 "寅이 建, 卯가 除, 辰이 滿, 巳가 平으로 主生하고, 午가 定, 未가 執으로 主陷하며, 申이 破로 主衡하고, 酉가 紋로 主杓하며, 戌이 成으로 主少德하고, 亥가 收로 主大德하며, 子가 開로 主太歲하고, 丑이 閉로 主太陰한다"고 하였다.

일곱 가지 금기

첫째 피해야 할 일: 그믐·초하루·상하현·보름에 교합하면 신기神氣를 손상시킨다. 이때 잉태하여 낳은 자식은 반드시 살육당하여 불구자가 될 것이니, 특히 삼가야 한다.

둘째 피해야 할 일: 우레가 치고 바람이 불며 천감지동天感地動할 때 교합하면, 이때는 사람의 혈맥이 용솟음칠 때라 잉태하여 낳은 자식은 반드시 옹종을 앓게 된다.

셋째 피해야 할 일: 방금 술을 마시고 밥을 먹어 수곡水穀의 기가 아직 소화되기 전에 교합하면 배가 붓고 오줌이 부옇게 흐려진다. 이때 자식을 나면 반드시 미친다.

넷째 피해야 할 일: 방금 소변을 보아 정기가 유실되었을 때 교합하면 경맥이 막혀 통하지 않는다. 이때 자식이 생기면 반드시 요사스럽다.

다섯째 피해야 할 일: 지나치게 피로하여 마음이 가라앉기 전에 교합하면 허리의 근골이 아프다. 이때 잉태하면 자식이 요절하거나 불구가 된다.

여섯째 피해야 할 일: 방금 목욕하고 머리와 피부가 마르기 전에 교합하면 숨이 가쁘다. 이때 수태하여 난 자식은 건전하지 못하다.

일곱째 피해야 할 일: 성욕이 강렬하고 음경이 굳고 아프며 교합해야 할 것을 하지 않으면 내상이 생겨 병에 걸린다.

위에 열거한 것이 칠상七傷이다.

낳은 자식이 귀가 멀고 벙어리인 것은 틀림없이 섣달 그믐에 수태한 것이다. 섣달 그믐은 온갖 귀신이 모여 밤새 장난하므로, 군자는 이때 목욕재계하나 소인은 몰래 교합하므로 낳은 자식이 농아가 된다.

낳은 자식이 죽거나 상한 것을 '화자火子'라고 한다. 이것은 밤에 초를 켜고 교합하여 잉태한 것으로, 낳은 후 불구가 되거나 많은 사람들 앞에서 죽는다.

낳은 자식이 미치는 것은, 번개가 크게 칠 때 잉태한 것이다. 4월, 5월 큰비가 퍼붓고 뇌성이 크게 일 때 군자는 목욕재계하지만, 소인은 이런 때 교합하므로 낳은 자식이 꼭 미친다.

낳은 자식이 호랑이에게 먹히는 것은, 부모상을 당하여 잉태한 자식이다. 효자는 삼베 상복을 입고 고기를 먹지 않는다. 군자는 비애 때문에 몸이 수척하고 정신이 피곤하나, 소인은 이런 때에도 남몰래 교합하므로 낳은 자식을 호랑이가 물어간다.

낳은 자식이 물에 빠져 죽는 것은, 부모가 갓난애의 태의를 놋그릇에 담아 응달진 담밑 일곱자 깊이로 묻었기 때문이다. 이렇게 하면 동자가 물에 빠져 죽는다.

바람이 크게 불 때 잉태한 자식은 병이 많고, 번개가 칠 때 잉태한 자식은 미치고, 대취한 후 교합하여 잉태한 자식은 바보가 되고, 피로할 때 잉태하여 낳은 자식은 요절하거나 상하기 쉬우며, 월경할 때 낳은 자식은 요절하거나 무기에 맞아 죽는다. 황혼에 잉태한 자녀는 그 운명이 변화무쌍하고, 남들이 잠자는 밤에 잉태한 자식은 귀가 먹거나 벙어리가 된다. 해가 산을 넘어갈 때 잉태한 자식은 말로 인한 재화를 입고, 정오에 잉태한 자식은 제 손으로 몸을 상한다.

약을 먹는 중이나 몸이 허약하고 각종 질병이 완쾌되기 전에 교합하면, 자신도 손상되고 상대방도 손상된다.

매달 초하루에 교합하지 마라. 흉하다. 무릇 인시·신시·미시·오시와 혈기일血忌日에는 교합하지 않는다. 교합하면 몸을 손상한다.

충화자는 말하였다. 《역易》에 언급하기를 "자연의 모든 현상에 길흉이 나타나는데, 성인이 그것을 기록하고 운용하였다"고 하였다. 《예禮》에 언급하기를 "우뢰가 칠 때 삼가지 않아 자식이 생기면 반드시 흉하다"고 했다. 성인들의 이러한 가르침을 각별히 신중하게 대해야 한다. 하늘이 변화를 보이고 땅이 재난을 만들거늘, 그 사이에 사는 사람이 어찌 두려워하지 않을 수 있겠는가? 남녀의 교합에서는 이런 꺼리고 피할 바의 금기들을 더욱 신중하게 대해야 한다.

[10-5] 彭祖曰: 求子之法, 當蓄養精氣, 勿數施捨, 以婦人月事斷絶潔淨三五日而交, 有子則男, 聰明才智, 老壽高貴, 生女淸賢配貴人.

當向晨之際以御陰陽, 利身便軀, 精光益張, 生子富貴長命.

男子滿百歲, 生子多不壽. 八十男可御十五, 十八女, 則生子不犯禁忌, 皆壽老. 女子五十得少夫亦有子.

婦人懷子未滿三月, 以戊子取男子冠纓燒之以取灰, 以酒盡服之, 生子富貴明達. 秘之秘之!

婦人無子, 令婦人左手持小豆二七枚, 右手扶亂男子陰頭內女陰中, 左手內豆著口中. 女自男陰同入. 聞男陰精下, 女仍當咽豆. 有效, 萬全不失一也. 女人自聞知男人精出, 不得失候.

陽精多則生男, 陰精多則生女. 陽精爲骨, 陰精爲肉.

【정광익장精光益張】 정기가 더욱 넘치고 강성하다.
【여자남음동입女自男陰同入】 여자가 팥을 먹는 것과 남자의 음경이 음도로 들어가는 것과 동시에 진행됨을 말한다.

팽조가 말했다. 자식을 보려면 정기를 축적하여 기르고, 자주 사정을 하지 말아야 한다. 여자의 월경이 깨끗해진 후, 3·5일에 교합하여 수태하면 반드시 남자아이이고, 총명하며 재주가 있고 장수하며 고귀하다. 만약 여자아이를 낳으면 틀림없이 청수淸秀하고 어질고 지혜로워 귀인의 배필이 된다.

새벽에 교합하면 신체가 건강하고 정기가 넘치고 강성하며, 자식을 낳으면 부귀 장수한다.

　남자가 백세에 자식을 낳으면 그 자식은 명이 길 수 없다. 80세의 남자가 15,18세의 여자와 교합할 수 있으면 낳은 자식은 이런 금기를 범하지 않았으니, 역시 장수할 수 있다. 여자가 50세에 소년 남자와 교합하면 역시 생육할 수 있다.

　부인이 잉태하여 석 달이 차기 전에 무자시戊子時에 남자 모자의 띠를 태워 그 재를 술에 섞어 마시면, 낳은 자식이 반드시 부귀하고 현달한다. 비밀로, 비밀로 하자.

　부인에게 자식이 없을 경우, 왼손에 팥 27알을 쥐고 오른손으로 남자의 음경을 쥐어 음도에 꽂아 넣으면서 동시에 팥을 자기 입에 넣는다. 남자가 사정할 때 여자가 팥을 넘긴다. 이 방方은 효험이 있고, 백발백중이다. 하지만 여자가 남자의 사정하는 때를 놓치지 않도록 주의해야 한다.

　남자의 양정이 충분하면 사내아이를 낳고, 여자의 음정이 족하면 계집아이를 낳는다. 양정은 뼈를 튼튼하게 하고, 음정은 살을 튼튼하게 한다.

[10-6] 沖和子曰: 婉娩淑愼, 婦人之性, 美矣. 夫能濃纖得宜, 修短合度非徒取悅心目, 抑乃尤益壽延年.

　欲御女, 須取少年未生乳, 多肌肉, 絲髮小眼, 眼精白黑分明者, 面体濡滑, 言語音聲和調; 而下者, 其四支百節之骨皆欲令沒肉多而骨不大者; 其陰及腋下不欲令有毛, 有毛當令細滑也.

　若惡女之相, 蓬頭齇面, 槌項結喉, 麥齒雄聲, 大口高鼻, 目精渾濁, 口及頷有高毛似鬚髮者, 骨節高大, 黃髮, 少肉, 陰毛大而且强, 文多逆生, 與之交會皆賊損人.

女子肌膚粗不御, 身体癰瘦不御, 常從高就下不御, 男聲氣高不御, 脛股生毛不御, 嫉妒不御, 陰泠不御, 不快善不御, 食過飽不御, 年過卌不御, 心腹不調不御, 逆毛不御, 身体常冷不御, 骨强健不御, 卷發結喉不御, 腋偏臭不御, 生淫水不御.

治男子陰痿不起, 起而不强, 就事如無情, 此陽氣少, 腎源微也. 方用:

縱容 五味(各二分) 蛇床子 菟絲子 枳實(各四分)

右五物搗篩, 酒服方寸匕, 日三. 蜀郡府君年七十以上復有子.

又方: 雄蛾未連者, 干之, 三分. 細辛, 蛇床子三分, 搗篩, 雀卵和如梧子, 臨交接服一枚, 若强不止, 以水洗之.

欲令男子陰大方: 蜀椒 細辛 肉縱容 凡三味, 分等, 治, 下篩, 以內狗膽中, 懸所居上卅日, 以磨陰, 長一寸.

治婦人初交傷痛, 積日不歇方:

甘草(二分) 芍藥(二分) 生姜(三分) 桂(十分, 一作桂心一分) 水(三升, 或作一升) 煮三沸一服.

女人傷于夫陰陽過, 患陰鐘疼痛方:

桑根白皮(切半升), 干姜(一兩), 桂心(一兩), 棗(甘枚)

以酒一斗, 煮三沸, 服一升. 勿令汗出當風. 亦可用水煮.

【완만숙신婉娩淑慎】여자의 용모가 아름답고 성품이 온순하고 현숙함의 형용.
【농섬득의濃纖得宜 수단합도修短合度】여자의 몸매가 살찌지도 여위지도 않고 적당하며, 키가 크지도 작지도 않음을 말한다.
【능면齝面】미운 얼굴과 같다. 얼굴이 추하다는 뜻이다.
【적손賊損】상해·손상.
【종고취하從高就下】여자의 몸이 작아 남자가 아래로 처져야 함을 말한다.
【경고脛股】종아리와 넓적다리.
【취사여무정就事如無情】방사를 앞두고 성욕이 생기지 않음을 말한다.

충화자는 말했다. 용모가 아름답고 성품이 온순하고 현숙한 이것이 좋은 본성이다. 타고난 체형이 크지도 작지도 않고 여위지도 살찌지도 않았으면 보기에 좋을 뿐만 아니라, 그런 여자와 교접하면 연년익수한다.

교접할 때 여자를 고르려면 아직 자식을 낳지 않았고 젖을 먹이지 않은 젊은 여자이고, 살이 많고 머리칼이 가늘고 눈이 작고 눈동자가 맑으며 피부가 부드럽고 목소리가 온화한 사람을 찾고, 다음으로 사지의 골격이 굵지 않고 뼈마디가 잘 놀고 살이 적으며 음부와 겨드랑이에 털이 없거나 있어도 부드러운 여자를 골라야 한다.

만일 부인이 악녀의 상이면, 쑥대머리에 더러운 얼굴이고 목이 길고 울대뼈가 크고 보리쌀 같은 이가 누르고 들쑥날쑥하며 목소리가 거칠고 코가 높고 입이 크고 눈이 흐리고 입가와 아래턱에 털이 나고 뼈마디가 굵고 머리칼이 누르고 살이 적고 음모가 굵고 굳세며 거꾸로 선 경우에 그와 교합하면 손상을 입는다.

여자의 피부가 거칠면 그와 교접하지 말며, 신체가 약하면 교접하지 말며 여자의 키가 작아 남자가 아래로 처져야 할 경우면 교접하지 말며, 남자와 같이 목소리가 높고 거칠면 교접하지 말며, 종아리와 넓적다리에 털이 났으면 교접하지 말며, 질투심이 있는 여자와는 교접하지 말며, 음냉허로陰冷虛勞한 여자와는 교접하지 말며, 기쁨과 쾌감을 느끼지 못하는 여자와 교접하지 말며, 과식한 여자와 교접하지 말며, 마흔이 넘은 여자와 교접하지 말며, 가슴과 배가 불편한 여자와 교접하지 말며, 털이 거꾸로 난 여자와 교접하지 말며, 몸이 찬 여자와 교접하지 말며, 골격이 튼튼한 여자와 교접하지 말며, 고수머리에 울대뼈가 두드러진 여자와 교접하지 말며, 겨드랑이에서 냄새가 나는 여자와 교접하지 말며, 음수가 많은 여자와는 교접하지 말 일이다.

남자의 양위불기陽萎不起와 발기하여도 굳세지 못하고 방사에 임하여 성적 흥분을 모르는 것은, 양기가 부족하고 신기腎氣가 미약한 탓이다. 치료해야 한다. 용법:(역문 생략)

十一·玉房指要

失名氏 著

해제는 《옥방비결》을 보라.

[11-1] 彭祖曰: 交接之道, 無復他奇, 但當從容安徐, 以和爲貴, 玩其丹田, 求其口實, 深按小搖, 以致其氣. 女子感陽, 亦有徵候: 其耳熱如飮醇酒, 其乳暖起握之滿手, 頸項數動, 兩脚振擾, 淫衍窈窕, 乍抱男身. 如此之時, 小縮而淺之, 則陽得氣, 于陰有損. 又五臟之液, 要在于舌, 赤松子所謂玉漿, 可以絶谷. 當交接時多含舌液及唾, 使人胃中豁然, 如服湯藥, 消渴立愈, 逆氣便下, 皮膚悅澤, 姿如處女. 道不遠求, 但俗人不能識耳. 采女曰: 不逆人情, 而可益壽, 不亦樂哉!

道人劉京言: 凡御女之道, 務欲先徐徐嬉戲, 使神和意感, 良久乃可交接. 弱而內之, 堅强急退, 進退之間, 欲令疏遲, 亦久高自投擲, 顚倒五臟, 傷絶絡脉, 致生百病也. 但接而勿施, 能一日一夕數十交而不失精者, 諸病甚愈, 年壽自益.

【음연요조淫衍窈窕】淫衍은 음액이 흐름. 窈窕는 온순하고 친절한 모양.
【적송자赤松子】전설에 나오는 고대 신선. 《열선전》에는 이런 말이 있다. 적송자는 神農 때의 雨師이다. 불에 타지도 않고 물에 빠지지도 않았다. 炎帝의 작은 딸이 그를 따랐다. 둘이 같이 신선이 되었다.
【소갈消渴】병명이다. 《素問·奇病論》에서 나온 말이다. 많이 마시고 많이 먹고 오줌이 많은 증세를 특징으로 하는 병을 두루 이른다. 병이 난 계기와 증상, 발전 단계에 따라 上消, 中消, 下消로 구별된다. 또 口渴을 가리킨다. 《傷寒論·辨太陽病脈證幷治》에서 나왔다.
【부역인정不逆人情】인간의 정욕에 위반되지 않는다.

팽조는 말하였다. 남녀가 교접하는 방법에는 아무런 신기한 것이 없다. 오직 편안하고 조용하며 온화하고 안정된 것이 귀중하다. 단전을 어루만지고 입 속의 진액을 받아먹고 깊이 꽂고 가볍게 흔들면서 진기가 발동되기를 기다린다. 여자가 양기에 감응했을 때도 표현이 있다. 즉 술을 마신 것처럼 귀가 더워지고, 유방이 부풀고, 머리를 반복하여 흔들고, 두 발을 떨며, 음액이 흐르고, 부드러운 정이 맥맥히 흐르고, 남자를 꼭 끌어안는다. 이때 음경을 약간 줄이면서 음도에 얕게 넣는다. 이렇게 하면 남자는 정기를 얻지만, 여자는 약간 손상된다. 그리고 오장의 진액의 정화가 혀에 모여 이룬 것이 바로 적송자가 말한 '옥장'인데, 그것을 먹으면 음식을 먹지 않아도 된다. 그러므로 교접할 때 입속의 침을 받아 넘기면 위 속의 체기가 없어지고, 마치 탕약을 먹은 것처럼 소갈이 즉시 나으며 치밀던 위기胃氣도 쉽게 내려가고, 마치 처녀애들같이 피부가 부드럽고 아름다워진다. 따라서 장생의 방법은 멀리 찾을 것 없이 방실 생활에 있는데, 속인이 그것을 모르고 있다. 바로 채녀가 말하다시피 인간의 정리를 어기지 않고 해가 갈수록 나이를 더하게 되니, 이 얼마나 통쾌한 일인가!

　도인 유경劉京이 말하였다. 여자를 다루는 모든 방법은 다 먼저 천천히 희롱하여 심신이 서로 융합되고 의욕이 서로 통할 때, 한참 후에 교합하는 것이다. 음경이 느른할 때 넣고 굳어지면 빼는데, 넣고 빼는 늦고 빠름이 적당해야 한다. 그리고 위에서 아래로 힘껏 내리박아 오장이 흔들리고 맥락이 상하고 막혀 병이 생기게 해서는 안 된다. 교합만 하고 주는 것이 없으면, 하루 밤낮에 수십 번 해도 정액을 잃지 않고 모든 병이 쉽게 나으며 수명도 연장된다.

[11-2]《仙經》云: 還經補腦之道, 交接精大動欲出, 急以左手中央兩指却抑陰囊后, <u>大孔</u>前, <u>壯事抑之</u>, 長吐氣, 并啄齒數

十過,勿閉氣也.便施其精,精亦不得出,但從玉莖復還,上入腦中也.此法仙人以相授,皆飲血爲盟,不得妄傳,身受其殃.

若欲御女取益,而精大動者,疾仰頭張目,左右上下視,縮下部,閉氣,精自止.勿妄傳人.能一月再施,一歲二十四施精,皆得壽一二百歲.有顏色,無病疹.

治男子欲令健作房室,一夜十余不息方:蛇床 遠志 續斷 縱容 右四物分等,爲散,日三服方寸匕.曹公服之,一夜行七十女.

治男子令陰長大方:柏子仁(五分) 白斂(四分) 白術(七分) 桂

心(三分) 附子(一分) 右五物爲散, 食后服方寸匕, 日再, 十日,
卄佚長大.

　令女玉門小方: 硫黃(四分) 遠志(二分)爲散, 絹囊盛者玉門中
卽急. 又方: 硫黃(二分) 蒲華(二分)爲散, 三指撮著一升湯中,
洗玉門二十日, 如未嫁之㒰.

【대공大孔】 後陰, 즉 항문이다.
【장사억지壯事抑之】 양정이 강성할 때 그것을 억제함을 말한다.
【급急】 긴축이다.

　《선경》에는 다음과 같은 기록이 있다. 환경보뇌還經補腦의 방법
은 교접하여 정액이 막 나오려 할 때 속히 왼손 중지와 식지로 음낭
과 항문 사이의 회음부를 누르고 극력 억제하여 사정을 하지 말며,
날숨을 길게 쉬면서 이를 몇십 번 맞쪼으며 숨을 죽여서는 안 된다.
이렇게 하면, 설혹 사정을 해도 정기는 빠지지 않고 음경에서 위로
올라가 대뇌로 들어간다. 이 방법은 신선이 가르친 것인데, 모두가
함부로 아무에게나 가르치지 않기로 맹약하였다. 만일 이 맹약을 어
기면 큰 화가 미친다.
　여자를 다루어 이로움을 보태는데, 정기가 크게 동하여 정액이 나
오게 되면 재빨리 머리를 쳐들고 눈을 크게 뜨고 좌우상하를 두리번
거리면서 하체를 수축하고 숨을 죽이면 정액이 자연 멎는다. 다른
사람에게 이 방법을 함부로 가르쳐 줘서는 안 된다. 한 달에 두 번,
일 년에 스물네 번만 사정하게 되면, 1,2백 년을 살며, 평소에 안색
이 좋고 병이 생기지 않는다.(처방 생략)

十二、洞玄子

동현자洞玄子, 성명은 이관리貫. 그의 생몰 연대는 모두 고증되지 않았다. 《동현자》1권이 사지史志에 수록된 것도 보이지 않는다. 그 책은 섭덕휘葉德輝가 일본의 凡波康賴가 《의심방醫心方》중에 편집한 고대 방중술서의 일종인데, 앞뒤가 이어지는 것을 보아 완벽한 것 같다. 동현자는 "현녀가 남겨 놓은 방중술은 만고에 전해지고 있는데 개략적으로는 다 언급했으나, 아직도 그 중의 현묘한 이치에 대해서는 철저히 설명하지 않아 미진한 점이 있다. 그 조목들은 읽어볼 때마다 항상 그 결함을 보충하고 싶은 생각이 들곤 하였다. 그래서 이전의 전적들을 종합하여 이 새 책을 썼다"고 말했다. 이것으로 보아 이 책은 고대 방중술 저서들의 미흡한 점들을 보충하였다는 것을 알 수 있다. 책의 내용은 《소녀경素女經》과 《옥방비결玉房秘訣》에서 인용한 것이 많은데, 그 언어는 원나라 사람들이 쓰던 말 같기도 하다. 이 책은 음양오행의 이치를 운용하여 방사의 양생지도를 전면적으로 서술하여, 성교의 방법·자세·체위 등에 대하여 동물의 동작을 모방하여 방중 기공 양생술을 남김없이 자세히 묘사하였다. 이 면의 내용은 방중술에 대한 기타 저서들과는 비길 수도 없다. 여기에 《의심방》을 저본으로 하고 섭씨가 찍은 구두점을 참조하여 정리 출판한다.

[12-1] 洞玄子曰: 夫天生萬物, 唯人最貴. 人之所上, 莫過房欲, 法天象地, 規陰矩陽. 悟其理者, 則養性延齡; 慢其眞者, 則傷神夭壽.

至於玄女之法, 傳之萬古, 都具陳其梗槪, 仍未盡其機微. 余每覽其條, 思補其闕, 綜習舊儀, 纂此新經, 雖不窮其純粹, 抑得其糟粕. 其坐臥舒卷之形, 偃伏開張之勢, 側背前却之法, 出入深淺之規, 並會二儀之理, 俱合五行之數. 其導者, 則得保壽命; 其違者, 則陷於危亡. 旣有利於凡人, 豈無傳於萬葉!

【인지소상人之所上】사람의 최고 욕망을 말한다. 上은 高의 뜻으로, 尙·崇尙과도 통한다.
【만기진慢其眞】眞은 性이다. 여기서는 성정을 마음껏 부리는 것을 말한다.
【유부궁기순수雖不窮其純粹 억득기조박抑得其糟粕】그 중의 정화를 다 망라하지는 못할지라도 찌꺼기만은 얼마간 얻을 수 있을지 모른다. 이것은 동현자의 겸손의 말이다.
【전각前却】전진과 퇴각을 말한다.
【이의지리二儀之理】음양의 이치.
【도導】順이다. 음양의 이치에 순응한다는 말이다.
【만엽萬葉】萬世라는 말이다.

동현자는 이렇게 말했다. "천지만물 가운데 가장 귀중한 것은 사람이다. 사람에게 있어서 최고의 희망은 방사에 대한 욕망만큼 큰 것이 없다. 방사는 전적으로 천지운행의 법칙을 본땄고, 음양 변화의 법칙을 준수하였다. 이 이치를 알게 되면 성정을 양생하고 수명을 연장하여 장수하고, 성정을 제멋대로 부리면 원기가 손상을 받아 명을 짧게 재촉하고 일찍 죽게 될 것이다.

현녀가 남겨 놓은 방중술은 만고에 전해지고 있는데, 개략적으로는 다 언급했으나 아직도 그 중의 현묘한 이치에 대해서는 철저하게 설명하지 않아 미진한 점이 있다. 그 종목들을 읽어볼 때마다 언제나 이 결함을 보충하고 싶은 생각이 들고는 하였다. 그래서 이전의 전적들을 종합하여 이 새 책을 썼다. 이 책이 그 중의 정화를 다 망라하지는 못할지라도 찌꺼기만은 얼마간 얻을 수 있을는지 모른다. 방사에 있어서 앉거나 누워서 몸을 펴거나 구부리는 형태, 반듯하게 눕거나 엎드려서 몸을 쭉 펴는 자세, 모로 누워 뒤에서 꽂았다 뺐다 하는 방법, 깊게 삽입하거나 얕게 삽입하는 법칙들은 다 음양의 이치의 근본을 구현하였으며 오행의 이치에 부합된다. 그것을 준수하면 수명을 유지하고 그것을 위반하면 생명이 위험에 처하게 된다. 정확한 방사법이 일반 대중들에게 도움이 되는 이상 무엇 때문에 그것을 후손만 대에 전하지 않겠는가?

【해설】 이 문단은 원서의 서문인 듯하다. 작자가 이 책을 지은 연유·목적 및 방중 양생 저작의 역할을 밝혀, 방중지사에서 천지의 법을 따르고 음양의 이치를 지켜야 비로소 양성養性하고 수명을 연장할 수 있음을 강조했다.

[12-2] 洞玄子曰: 夫天左施而地右廻, 春夏謝而秋冬襲, 男唱而女和, 上爲而下從, 此事物之常理也. 若男搖而女不應, 女動而男不從, 非直損於男子, 亦乃害於女人. 此由陰陽行很, 上下了戾矣, 以此合會, 彼此不利. 故必須男左轉而女右廻, 男下沖女上接, 以此合會, 乃謂天平地成矣.
凡深淺遲速, 捌捬東西理非一途, 蓋有萬緒, 若緩沖以鯽魚之弄鉤, 若急驀如群鳥之遇風, 進退牽引, 上下隨迎, 左右往還,

出入疏密, 此乃相持成務, 臨乍刺宜, 不可膠柱宮商, 以取當時之用.

【춘하사이추동습春夏謝而秋冬襲】 봄이 가면 여름이 오고 가을이 가면 겨울이 온다.
【비직非直】 뿐만 아니라……만이……이 아니다.
【흔很】《玉篇》에서는 '戾也 本作佷'이라 하였다. 음양이 어수선하여 부정한 짓을 한다는 뜻이다.
【요려戾】 바로 戾로서 돌고 구부리고 꺾인다는 뜻이다. 여기서는 남녀가 교합할 때 神氣가 느껴지지 않고 마음과 뜻이 맞지 않는다는 것을 비유하였다.
【팔렬동서捌捩東西】 좌우전후로 움직인다(흔들거린다)는 뜻이다.
【상지성무相持成務】 상호 의존, 상호 작용해야 비로소 교합이 이루어진다는 말이다.
【교주궁상膠柱宮商】 궁상이란 5음의 음이름으로, 여기서는 거문고와 비파를 말한다. 膠柱宮商이란 기러기발을 아교로 붙여놓고 비파를 탄다는 뜻으로, 조금도 융통성이 없음을 비유하는 것이다.

동현자는 이렇게 말했다. 하늘은 왼쪽으로 돌고 땅은 오른쪽으로 돌며 춘하추동 사계절 영고성쇠는 그치지 않고 계속된다. 남자가 선창하면 여자는 따라 부르며, 위에서 동작하면 아래에서 받아주는데 이것은 사물의 당연한 이치이다. 가령 남자가 마음이 싱숭생숭하여 요동치는데 여자가 받아주지 않거나, 여자는 춘정이 발동하였으나 남자가 응하지 않는다면, 남자쪽만 손상을 받는 것이 아니라 여자쪽도 해를 입는데, 이것은 모두 음양이 어수선해졌기 때문인 것이다. 남녀의 신기神氣가 느껴지지 않고 마음과 뜻이 맞지 않을 때 성교하면 양쪽에 다 이로움이 없다. 그러므로 반드시 천지를 본받아 남자는 왼쪽으로 돌고 여자는 오른쪽을 돌며, 남자는 아래를 향하여 돌진하고 여자는 아래에서 위로 밀어 주어야 한다. 이렇게 교합해야만 천평지성天平地成이라 할 수 있어 각자에게 다 이로운 것이다.

교합시 남근을 깊이 찔러 넣는가 얕게 찔러 넣는가, 꽂았다 뺏다 하는 동작을 빨리 하는가 느리게 하는가, 좌우전후로 비벼야 하는가 하지 말아야 하는가에 대해서는 고정불변의 방법이 있는 것이 아니라, 그 방법이 다양하다. 예를 들면 느리게 할 때는 붕어가 물 속에서 낚시를 가지고 놀 듯하고, 빨리 할 때는 새무리가 갑자기 질풍을 만나 날아가듯 서로 밀어주고, 아래위에서 순응하고 좌우로 오가고 출입이 성기고 빽빽할 수도 있는데, 이것은 쌍방의 묵계에 의하여 이루어지며 상황을 보아 민첩하게 할 일이지 기러기발을 아교로 붙여 놓고 비파를 타듯, 한때의 필요를 만족시키기 위해서 기계적으로 모방해서는 안 된다.

[12-3] 凡初交會之時, 男坐女左, 女坐男右, 乃男箕坐, 抱女於懷中, 於是勒纖腰, 撫玉體, 申燕婉, 叙綢繆, 同心同意, 乍抱乍勒, 兩形相搏, 兩口相嗚, 男含女下唇, 女含男上唇, 一時相吮, 茹其津液, 或緩嚙其舌, 或微酢其唇, 或邀遣抱頭, 或逼命嗚耳, 撫上拍下, 嗚東咂西, 千嬌旣申, 百慮竟解, 乃令女左手抱男玉莖, 男以右手撫女玉門. 於是男感陰氣, 則玉莖振動, 其狀也, 峭然上聳, 若孤峯之臨廻漢; 女感陽氣, 則丹穴津流, 其狀也, 涓然下逝, 若幽泉之吐深谷, 此乃陰陽感激使然, 非人力之所致也. 勢至於此, 乃可交接. 或男不感振, 女無淫津, 皆緣病發於內, 疾形於外矣.

【신연완申燕婉】燕婉이란 평온한 모습을 말하는데, 여기서는 아름다운 말을 한다는 뜻으로 사용되었다.
【조무綢繆】애정에 사로잡힌다는 뜻이다.
【언嗚】先으로 읽는다. 《博雅》에서는 '樂'이라고 했는데, 여기서는 입맞춤이라

는 뜻.
【작酢】昨과 같은 음이다. 嚙라는 뜻으로 여기서는 깨문다는 뜻이다.
【형한泂漢】泂이란 遠이다. 漢은 漢水로서 강물을 두루 가리킨다. 여기서는 옥경이 봉우리처럼 우뚝 서서 깊은 강물을 굽어보는 것을 비유하였다.
【혹或】만일.

　교합에 앞서 남자는 여자의 왼쪽에 앉고, 여자는 남자의 오른쪽에 앉는다. 남자는 키와 같은 자세를 취하고 앉아서 여자를 품에 안고 그 가느다란 허리를 껴안고 하얀 몸을 쓰다듬으면서, 그동안 그리웠어, 사랑해 하고 속살거리면 두 사람은 마음이 맞아서 서로 부등켜 안은 채 몸을 비비며 입을 맞춘다. 남자는 여자의 아랫입술을 물고 여자는 남자의 윗입술을 물고 한동안 빨다가 진액을 삼킨다. 혹은 부드럽게 혀를 물기도 하고, 혹은 가볍게 입술을 빨기도 하고 혹은 사랑스럽게 머리를 안아 주기도 하고, 혹은 힘껏 비틀기도 하면서 상체를 어루만지고 하체를 토닥거려 주고 여기저기 입을 맞추면서 온갖 교태를 다 부리면 만사 시름이 감쪽같이 사라진다. 이쯤 되면 여자는 왼손으로 남자의 음경을 쥐고 남자는 오른손으로 여자의 음부를 어루만진다. 이때 남자는 음기를 감응하고 음경이 굳세게 발기되는데, 그 자태는 우뚝 솟은 봉우리가 강물을 굽어보는 듯하며, 여자는 양기를 감응하고 음도에서 음액이 흘러 나오는데 졸졸 흐르는 그 모습은 깊은 산골짜기에서 솟아오르는 유유한 샘물을 방불케 한다. 이것은 다 사람에게 부여된 음양 두 기운의 감응이 충격을 받은 결과이지, 사람의 힘으로 의식적으로 도달될 수 있는 것은 아니다. 이쯤되면 교합할 수 있다. 만일 남자가 흥분되지 않아 남근이 발기되지 않고, 여자가 음액이 흘러 나오지 않으면 그것은 체내에 생긴 질병이 체외에 나타났음을 말해 주는 것이다.

[12-4] 洞玄子曰：凡初交接之時，先坐而後臥，女左男右，臥定後，令女正面仰臥，展足舒臂，男伏其上，跪於股內，即以玉莖豎拖於玉門之口，森森然若偃鬆之當邃谷洞前，更拖磣勒，嗎口嗍舌或上觀玉面，下視金溝，撫拍肚乳之間，摩挲璿台之側，於是男情既感，女意當迷，即以陽鋒縱橫攻擊，或下沖玉理，或上築金溝，擊刺於辟雍之旁，憩息於璿台之右。(以上外遊未內交也)

女當淫津湛於丹穴, 卽以陽鋒投入子宮, 快, 洩其精, 津液同流, 上灌於神田, 下漑於幽谷, 使往來拼擊, 進退揩磨, 女必求死求生, 乞性乞命, 卽以帛子乾拭之後, 乃以玉莖深投丹穴, 至於陽台, 喦喦然若巨石之擁深谿. 乃行九淺一深之法, 於是縱拄橫挑, 傍牽側拔, 乍緩乍急, 或深或淺, 經卄一息, 候氣出入, 女得快意.

男卽疾搋急刺, 磣勒高笞, 候女動搖, 取其緩急, 卽以陽鋒攻其谷實, 捉入於了宮, 左右研磨, 自不煩細細抽拔, 女當津液流溢, 男卽須退, 不可死還, 必須生返. 如死出大損於男, 特宜愼之.

【참륵磣勒】 힘껏 비비다.
【선대璿臺】 璿은 음이 旋과 같다. 하나라 때부터는 臺의 뜻으로 사용되었다. 여기서는 여자의 치골이 돌기된 부위를 가리킨다.
【양대陽臺】 음핵을 가리킨다. 그러나 여기서는 음도 뒤의 구멍이 난 곳을 가리킨다.
【연然】 높이 우뚝 선 모양.
【암암연喦喦然】 의연하게 높이 솟아 있는 모양.
【창搋】 撞과 같이 발음한다. 찌른다는 뜻.

동현자는 이렇게 말했다. 교합을 시작할 때는 먼저 앉아 있다가 눕는데, 여자는 왼쪽에 남자는 오른쪽에 눕는다. 여자는 반듯하게 누워서 사지를 쭉 편다. 남자는 여자의 두 다리 사이에 꿇어앉아 팽팽한 음경을 옥문에 갖다대는데, 그 모습은 소나무가 자빠져서 산골짜기의 깊은 동굴을 막은 것과도 같다. 장시간 천천히 마찰하고 입맞추고 혀를 빨거나, 혹은 여자의 얼굴을 내려다보기도 하고 혹은 음부를 내려다보기도 하면서, 여자의 허리, 배, 젖무덤을 어루만지고 토닥거려 주기도 하고 혹은 여자의 음핵 주위를 쓸어 주기도 한다. 이렇게 되면 남자는 기분이 황홀해지고 여자는 마음이 짜릿해진다. 이

때 남자는 음경으로 종횡무진하는데, 혹은 처녀막을 짓찧거나 음도 어귀를 두드리기도 하고, 혹은 대음순을 양쪽으로 찌르기도 하다가, 치골 돌기부에 이르러 잠깐 쉰다(이상은 음경이 음도 밖에서 머뭇거렸을 뿐으로, 아직 삽입되지 않았다).

여자는 음도가 음액으로 촉촉히 젖게 되고, 음경이 음도의 자궁에 삽입되는 즉시 신속히 사정함으로써 쌍방의 정액이 함께 솟구쳐서 위로는 단전에 흘러가고 아래로는 음부에 흘러가게 한다. 음경이 힘차게 드나들면서 서로 부딪치고 비벼대면 여자는 틀림없이 흥분되어 괴성을 지르면서 나 죽는다 할 것이다. 이때 명주수건으로 여자의 몸을 닦아 준 다음 다시 커다란 바위가 깊은 골짜기를 막아선 듯이 음경을 음핵에 찔러 넣는다. 이어 아홉 번은 얕게 한 번은 깊게 하는 방법을 운용하여 좌충우돌하면서 때로는 느리게 때로는 급하게 때로는 깊게 때로는 얕게 꽂았다 뺐다 한다. 스물한 번을 그렇게 한 다음 조금 숨을 돌려 진기眞氣의 출입이 고르게 되고 여자가 쾌감을 느끼기 시작한다.

남자는 빠르고 맹렬하게 좌충우돌하고 음경을 높이 쳐들고 마찰한다. 그러다가 여자가 몸을 바르르 떨다가 흔들기 시작하면 음경을 자궁에 찔러 넣고 좌우로 비비고 살살 꽂았다 뺐다 한다. 여자의 음액이 흘러 나오면, 남자는 이내 음경을 빼내고 교합을 그만두어야 한다. 음경은 느른해졌을 때 '사환死還' 시킬 것이 아니라 발기되어 있을 때 '생환生還' 시켜야 한다. 그렇게 하지 않으면 남자는 건강이 크게 손상을 볼 것이므로, 이에 대해서는 반드시 특별히 신중해야 한다.

[12-5] 洞玄子云: 考覈交接之勢, 更不出於卅法, 其間有屈伸俯仰, 出入淺深, 大大是同, 小小有異, 可謂括囊都盡, 採摭

無遺. 餘遂象其勢而其名, 假其形而建其號, 知音君, 窮其志之, 妙矣.

（一）敍結繆

（二）申繾綣（不離散也）.

（三）曝鰓魚

（四）麒麟角（已上四勢爲外遊戲, 皆是一等也）.

（五）蠶纏綿（女仰臥, 兩手向上抱男頸, 以兩脚交於男背上, 男以兩手抱女項, 跪女股間, 卽內玉莖）.

（六）龍宛轉（女仰臥, 屈兩脚, 男跪女股內, 以左手推女兩脚向前, 今過於乳, 右手把玉莖內玉門中）.

（七）魚比目（男女俱臥, 女以一脚置男上, 面相向, 嗚口唧舌. 男展兩脚, 以手擔女上脚, 進玉莖）.

（八）燕同心（令女仰臥, 展其足, 男騎女, 伏肚上, 以兩手抱女頸, 女兩手抱男腰, 以玉莖內於丹穴中）.

（九）翡翠交（今女仰臥, 拳足, 男胡跪, 開著脚, 坐女股中, 以兩手抱女腰, 進玉莖於琴弦中）.

（十）鴛鴦合（令女側臥, 拳兩脚, 安男股上, 男於女背後騎女下脚之上, 豎一膝置女上股, 內玉莖）.

（十一）空翻蝶（男仰臥, 展兩足, 女坐男上, 正面, 兩脚據牀, 乃以手助爲力, 進陽鋒於玉門之中）.

（十二）背飛鳧（男仰臥, 展兩足, 女背面坐於男上, 女足據牀, 低頭抱男玉莖內於丹穴中）.

（十三）偃蓋鬆（令女交脚向上, 男以兩手抱女腰, 女以兩手抱男腰, 內玉莖於玉門中）.

（十四）臨壇竹（男女俱相向立, 嗚口相抱於丹穴, 以陽鋒深投於丹穴, 沒至陽台中).

(十五) 鸞雙舞 (男女一仰一覆, 仰者拳脚, 覆者騎上, 兩陰相向, 男箕坐, 著玉物, 攻拳上下).

(十六) 鳳將雛 (婦人肥大, 用一小男共交接, 大俊也).

(十七) 海鷗翔 (男臨牀邊, 擊女脚以今舉, 男以玉莖入於子宮之中).

(十八) 野馬躍 (令女仰臥, 男擊女兩脚登右肩上, 深內玉莖於玉門之中).

(十九) 驥騁足 (令女仰臥, 男蹲, 左手捧女項, 右手擊女脚, 即以玉莖內入於子宮中).

(二十) 馬搖蹄 (令女仰臥, 男擊女一脚置於肩上, 一脚自攀之, 深內玉莖入於丹穴中, 大興哉).

(二十一) 白虎騰 (令女伏面, 跪膝, 男跪女後, 兩手抱女腰, 內玉莖於子宮中).

(二十二) 玄蟬附 (令女伏臥而展足, 男居股內, 屈其足, 兩手抱女項, 從後內玉莖於子宮中).

(二十三) 山羊對樹 (男箕坐, 令女背面坐男上, 女自低頭視內玉莖, 男急抱女腰, 磣勒也).

(二十四) 鵾雞臨場 (男胡蹲牀上坐, 令一小女當抱玉莖內女玉門, 一女於牽女衿裙, 今其足快, 大興哉).

(二十五) 丹穴鳳遊 (令女仰臥, 以兩手自舉其脚, 男跪女後, 以兩手據牀, 以內玉莖於丹穴, 甚俊).

(二十六) 玄溟鵬翥 (令女仰臥, 男取女兩脚置左右膊上, 以手向下抱女腰, 以內玉莖).

(二十七) 吟猿抱樹 (男箕坐, 女騎男上, 以兩手抱男, 男以一手扶女尻, 內玉莖, 一手據牀).

(二十八) 猫鼠同穴 (男仰臥以展足, 女伏男上, 深內玉莖, 又, 男伏女背上, 以將玉莖攻擊於玉門中).

(二十九) 三春驢 (女兩手兩脚俱據牀, 男立其後, 以兩手抱女腰, 卽內玉莖於玉門中, 甚大俊也).

(三十) 秋狗 (男女相背, 以兩手兩脚俱據牀, 兩尻相拄, 男卽低頭, 以一手推玉物內玉門之中).

【궁기지지窮其志之】 이 방법을 모두 기록해 둔다. 志는 記이다.
【견권繾綣】 흩어지지 않는다.
【폭세어曝鰓魚】 鰓는 《광운廣韻》에 '물고기의 顊魚頰'이라고 했다. 또 물에 사는 동물의 호흡 기관을 가리키기도 한다. 이 曝鰓魚는 틀림없이 교합 전에 입을 맞추고 애무하는 등의 동작을 가리킬 것이다. 마왕퇴馬王堆 방중房中 의서醫書에서 말한 '負曝' '魚接鱗'은 사실 같은 내용의 다른 이름이다.
【각脚】《설문說文》에서는 '정강이脛也'라고 했다. 즉 아래 장딴지를 가리킨다. 고대에는 허벅지大腿를 허벅지股라고 했고, 또 다리脚라고도 했는데, 요즘 말하는 다리를 옛날에는 발足이라고 했다. 여기서 말하는 다리는 정강이, 즉 아래 장딴지를 가리킨다.
【권족拳足】 권足과 같다. 권은 다리 장딴지 부분을 굽히는 것이다.
【호궤胡跪】 오랑캐가 꿇어앉는 방법이다.《혜림음의慧林音義》에서는 이렇게 설명했다. "호궤란 오른 무릎을 땅에 대고, 왼 무릎을 세워 앉는 것이다 胡跪 右膝着地 竪左膝危坐."
【기좌箕坐】 마치 삼태기나 키 모양과 같은 자세로 앉는 방법. 陞는 장딴지이다.

동현자는 이렇게 말했다. 남녀간의 교합 자세는 여러 가지이지만, 30종에 지나지 않는다. 그 중 굽히고 펴고 올려보고 내려다보거나屈申俯仰, 깊고 얕게 드나드는出入淺深 것은 거의 다 대동소이한데, 모두 이 여덟 글자에 포괄시킬 수 있으므로 더 이상 빠진 것이 없다. 그러므로 나는 각종 자세의 특징에 따라 다른 외부 사물의 형상을 빌려 묘사하여 그것들의 명칭을 확정하였다. 지혜 있는 사람들이여, 될 수록 그것들을 기억해 주는 것도 아주 묘미 있는 일일 것이다!

1) 서결무敍結繆: 묶인 것을 풀다.

2) 신견권申繾綣: 흩어지지 않는다.

3) 폭새어曝鰓魚: 물고기가 뺨을 맞추다.

4) 기린각麒麟角: 이상 네 가지 자세는 외형적 희롱으로, 모두 한 가지이다.

5) 잠전면蠶纏綿: 여자가 위를 보고 누워 두 손을 위로 하여 남자의 목을 안고, 두 다리를 남자의 등 위에 올려 놓는다. 남자는 두 손으로 여자의 목을 잡고 여자의 다리 사이에 꿇어 앉아 옥경玉莖을 밀어 넣는다.

6) 용완전龍宛轉: 여자가 위를 보고 누워 두 다리를 굽히면, 남자는 여자 다리 사이에 꿇어 앉아 왼손으로 여자의 양 다리를 앞으로 밀어 유방 위로 치켜올리고 오른손으로는 옥경을 옥문 속으로 삽입한다.

7) 비목어比目魚: 남녀가 함께 누워, 여자는 다리 하나를 남자 위에 올려 놓고 얼굴을 마주 보고 웃으면서 혀를 빤다. 남자는 두 다리를 벌리고 손으로 여자가 올려 놓은 다리를 들고 옥경을 진입시킨다.

8) 연동심燕同心: 여자를 바로 눕혀 발을 벌리게 하고 남자가 말타듯 여자의 배에 엎드려, 두 손으로 여자의 목을 안으면 여자는 두 손으로 남자의 허리를 안아 옥경을 단혈丹穴로 받아들인다.

9) 비취교翡翠交: 여자를 바로 눕혀 발을 오그리게 하고, 오른 무릎을 땅에 대고 왼 무릎을 세워 앉아 다리를 벌리고, 여자의 다리 사이에 앉아 두 손으로 여자의 허리를 안고 금현琴弦 속으로 옥경을 진입시킨다.

10) 원앙합鴛鴦合: 여자가 옆으로 누워 두 다리를 오그려 남자의 넓적다리 위에 자연스럽게 올려 놓으면, 남자는 여자의 뒤에서 여자의 아래 다리 위에 말을 타는 것처럼, 한 무릎을 여자의 넓적다리 위에

세워 옥경을 진입시킨다.

11) 공번접空蒜蝶: 남자가 바로 누워 두 발을 벌리면, 여자는 남자 위에 앉아 정면으로 두 다리를 침상에 걸터앉는 것처럼 하고, 손으로 옥경 끝을 옥문玉門 안으로 밀어 넣는다.

12) 배비부背飛鳧: 남자가 바로 누워 두 발을 벌리면, 여자는 남자를 등지고 남자 위에 침상에 걸터앉는 것처럼 앉아, 고개를 숙여 남자의 옥경을 쥐고 단혈 속으로 넣는다.

13) 언개송偃蓋鬆: 여자가 다리를 교차하여 위로 향하면 남자가 두 손으로 여자의 허리를 안고, 여자는 두 손으로 남자의 허리를 안고 옥경을 옥문 속으로 진입시킨다.

14) 임단죽臨壇竹: 남자와 여자가 함께 마주 보고 서서 입을 맞추고 서로 단혈을 안아, 옥경의 끝을 단혈에 깊이 밀어넣어 양대陽臺까지 이르도록 한다.

15) 난쌍무鸞雙舞: 남자와 여자가 한 사람은 바로 눕고 한 사람은 엎드리는데, 바로 누운 사람은 다리를 오그리고 엎드리는 사람은 그 위에 올라타 두 음부가 마주하게 하고, 남자는 삼태기처럼 다를 뻗고 앉아 옥경을 세우고 아래 위로 공격한다.

16) 봉장추鳳將雛: 여자가 비대할 경우 작은 남자와 교접하면 아주 좋다.

17) 해구상海鷗翔: 남자가 침상가에 다가가 여자의 다리를 높이 들도록 하고, 옥경을 자궁 속으로 밀어 넣는다.

18) 야마약野馬躍: 여자를 바로 눕도록 하고 남자가 여자의 두 다리를 오른쪽 어깨 위에 올려 놓고, 옥경을 옥문 속으로 깊이 삽입한다.

19) 기빙족驥騁足: 여자를 바로 눕히고 남자가 걸터앉아 왼손으로 여자의 목을 받치고 오른손으로 여자의 다리를 높이 들어 올리고, 옥경을 자궁 안으로 삽입한다.

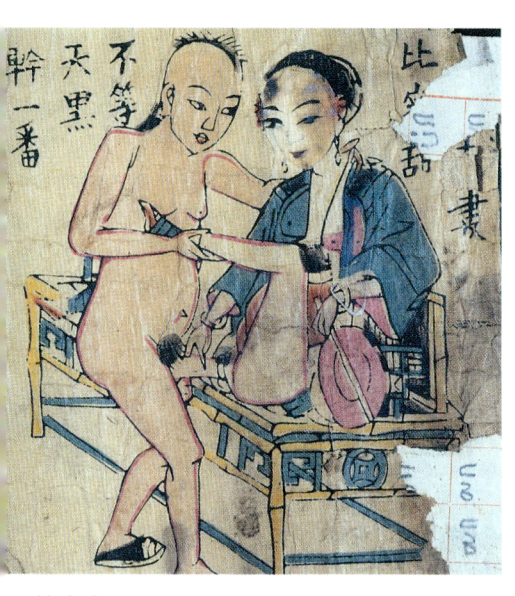
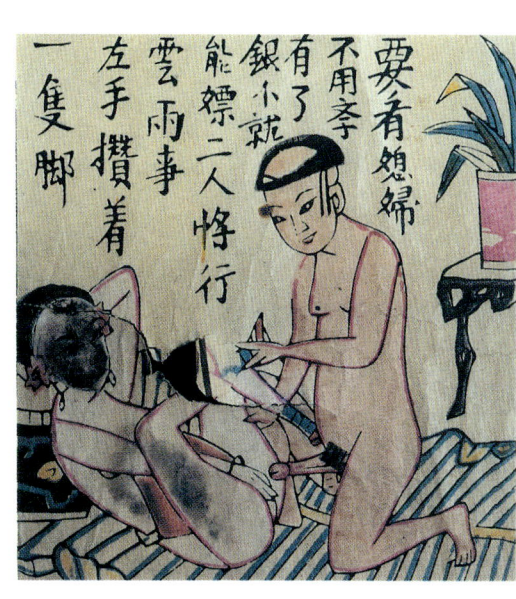

箱底畫

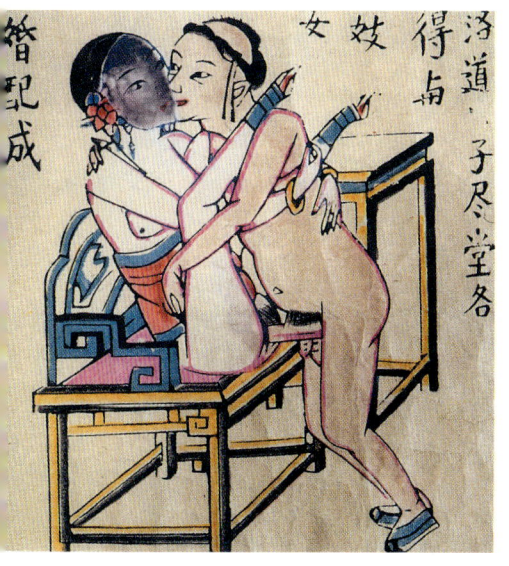
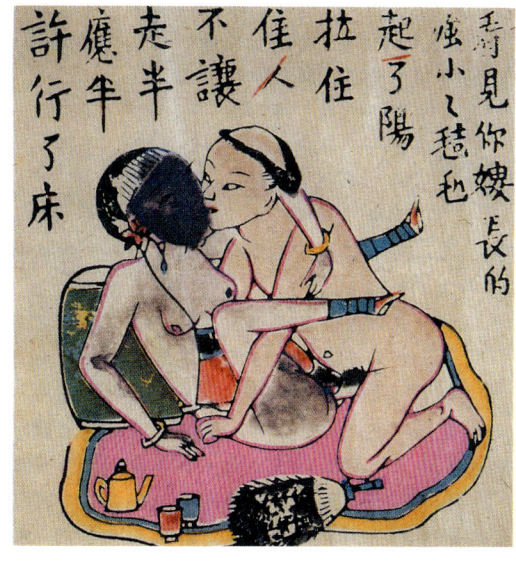

箱底畫

傲唐伯虎之春宮畫

康熙間(1662-1722) 畫

康熙間(1662-1722) 畫

乾隆間(1736-1795) 絹本畫帖

探春圖

《鴛鴦祕譜》木刻版畫之複製品

乾隆間(1736-1795)紙本畫帖

康熙間(1662-1722) 畫

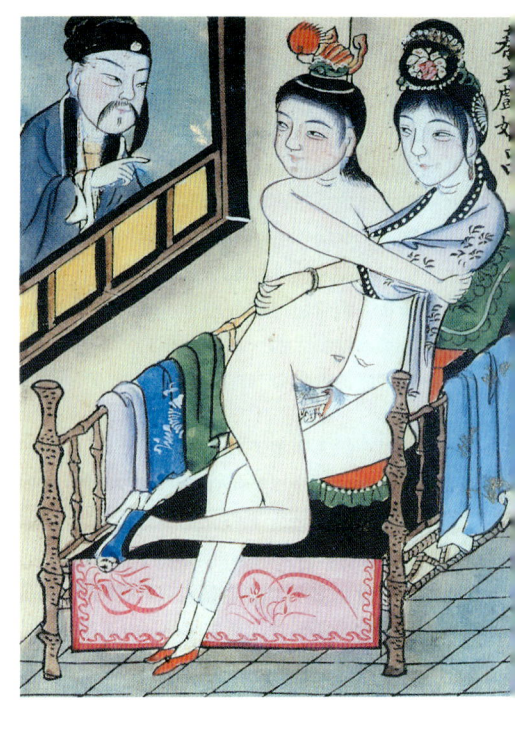

民國時期的箱底畫

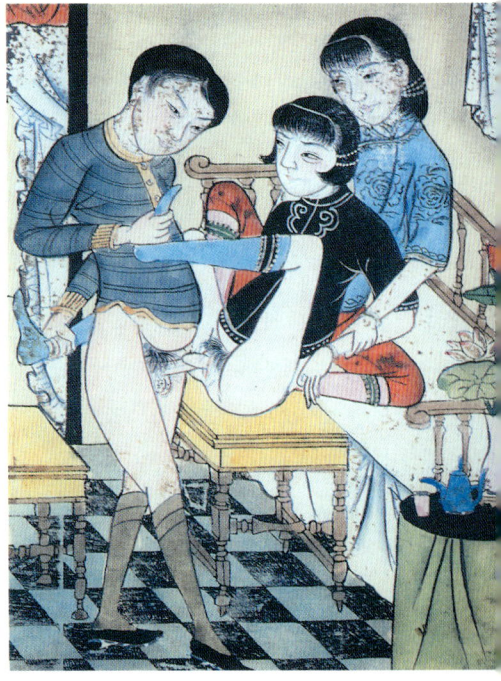

大隆農村之箱底畫

康熙間(1662-1772) 畫

乾隆間(1736-1796) 畫

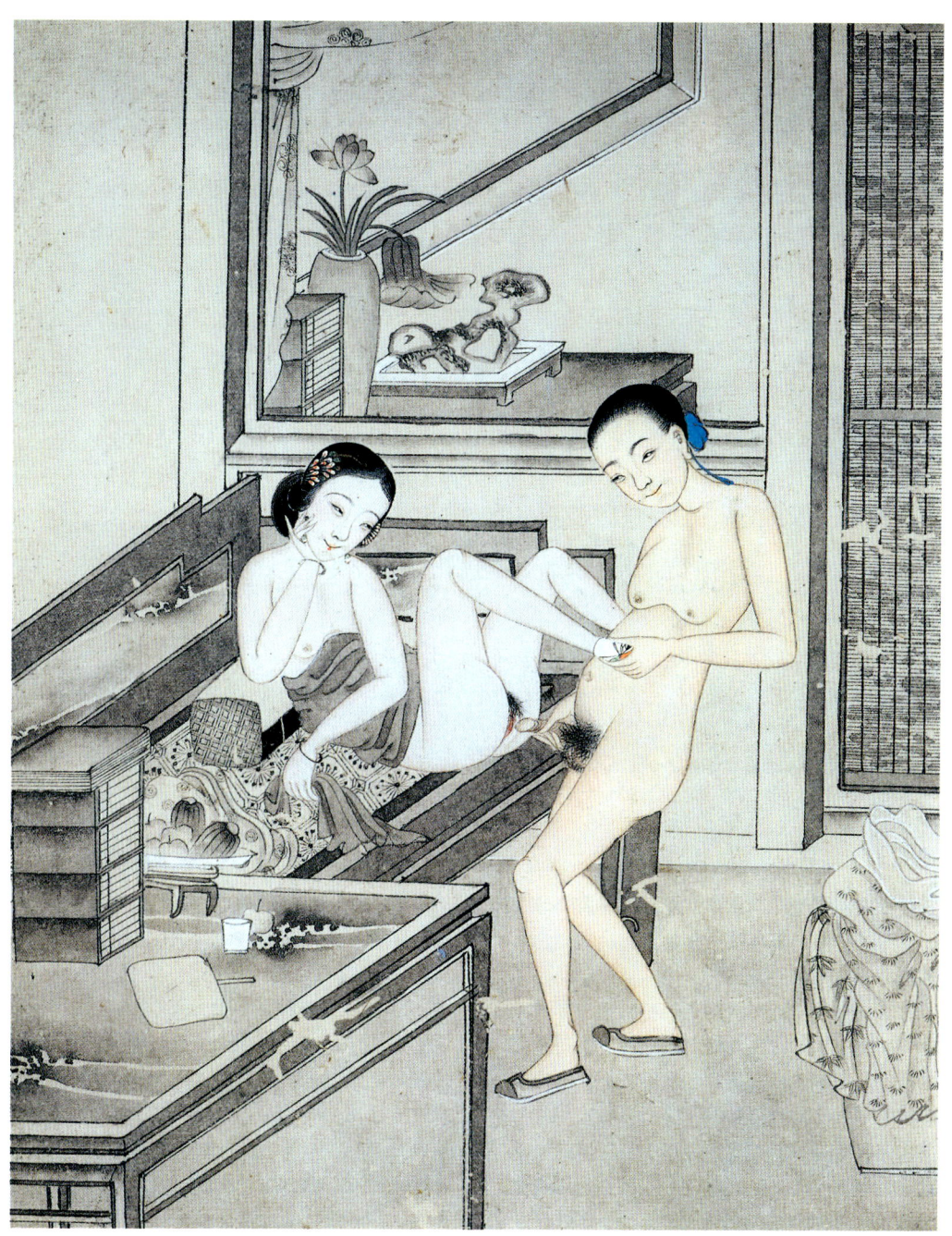

19世紀春宮畫冊

19世紀春宮畫冊

19世紀春宮畫册

19世紀春宮畫册

20) 마요제馬搖蹄: 여자를 바로 눕히고 남자가 여자의 한 다리를 어깨 위에 올리고 다른 한 다리는 스스로 올리고, 옥경을 단혈 속으로 깊이 삽입하면 크게 흥분한다.

21) 백호등白虎騰: 여자가 엎드려 무릎을 꿇으면, 남자는 여자의 뒤에 무릎꿇고 두 손으로 여자의 허리를 잡고 옥경을 자궁 속으로 삽입한다.

22) 현선부玄蟬附: 여자가 엎드려 다리를 펴면, 남자를 다리 안쪽에 자리잡고 발을 굽히고 두 손으로 여자의 목을 안고, 뒤에서부터 자궁 속으로 옥경을 삽입한다.

23) 산양대수山羊對樹: 남자가 키처럼 앉고, 여자가 남자 위에 뒤로 앉아 고개를 숙여 옥경을 보면서 삽입시킨다. 남자가 빨리 여자의 허리를 안는 것은 눌리지 않게 하려는 것이다.

24) 곤계임장鵾雞臨場: 남자가 오른발을 땅에 짚고 왼다리를 들고 침상에 걸터앉으면, 한 여자는 정면으로 옥경을 옥문 속에 삽입하고, 다른 한 여자가 뒤에서 여자의 치마를 당겨주면, 그가 빨리 만족하고 매우 흥분한다.

25) 단혈봉유丹穴鳳遊: 여자가 위를 향해 누워 두 손으로 자신의 다리를 들어 올리면, 남자가 여자 뒤쪽에 꿇어앉아 두 손으로 침상을 잡고 옥경을 단혈 속으로 삽입한다. 매우 흥분된다.

26) 현명붕저玄溟鵬翥: 여자가 위를 보고 누우면, 남자는 여자의 두 다리 사이에 두 발꿈치를 짚고, 손으로는 아래로 여자의 허리를 잡고 옥경을 삽입한다.

27) 음원포수吟猿抱樹: 남자가 키처럼 앉으면 여자가 남자 위에 올라타고, 두 손으로 남자를 안는다. 남자는 한 손으로 여자의 엉덩이를 받치고 옥경을 삽입하며 다른 손으로는 침상을 잡는다.

28) 묘서동혈猫鼠同穴: 남자가 위를 향해 누워 다리를 벌리면 여자

가 남자 위에 엎드려 옥경을 깊이 삽입한다. 또 남자가 여자의 뒤에 엎드려 옥경으로 옥문 속을 공격한다.

29) 삼춘려三春驢: 여자가 두 손과 두 다리를 모두 침상에 걸치면, 남자가 뒤에 서서 두 손으로 여자의 허리를 잡고 바로 옥문 속으로 옥경을 삽입하는데, 매우 흥분한다.

30) 추구秋狗: 남녀가 서로 등지고 두 손과 두 다리를 모두 침상에 걸쳐 두 엉덩이를 맞대고, 남자가 고개를 숙여 한 손으로 음경을 옥문 속에 밀어넣는다.

[12-6] 洞玄子云: 凡玉莖或左擊右擊, 若猛將之破陣 其狀一也; 或緣上驀下, 若野馬之跳澗, 其狀二也; 或出或沒, 若(擊)波之群鷗, 其狀三也; 或深築淺挑, 若鴉臼之雀啄, 其狀四也; 或深衝淺刺, 若大石之投海, 其狀五也; 或緩聳遲推, 若凍蛇之入窟, 其狀六也; 或疾急刺, 若驚鼠投穴, 其狀七也; 或擡頭拘足, 若蒼鷹之揄狡兎, 其狀八也; 或擡上頓下, 若大帆之遇狂風, 其狀九也.

【연상맥하緣上驀下】말을 타고 내린다. 즉 올라가고 내려온다는 뜻. 緣은 기어 오름이고, 驀은 말을 타는 것이다.
【약피지간구若波之群鷗】'波' 자 앞에 한 글자, '擊' 자가 빠진 것 같다.
【아구지작훼鴉臼之雀啄】까마귀의 교차된 부리.
【창응蒼鷹】푸른 바탕에 흰 무늬가 있는 큰 매. 揄는《說文》에 '引也'라고 했다.

동현자는 다음과 같이 말했다.

보통 옥경으로 왼쪽을 공격하거나 오른쪽을 공격하는 것이 마치 용맹한 장수가 적의 진지를 처부수듯이 한다. 이것이 하나의 자세이다.

혹은 올라가고 내려오는 것이 마치 말을 타고 개울을 뛰어넘듯이 한다. 이것이 두번째 자세이다.

나왔다 사라졌다 하는 것이 마치 갈매기떼가 물결을 가르듯이 한다. 이것이 세번째 자세이다.

깊게 쌓았다 얕게 건드렸다 하는 것이 마치 까마귀의 어긋난 부리같이 한다. 이것이 네번째 자세이다.

깊이 찔렀다 얕게 찔렀다 하는 것이 마치 큰 돌을 바다에 던지듯이 한다. 이것이 다섯번째 자세이다.

천천히 솟구쳤다 느릿느릿 미는 것이 마치 추위에 언 뱀이 굴에 들어가듯이 한다. 이것이 여섯번째 자세이다.

빠르게 찌르는 것이 마치 놀란 쥐가 구멍으로 내닫듯이 한다. 이것이 일곱번째 자세이다.

고개를 들었다 발을 움츠렸다 하는 것이 마치 독수리가 꾀많은 토끼를 낚아채듯이 한다. 이것이 여덟번째 자세이다.

위로 치켰다 아래로 숙였다 하는 것이 마치 큰 돛이 광풍을 맞듯이 한다. 이것이 아홉번째 자세이다.

[12-7] 洞玄子云: 凡交接, 或下捺玉莖, 往來鋸其玉理, 其勢若割蚌而取明珠, 其勢一也; 或下擡玉理, 上衝金溝, 其勢若剖石而尋美玉, 其勢二也; 或以陽鋒衝築璿臺, 其勢若鐵杵之投藥臼, 其勢三也; 或以玉莖出入攻擊左右酸雍, 其勢若五錘之鍛鐵, 其勢四也; 或以陽鋒來往磨耕<u>神田幽谷之間</u>, 其勢若農夫之墾秋壤, 其勢五也; 或以<u>玄圃</u><u>天庭</u>兩相磨搏, 其勢若兩<u>崩巖</u>之<u>相欽</u>, 其勢六也.

【신전유곡지간神田幽谷之間】 단전과 여성의 음부 사이를 말한다.
【현포玄圃】 여자의 외음부.
【천정天庭】 남자의 외음부를 가리키는 것이 틀림없다.
【붕암崩巖】 갈라 무너진 암석.
【상흠相欽】 相按. 欽은 按이다. 이것은 남녀가 서로 마찰시키며 두드리는 것을 말한다.

동현자는 다음과 같이 말했다.

일반적으로 교접할 때 옥경을 아래로 누르고 그 옥의 결에 따라 톱질하듯 오가는 형상이 마치 조개를 벌리고 진주를 꺼내듯이 한다. 그것이 첫번째 자세이다.

아래로 옥의 결을 따라 들어올리고 위로 금구를 찌르는 형상이 마치 돌을 쪼개고 아름다운 옥을 찾듯이 한다. 이것이 두번째 자세이다.

옥경의 끝으로 선대를 찌르는 형상이 마치 쇠공이로 약 절구를 빻듯이 한다. 이것이 세번째 자세이다.

옥경으로 좌우의 벽옹을 드나들며 공격하는 형상이 마치 망치로 쇠를 단련하는 것처럼 한다. 이것이 네번째 자세이다.

옥경의 끝으로 단전과 음부 사이를 오가며 돌을 갈고 밭을 갈 듯하는 형상이 마치 농부가 가을에 땅을 개간하듯이 한다. 이것이 다섯번째 자세이다.

여자의 성기와 남자의 성기를 서로 문지르고 부딪치는 형상이 마치 무너진 두 바위가 서로 마찰하듯이 한다. 이것이 여섯번째 자세이다.

[12-8] 洞玄子云: 凡欲泄精之時, 必須候女快, 與精一時同泄. 男須淺拔遊於琴弦麥齒之間, 陽鋒深淺如孩兒含乳, 卽閉目內想, 舌柱上顎, 脊引頭, 張鼻歙肩, 閉口吸氣, 精便自上節限, 多少莫不由人, 十分之中只得泄二三分矣.

동현자는 이렇게 말했다. 일반적으로 정액을 내보낼 때는 반드시 여자가 즐겁기를 기다렸다가 일시에 함께 싸야 한다. 남자는 반드시 얕게 빼서 금현과 맥치 사이에 노니는데, 어린아이가 젖을 물듯이 옥경의 끝으로 깊이 넣었다 얕게 뺐다 해야 한다. 즉 눈을 감고 속으로 생각하며, 혀를 입 윗천장에 세우고 목을 움츠리고 코를 벌리고 어깨에 대고 숨을 들이쉬고, 입을 다물고 공기를 마시면, 정액이 위로부터 절제되니, 조금이라도 남을 따라 하지 말고, 10 중 2,3만을 배설해야 되는 것이다.

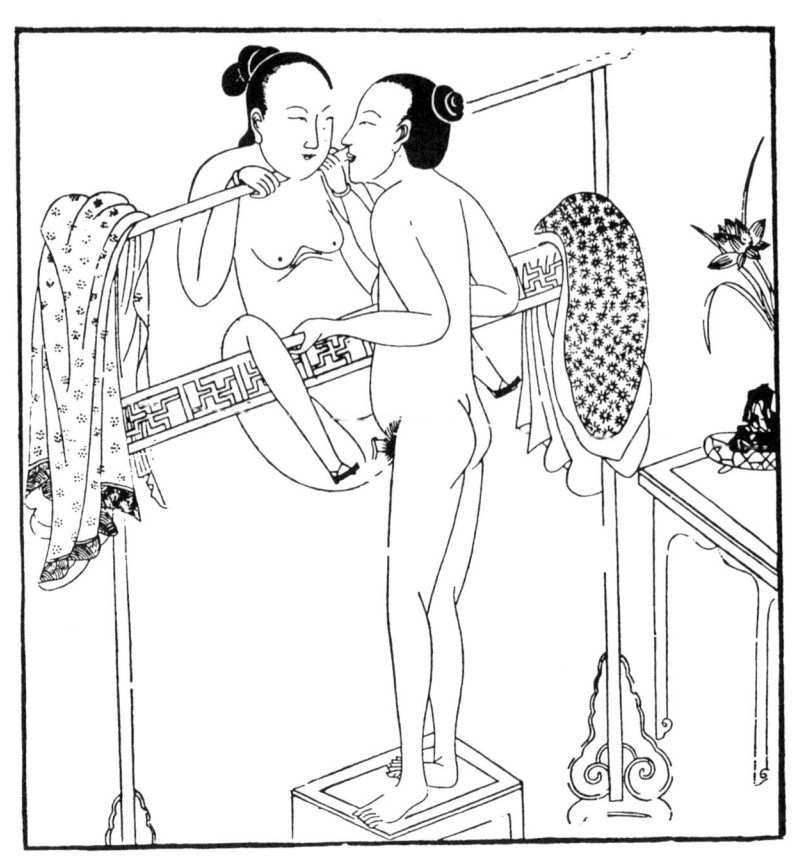

[12-9] 洞玄子云: 凡欲求子, 候女之月經斷後則交接之, 一日三日爲男, 四日五日爲女. 五日以後徒損精力, 終無益也. 交接泄精之時, 候女快來, 須與一時同泄, 泄必須盡. 先令女正面仰臥, 端心一意, 閉目, 內想受精氣. 故老子曰: 夜半得子爲上壽, 夜半前得子爲中壽, 夜半後得子爲下壽.

동현자가 다음과 같이 말했다. 일반적으로 아들을 얻고 싶으면, 여자가 월경이 끝나기를 기다려 교접한다. 초하루와 사흘은 아들이고, 나흘과 닷새는 딸이다. 닷새 이후에 쓸데없이 정력을 손상시키면 결국 아무 이로움도 없다. 교접하여 정액을 배설할 때는 여자가 즐겁기를 기다려 일시에 함께 배설해야 한다. 그러므로 노자는 이렇게 말했다. 한밤중에 아들을 얻으면 가장 오래 살고, 한밤중 전에 아들을 얻으면 보통 오래 살고, 한밤중이 지나 아들을 얻으면 오래 살지 못한다.

[12-10] 凡女懷孕之後, 須行善事, 勿視惡色, 勿聽惡語, 省淫欲, 勿呪詛, 勿罵詈, 勿驚恐, 勿勞倦, 勿妄語, 勿憂愁, 勿食生冷醋滑熱食, 勿乘車馬, 勿登高, 必臨深, 勿下坂, 勿急行, 勿服餌, 勿針灸, 皆須端心正念, 常聽經書, 遂令男女如是聰明智惠, 忠眞貞良, 所謂胎敎者也.

일반적으로 여자가 임신한 후에는 반드시 좋은 일을 행하고, 나쁜 색을 보지 말고, 악한 일을 듣지 말고, 음욕을 줄이고, 남을 저주하지 말고, 욕을 하지 말고, 피곤하게 하지 말고, 그릇된 말을 하지 말고, 근심걱정하지 말고, 차거나 시거나 미끄럽거나 뜨겁거나 한 음식물을 먹지 말고, 수레나 말을 타지 말고, 높은 데 올라가지 말고, 반드시 낮은 데에 있고, 비탈을 내려가지 말고, 침을 맞거나 뜸을 들이지 말고, 항상 마음과 생각을 단정하게 하고 경서를 들어야 마침내 아들딸이 총명하고 지혜로우며 충성스럽고 진실하며 곧고 어질게 된다. 이른바 태교라는 것이다.

[12-11] 洞玄子云: 男年倍女, 損女; 女年倍男, 損男.
交接所向, 時日吉利, 益損順時, 效此大吉:

春首向東, 夏首向南, 秋首向西, 冬首向北.

陽日益(隻日是), 陰日損(雙日是), 陽時益(子時已後午前是), 陰時損(午時已後子前是), 春甲乙, 夏丙丁, 秋庚辛, 冬壬癸.

동현자는 이렇게 말했다. 남자의 나이가 여자의 두 배이면 여자를 손상케 하고, 여자의 나이가 두 배이면 남자를 손상시킨다.

교접할 때의 방향, 시기와 날짜의 길하고 이로움은, 그 이롭고 해로운 것은 때에 순응해야 하는 것이니, 이를 본받아야 크게 길하다.

봄에는 동쪽을 향하고, 여름에는 남쪽을 향하고, 가을에는 서쪽을 향하고, 겨울에는 북쪽을 향해야 한다.

양일은 이롭고(홀수일 때) 음일은 해로우며(짝수일 때), 양시는 이롭고(자시 이후 오전일 때) 음시는 해롭다.(오시 이후 자시 전일 때) 봄에는 갑을, 여름에는 병정, 가을에는 경신, 겨울에는 임계일이다.

[12-12] 禿雞散 治男子五勞七傷 陰痿不起 爲事不能. 蜀郡太守臣敬, 大年七十, 服藥得生三男, 長服之. 夫人患多玉門中疹不能坐臥, 卽藥棄庭中, 雄雞食之, 卽起上雌雞其背, 連日不下, 喙其冠, 冠禿, 世呼爲禿雞散, 亦名禿鷄丸方:

肉縱容 三分 五味子 三分, 兎絲子 三分, 遠志 三分, 蛇牀子 四分

右五物, 搗篩爲散, 每日空腹酒下方寸匕, 日再三. 無敵不可服. 六十日可御 婦. 又 以白蜜和丸, 如梧子, 服五丸, 日再, 以知爲度.

鹿角散 治男子五勞七傷, 陰痿不起, 卒就婦人, 臨事不成, 中道盼死, 精自引出, 小便餘瀝, 腰背疼冷方:

鹿角 柏子仁 兎絲子 蛇牀子 車前子 遠志 五味子 縱容 各四分

右搗篩爲散,每食後服五分匕,日三. 不知 更加方寸匕

長陰方:

肉縱容 三分 海藻 二分

右搗篩爲末,以和正月白犬肝汁塗陰上三度. 平旦新汲水洗柬,即長三寸,極驗.

療婦人陰寬, 冷, 急小, 交接而快方:

石硫黃 二分 靑木香 二分 山茱萸 二分 蛇牀子 二分

右四味搗篩爲末 臨交接內玉門中, 少許, 不得過, 多恐最孔合.

又方: 取石流黃末 三指撮, 內一升湯中, 以洗陰, 急如十二三女.

【위사불능爲事不能】 교합을 진행할 수 없음을 말한다.
【부인환다옥문중진夫人患多玉門中疹】 촉군 태수의 부인이 가장 걱정한 것은 옥문의 병이었음을 말한다.
【훼기관喙其冠】 수탉이 복용한 후에 암탉의 등에 올라 타고 부리로 암탉의 벼슬을 쪼아댐을 말하는 것으로, 약의 성분이 효험이 있음을 설명하는 것이다.
【졸취부인卒就婦人】 갑작스레 여자와 교합함.
【중도위사中道痿死】 음경이 음부로 반밖에 들어가지 않았는데, 흐물흐물 시들어 버리는 것을 말한다.
【급소急小】 여자의 음문이 급격하게 위축되는 것을 이름.
【최最】 당연히 峻라고 해야 한다. 본래 남자의 생식기를 가리키는데, 여기서는 여자의 생식기를 가리킨다. 最孔: 여자의 음도陰道를 말한다. 이 구절은 약을 너무 많이 복용하면 여자의 음문의 길을 막히게 할 수도 있음을 말하고 있다.

독계산: 남자의 오로칠상, 발기부전과 방사불능을 치료한다. 촉군의 태수 경이 나이가 70이나 되었지만 약을 먹고 아들을 셋이나 낳아 오랫동안 복용했다. 부인은 옥문에 부스럼이 있어 앉지도 눕지도 못하여 몹시 걱정스러워, 바로 마당에 약을 버렸더니 수탉이 먹고 즉시 일어나 암탉의 등에 올라 매일 내려오지 않고 벼슬을 쪼아 벼슬이 벗겨지자, 사람들이 독계산이라고 하였고, 또 독계환방이라고도 했다.

육종용: 3푼, 오미자 3푼, 토사자 3푼, 원지 3푼, 사상자, 4푼.

위의 다섯 가지를 빻아서 체로 걸러 매일 두세 번씩 공복에 술에 타서 한 치짜리 네모난 숟갈로 먹는다. 굴복시키지 못할 적이 없다. 60일에 30명의 여자를 거느릴 수 있다. 또 흰 밀랍으로 오동씨 크기로 알약을 만들어, 하루에 두 번 먹는다. 효과가 나타나면 그대로 한다.

녹각산: 남자의 오로칠상, 발기부전을 치료한다. 갑자기 부인과 교접하면 성공하지 못하고 음경이 음부에 반밖에 들어가지 않았는데 흐물흐물 시들어 버리고 정액이 저절로 흐르고, 소변을 누어도 찔끔거리고 허리와 등이 아프고 찬 데에 쓰는 처방이다.

녹각, 잣씨, 토사자, 사상자, 차전자, 원지, 오미자, 종용 각 4푼으로 만든다.

위의 것들을 빻아서 체로 걸러 식사 후마다 5푼 7리씩 사흘 동안 복용하고, 효과를 모르겠으면 한 숟가락을 더한다.

장음방: 육종용 3푼, 해조 2푼.

위의 것들을 빻아 체로 걸러서 가루로 만들어 정월달의 흰 개 간 즙과 섞어 음경에 세 차례 바른다. 고요한 날 아침 새로 물을 길어다 발을 씻기를 서너 번 더하면 매우 효험이 있다.

여자의 음문이 넓어지거나 냉하거나 갑자기 긴장하여 작아지는 것을 치료하는 데는 교접하여 즐거움을 느끼도록 하는 처방해야 한다.

석유황 2푼, 청향목 2푼, 산수유 2푼, 사상자 2푼.

위의 세 가지 맛을 빻아 체로 걸러 분말을 만들어서 교접하기 직전에 옥문에 넣는다. 조금 지나도 삽입할 수 없으면, 아마 대부분 음문의 질 구멍이 붙은 것일 것이다.

또 다른 처방: 석유황 가루를 세 손가락으로 끓는 물 한 되에 집어넣어 음문을 씻으면, 마치 열두세 살 소녀처럼 빨리 된다.

【해설】《동현자》는 고대 방중 교합 예술의 전체적인 논술로, 그 방법·자세·체위에 대한 전체적인 총괄이다. 이 방면에 내용은 남김없이 모조리 포함하고 있다. 기타 의서 중에 이에 대한 논급이 있기는 하지만, 이에 보탬이 될 것은 없다. 백서 《합음양合陰陽》 중에 〈십절十節〉이 있고, 죽간 《천하지도담天下至道談》 중에는 《십세十勢》가 있으며, 《소녀경》 중에는 〈구법九法〉이 있는데, 《동현자》에 이르러 《삼십법》으로 연

역되었다. 앞의 4법이 교합 전의 전희로써 쌍방의 성적 흥분을 자극하는 것 이외에, 나머지 26법은 교합할 때의 체위·자세·동작에 대한 구체적인 묘사이다. 교합 때의 자세와 체위를 살펴보면, 그것은 성생활의 즐거움을 증가시킬 뿐만 아니라 질병을 예방하고 신체를 건강하게 하는 방중 보건이기도 하다. 또 사람에게는 키의 크고 작음과 살찌고 마름, 심지어는 병치레가 잦은 사람이 있는데, 각종 사람들이 모두 스스로에게 적합한 상황을 찾아 부부 천륜의 즐거움을 누릴 수 있도록 하기도 한다. 교합중의 구체적인 동작에 대해서는, 《합음양》에 〈십수十修〉《팔동八動》이 있고, 《천하지도담》에는 〈팔도八道〉가 있으며, 《소녀경》에는 〈신축부앙전각굴절伸縮俯仰前卻屈折〉의 팔사八事가 있는데, 《동현자》에서는 구상九狀·육세六勢로 귀납시켜 방중 예술을 풍부하고 다양하게 설명하고 있다. 부부의 감정을 증강시킴으로써, 가정을 화목하게 하고 생활에 행복이 가득하도록 한다. 당연히 이러한 동작·자세·형식은 '이치가 한 가지만 있는 것이 아니고 수많은 방법이 있으므로,' '고지식하게 하나의 원칙에 얽매여서는 안 된다.' 적당하게 선택하여 민활하게 이용해야 하는 것이다. 고대의 방중서에서는 동물의 동작을 많이 모방하여, "그 자세를 흉내내어 이름을 삼고, 그 형체를 빌려 그 이름을 지었다." 이것은 생물학을 빌려 방중 생황에 운용한 것이므로, 일반 형상의 비유로만 볼 수는 없다. 왜냐하면 생존 경쟁의 우주 자연 중에서 각종 동물은 모두 자신의 우월한 동작으로 생존 능력을 갖는 것이며, 인간은 이러한 우월한 동작을 배워 이용할 수 있으므로, 이것은 인간의 생존 능력을 증강시킨다. 따라서 무술가武術家·기공가氣功家들은 이에 근거하여 각종 방법을 창안해 내고, 방실 생활에서 이러한 모방한 원리를 활용하는데, 이것은 인체 건강에 있어서도 좋은 점이 있다. 《동현자》 중에서 논한 아들 낳기·태교·연령·교합 시일 등의 문제는 대부분 다른 책들과 같다. 마지막으로 방사 보건의 처방전이 약간 있는데, 약을 쓰는 것이 다른 책들에서와 조금 다르므로 뒤에 수록하였다.

十三 三元延壽參贊書

[元] 李鵬飛 撰

이붕비(1221-?) 자는 澄心. 원나라 지주池州(현재의 안휘성安徽省 귀지현貴池縣) 사람. 유년 시절에 그의 생모 조씨姚氏는 본부인이 용납해 주지 않아 주朱씨에게 개가했다. 붕비는 19세 때 어머니를 그리는 마음이 애절하여 세상 사람들을 구제하기 위하여 의학을 공부하기로 결심하였다. 그는 어머니를 만나고 싶은 마음이 간절하여, 의업을 한 지 3년 만에 기주蘄州 나전현羅田縣(오늘의 호북성湖北省 나전羅田)에 이르러 생모를 찾아 소원대로 공양하였다. 오래 지난 후 생모가 주씨에게로 되돌아가자 그는 그때부터 연초가 되면 강을 건너 가서 어머니를 만나보고 했다. 그후 어머니가 세상을 뜨자 자손들을 거느리고 가서 제를 지내고 성묘하였다.

  작자는 《삼원연수참찬서》의 머리말에서 자기가 생모를 찾아다닐 때 90여세 되는 흑발동안의 도인을 만났다고 썼다. 붕비가 그 도인에게 어찌하여 그렇게 장수하느냐고 묻자, 도인은 "자네는 〈삼원지설三元之說〉에 대해 들어본 적이 있는가?" 하고 물었다. 그때는 볼일이 급하여 물어보지 않았는데, 10년 후 무진년(원 4년, 1268년)에 붕비가 "태학에 입사하려고 예부로 가는 동중 비래봉 아래에서 잠깐 쉬는데 느닷없이 그 도인을 다시 만났다. 그런데 용모는 예나 다름없이 젊어 보였다." 붕비가 다시 〈삼원지설〉에 대하여 물어보자 도인이 이렇게 말했다. "사람의 수명은 천원天元 60, 지원地元 60, 인원人元 60 합하여 1백80세이네. 조심할 줄 모르면 날로 못해갈 것일세. 정기가 굳지 못하면 천원의 수명이 줄어들고 지략이 지나치면 지원의 수명이 줄어들고 음식을 절제하지 않으면 인원의 수명이 줄어드네. 귀중한 것을 사랑할 줄 모르고 금기를 피할 줄 모르면 신일神日이 소모되고 병일病日이 다가오고, 그렇게 되면 수일壽日이 단축될 것이네." 도인의 이 말은 황제와 기백岐伯과 노자와 장자와 공자와 맹자 그리고 명의들이 저서에서 한 말과 조금도 다름이 없다. 그리고는 도인은 그림 두 장을 선사하였다. 붕비는 돌아온 후 책들을 널리 수집하여 묶어서 원나라 신묘辛卯년(1291) 출판하였는데, 그해 붕비는 70세, 그의 부친은 90세였다.

《삼원연수참찬서》는 5권으로 되어 있는데, 앞에는 총론으로 《인설人說》이 있고 제1권은 〈천원지수〉, 제2권은 〈지원지수〉, 제3권은 〈인원지수〉, 제4권은 〈신선구세각로환동진결神仙救世却老還童眞訣〉, 제5권은 〈신선경세 음양연수론神仙警世 陰陽延壽論〉으로 되어 있다. 그 중 1권에는 의학논문 9편이 실려 있는데, 소아과인 《영아소기嬰兒所忌》(이 책에는 수록하지 않았다) 외에, 그밖의 8편의 행방行房의 원칙, 방법, 금기 등을 포함한 방중양생론들이다. 이 권에는 원나라 이전의 방중저작들을 수록하였는데, 송나라와 원나라 이전의 방중양생론의 집대성이라고 할 수 있다. 이 책의 권두에는 그 시대 사람들인 당올대唐兀대, 요철姚轍, 탑해塔海, 주천기周天驥 등이 머리말과 서문을 쓰고, 화원승和元升, 섭응화葉應和(近納)가 발문을 썼는데, 머리말과 발문의 낙관 연월이 엄청나게 차이가 나서 여기서는 고증하기 어렵다. 이씨는 《삼원연수참찬서》 5권 외에도 《구급방救急方》 1집(당올대의 말에 의하면)을 썼다고 하는데, 이들 책의 단행본이 나타난 적이 없다. 《삼원연수참찬서》는 《도장道藏》에 수록되어 있는데, 거기에 근거하여 이 책을 출판한다.

[13-1] 天元之壽精氣不京耗者得之

男女居室, 人之大倫. 獨陽不生, 獨陰不成, 人道有不可廢者. 庄周乃曰: "人之可畏者, 衽席之間, 不知戒者, 過也." 盖此身與造化同流, 左爲腎屬水, 右爲命門屬火. 陽生于子, 火實藏之, 猶北方之有<u>龜蛇</u>也. 膀胱爲左腎之腑, 三焦爲右腎之腑, 三焦有脂膜如掌大, 正與膀胱相對, 有二白脈自中而出, 夾脊而上貫于腦. 上焦在膻中, 內應心; 中焦在中脘, 內應脾; 下焦在臍下, 卽<u>腎間動氣</u>. 分布人身, 方其湛寂, 欲念不興. 精氣散于三焦, 榮華百脈. 及欲念一起, 欲火熾然, 翕撮至焦, 精氣流溢, 幷從命門輸瀉而去, 可畏哉!

嗟夫! 元氣有限, 人欲無涯. 火生于木, 禍發必克, 尾閭不禁, 滄海以竭. 少之時, 血氣未定, 旣不能守<u>夫子</u>在色之戒, 及其老也, 則當寡欲閑心, 又不能明<u>列子</u>養生之方, 吾不知其可也! 麻衣道人曰: "天·地·人, 等列三才."

人得中道, 可以學聖賢, 可以學神仙, 況人之數于天地萬物之數. 但今之人, 不修人道, 貪爰嗜欲, 其數消減, 只與物同也, 所以有老病夭殤之患. 鑒乎此, 必知所以自重, 而可以得天元之壽矣.

【귀사龜蛇】玄武라고도 하는데, 북방에 있다. 《參同契》에는 "수컷은 혼자 있지 않고 암컷은 혼자 살지 않는다. 玄武龜蛇와 蟠虯는 서로 돕는다"고 하였다. 여기서는 반규와 함께 있다는 뜻인데, 사람의 몸에 있는 물과 불은 언제까지고 서로 의존함을 비유한 것이다.

【신간동기腎間動氣】두 개의 腎 사이에 있는 진기를 말하는데, 명문지화命門之火의 구현이다. 인체의 오장육부 경맥의 기와 삼초기화三焦氣化는 腎 사이의 동

기의 작용에 의지한다.

【모려尾閭】 모든 하천이 바다로 흘러들어가는 곳. 여기서는 바다는 흐름을 막지 않으면 고갈된다는 것을 말하는데, 사람이 만일 금욕하지 않고 무절제하게 방종하면 정기가 넘쳐 흘러 수명이 줄어든다는 것을 비유하였다.

【부자夫子】 즉 孔子이다. 공자는 "젊고 원기가 왕성할 때 색을 삼가라"고 말한 적이 있다.

【열자列子】 즉 列御寇이다. 혹은 諸子를 가리키기도 한다.

    남녀의 방중 생활은 인간 관계에 있어서 큰 일이다. 양 혼자서는 생육할 수 없고, 음 홀로서는 성장할 수 없는데, 이것은 인류의 방중 생활은 폐지할 수 없음을 말해 준다. 그래서 장주는 "사람의 생활에 있어서 가장 두려운 것은 잠자리에서의 교합인데, 절제할 줄 모르는 사람들은 잘못이로다!"로 말하였다. 왜냐하면 사람의 신체는 대자연의 신비와 비슷하기 때문이다. 왼쪽에는 신腎이 있는데 5행 중의 수水에 속하고, 오른쪽에는 명문命門이 있는데 5행 중의 화火에 속한다. 양기는 자시에 생기는데, 그 속에 화가 숨어 있다. 전설에 나오는 북방의 구사가 서로 서리고 얽혀 있는 것과 같이 사람 몸의 수·화 역시 그렇게 상합상생相合相生하고 있는 것이다. 방광은 좌신左腎의 장기이며, 삼초三焦는 우신의 장기이다. 삼초에는 손바닥만한 지막층脂膜層이 있는데, 그것은 방광과 마주하고 있다. 그 가운데서 두 줄기의 백색의 기맥이 생겨 등골을 따라 올라가서 뇌수에 들어간다. 상초上焦는 명치의 전중혈膻中穴에 있는데, 체내의 심장과 상응하며, 중초는 신체의 중복中腹 부위에 있는데 비장과 상응하고, 하초는 배꼽 아래, 즉 두 신腎 사이에 있는데 생명의 원기가 있는 곳이다. 원기는 인체의 전신에 분포되어 있으며, 그것이 잠잠해 있으면 사람의 7정6욕七情六欲이 일어나지 않는다. 일단 정기가 흩어져서 삼초에 이르면 백맥이 왕성하여 거침없이 흐르며 게다가 정욕과 잡념이 생겨 욕정의 불길이 활활 타올라서 삼초에 집결되기만 하면 정기는 넘쳐서 흘러 나와 명문 속으로 해서 모두 빠져나간다. 얼마나 무시무시한 일인가!

아! 사람의 원기는 유한한데 욕망만은 무한하구나. 열화는 목木에서 생기는데, 재앙이 생기면 반드시 그것과 싸워 이겨야 한다. 사람의 욕망을 절제하지 않고 제멋대로 가만 내버려두면 제방이 터져서 강물이 다 흘러가 버리는 것과 같이 사람도 정기가 다 빠져나가 황천객이 되고 말 것이다. 젊어서는 혈기가 완전히 형성되지 않았으나, 색을 삼가라는 공자의 가르침을 지키지 않고 방사를 치르고, 마음을 깨끗하게 하고 욕심을 제거하며 담백한 생활을 해야 할 노년에 이르러서도 많은 선현들의 양생방술에 대해 깨닫지도 파악하지도 못하고 억지로 교합하는데, 이렇게 하면 무슨 좋은 점이 있는지 나는 모르겠다. 마의도인麻衣道人은 "천·지·인은 평등하게 삼재三才 가운데 서 있다"고 말하였다.

사람이 일반적으로 도를 얻으면 성현과 신선을 배울 수 있는데, 하물며 사람의 수명과 천지만물의 수명은 서로 차이가 얼마 되지 않음에랴. 그런데 현시대의 사람들은 양생의 도를 수련하지 않고 여색을 탐하여 육욕에 빠져 절제하지 않으니, 자연 수명이 줄어들 수밖에 없지 않은가. 그래서 일반적인 속물들과 한무리가 되었으니, 늙고 병들고 요절하는 화가 미치게 되는 것이다. 이 점을 감안하여 사람들은 반드시 스스로 신중하고 귀중하게 여겨 생명을 아낌으로써 '천원의 수명'을 누려야 할 것이다.

[13-2] 欲不可絶

黃帝曰: 一陰一陽之謂道, 偏陰偏陽之謂疾. 又曰: 兩者不和, 若春無秋, 若冬無夏. 因而和之, 是謂聖度. 聖人不絶和合之道, 但貴于閉密以守天眞也.

《素女》曰: 人年二十者, 四日一泄; 三十者, 八日一泄; 四十者, 十六日一泄, 五十者, 二十日一泄(此法語也. 所稟者厚, 食飮多, 精力健, 或少過其度. 譬之井焉, 源深流長, 雖隨汲隨滿, 又懼其竭也. 若所稟者薄, 元氣本弱, 又食減精耗, 願强而爲, 是怯夫而試馮婦人術, 适以齺虎牙耳).

素女曰: 人年六十者, 當閉精勿泄, 若氣力尙壯盛者, 亦不可强忍, 久而不泄, 致生癰疾.

彭祖曰: 男不可無女, 女不可無男. 若念頭眞正無可思者, 大佳, 長年也. 又曰: 人能一月再泄精, 一歲二十四泄, 得壽二百歲.

《名醫論》曰: 思欲無窮, 所願不得, 意淫于外, 爲白淫而下, 因是入房太甚, 宗筋縱弛.

書云: 男子以精爲主, 女子以血爲主. 故精盛則思室, 血盛則懷胎. 若弧陽絶陰, 獨陰無陽, 欲心熾而不遂, 則陰陽交爭, 乍寒乍熱, 久而爲勞. (富家子唐靖, 瘡發于陰, 至爛. 道人周守眞曰: "病得之欲泄而不可泄也." 使記濟北王侍人韓女, 病腰背病, 寒熱. 倉公曰: "病得之欲男子不可得也.")

【성도聖度】 현명한 계책, 즉 고명한 방법.
【천진天眞】 선천적으로 부여된 眞元의 氣.
【빙부지술馮婦之術】 馮婦는 춘추 시기 晉나라 사람으로, 범을 잘 잡았다. 야외에서 사람들이 범을 쫓았는데 범이 험준한 지세에 의지해 있자 누구 하나 달려나가 범을 잡을 마음을 먹지 못하고 있자, 풍부가 수레에서 내려와 팔을 휘두르며 범을 잡았다.(《孟子·盡心下》를 보라) 여기서는 겁이 많은 사람이 풍부처럼 맨손으로 범을 때려잡으려 한다면, 되려 범에게 먹히고 만다는 뜻으로 사용되었다. 천성이 변변치 못하고 원기가 약한 사람이 억지로 방사를 치르면 죽는 수밖에 없음을 비

유하였다.

【적이마호아귀適以劘虎牙耳】劘의 음은 磨와 같다. 《論衡·明雩》에는 '砥石劘厲欲求銛上'이라 하였다. 劘란 자르는 것을 말한다. 여기서는 범으로 하여금 이를 갈게(범에게 먹혔다) 할 뿐이라는 뜻으로 사용되었다.

황제는 이렇게 말했다. "음과 양이 서로 어울려서 상생상성相生相成하는 것을 도道라 하고, 음에 치우치거나 양에 치우치는 것을 질병이라고 한다." 그는 또 이렇게 말하였다. "음과 양 두 방면이 화합되지 않으면 봄만 있고 가을이 없고, 겨울만 있고 여름은 없는 것과 같다. 그러므로 음과 양을 화목하게 어울리게 하는 것을 성인의 고명한 방법이라고 한다. 성인은 음양화합의 경로를 막거나 단절하지 않고, 오로지 정을 막고 기를 굳게하여 진원이 모자라지 않게 함으로써 사람에게 선천적으로 부여된 정기를 지켜낸다."

《소녀경》에서는 이렇게 말하였다. 사람은 20세 때는 4일에 한 번씩 사정해도 되고, 30세 때는 8일에 한 번씩 사정해도 되며, 40세 때는 16일에 한 번씩 사정해도 되고, 50세 때는 20일에 한 번씩 사정해도 된다(이것을 법칙이라고 할 수 있다면 보편적인 규율을 두고 하는 말이다. 부여된 선천적인 기가 많고 식사를 많이 하고 정력이 강한 사람은 이 표준을 조금 초과해도 무방하다. 예를 들어 우물과 같이 원천이 깊고 흐름이 길면 수시로 흡수할 수도 있고, 또 수시로 찰 수도 있다. 하지만 이렇다 할지라도 고갈될 우려가 있는 것이다. 부연된 선천적 기가 엷고 적으며 본래 원기가 약하고 게다가 식욕도 강하지 못해 정기가 손상을 받은 사람이 억지로 방사를 한다면, 겁쟁이가 전설에 나오는 풍부가 맨손으로 범을 때려잡은 흉내를 내는 것과 같아서 결과적으로는 호랑이에게 다치고 호랑이로 하여금 이를 갈게 할 뿐인 것이다).

소녀는 이렇게 말하였다. "사람은 60세가 되면 응당 폐정하고 사정하지 말아야 한다. 만일 기력이 강한 사람이면 억지로 참고 사정하지 않을 필요는 없을 것이다. 이렇게 시간이 오래 지나가면 독창과 같은 질병이 걸릴 수 있다."

팽조는 이렇게 말하였다. "남자의 생활에서 여자가 없어서는 안 되며, 여자도 생활에서 남자를 떠날 수 없다. 진정 성욕이 없어서 방사를 할 생각이 나지 않는다면 방사를 치르지 않는 것이 가장 좋으며, 이렇게 하면 장수할 수가 있는 것이다." 그는 또 이렇게 말하였다. "한 달에 두 번만 사정하여 1년에 스물네 번만 사정하면 2백 세까지 살 수 있다."

《명의론名醫論》에서는 이렇게 말했다. "사람의 춘정과 성욕이 그치지 않을 때, 상대를 만나 만족을 이루지 못할 경우 생각을 통하여 성행위(수음 등)로 사정하는데, 이것은 상대가 없는 성행위이며 사정인 것이다. 이러한 상활에서 방사를 하면 성생활이 도가 지나칠 수 있어 전신의 근골이 느슨해진다."

책에서는 이렇게 말하고 있다. "생리적으로 볼 때 정은 남자에게 있어서 주도적이며, 혈은 여자에게 있어서 주도적이다. 그러므로 남자는 정기가 충족되면 방사를 할 욕망이 생기며, 여자는 혈기가 왕성하면 쉽게 잉태할 수 있다. 만일 남자가 여음女陰을 떠나고 여자가 남양男陽이 없이 홀로 지내는 경우, 성욕에 대한 갈망이 크나 만족을 이루지 못하게 되고, 체내의 음기와 양기가 충돌되어 때로는 몸이 춥고 때로는 몸이 더워서 시간이 오래가면 폐병에 걸린다(당정唐靖이라는 부잣집 자식이 음부에 독창이 생겼는데 나중에는 화농이 되었다. 도인 주수진周守眞이 이는 사정은 하고 싶지만 사정할 길이 없어 생긴 병이라고 하였다. 역사서에는 다음과 같은 기록이 있다. 제북왕齊北王의 한씨라는 시녀가 허리와 잔등이 아프고 때로는 추워하고 때로는 더워 하는 병에 걸렸는데, 창공해倉公解는 병이 생긴 원인이 남자를 그리워하나 남자를 얻지 못한 때문이라고 말하였다)."

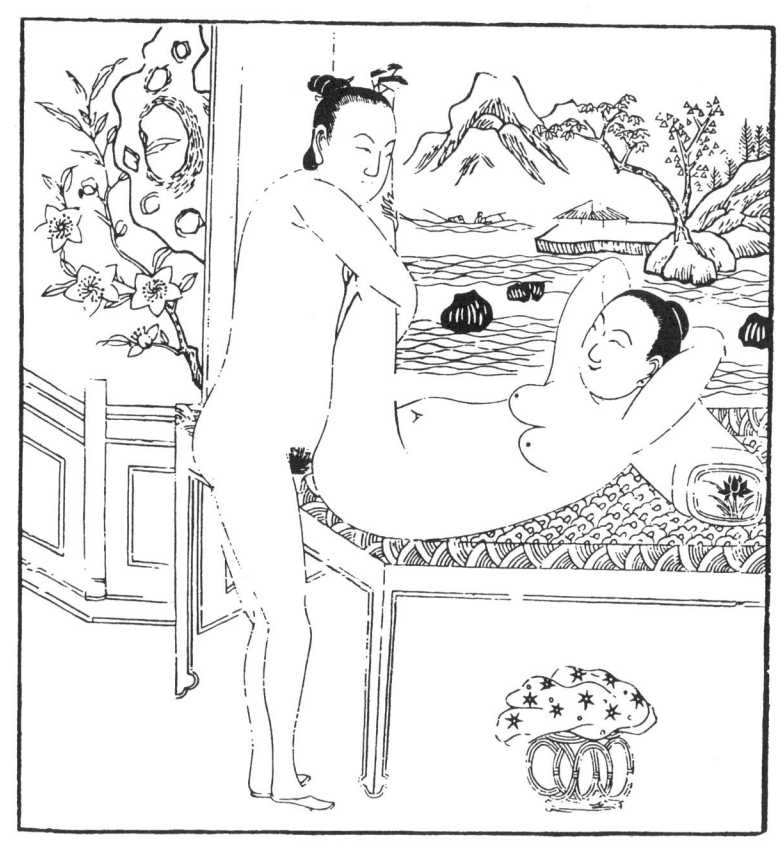

[13-3] 欲不可早

齊大夫褚澄曰：羸女則養血，宜及時而嫁；弱男則節色，宜待壯而婚.

書云：男破陽太早，則傷其精氣；女破陰太早，則傷其血脈.

書云：精未通，而御女以通其精，則<u>五体</u>有不滿之處，异日有難狀之疾.

書云：未笄之女，天癸始至，已近男色，陰氣早泄，未完而傷.

書云: 童男室女, 積想在心. 思慮過當, 多致苛損. 男則神色先散, 女則月水先閉.

【오체五體】 신체의 筋·脈·肉·皮·骨을 말한다. 오체와 오장은 상관이 있는데, 肝은 筋에 해당되고 心은 脈에 해당되고 脾는 肉에 해당되고 肺는 皮에 해당되고 腎은 骨에 해당된다.

제齊나라의 대부 저징褚澄은 이렇게 말했다. "허약한 여자는 반드시 혈기를 조절하고 길러서, 적당한 시기에 시집가야 한다. 허약한 남자는 반드시 색욕을 절제하여 건장하기를 기다렸다가 다시 아내를 맞아들여야 한다."

책에서는 이렇게 말했다. "남자가 사정을 너무 일찍 하면 정기가 손상되고, 여자가 교합을 너무 일찍 하면 혈맥이 손상된다."

책에서는 이렇게 말했다. "정기가 아직 개통되지 않았을 때 여자와 성교하여 정기를 통하게 하면 신체 각 부위가 아직 채 발육되지 않고 가 성숙되지 않아서 후에 상상하기 어려운 병에 걸린다."

책에서는 이렇게 말했다. "미성년 여자가 월경이 오자마자 남자를 가까이 하면 음기가 일찍 새어나가 신체가 발육되지 않고 성숙되지 않아서 손상을 입게 된다."

책에서는 이렇게 말하였다. "청춘기의 소년소녀들은 늘 여성과 성교하고 싶은 욕망을 품고 있다. 이러한 욕망이 지나치면 대개는 질병이 생겨 신체가 손상을 받는다. 소년들은 안색이 안좋고 흐리멍텅해지며, 소녀들은 월경이 일찍 막히고 순조롭지 못하게 된다."

[13-4] 欲不可縱
《黃庭經》曰: 長生至愼房中急, 何爲死作令神泣.

彭祖曰：上士异床，中士异被．服藥千裹，不如獨臥．

老君曰：情欲出于五內，魂定魄靜，生也．情欲出于腦臆，精散神惑，死也．

彭祖曰：美色妖麗，嬌妾盈房，以致虛損之禍．知此，可以長生．

《陰符經》曰：淫聲美色，破骨之斧鋸也．世之人若不能秉靈燭以照迷情，持慧劍以割爰欲，則流浪生死之海，害生于思也．

全元起曰：樂色不節則精耗，輕用不止則精散．聖人爰精重施，隨滿骨堅．

書云：年高之時，血氣即弱，覺陽事輒盛，必愼而抑之，不可縱心竭意．一度不泄，一度火滅．一度火滅，一度增油．若不制而縱情，則是膏火將滅，更去其油．

《庄子》曰：嗜欲深者，其天機淺．春秋秦醫和視晋侯之疾曰：是謂近女室，非鬼非食，惑以喪志．公曰：女不可近乎？對曰：節之．

《玄棡》曰：元氣者，腎間動氣也．右腎爲命門，精神之所舍，爰惜保重，榮衛同流，神氣不竭，可與天地同壽．

《元氣論》曰：嗜欲之性，固無窮也．以有極之性命，遂無涯之嗜欲，亦自毙之甚矣．

《仙經》云：無勞爾形，無搖爾精，歸心靜默，可以長生．

《經頌》云：道以精爲寶，寶持宜秘密．施人則生人，留已則生己．結嬰尙未可，何況空廢棄？棄損不覺多，衰老而命墜．

《仙書》云：陰陽之道，精液爲寶．謹而守之，后天而老．

書云：聲色動蕩于中情，爰牽纏心有念動．有着畫想夜夢馳，遂于無涯之欲[中]．百靈疲役而消散，宅舍無寶而傾頹．

書云: 恣意极情, 不知自惜, 虛損生也. 譬如枯朽之木, 遇風則折; 將潰之岸, 值水先頹, 苟能爰惜節情, 亦得長壽也.

書云: 腎陰內屬于耳中, 膀胱脈出于目眦. 目盲所視, 耳閉厥聰, 斯乃房室之爲患也.

書云: 人壽夭, 在于撙節. 若將息得所, 長生不死. 恣其情, 則命同朝露.

書云: 欲多則損精. 人, 可寶者命, 可惜者身, 可重者精. 肝精不固, 目眩無光; 肺精不交, 肌肉消瘦; 腎精不固, 神氣減少; 脾精不堅, 齒發浮落. 若耗散眞精不已, 疾病隨生, 死亡隨至.

《神仙·可惜許》歌曰: 可惜許, 可惜許, 可惜元陽宮無主. 一点旣隨濃色妬, 百神泣送精光去. 三尸喜, 七魄怒, 血敗氣衰將何補? 尺宅寸田屬別人, 玉爐丹竈阿誰主? 勸世人, 休戀色, 戀色貪淫有何益! 一神去后百神离, 百神去后人不知. 幾度待說說不得, 臨時下口泄天機.

【방중급房中急】 방사를 치를 때면 몸이 많이 상하므로 반드시 신중해야 한다는 뜻이다. 무턱대고 제멋대로 하면 죽고 만다. 이 두 구절은 양생장수의 도는 아주 중요하므로 방사를 신중히 치러야 하며, 육욕에 빠져 절제하지 않고 방사를 치르면 사람의 몸이 많이 상하는데 무엇 때문에 내키는 대로 육욕에 빠져 절제하지 않아 죽을 때까지도 깨닫지 못하여 원정元精을 상하게 하고 원신元神을 흐느끼게 하겠는가 하는 뜻이다.

【혜검慧劍】 지혜의 검. 理智의 뜻으로 사용된다.

【비귀비식非鬼非食】 晉侯의 병으로, 귀신의 장난 때문에 생긴 병도 아니고, 그렇다고 음식을 무절제하게 먹어서 얻은 병도 아니라는 뜻이다.

【혹이상지或以喪志】 여색에 빠져 심지를 상실하였다는 뜻이다.

【결영結纓】 纓은 纓과 같다. 《左傳·哀公 十五年》에서 子路는 "군자가 죽었을 때는 관을 不免한다"고 하였다. 結纓이란 관 끈을 맨다는 뜻으로, 태연히 죽는 것을 의미한다. 이 구절은 서슴없이 목숨을 치는 경우라 할지라도 쉽사리 목숨을 잃어서는 안 되는데, 하물며 색을 탐하여 헛되게 죽을 필요가 있느냐는 뜻이다.

【택사宅舍】 몸과 마음.

【신음腎陰】 腎陰脈 혹은 陰經을 말한다.
【준절撙節】 억제. 《禮記·曲禮上》에는 "군자는 공경하고 억제하고 양보하는 것을 밝은 예의로 삼는다"고 하였고, 《孫希旦集解》에는 "다소 억제하고 경거망동하지 않는 것을 이라 하고, 다소 억제하고 지나치지 않는 것을 撙節이라고 한다"고 하였다.
【장식將息】 양생, 보양한다.
【삼시三尸】 도교 용어. '三筮' '三彭'이라고도 한다. 도가에서는 인체내에 세 개의 벌레가 있는데, 그것을 혹은 '三尸神'이라고도 한다. 葉夢得은 《避署錄話》에서 "도가에는 三尸 혹은 三彭이라는 말이 있다. 누구에게나 인체에는 삼충이 있는데, 사람의 과실을 기억해 두었다가 庚申日에 이르러 사람들이 잠든 틈을 타서 황제에게 참언한다. 그래서 도학자들은 경신일이 되면 잠자지 않는데, 이것을 守庚申이라고 한다. 혹은 약을 먹고 삼충을 죽이기도 한다"라고 하였다. 七魄이란 인체에 있는 일곱 가지 음탁한 기운을 말한다. 양생가들은 인체에 있는 칠백이 무시로 훼방을 놓으므로 반드시 수련을 쌓아야 한다고 인정한다. 《云笈七籤》 제5권에는 칠백의 이름이 다음과 같이 수록되어 있다. 〈尸狗, 伏矢, 雀陰, 吞賊, 非毒, 除穢, 鼻肺〉
【척택촌전尺宅寸田】 재산이 조금 있다는 뜻. 여기서는 육욕에 빠져 쇠약해져서 죽으면 그의 재산은 남에게 돌아감을 비유하고 있다.
【옥로단조玉爐丹竈】 도가에서 단약을 만드는 기구이다. 여기서는 집 재산을 말한다. 누가 이 재산의 주인인가?라는 뜻이다.

《황정경》에서는 이렇게 말했다. "양생장수하려면 사람의 몸을 몹시 해치는 방사에 신중해야 하는데, 어찌하여 육욕에 빠져 헤어나오지 못하여 원정元精을 상하게 하고 원신元神을 흐느끼게 하는가?"

팽조는 이렇게 말하였다. "상등 인사는 처자와 한 침대에 들지 않으며 중등인사는 처자와 한 이불을 덮지 않는다. 약 1천 첩을 쓰는 것이 혼자서 자는 것만 못하다."

노군老君은 이렇게 말했다. "정욕은 오장에서 생기는데 혼백이 안정해 있으면 건강장수한다. 정욕은 마음속에서 억측과 상상을 불러일으키는데, 정신이 흩어지고 얼떨떨해져 허쇠하여 죽는다."

팽조는 이렇게 말했다. "아름답고 요사스러운 처첩이 가득하면 음락에 빠져 신체가 허약해지는 우환이 생긴다. 이 점을 알고 방사를 절제하면 늙지 않고 장수한다."

《음부경陰符經》에서는 이렇게 말하고 있다. 음란한 소리와 요염한 색은 뼈를 부수는 도끼이다. 만일 사람들이 지혜의 촛불로 미혹을 비춰주지 않고 이지의 예리한 칼로 애욕을 끊어 버리지 않는다면, 생사의 바다에서 정처없이 떠돌아 다니다가 정사情思에 죽고 말 것이다.

전원기全元起는 이렇게 말하였다. 음란한 소리와 미색을 절제하지 않으면 정기가 다 소모될 것이며, 억제하지 않고 향락만을 추구하면 정기가 다 산실될 것이다. 성인은 정기를 아끼고 신중히 사정하기 때문에 정수가 충만하고 골격이 든든하다.

책에는 이렇게 말하였다. 나이가 많아서 기혈이 약해지기는 하였지만 성욕이 아주 강한 사람이라 하더라도 억제하고 방사를 신중히 대해야지, 하고 싶은 바를 다 해서는 안 된다. 한 번 성교에서 사정하지 않으면 그만큼 욕정의 불길이 줄어들 것이다. 한 번 욕정의 불길이 죽어지면 그만큼 정액이 늘어난다. 만일 억제하지 않고 육욕에 빠져 버리면 사람의 정기는 촛불처럼 다 타버릴 것이며, 정기의 '기름'은 말라 버릴 것이다.

《장자》에서는 이렇게 말했다. "욕망이 많은 사람은 선천적으로 부여된 천기天機가 부족하다. 춘추시대에 진의화秦醫和가 진후의 병을 진단하고 나서 이 병은 미색을 가까이했기 때문에 생긴 것이지, 귀신이 훼방을 놓았거나 음식이 과도해서 생긴 병이 아니고, 여색을 탐하여 심지가 상실된 것이라고 말했다. 진후가 여색을 가까이 해서는 안 되느냐고 묻자, 진의화는 절제해야 한다고 대답했다."

《현강玄棡》은 이렇게 말했다. "원기가 강한 자는 신 사이에서 기가 동하고 있다. 오른쪽 신은 명문인데, 명문은 인체의 정精·신神이 모이는 곳으로, 그것을 아끼고 소중히 여겨야 한다. 영榮·위衛 두 기는 동시에 작용을 발휘하는데, 정신 원기가 쇠갈되지 않으면 천지와 더불어 장수할 수 있다."

《원기론元氣論》에서는 이렇게 말하였다. "욕망의 본성은 원래부터 무궁무진하다. 유한한 생명으로 무한한 욕망을 추구하는 것은 자살과도 같이 심각하다."

《선경仙經》에서는 이렇게 말했다. 신체를 피로하게 하지 말고 정기를 동요시키지 않고 정양을 잘하면 장수할 수 있다.

《경송經頌》에서는 이렇게 말했다. "음양의 도에서는 정액을 보배로 여기므로 당연히 정액을 비밀히 보존해야 한다. 사정하면 자식을 낳을 수 있고 남겨두면 양생할 수 있다. 서슴없이 목숨을 바치는 경우라 하더라고 쉽사리 목숨을 잃어서는 안되는데, 하물며 색을 탐하여 헛되게 죽을 필요가 있는가? 정액이 버려지는 것이 많지 않다고 생각하면 빨리 늙어 죽는다."

《선서仙書》에서는 이렇게 말하였다. "음양의 도에 있어서는 정액을 보배로 여긴다. 그것을 신중히 수호하면 천지와 더불어 장수한다."

책에서는 이렇게 말하였다. "음란한 소리와 미색은 애정의 세계에서 흥청거리고, 애련의 마음은 욕념을 불러일으킨다. 어떤 사람은 낮에 밤에 있을 일을 생각하면서 끝없는 성욕 속에서 쫓기고 있다. 심신이 줏대가 없어 상처를 입고 불구가 된다."

책에서는 이렇게 말하였다. "육욕에 빠져 헤어나오지 못하고 자기를 소중히 여기지 않는다면 허약하고 쇠약해진다. 말라 썩은 나무는 바람이 불면 꺾이고, 허물어지려는 제방은 홍수를 만나면 허물어진다. 정기를 아끼고 정욕을 절제하면 장수할 수 있다."

책에서는 이렇게 말하였다. "신음맥腎陰脈은 귓속에 있으며, 방광맥은 눈가에서 나온다. 눈이 보이지 않고 귀가 들리지 않는 것은, 절제없이 방사를 했기 때문에 생긴 질환이다."

책에서는 이렇게 말했다. "사람이 장수하는가 일찍 죽는가 하는 것은, 방사를 절제하는가 안하는가에 달려 있다. 양생 보양을 잘하면 장생불로할 것이다. 육욕에 빠져 헤어나오지 못하는 사람은 생명이 아침이슬과도 같이 짧을 것이다."

책에서는 이렇게 말하였다. "성욕이 많으면 정기에 손상을 준다. 사람에게 있어서 가장 귀중한 것은 생명인데, 신체를 아끼고 정기를 보중해야 한다. 간장의 정기가 안정되고 굳지 못하면 눈이 어둡고 침침해지며, 폐부의 정기가 통하지 않으면 정신의 원기가 감소되며, 비장의 정기가 견고하지 못하면 이가 흔들리고 머리카락이 빠지다. 만일 끊임없이 진원정기를 소모하고 잃어버린다면, 뒤이어 병이 생기고 곧 죽음이 다가온다."

《신선神仙・가석허可惜許》에서는 다음과 같이 노래했다. "애석하다, 애석해, 원양궁에 주인 없으니 애석해. 한 점이라도 마음대로 지나치면 여자가 질투하고, 온갖 신이 정기가 다 없어짐을 울며 전송하네. 삼시가 기뻐하고 칠백이 화를 내네.

혈이 없어지고 기가 쇠하면 장차 어떻게 보충할 것인가? 좁은 집 작은 밭이 다른 사람 것이 되고, 호화로운 화로와 주방은 누가 차지할 것인가? 세상 사람들아 색을 그리워하지 말지니, 색을 그리워하고 음란함을 탐하면 무슨 이익이 있는가? 한 신이 가버린 다음에는 온갖 신이 떠나고, 온갖 신이 떠나가 버리면 후세 사람 몰라 준다. 여러 번 말해도 듣지 않으면 때가 되면 아래 입에서 천기가 새나간다.

[13-5] 欲不可强

《素問》曰：因而强力, 腎氣乃傷, 高骨乃壞(注云：强力, 入房也. 强力入房則精耗, 精耗則腎傷, 腎傷則隨氣乃枯, 腰痛不能俯仰).

《黃庭經》云：急守精室勿妄泄，閉而寶之可長活．

書云：陰痿不能快欲，強服丹石以助陽，腎水枯竭，心火如焚，五臟干燥，消渴立至(近訥曰：少水不能滅盛火，或為瘡瘍)．

書云：強勉房勞者，成精極，体瘦，尪羸，驚悸，夢泄，遺瀝，便濁，陰痿，小腹里急，面黑，耳聾(眞人曰：養性之道，莫強所不能堪爾．《抱朴子》曰：才不逮強思之，力不勝強舉之，傷也，甚矣．強之一字，眞戕生伐壽之本．夫飲食以養生者也，然使醉而強酒，飽而強食，未有不疾以害其身，況欲乎？欲而強，元精去，元神离，元氣散戒之).

【고골高骨】 허리 사이의 등뼈.
【왕리尫羸】 尫의 음은 旺과 같은데, 瘠病이란 뜻이다. 羸는 수척하고 허약하다는 뜻이다.
【유력遺瀝】 정액이 줄줄 흐르다. 흥건하다.

《소문素問》에서는 이렇게 말했다. "억지로 방사를 치르면 신기腎氣가 상하고 허리와 척추가 손상을 입는다(억지로 방사를 치르면 정기가 소모되고 흩어지면 신상이 손상을 입고, 신장이 손상을 입으면 골수의 기가 말라 버려 허리가 아파서 엎드리지도 반듯하게 눕지도 못한다)."
《황정경黃庭經》에서는 이렇게 말하였다. "견고하게 정실精室을 보호하여 정액을 함부로 내보내지 말고, 그것을 가두어 공고하게 하면 장수한다."
책에서는 이렇게 말하였다. "양위陽萎는 성욕을 쾌감에 이르지 못하게 하는데, 단석丹石과 약을 복용하여 억지로 양기를 북돋우면 신수腎水가 고갈되고 심화가 타오르고 오장이 말라버려 소갈증에 걸린다(근눌近訥은 이렇게 말했다. "소량의 물로는 큰불을 끌 수 없으니, 간혹 종기가 생긴다")."
책에서는 이렇게 말했다. "억지로 방사를 치르는 사람은 정기가 말라 버리고 몸이 쇠약하고 놀라서 가슴이 쿵쿵 뛰며 꿈에 몽정하여 정액이 흥건하다. 오줌이 혼탁하고 양위에 걸리고 갑자기 대변이 마려우며, 얼굴이 새까매지고 귀가 먼다(진인眞人은 이렇게 말하였다. "양생의 도에 있어서 중요한 것은 감내할 수 없는 일을 억지로 하지 않는 것이다."《포박자》에서는 이렇게 말했다. "재질이 모자라서 머리를 쥐어짜며 사색하고 체력이 감당할 수 없으나 무거운 물건을 들면 몸이 크게 손상을 입는다. '억지'야말로 수명을 해치는 원흉이다. 원래 음식은 양생을 위한 것인데, 억지로 폭음 포식하면 병에 걸리지 않는 사람이 없으며, 인체에 위험이 미치지 않을 때가 없는데, 더구나 성욕이야 더 말할 게 있는가? 성욕이 강포하면 원정元精이 줄어들고 원신元神이 떠나가고 원기가 흩어지므로 이에 대하여 특별히 신중해야 한다)."

[13-6] 欲有所忌

書云: 飽食過度, 房室勞損, 血氣流溢, 滲入大腸, 時便淸血, 腹痛, 病名腸癖.

書云: 大醉入房, 氣竭肝傷, 丈夫則精液衰少, 陰痿不起, 女子則月事衰微, 惡血淹留, 生惡瘡.

書云: 燃燭行房, 終身之忌.

書云: 忿怒中盡力房事, 精虛氣節, 發爲癰疽. 恐愼中入房, 陰陽偏虛, 發厥, 自汗盜汗, 積而成勞.

書云: 遠行疲乏入房, 爲五勞虛損.

書云: 月事未絶而交接, 生白駁. 又冷氣入內, 身面萎黃, 不産.

書云: 金瘡未差而交會, 動于血氣, 今瘡敗壞.

書云: 忍小便入房者, 得淋, 莖中痛, 面失血色, 或致胞轉, 臍下急痛死.

書云: 或新病可而行房, 或少年而迷老, 世事不能節減, 妙葯不能頻腹, 因幽致患, 歲月將深, 眞待肉盡骨消, 返冤神鬼. 故因油盡僚減, 髓竭人亡, 添油灯, 壯補髓, 人强何干鬼老來侵, 總是自招其禍.

書云: 交接輸瀉, 必動三焦, 心脾腎也. 動則熱而欲火熾, 因入水, 致中焦熱郁, 發黃; 下焦氣勝, 額黑, 上焦血走, 隨瘀熱行于大便, 黑溏. 男女同室而浴者, 多病此.

書云: 服腦麝入房者, 關竅開通, 眞氣走散(重則虛眩, 輕則腦瀉).

本草云: 多食葫行房, 傷肝, 面無光.

書云: 入房汗出, 中風爲勞風.

書云: 赤目當忌房事, 免內瘴.

書云: 時病未復作者, 舌出數寸死(《三國志》: 子獻病已差, 華佗視脈曰: 尚虛, 未復, 勿爲勞事, 色復即死, 死當舌出數寸. 其妻從里外省之, 止宿交接, 三日病發, 一如佗言. 可畏哉).

【백박白駁】백반이다.
【차差】瘥와 통한다. 음은 措와 같고, 병이 완쾌된다는 뜻이다.
【묘약불능빈복妙藥不能頻服】妙藥이란 春藥을 말한다. 이 구절에서 상하 문장의 뜻이 맞지 않는 것으로 보아 틀리는 것 같다. 그 뜻은 응당 묘약을 빈번히 복용해서는 안된다는 것이다. 빈번하게 복용하면 '발병한다'로 되어야 할 것이다.
【반원신귀返冤神鬼】冤이란 증오이다. 오히려 귀신을 원망한다는 뜻이다.
【시병時病】유행되는 질병을 말한다.

책에서는 이렇게 말했다. "음식을 절제없이 포식하고 피로하게 방사를 치르면, 신체에 해로우며 혈기가 문란해져 사방으로 흩어져서 대장으로 흘러들며 대소변에 피가 섞이고 배가 아픈데 이 병을 장벽腸癖이라고 한다."

책에서는 이렇게 말했다. "과음하여 대취한 뒤 방사를 치르면 정기가 쇠갈되고 간장이 손상된다. 남자는 정액이 감소되며 발기되지 않고, 여자는 월경이 불순해지고 경혈이 정체되어 악창惡瘡이 생긴다."

책에서는 이렇게 말했다. "성난 후에 억지로 방사를 치르면 정기가 허해지고 손상되며 울결되어 독창이 생긴다. 공포 속에서 방사를 치르면 음양 두 기가 허약해지고 졸도하며 식은땀을 흘리고, 나중에는 폐병에 걸린다."

책에서는 이렇게 말했다. "먼 길을 걸은 후 지친 몸으로 방사를 치르면 심장·간장·비장·폐장·신장이 허해지고 손상된다."

책에서는 이렇게 말했다. "월경이 끝나지 않았을 때 교합하면 백반白斑이 생긴다. 그리고 냉기가 체내에 스며들기 때문에 몸과 얼굴이 위축되고 누래지며 회복할 수 없다."

책에서는 이렇게 말했다. "금창이 채 낫지 않았을 때 교합하면 혈기가 진동되어 금창이 낫지 않는다."

책에서는 이렇게 말하였다. "소변이 마려운 것을 참고 방사를 치르면 임질에 걸리고 음경이 아프고 얼굴에 혈색이 없어지거나 방광이 안에서 돌아앉고 배꼽 아래가 몹시 아파서 결국 죽게 된다."

책에서는 이렇게 말하였다. "어떤 사람은 병이 완쾌해지기 바쁘게 방사를 치르고, 어떤 사람은 나이는 어리나 정신이 흐릿하고 노쇠해진다. 그들은 매사를 절제하지 않고 춘약을 부지런히 복용한다. 그래서 병이 생기는데, 세월이 흐름에 따라 피골이 상접해진다. 이렇게 되는 것을 그들은 귀신 탓이라고 귀신을 원망한다. 이것은 기름이 마르면 등불이 꺼지는 이치와 마찬가지여서 골수가 말라 버려, 나중에는 죽어 버린다. 그렇다면 등잔에 기름을 더 붓고 골수를 보충하여 인체가 튼튼해지면 귀신이 달려들어가 겁낼 게 무엇인가? 보아하니, 스스로 주의하지 않아서 화와 질환을 초래한 것이다."

책에서는 이렇게 말하였다. "교합하여 사정하면 반드시 삼초三焦가 동할 것이다. 삼초의 기는 심장·비장·신장 등으로 통한다. 기가 동하여 열이 나면 욕정의 불길이 타오른다. 이때 물에 들어가서 목욕을 하면 중초는 열이 울결하여 안색이 누래지고, 하초는 기가 승하여 얼굴이 검어지고, 상초는 혈이 흩어져서 어열이 대변으로 들어가며 대변이 검어진다. 남녀가 잠자리를 같이하고 목욕하면 거의 다 이 병에 걸린다."

책에서는 이렇게 말했다. "뇌사腦麝를 복용하고 교합하면 인체의 각 장기와 오관이 개통되어 진기가 사방으로 흩어진다(중한 사람은 현기증에 걸리고 가벼운 사람은 뇌일혈에 걸린다).”

《본초》에서는 이렇게 말하였다. “마늘을 많이 먹고 방사를 치르면 간이 상하고, 얼굴에 윤기가 없어진다.”

책에서는 이렇게 말하였다. 교합시 땀을 흘리면 중풍에 걸린다. 책에서는 이렇게 말하였다. “눈에 핏발이 선 사람이 백내장에 걸리지 않으려면 방사를 하지 말아야 한다.”

책에서는 이렇게 말하였다. “유행성 전염병에 걸렸다가 아직 완쾌되지 않은 사람이 방사를 치르면 혀를 길다랗게 내밀고 죽는다(《삼국지》에는 이런 기록이 있다. “독우자헌督郵頓子獻이 병에 걸렸다가 낫자, 화타를 불러 진맥을 하도록 했다. 진맥을 하고 나서 화타는 몸이 아직도 허약하고 완전히 회복되지 않았으니 몸을 피로하게 하는 일은 하지 말라고 했다. 이를테면 방사를 치르게 되면 죽을 수 있는데, 죽을 때 혀를 길다랗게 빼물지도 모른다고 했다. 자헌의 처가 1백 리 밖에서 남편을 만나 보러 왔는데, 자헌은 즉시로 방사를 치렀다. 방사를 치르고 난 사흘 후에 발병하여 화타가 말한 것처럼 죽어 버렸으니, 얼마나 무시무시한가!”).”

[13-7] 欲有所避

孫眞人曰: 大寒與大熱, 且莫貪色欲.

書云: 凡大風, 大雨, 大霧, 雷電, 霹靂, 日月薄蝕, 虹霓地動, 天地昏冥, 日月星辰之下, 神廟寺觀之中, 幷灶圊厠之側, 冢墓尸柩之傍, 皆所不可犯. 若犯, 女則損人神. 若此時受胎, 非止百倍損于父母, 生子不仁不孝, 多疾不壽.

唐魏征今人勿犯本命及諸神降日, 犯淫者促壽. 及保命訣所載.

朔日減一紀, 望日減十年, 晦日減一年, 初八上弦, 二十三下弦, 三元減五年. 二分二至二社, 各四年. 庚甲甲子, 本命減二年. 正月初三, 萬神都會, 十四, 十六三官降, 二月二日萬神會, 三月初九牛鬼神降, 犯者百日中惡, 四月初四萬佛善化, 犯之失瘖. 初八夜善惡童子降, 犯者血死. 五月三個五日, 六日, 七日爲九毒日, 犯者不過三年. 十月初十夜西天王降, 犯之一年死. 十一月一十五日掠剩大夫降, 犯之短命. 十二月初七夜, 犯之惡病死. 二十日天師相交行道, 犯之促壽. 每月二十八, 人神在陰, 四月, 十月陰陽純用事. 已上日辰, 犯淫且不可, 況婚姻乎!(按,《庚申論》曰: 古人多盡天數, 今人不終天年, 何則? 以其罔知避愼, 肆情恣色, 暗犯禁忌, 司陰減其齡, 算能及百歲者, 幾何人哉? 蜀王孟昶納長麗華于觀側, 一夕迅雷電火, 張氏殞. 道士李若沖, 于上元夜見殿上有朱履衣冠之士, 面北而立, 廊下夢列罪人. 有女子甚苦, 白其師唐洞卿. 師曰: 此張麗華也, 昔寵辛于此, 襲瀆高眞所致. 由是觀之, 天地間禁忌, 不可犯也!)

【인신人神】 인체 각 부의 神을 말한다. 손사막孫思邈의 《천금방千金方》에는 "뜸으로 人神을 피한다"는 말이 있다. 음양오행가들은 인체의 주요 부위와 기관에는 신이 있으며, 인신이 있는 곳은 시일의 간지와 함께 변한다고 생각한다.
【일기一紀】 12년.
【삼원三元】 정월 15일은 上元, 7월 15일은 中元, 10월 15일은 下元이다.
【이분이지이사二分二至二社】 춘분·추분·하지·동지·춘사·추사의 祀神日을 말한다.
【삼관三官】 도가의 용어. 천제·지신·수신을 가리킨다. 천관은 복을 내리고 지관은 죄를 용서하고 수관은 액을 풀어 준다는 뜻이다. 도교의 祖師 張陵은 《天地水三官》이라 칭했다.

손진인孫眞人은 이렇게 말했다. "몹시 추울 때와 몹시 더울 때는 여색을 탐하지 마라."

책에서는 이렇게 말하였다. "바람이 세차게 불고 비가 억수로 퍼붓고 안개가 자욱하게 끼고 번개가 치고 벽력이 치고 일식이 들고 월식이 들고 무지개가 비끼고 지진이 일어나고 온 하늘 땅이 캄캄하거나 혹은 일월성신 아래, 신묘 안, 부뚜막과 변소 곁, 분묘와 관 옆에서는 교합하지 말아야 한다. 이 금기를 어기면 여자 체내의 각 부 신들이 손상을 받게 된다. 이때 잉태하면 부모의 신체가 더욱 해를 입을 뿐 아니라 출생한 자식도 불인불효不仁不孝하고 병이 많고 일찍 죽는다.

당나라의 위징魏徵은 본명년本命年과 여러 신들이 강림하는 날을 거스르지 말며, 만약 이 금기를 거스르면 수명이 짧아진다고 사람들에게 경고했다. 그래서 여기에 목숨을 지키는 비결을 기록해 둔다.

음력으로 매월 초하루에 방사를 치르면 수명이 12년 줄고, 매달 보름날에 방사를 치르면 수명이 10년 줄고, 매월 마지막 날에 방사를 치르면 1년이 감수되며, 매달 초여드레, 스무사흘, 정월 보름, 7월 보름, 10월 보름에 방사를 치르면 5년이 감수된다. 춘분, 추분, 하지, 동지, 춘추 이사사신일二社祀神日에 방사를 치르면 각기 4년 감수한다. 경신, 갑자, 본명년에 방사를 치르면 2년 감수한다. 정월 초사흘에는 모든 신이 모이는 날이고, 14일과 15일에는 삼관三官이 강림하는 날이며 2월 2일은 만신이 모이는 날이고 3월 초아흐레는 우귀신牛鬼神이 강림하는 날인데, 이러한 날에 방사를 치르면 반드시 백날 안으로 액화가 따른다. 4월 초에는 만불萬佛이 선화善化하는 날인데, 이때 성교하면 목소리가 쉰다. 4월 초파일 밤에는 선악동자善惡童子가 강림하는 때인데, 이때 성교하면 패혈敗血한다. 5월 5일, 15일, 25일, 6일, 7일은 구독일九毒日이어서, 성교한 후 3년 만에 틀림없이 죽는다. 10월 10일 밤은 서천왕西天王이 강림하는 날이어서 성교한 후 1년 만에 죽는다. 11월 15일은 약잉대부掠剩大夫가 강림하는 날이어서 이날 성교하면 수명이 짧아진다. 12월 초이렛날 밤에 성교하면 악병에 걸려 죽는다. 12월 20일은 천사天師가 상교행도相交行道하는 날이어서 이날 성교하면 수명이 짧아진다. 매달 28일은 인신人神이 음에 있는 날이다. 4월과 10월의 다른 날짜들은 음양이 교합하는 좋은 날짜이다. 이상의 일진에는 방사를 치러서는 안 되는데, 하물며 혼인대사임에랴! (해제:《경신론庚神論》에는 이렇게 말하였다. 옛사람들은 거의 다 천수까지 살 수 있었으나 현시대인들은 천 년 天年까지 살지 못한다. 그것은 무엇 때문인가? 그것은 그들이 금기를 신중히 대하지 않고 제멋대로 육욕에 빠져 헤어나지 못하며, 기일忌日을 어기고 방사를 치른다. 그래서 음사陰司가 그들의 수명을 줄였기 때문이다. 지금 세어보면 1백 세까지 산 사람이 몇이나 되는가? 촉왕蜀王 맹창孟昶과 장려화張麗華가 사관寺觀 곁에서 성교하였는데, 밤새도록 천둥 번개가 요란하더니 장씨가 죽고 말았다. 도사 이약충李若庶이 상원上元 날 밤 전殿 위에 빨간 신을 신고 예모를 쓴 사람이 북쪽을 향하여 서 있고, 복도에는 현세에서 죄를 지은 죄인들이 가득 서 있는 것을 보았다. 그 중 한 여자가 사뭇 처량하게 보였는데, 그 여자는 한창 자기의 스승 당통경唐洞卿에게 하소연하고 있었다. 스승은, 이 여자는 바로 지난 날 남달리 총애를 받던 장려화인데, 신성한 금기를 모독하였기 때문에 오늘과 같은 꼴이 되었소라고 말했다. 이것을 보아 천지간의 금기는 성교할 때 거슬러서는 안 된다는 것을 알 수 있다!)

[13-8] 嗣續有方

建平孝王妃姬等, 皆麗而無子, 擇良家未笄女入內, 又無子. 問褚澄曰: 求男有道乎? 澄曰: 合男女, 必當其年. 男雖十六而精通, 必三十而娶; 女雖十四而天癸至, 必二十而嫁. 皆欲陰陽完實然后交合, 合而孕, 孕而育, 育而子壯, 強壽. 今也不然, 此

王之所以無子也. 王曰: 善. 未再期, 生六男.

書云: 丈夫勞傷過度, 腎經不暖, 精清如水, 精泠如冰, 精泄聚而不射, 皆令無子(近訥曰: 此精氣傷敗).

書云: 女人勞傷氣血, 或月候愆期, 或赤白帶下, 致陰陽之氣不和, 又將理失宜, 飲食不節, 乘風取泠, 風泠之氣乘其經血, 結子于臟, 皆令無子.

書云: 月候一日至三日子門開, 交則有子. 過四日則閉而無子. 又經后一日, 三日, 五日受胎者皆男, 二日, 四日, 六日受胎者皆女. 過六日胎不成.

凌霄花, 凡居忌沖此, 婦人聞其氣不孕.

【월후건기月候愆期】월경기가 지났으나 월경이 오지 않는다. 愆은 지나갔다는 뜻이다.

【능소화凌霄花】紫葳라고도 한다.《본초강목》에는 "꽃 가까이에서 코를 들이대고 냄새를 맡으면 뇌가 상한다. 꽃에 앉은 이슬을 보면 혼몽해진다"고 씌어 있다.

건평효왕建平孝王의 비빈들은 모두 마음이 무척 아름다웠으나 생육을 하지 못하였다. 그래서 효왕은 양가집 처녀를 입궁시켰으나 여전히 생육하지 못하였다. 효왕이 저징褚澄에게 자식을 보아야 하겠는데, 무슨 방법이 없는가? 물어보자, 저징은 "남녀가 교합하려면 반드시 일정한 나이가 차야 합니다. 남자는 비록 16세만 되면 정精이 통하지만 30세가 되어야 장가를 들 수 있으며, 여자는 비록 14세가 되면 월경이 오지만 20세가 되어야 출가할 수 있습니다. 말하자면 남자나 여자나 다 완전히 발육되고 성숙된 다음에라야 성교를 할 수 있는 것입니다. 이렇게 교합해야 잉태하고 생육하며 자식들이 건강장수합니다. 그런데 지금 폐하께서는 이러하지 못합니다. 이것이 전하께서 자식을 보지 못하는 원인입니다"라고 대답했다. 효왕은 알겠다고 대답했다. 그후 효왕은 2년도 안되는 사이에 아들을 여섯이나 보았다.

책에는 이렇게 말하였다. "남편이 지나치게 과로하면 신경腎經이 따뜻하지 못하고 정액이 물처럼 맑고 얼음처럼 차갑고 늘 정을 흘려 행방할 때 사정하지 못하는데, 이렇게 되면 자연 잉태할 수 없고 생육할 수 없다(근눌近訥은 이것은 정기가 손상을 입었기 때문이라고 말하였다)."

책에서는 이렇게 말하였다. "여인이 과로하면 기혈이 상하거나 월경이 제때에 오지 않거나 냉대하에 걸려 음양의 기가 조화를 이루지 못한 데다 몸조리와 몸모양을 잘 하지 못하고 음식을 절제하지 못하고 더운 날에는 더위를 피하여 서늘한 바람을 쐬면 냉기가 경혈에 스며들어 오장육부에 모이게 되는데, 이렇게 되면 자연 잉태하지 못하고 생산할 수 없는 것이다."

책에서는 이렇게 말하였다. "월경 후 하루 내지 사흘 사이에는 자문자문이 열려 교합하면 잉태할 수 있다. 나흘 후에는 자문이 닫혀 잉태하지 못한다. 그리고 또 월경 후 하루, 사흘, 닷새에 잉태한 아이는 다 사내아이이고, 이틀, 나흘, 엿새에 잉태한 아이는 모두 계집아이이다. 엿새가 지나면 잉태하지 못한다. 능소화는 피임 작용이 있어서 사람이 거처하는 곳에는 심지 못하게 하였다. 부인들이 그 꽃의 독기를 맡으면 임신하지 못한다."

[13-9] 妊娠所忌

産書云: 一月足厥陰肝養血, 不可縱怒, 疲極筋力, 冒觸邪風. 二月足少陽膽合于肝, 不可驚動. 三月手心主右腎養精, 不可縱欲, 悲哀, 觸冒寒冷. 四月手少陽三焦合腎, 不可勞逸. 五月足太陰脾養肉, 不可妄思, 飢飽, 觸冒脾濕. 六月足陽陰胃合脾, 不得雜食. 七月手太陰肺養皮毛, 不可憂鬱, 叫呼. 八月手陽明大腸合肺以養氣, 勿食燥物. 九月足少陰腎養骨, 不可懷恐, 房勞, 觸冒生冷. 十月足太陽膀胱合腎, 以太陽爲諸陽主氣, 使兒脈縷皆成, 六腑調暢, 與母分氣, 神氣各全, 俟時而生. 所以不說心者, 以心爲臟主, 如帝王不可有爲也. 若將理得宜, 無傷胎臟. 又每月不可針灸其經. 如或惡食, 但以所思物與之食必愈. 所忌之物, 見食物門中.

太公胎敎云: 母常居靜室, 多听美言, 講論詩書, 陳說禮樂, 不听惡言, 不視惡事, 不起邪念, 令生男女福壽敦厚, 忠孝兩全.

演山翁云: 成胎后, 交母不能禁欲, 已爲不可. 又有臨産行淫,致其子頭戴白被而出, 病夭之端也.

【족궐음간足厥陰肝】 12경맥의 하나. 경맥은 인체 내에서 기혈을 운행시키며 체내 각 부분을 연결시키는 주요 간선이다. 足厥陰肝經의 운행 노선은 다음과 같다. 체내에서 간에 속하며 膽과 연계되어 있고, 또 생식기, 위, 횡경막, 인후, 안구와 이어져 있다. 체표에서는 큰 발가락으로 해서 하체 안으로 외음부, 복부를 지나 흉부 곁에 이른다. 이 경에 병이 생기면 가슴이 답답하고 구역질하고 허리가 아프고 설사를 하고 疝氣가 생기고 유뇨증이 생기며 소변을 보지 못하고 월경이 순조롭지 못하고 자궁에서 피가 흐르므로 목이 마르고 안색이 검어지는 등 증상과 병증이 생긴다. 이 단락에서는 임신 10개월을 10개 경맥에 대응시켜 10달 동안 금기할 사항들을 설명하였다.

《산서產書》에서는 이렇게 말하였다.
"잉태 기간은 10개월인데, 첫달에는 족궐음간경足厥陰肝經이 양혈養血이므로 함부로 성내지 말고 지나치게 피로하지 말고 감기에 걸리지 말아야 한다.
두번째 달에는 족소양담경足少陽膽經이 간에 맥락이 닿으므로 놀라거나 못된 행동을 하지 말아야 한다.
세번째 달에는 수궐음심手厥陰心이 포경양정包經養精하므로 색욕을 탐하지 말고 슬퍼하거나 몸을 차게 굴지 말아야 한다.
네번째 달에는 수소양삼초手少陽三焦가 신과 합하므로 지나치게 과로하지 말아야 한다.
다섯번째 달에는 족태음비경足太陰脾經이 양육養肉하므로 허튼 생각을 하지 말며 굶주리거나 포식하지 말며 비장을 습하게 하지 말아야 한다.
여섯번째 달에는 족양명위경足陽明胃經이 비장과 합하므로 지나치게 다양한 음식을 먹지 말아야 한다.
일곱번째 달에는 수태음폐경手太陰肺經이 살갗과 털을 키우므로 기분이 울적해 있거나 크게 소리치지 말아야 한다.

여덟번째 달에는 수양명대장경手陽明大腸經이 폐와 합하여 기를 길러 주므로 맵거나 마른 음식을 먹지 말아야 한다.

아홉번째 달에는 족소음신경足少陰腎經이 뼈를 기르므로 공포심을 가지지 말며 방사를 치르지 말며 날음식과 찬 음식을 먹지 말아야 한다.

열번째 달에는 족태양방광경足太陽膀胱經이 신과 합하고 태양경이 여러 양주기陽主氣의 주가 되는 경맥이므로 그것은 태아의 맥락을 촉진시키며 육부六腑를 조화시켜 잘 통하게 하며 경기經氣와 모체를 분리시키며 모자의 신기神氣를 모두 완전하게 하여 생산하기를 기다리게 한다.

여기에서는 심장에 대해서는 언급하지 않았다. 그것은 심장이 오장육부의 주장이기 때문에 제왕이 아무 일도 하지 않는 것과 같은 것이다. 만일 잉태한 열 달 동안 조리를 잘하면 태아의 오장육부는 손상받지 않는다. 그리고 또 매달 대응되는 경맥에 침구요법을 해서는 안 된다. 만일 입덧이 나면 여인에게 먹고 싶어하는 음식을 제공하면 입덧이 멎을 것이다. 꺼려야 할 음식물들에 대해서는 식물편을 보면 된다."

태공태교太公胎敎에서는 이렇게 말하였다. "어머니는 언제나 조용한 방에 거처하면서 듣기 좋은 말을 많이 듣고 시와 예법과 음악에 대하여 논하고, 악담을 듣지 말고 악행을 보지 말고 사악한 생각을 하지 않으면 출생한 자녀는 행복하고 장수하며 돈후하며 충성하고 효성이 지극하다."

연산옹은 이렇게 말하였다. "태아가 형성된 후 부모들은 방사를 그만두지 않는데, 이것은 극히 그릇된 처사인 것이다. 더구나 태아의 출산이 얼마 남지 않았을 때 억지로 교합하는데, 이렇게 되면 태아는 '흰이불'을 머리에 쓰고 출생한다. 이것은 아이가 병들어 요절하는 시작인 것이다."

十四 宜麟策

[明] 張介賓 撰

《의린책宜鱗策》은 《경악전서景岳全書》 권39 《자사류子嗣類》에서 뽑은 것이다. 작자 장개빈(1563-1640)은 자가 혜경惠卿이고 호는 경악景岳이며 별호는 통일자通一子로, 명나라의 걸출한 의학가이다. 고향은 산음山陰(현재의 절강성浙江省 소흥紹興)이다. 그의 부친은 정서후定西侯의 보좌관이었다. 개빈은 14세 때 부친을 따라 서울을 유람하고 김영金英의 문하에서 의학을 공부하였다. 여가에는 역사를 연구하였는데 박학다식하였다. 의학을 공부할 때 시초에는 주진형朱震亨의 학설을 숭상하였으나, 후에는 확고한 견해를 견지하였다. 그는 "양은 여유가 있는 것이 아니고, 진음眞陰은 부족하다"는 이론에 동의하면서, 진음을 보양하고 원양元陽을 위주로 할 것을 주장하였으며, 약을 씀에 있어서 감온甘溫한 약을 많이 썼고, 한랭하고 공벌功伐한 약은 신중히 썼다. 그는 특히 숙지황熟地黃을 많이 썼으므로 사람들이 그를 장숙지張熟地라고 불렀다. 후세 사람들은 그의 학설과 경험을 숭앙하고 있다. 그는 일생 동안 많은 저작을 남겼는데, 주요 저서로는 《유경類經》《유경도익類經圖翼》《질의록質疑錄》《고방팔진古方八陣》《신방팔진新方八陣》《의린책宜鱗策》 등이 있다. 만년에 《경악전서景岳全書》 64권을 집성하였다. 《의린책》은 총론 1편과 천시天時, 지리地利, 인사人事, 약식藥食, 질병疾病 등 부분으로 이루어졌는데, 성생활과 우생優生 관계를 논한 저서이다. 린麟이란 곧 기린을 말하는데, 고대에는 지혜가 남다른 어린아이를 비유하는 말이었다. 의린이란 곧 우생을 말하고, 책이란 방법을 말한다. 이 책은 여러 가지 의학 저서에 수록되어 있는데, 여기서는 《문연각사고전서文淵閣四庫全書》에 수록된 것을 정리하여 출판한다.

[14-1] 總論

天地絪縕, 萬物化醇, 男女構精, 萬物化生, 此造化自然之理也, 亦無思無爲之道也. 故有人道卽有夫婦, 有夫婦卽有子嗣, 又何乏嗣之說? 然天有不生之時, 地有不毛之域, 則人不能無乏嗣之流矣. 然則生者自生, 乏者當乏, 而求嗣之設, 又何爲也? 果可求耶? 果不可求耶? 則其中亦自有說, 亦自有法矣. 所謂設者, 非爲不生不毛者而說也, 亦非爲少壯强盛者而說也. 盖不生不毛者, 出于先天之稟賦, 非可以人力爲也. 少壯强盛者, 出于妙合之自然, 不必識不必知也, 惟是能子. 弗子者, 無后難堪, 本非天付. 衰老無兒者, 精力日去, 豈比少年, 此所以有挽回之人力則有說而有法矣. 雖法之垂諸古者已不爲少, 然以余覺之, 則若有未盡其妙蘊者焉. 因而驪列其法, 曰天時, 曰地利, 曰人事, 曰葯食, 曰疾病, 總五類二十四條. 但凡其一, 便足敗乃公事矣. 賓于晚年得子, 率鑒乎此. 凡若于是者, 惟察之, 信之, 則祚胤之猷, 或非渺小, 故命之曰宜麟策.

【천지인온天地絪縕 만물화순萬物化醇】絪縕은 氤氳이라고도 하는데, 천지간의 음양이 서로 얽혀 있는 형상을 말한다. 醇이란 응집한다는 뜻이다. 이 구절은 천지간의 음양 두 기가 서로 얽히고 서로 상호 작용하여 변화를 일으켜서 나중에는 하나로 엉켜 만물이 완전한 형체를 이루는 것을 말한다.

【남녀구정男女構精 만물화생萬物化生】構란 合이라는 뜻이다. 이 구절은 남녀 두 성의 형체가 서로 어울려 변화를 일으켜서 새 생명을 탄생시킨다는 뜻이다.

【인도人道】인도란 사람이 번식하여 생존하는 도, 즉 양성이 결합하는 도를 말한다.

【불모不毛】초목이 자라지 않음.

【내공乃公】아버지 스스로의 호칭.

【조윤지유祚胤之猷】 복을 얻어 아들이 많은 길을 모색한다는 뜻이다. 祚란 복을 말하고, 胤이란 嗣를 말한다. 猷란 《方言》에서 '道'라고 했다. 혹은 謀, 謀略으로 해석하는데, 역시 통한다.

  천지간의 만물이 서로 어울려 만물이 이루어지고, 남녀 양성이 서로 합하여 만백성이 태어난다. 이것은 자연의 필연적 법칙이며 의도하거나 억지로 하지 않아도 저절로 되는 법칙이기도 하다.
  따라서 사람의 음양의 도가 있으므로 부부의 결합이 있게 되고, 부부의 결합이 있으므로 자손들이 번성하게 된다. 그런데 어찌하여 후사가 없다는 말이 있게 되는가? 그것은 하늘도 특별히 생화生化하지 않을 때가 있고, 땅도 특별히 초목이 자라지 않는 지역이 있기 때문에 사람도 대가 끊어지지 않는다는 법은 없다는 것이다.
  그러므로 생육할 수 있는 것은 당연히 생육할 것이고, 생육할 능력을 갖추지 못한 것은 당연히 생육할 수 없는 것이다. 이것은 아주 자명한 일이다. 그렇다면 어찌하여 자식 점지를 빈다는 설이 있게 되는가? 과연 자식 점지를 빌면 자식을 얻을 수 있는가? 여기에는 의례 이치가 있고 방법이 있는 것이다. 이른바 이치란 생육 능력을 갖추지 못한 사람에게 하는 말도 아니고, 젊고 건강하고 정기가 강성한 사람에게 하는 말도 아니다. 왜냐하면 생육 능력을 갖추지 못한 사람은 선천적으로 그렇게 된 것이어서 사람의 힘으로는 고칠 수 없기 때문이다.
  그런데 젊고 정기가 강성한 사람들은 자연적인 천성에 의하여 이치와 방법을 몰라도 성교하기만 하면 자손이 있게 된다. 생육 능력을 갖추기는 하였으나 성교의 방법을 몰라서 생육할 수 없는 사람들은 자손이 없어서 난처해 하는데 그것은 선천적인 것이 아니다. 노쇠하여 생육할 수 없는 사람들은 정력이 하루하루 못해 가는데, 어찌 젊고 건장한 사람들과 비할 수 있겠는가? 그러나 이것은 사람의 힘으로 얼마

든지 만회할 수 있으며, 또 이에 대한 이치도 있고 방법도 있다. 사람의 힘으로 만회하여 자손을 얻을 수 있는 방법은 예로부터 지금에 이르기까지 적지 않게 전해오기는 하였으나, 나의 견해에 의하면 그 오묘함을 채 밝히지 못한 것이 아직도 있는 않은가 생각된다.

이제 하나하나 그 법칙을 열거하겠는데, 거기에는 천시天時, 지리地利, 인사人事, 약식藥食, 질병疾病 등 5개 부문, 24가지가 있다. 그 가운데서 한 가지만 틀리게 한다고 해도 자식을 얻을 수 없는 것이다. 내가 늙으막에 아들을 본 것도 그 덕분이다. 대를 이을 후손이 없어 괴로워하는 사람들은 그 방법에 통달하고 그 방법을 믿기만 하면 자식을 볼 복을 가질 수 있으니, 이것을 사소한 일이라 할 수는 없을 것이다. 그래서 이 글의 제목을 《의린책宜麟策》, 즉 《구자법求子法》이라고 했다.

[14-2] 時氣 (天時一)

凡交會下種之時, 古云宜擇吉日良時, 天德月德及干支旺相, 當避內丁之說, 顧以倉猝之頃, 亦安得擇而后行? 似屬迂遠, 不足凭也. 然惟天日晴明, 光風霽月, 時和氣爽, 及情思淸宁, 精神閑裕之說, 則隨行隨止, 不待擇而人人可辨. 于斯得子, 非惟少疾, 而必且聰慧賢明. 胎元稟賦, 實基于此.

至有不知避忌者, 犯天地之晦冥, 則受愚蠢迷蒙之氣; 犯日月星辰之薄蝕, 則受殘缺刑克之氣; 犯雷霆風雨之慘暴, 則受狼惡驚狂之氣; 犯不陰不陽, 條熱條寒之變幻, 則受奸險詭詐之氣. 故氣盈則盈, 乘之則多壽; 氣縮則縮, 犯之則多夭. 顧人生六合之內, 凡生, 長, 壯, 老, 已, 何非受氣于生成? 而知(智)愚賢不肖, 又孰非稟質于天地? 此感兆元始之大本, 苟思造命而

贊化育, 則當以此爲首務.

【천덕월덕天德月德】 통칭하여 天月德 혹은 二德이라고 한다. 성명가들이 말하는 팔자의 귀한 신이란 뜻이다. 천덕은 月干과 日干이 짝하여 정해지고, 월덕은 月支가 일간과 짝하여 정해진다.
【태원胎元】 胎生元命을 말한다. 성명가들이 生辰干支 등에 근거하여 추산한 사람이 수태한 시간.
【형극刑克】 성명가들의 말. 三刑相害, 五行相克을 가리킨다.
【육합六合】 음양가들의 말. 月建과 日辰의 地支陰陽의 상호 결합을 말한다. 여기서는 천지음양간을 두루 가리킨다.
【구사조명이찬화육苟思造命而贊化育】 가령 생명을 창조하고 생육을 도와 주려면이라는 말이다.

    교합하여 자식을 보려면, 예로부터 반드시 양진길일良辰吉日을 택하고 천덕월덕天德月德이 들고 간지干支가 성할 때를 택하고, 병정丙丁일을 피해야 한다는 설이 있다. 그러나 방사를 서둘러야 할 판에 어찌 시일을 택하고서 교합할 수 있겠는가? 이러한 설은 우매하고 진부하며 실제적이지 못하여 근거로 삼기 어려울 것 같다. 날씨가 쾌청하고 달이 밝고 바람이 서늘하고, 뿐만 아니라 사람들의 생각이 차분히 가라앉고 기분이 한적하고 편안하기만 하면 남녀는 아무 때나 교합할 수 있다. 이에 대해서는 신경을 써서 선택하지 않아도 사람들은 누구나 쉽게 알 수 있을 것이다. 이러한 때 잉태하여 낳은 자식은 좀처럼 병에 걸리지 않고 총명하며 현명하다. 태아의 원명元命의 천품은 실제로 여기에 바탕을 두는 것이다.
    삼갈 줄 모르고 천지가 어두울 때 교합하면, 미련하고 혼미한 기를 받을 수 있으며, 일월성신이 불완전할 때 교합하면 불완전한 형극刑克의 기를 받으며, 우레가 울고 비바람이 크게 일 때 교합하면 악랄하고 두려운 기운을 받으며, 흐리지도 개이지도 않고 때로는 덥고 때로는 추울 때 교합하면 간교하고 남을 잘 속이는 기를 받을 수 있다.

그러므로 사람이 천지의 기를 넘치게 받으면 신체가 충실하고, 그것을 얻으면 사람들은 장수하며, 천지의 기가 쇠약하면 신체는 허해지고 사람들은 요절하거나 단명한다. 사람은 천지간에서 출생하고 성장하고 성년이 되고 늙고 사망하는데, 천지의 기를 받아 성장 발전하지 않는 단계가 어디 있겠는가? 지혜로움과 미련함과 총명함과 희망이 없는 것, 그 어느 하나라도 천지의 천품이 아닌 것이 있는가? 이것은 천지를 감응한 최초의 천품의 근본으로서 가령 생명을 제조하고 그것의 성장 발육에 도움을 주려고 생각한다면, 이것을 가장 중요한 일로 삼아야 할 것이다.

[14-3] 陰陽 (天時二)

乾道成男, 坤道成女, 此固生成之至道, 然亦何以見之? 亦何以用之? 盖乾坤不用, 用在坎離, 坎離之用, 陰陽而已. 夫離本居陽, 何以爲女? 以陽之中而陰之初也. 坎本居陰, 何以爲男? 以陰之中而陽之初也. 盖中者盛于上, 盛者必漸消, 初者生于下, 生者必漸長. 故陽生于坎, 從左而漸升, 升則爲陽而就明; 明生于離, 從右而漸降, 降則爲明而就晦, 此卽陰陽之用也, 而千變萬化莫不由之. 由之推廣, 則凡冬至夏至, 一歲之陰陽也; 子東午西, 一日之陰陽也; 有節有中, 月令之陰陽也; 或明或晦, 時氣之陰陽也; 節前節后, 消長之陰陽也; 月光潮汛, 盈虛之陰陽也. 再以及人, 則老夫女妻, 陰若胜矣, 有顚之倒之之妙; 彼强此弱, 陽亦在也, 有操之縱之權, 顧無往而非陰陽之用也. 知之而從陽避陰, 則乾道成男; 不知而背陽向陰, 則坤道成女矣. 明眼人其鑒而悟之, 筆有雖于盡意也.

【건도성남乾道成男 곤도성녀坤道成女】건과 곤은 《周易》의 두 괘 이름이다. 건(☰)의 象은 하늘을 말하고, 곤(☷)의 상은 땅을 말한다. 후에는 두 가지 모순되고 대립통일되는 사물을 가리켰는데, 이를테면 천지, 남녀, 부모, 일월 같은 것들이다.
【감리坎離】腎水心火를 가리킨다. 감은 腎·水·陰·男을 말하고, 리는 心·火·陽·女를 말한다. 여기서는 남녀의 교합을 말했다.

　건도乾道는 남자를 말하고 곤도坤道는 여자를 말하는데, 이것은 생남생녀生男生女의 근본적인 이치이다. 그런데 이것을 어떻게 이해하고 어떻게 운용해야 하는가? 실제 운용할 때는 건곤을 쓰지 않고, 감리를 쓴다. 감리를 쓰는 까닭은 그것의 음양교합의 뜻을 취하기 때문이다. 리(離)의 본래 근거는 양인데 어찌 여자를 낳는가? 그것은 양(陽) 속에 음(陰)의 시초가 있기 때문이다. 감(坎)의 본래 근거는 음인데 어찌하여 남자를 낳는가? 그것은 음 속에 양의 시초가 있기 때문이다. 가운데에 있는 것은 차면 위로 올라가고, 일정한 정도 차면 자연히 점차 줄어든다. 이른바 시초란 아래로부터 생겨나와 처음 소생한 것은 필연적으로 점차 왕성해진다. 그러므로 양은 감에서 생겨 왼쪽부터 점차 상승하여 양으로 되면 밝아진다. 음은 리에서 생겨 오른쪽으로부터 점차 내려가며 내려가서 음으로 되면 어두워진다. 이것이 곧 음양의 운용인 것이다. 사물은 천변만화하는데, 다 이 법칙을 따른다. 이렇게 범위를 확대한다면 동지와 하지는 일 년의 음양의 변화로 되며, 달이 이지러졌다가 둥글어지는 것은 달의 음양의 변화이며, 혹은 밝아지고 어두워지는 것은 시기時期의 음양의 변화이며, 절기 전과 절기 후는 소멸과 생장의 음양의 변화이며, 달빛의 한 사리는 차는 것과 기우는 것의 음양의 변화이다. 이제 다시 이로부터 사람을 연상할 때 남편은 늙고 아내는 젊었을지라도 음기가 왕성하기만 하면 음양의 상호 변화를 전도시키는 묘법이 있으며, 비록 상대방은 강하고 자기는 약해도 양기가 아직 있기만 하면 상황에 맞게 변화할 방법이 있으며, 만일 변화시키지 않는다면 음양의 방법을 정확히 운용했다고 할 수 없는 것이다. 이 이치를 잘 알고 양에서 음을 피하면 건도는 남자가 되고, 이 이치를 모르고 양을 등지고 음을 향하면 곤도는 여자가 될 것이다. 이것은 눈치 있는 사람이 참고로 하여 터득할 일이지, 붓으로는 그 오묘함을 기술하기 매우 어렵다.

[14-4] 地利 (地利一)

地利關于子嗣, 非不重也. 有陰宅之宜子孫者, 常見螽斯之多; 有陽宅之宜子嗣者, 惟生氣天乙, 方爲最吉. 然吉地吉人, 每多不期而會, 所謂有德斯有人, 有人斯有土, 此其所致之由, 自非偶然. 故曰: 必先有心地而后有陰地. 信非誣也. 第其理深義邃, 有非一言可悉. 然宗枝攸系, 誠有不可不知者.

此外, 如寢室交合之所, 亦最當知宜忌. 凡神前廟社之側, 井灶冢柩之旁, 及日月火光照臨, 沈陰危險之地, 但覺神魂不安之處, 皆不可犯. 儻有不謹, 則夭枉殘疾, 飛災橫禍, 及不忠不孝之流從而出矣. 驗如影響, 可不慎哉!

【음택陰宅】주택인 陽宅과 상대되는 묘지를 말한다.《역계람도易稽覽圖》에는 다음과 같은 말이 있다. "음택은 기수가 든 날에 짓고, 양택은 우수가 든 달에 짓는다 陰宅以日奇 陽宅以月偶."《택경宅經·범수택차제법凡修宅次第法》에서는 다음과 같이 말하였다. "먼저 형화를 짓고 후에 복덕을 지으면 길하고, 먼저 복덕을 짓고 후에 형화를 지으면 흉하다. 음택은 사시巳時로부터 추산하고 양택은 해시亥時로부터 추산한다. 양택은 흔히 밖에 짓고 음택은 흔히 안에 짓는다 先修刑禍 後修福德 卽吉 先修福德 後修刑禍 卽凶 陽宅從巳起功順轉 陽宅從亥起功順轉 陽宅多修於外 陰宅多修於內." 이 구절은 음택의 풍수가 좋으면 자손을 많이 둘 복이 있음을 말한다.

【종사螽斯】螽은 蝗蟲의 일종으로 속칭 철쌔기라고 한다.《시경》에 '螽斯' 편이 있는데, 종사가 새끼를 많이 낳는 특징을 빌려 자손이 많은 사람을 축하하였다.

【생기천을生氣天乙】 생기는 五氣라고도 하는데, 음양의 기를 말한다. 복을 주며 사람을 낳게 하는, 볼 수도 만질 수도 없는, 땅 속에서 흘러다니는 신비한 힘을 가리킨다. 풍수가들은 생기가 음양을 조화시키고 만물을 생성케 한다고 여긴다. 주택을 얻으면 태어난 사람이 평안 다복하고, 묘혈이 이어지면 묘주는 자손이 번성하고 부귀해진다. 天乙은 곧 天一인데 별의 이름이다. 점성가들은 전투를 총지휘하고 길흉을 아는 별이라고 한다. 《통점대상력성경通占大象曆星經》에는 다음과 같은 기록이 있다. "천일성은 자미궁 문 밖 우성 남쪽 있는 천제의 신이며, 전투를 총지휘하고 길흉을 안다. 천일성이 밝으면 길하고 어두우면 흉하다. 천일성이 제 자리를 떠나 싸우러 가면 90일 후에는 반드시 병란이 크게 일어난다. 광명과 음양이 화하면 만물도 성하고 천자도 길하다. 천일성이 망하면 천하가 어지러워지고 크게 흉하느니라 天一星 在紫微宮門外右星南 爲天帝之神 主戰鬪 知吉凶 星明吉 暗凶 離本位而乘斗 後九十日必血大起也 光明 陰陽和 也 萬物盛 天子吉 星亡 天下亂 大凶也." 이 구절은 주택이 자식을 얻은 사람에게 적합한가 안한가를 알려면, 생기가 있는가 없는가 천일성이 밝은가 어두운가를 보면 안다는 뜻이다. (천일성이 밝으면 가장 길하다.)
【종지유계宗枝攸系】 종족이 이어가고 번성해지는 것을 비유한 말이다.
【험여영향驗如影響】 형체에는 그림자가 있고 소리에는 메아리가 있듯이 영험하다는 뜻이다.

 자식을 낳아 기름에 있어서 지리地利가 중요하지 않은 것은 아니다. 음택(묘지)의 풍수가 자손의 생육에 이로우려면 거기에서는 늘 새끼를 많이 거느린 철쐐기가 울고 했으며, 양택(주택)이 자손의 생육에 이로우려면 생기와 천일성의 빛을 받아야 가장 길한 징조이다. 길지吉地와 길인吉人은 흔히 우연히 만나게 된다. 선을 쌓고 덕을 베푸는 사람은 운수가 좋으며, 운수가 좋은 사람은 지리를 얻을 수 있다. 지리는 우연히 얻어지는 것이 아니다. 그러므로 먼저 '심지心地'가 있어야 음지陰地가 있을 수 있는데, 이것은 거짓말이 아니다. 그러나 그 이치가 오묘하고 뜻이 깊어서 한마디로는 똑똑히 밝힐 수 없다. 그런데 종족의 번성이 다 여기에 달려 있으니, 몰라서는 안 된다.
 그밖에 침실과 같은 교합하는 곳에 금기할 것이 없는가 하는 것도

응당 알아야 한다. 신묘神廟나 우물이나 부뚜막이나 분묘나 영구 곁 그리고 햇빛과 달빛, 불빛이 비쳐드는 곳, 혹은 음산하고 무시무시한 곳에서 마음의 불안을 느끼면서, 삼가지 않고 함부로 행해서는 안 된다. 만일 부주의하여 이런 곳에서 교합하면 요절할 수 있고 병신이 되거나 재앙이 머리 위에 떨어질 수 있으며, 나아가서는 불충하고 불효한 자식을 낳을 수 있다. 이것은 형체에는 그림자가 있고 소리에는 메아리가 있는 것처럼 영험한 것이니, 어찌 신중히 대하지 않을 수 있겠는가!

[14-5] 基址 (地利二)

欲綿瓜瓞, 當求基址. 盖種植者, 必先擇地, 砂礫之場, 安望稻黍? 求子者必先求母, 薄福之婦, 安望熊羆? 儻欲爲子嗣之謀, 而不先謀基址, 計非得也! 然而基址之說, 隱微叵測, 察亦誠難, 姑擧其顯而易者十余條, 以見其槪云耳.

大都婦人質, 貴靜而賤動, 貴重而賤輕, 貴厚而賤薄, 貴蒼而賤嫩. 故凡唇短嘴小者不堪, 此子處之部位也; 耳小輪薄者不堪, 此腎氣之外候也; 聲細而不振者不堪, 此丹田之氣本也; 形體薄弱者不堪, 此藏蓄之宮城也; 飮食縴細者不堪, 此倉稟血海之源也; 發焦齒豁者不堪, 肝虧血而腎虧精也; 睛露顴削者不堪, 藏不藏而后無后也; 顔色嬌艶者不堪, 與其華者去其實也; 肉肥勝骨者不堪, 子宮隘而腎氣詘也; 裊娜柔脆, 筋不束骨者不堪, 肝腎虧而根干不堅也; 山根唇口多靑氣者不堪, 陽不勝陰, 必多肝脾之滯逆也; 脈見緊數弦澁者不堪, 必眞陰虧弱, 經候不調而生氣杳然者也. 此外如虎頭, 熊項, 橫面, 竪眉及聲如豺狼之質, 必多刑克不吉, 遠之爲宜. 又若剛狼陰惡奸險克薄之氣, 尤爲種類源流, 子孫命脈所系, 烏可近之? 雖曰堯亦有丹朱, 舜亦有瞽叟, 然二氣相合, 未必非一優一務之所致. 儻使陰陽有序, 種址俱宜, 而稼穡有不登者未之有也. 惟一有偏勝, 則偏象見矣, 是種之不可不擇者有如此. 不然, 則麟趾之詩果亦何爲而作者耶? 余因人艱嗣之苦, 復見人有不如無之苦, 故愿天常生好人, 所以幷慮及之.

【욕면조질欲綿瓜瓞】 자손이 대를 이어 번성하려면 이라는 뜻이다. 《시詩·대아大雅·면綿》에는 '綿綿瓜瓞'이라 하였고, 《毛傳》에서는 '綿綿, 不絶貌'라고 하였으며, 《集傳》에서는 '大曰瓜 小曰瓞'이라고 하였다.

【굴詘】음은 屈과 같은데, 부족하고 짧고 작다는 뜻이다.
【산근山根】즉 鼻頻, 두 눈 사이에 있다.
【불등不登】풍작을 거두지 못하다.
【인지지시麟趾之詩】즉 《詩·周南·麟之趾》이다. 이것은 자손이 번성하고 어짊을 노래한 시이다. 여기서는 본래 뜻으로 사용된다.

자손들이 면면히 대를 이어 번성하려면 좋은 '터'를 잡아야 한다. 씨를 뿌리려면 비옥한 땅을 골라야 하는데, 자갈밭에서 어떻게 난알을 거둘 수 있겠는가? 아들을 보려는 사람은 반드시 훌륭한 어머니를 선택하여야 한다. 박복한 부인이 어떻게 곰처럼 튼튼한 아들을 낳기를 바랄 수 있겠는가? 후손을 생각하는 사람이 훌륭한 어머니(터)를 선택하지 않는다면 그러한 생각은 실현될 수 없는 것이다! 그런데 '터'에 관한 설은 오묘하고 미묘하며 알기 힘들어서 그것을 통달하기는 매우 어렵다. 그런대로 이제 명백하게 알 수 있는 표준 10여 조목을 열거하니 참고하기 바란다.

대다수 여자들의 기질은 얌전하면 귀중하고 거칠면 천하며, 장중하면 귀하고 경박하면 천하며, 노련하면 귀중하고 유치하면 천하다. 그래서 입술이 짧고 입이 작으면 아들을 낳을 상이 아니므로 나쁘며, 귀가 작고 귓바퀴가 엷으면 신기腎氣가 밖으로 새나갈 징후이므로 나쁘며, 목소리가 약하고 가늘고 흐릿하면 단전의 기가 부족한 것을 말해 주므로 나쁘며, 신체와 체질이 허약하면 저장한 궁실이 튼튼하지 못하다는 것을 말해 주므로 나쁘며, 음식은 혈해血海의 재원을 충실히 하므로 음식을 잘 먹지 않으면 나쁘며, 머리카락이 메마르고 이가 빠지면 간에 피가 적고 신腎에 정精이 부족함을 말하므로 나쁘며, 눈이 불거져 나오고 둔부가 가냘프면 감출 것을 감추지 못하고 나와야 할 것이 나오지 않았으므로 나쁘며, 외모가 요염하면 내재한 미덕을 배척하므로 나쁘며, 몸이 뚱뚱하고 살이 많고 뼈대가 없는 여자들은 자궁이 좁아 신기가 부족하므로 나쁘며, 근육이 단단하지 못하면

간·신이 상하고 척추가 취약한 징표이므로 나쁘며, 코허리와 입술이 푸르면 양이 음을 이기지 못하여 간·비의 기가 잘 통하지 않음을 말하는 것이므로 나쁘며, 혈맥의 모양이 '팽팽하고緊'하고 '많고數' '활처럼 휘고弦' '거칠면澁' 진음眞陰이 상하고 정혈이 조화롭지 못하여 생기가 모두 없어졌음을 나타내므로 나쁘다. 그밖에 머리는 호랑이 머리 같고 목덜미는 곰의 목덜미 같고 얼굴은 누렇고 눈썹은 곤두서고 목소리는 승냥이의 울부짖음과 같은 여자는 상극하여 불길할 것이니, 이러한 여자는 될수록 멀리 하는 것이 좋을 것이다. 그리고 또 '강剛, 한狼, 음陰, 악惡, 간奸, 험險'은 형극이어서 복이 없는 기이니 바로 이러한 사람이 생기는 근원이 된다. 이것이야말로 자손의 명맥을 이을 큰일이니 어찌 이러한 여자들을 가까이 할 수 있겠는가? 비록 요임금에게도 불효 자식 단주丹朱가 있었고, 순임금에게도 눈 먼 부친이 있기는 하였지만, 이것은 음양 두 기가 서로 합하는가 그렇지 않은가에 따라 전혀 다른 결과가 나타남을 말해 줄 뿐, 한쪽이 우월하고 다른 한쪽이 열등해서 그렇게 되었음을 말해 주는 것은 아니다. 가령 음양이 화순하고 질서가 정연하고 종자와 터가 다 알맞기만 하면 풍작을 거두지 않을 수 없는 것이다. 오직 한쪽이 지나치게 우월한 상황에서만 이런 편향이 생길 수 있는데, 이것이 바로 자식을 낳아 기르자면 부득이 배우자를 잘 선택해야 하는 이유인 것이다. 그렇지 않고서야 《시경》 중의 '인지지麟趾之'를 무엇 때문에 지었겠는가? 나는 사람들이 자손의 유무를 두고 괴로워하며 자식이 있기는 하나(불건전한 자식) 없느니만 못하다고 하면서 괴로워하는 것을 보고, 배우자 선택과 우생 문제를 고려한 까닭에 하느님께서 현숙하고 덕성이 있고 아름답고 건강한 사람을 보내 주기를 바란다.

[14-6] 十機（人事一）

陰陽之道，合則聚，不合則離；合則成，不合則敗．天道，人事，莫不由之，而尤于斯道爲最．合與不合，機有十焉，使能得之，權在我矣．

一曰闔闢，乃婦人之動機也．氣靜則闔，氣動則闢，動緣氣致，如長鯨之飲川，如巨舩之無滴．斯時也，吸以自然，莫知其入，故未有闢而不受者，未有受而不孕者．但此機在瞬息之間，若未闢而投，失之太早；闢已而投，失之太遲．當此之際，則別有影響情狀，可以默會，不可以言得也，惟有心人能覺之，帶雨施云，鮮不谷矣．

二曰遲速，乃男女之合機也．遲宜得遲，速宜見速．但陰陽情質稟有不齊．固者遲，不固者速．遲者嫌速，則猶飢待食，及咽不能；速者畏遲，則猶醉添杯，欲吐不得．遲速不侔，不相投矣．以遲遇疾，宜出奇由徑，勿逞先聲；以疾遇遲，宜靜以自持，挑而后戰，能反其機，适逢其會矣．

三曰强弱，乃男女之畏機也．陽强陰弱，則畏如蜂蠆避如戈矛；陽弱陰强，則聞風而靡，望塵而北．强弱相浚，而道同意合者鮮矣．然撫弱有道，必居仁由義，務得其心．克强固難，非聚精會神安奪其魄？此所以强有不足畏，弱有不足虞者，亦在爲之者之何如耳．

四曰遠近，乃男女之會機也．或以長材排闥，唐突非堪；或以偸覰跕門，敢窺堂室．欲拒者不能，欲吞者不得，暌隔如斯，其能姤乎？然斂迹在形，致遠在氣，斂迹在一時，養氣非頃刻，使不有敎養之夙謀，恐終無剛勁之銳氣，又安能直透重圍，而使鳩居鵲巢也？

【합벽闔闢】 즉 開閉이다.
【지속遲速】 남자와 여자의 성감응이 빠르고 늦음을 말한다.
【불모不侔】 불일치.
【강약强弱】 남녀의 체질과 성기능의 강약을 말한다.
【배北】 패배하여 도망치다.
【우虞】 걱정하다.
【원근遠近】 음경을 삽입할 때의 깊고 얕은 정도를 가리킨다.
【배달排闥】 팽팽하게 발기된 음경을 바로 삽입함을 말한다.
【투처기문偸覷跂門】 跂는 두 무릎을 꿇고 상체를 꼿꼿하게 세운다는 뜻이다. 跂門은 무슨 뜻인지 확실하지 않으나, 상하 문장으로 보아서 여기서는 여자의 음부를 가리킨다. 여기서는 여자의 음문을 더듬기만 하고 깊이 삽입하지 못하는 것을 말한다.
【규격睽隔】 이반하다, 서로 등지어 떨어지다, 배반하다.
【구姤】 만나다. 여기서는 교합한다는 뜻이다.
【구거작소鳩居鵲巢】 본래의 뜻은 남의 가옥과 토지를 빼앗는다는 뜻이나, 여기서는 남녀가 잘 어울림을 비유하였다.

　음양 교합의 도는 양자가 서로 합해지면 모이고 합해지지 않으면 갈라지며, 서로 합하면 일이 이루어지고 합해지지 않으면 일이 실패한다. 천도天道와 인사人事는 다 이렇게 변화 발전하는데, 그 중에서도 남녀 교합의 도가 가장 중요하다. 맞는가 맞지 않는가 하는 데에는 열 가지 계기가 있는데, 가령 그것을 파악하기만 하면 주도권은 당신에게 있을 것이다.
　제1계기는 개폐인데, 부인의 음도 개폐의 동기를 가리킨다. 기가 고요하면 닫히고 기가 움직이면 열린다. 움직임은 기의 소치로서 고래가 강물을 마시는 것과 큰 술잔에 술을 따라도 새지 않는 것과도 같은 경우인 것이다. 이때에 교합하면 남자는 자연히 사정하고 여자는 자연히 받아들일 것이다. 그러므로 음도가 열렸음에도 받아들이지 않는 경우는 없으며, 받아들였음에도 잉태하지 않는 경우는 없는 것이다. 그러나 이러한 계기는 순식간에 있는 일로서, 만일 음도가 열리지 않았을 때 사정하면 너무 일러서 목적을 달성하지 못할 것이며, 음도가 열렸다가 닫힌 후에 사정하면 너무 늦어서 목적을 달성하지 못할 것이다. 이러한 때에는 특별한 상황이 있을 수 있으므로 마음으로만 이해할 수 있고 말로 전할 수 없으니, 사려깊은 사람이라면 그것을 느껴 깨달아야 할 것이다. 구름이 덮이고 비가 내리는 데 조건을 창조하기만 하면 얼마든지 동작을 거둘 수 있을 것이다.

제2계기는 늦고 빠름인데, 남녀 성감응의 빠르고 늦음을 가리킨다. 성감이 좀 늦은 사람은 교합도 좀 느리게 하고 성감응이 좀 빠른 사람은 교합도 좀 빨리 한다. 그러나 남녀 성감응의 특징은 원래 일치하지 않는다. 정관이 견고한 사람은 늦고, 그렇지 않은 사람은 빠르다. 성감응이 늦은 사람은 배가 고파서 밥을 먹고는 싶으나 밥을 넘길 수 없을 때처럼 상대방의 성감응이 빠르다고 나무라고, 성감응이 빠른 사람은 술에 취하기는 하였으나 더 마시고 싶고 토하고는 싶으나 토할 수 없을 때처럼 상대방의 성감응이 늦다고 나무란다. 성감응이 일치하지 않으면 남녀의 교합은 조화되지 않는다. 성감응이 늦은 사람이 성감응이 빠른 사람을 만났을 때는 습관을 깨뜨리고 시기를 포착해야 한다. 하지만 먼저 행동해서는 안 된다. 성감응이 빠른 사람이 성감응이 늦은 사람을 만났을 때는 마음을 가라앉히고 좀더 오래 전희를 하다가 교합하면 두 사람이 성감응의 느리고 빠른 계기는 맞아 떨어지게 된다.

제3계기는 강약인데, 남녀가 교합할 때 한쪽은 강하고 다른 한쪽은 겁을 먹은 경우를 말한다. 남자는 강한데 여자는 겁이 나서 벌에게 쏘일까 봐 피해 버리는 경우와 같거나, 남자는 겁이 많은데 여자는 강하여 남근이 발기하지 않아 멀리 적을 바라보면서도 전의를 상실하여 도망치는 병사의 경우와 같은 것이다. 남녀의 강약이 현저하면 서로 괴롭히기 때문에 마음이 맞기는 매우 어려운 것이다. 그러나 겁약한

쪽을 위로하는 방법이 있는데, 그것은 반드시 애교 있게 굴면서 상대방의 마음을 알아 주는 것이다. 강대한 쪽을 이기기란 매우 어렵다. 만일 정신을 가다듬고 상대방을 세심히 살피지 않는다면, 상대방의 마음을 사로잡지 못할 것이다. 이렇다고 볼 때 강하다고 무서울 것이 없으며, 겁이 많다고 해도 걱정할 것이 없다. 그것은 전적으로 교합하는 쌍방이 어떻게 처신하는가에 달려 있다.

제4계기는 원근인데, 남녀가 교합할 때의 깊고 얕음을 말한다. 남자가 혹은 장대한 음경을 맹렬히 삽입하여 여자가 너무 당돌하여 감내하기 어려워 하거나, 혹은 남자가 주눅이 들어 옥문을 훔쳐보다가 하는 둥 마는 둥 하면 여자쪽은 거절할 수도 없고, 받아들일 수도 없게 된다. 이렇게 이반하는 행동을 하고서야 어찌 교합을 할 수 있겠는가? 그런데 신체를 받아들이는 동작을 어디까지나 형식에 지나지 않는데, 오랜 시간 교합하려면 기에 달려 있다. 행동을 받아들이는 것은 한때의 일이고, 정기를 수양하는 것은 짧은 시간에 이루어질 수 없다. 만일 평소에 정기를 기르지 않는다면 굳센 날카로운 기와 팽팽한 남근으로 방사를 치를 수 없으니, 어찌 부부의 정이 살뜰할 수 있겠는가?

[14-7] 五曰盈虛, 乃男女之生機也. 胃有盈虛, 飽則盈而飢則虛. 腎有盈虛, 蓄則盈而泄則虛也. 盛衰由之, 成敗亦由之. 不知所用, 則得其幸而失其常耳.

六曰勞逸, 乃男女之氣機也. 勞者氣散而怯, 逸者氣聚而堅, 旣可爲破敵之兵機, 亦可爲種植之農具. 動得其宜, 勝者多矣.

七曰懷抱, 乃男女之情機也. 情投則合, 情悖則離, 喜樂從陽, 故多陽者多喜; 郁怒從陰, 故多陰者多怒. 多陽者多生氣, 多陰者多殺氣, 生殺之氣卽孕育賢愚之機也. 莫知所從, 又胡爲而然乎?

八曰暗產, 乃男子之失機也. 勿謂我强, 何虞子嗣? 勿謂年壯, 縱亦何妨? 不知過者失佳期, 强者無酸味, 而且隨得隨失, 猶所莫知, 自一而再, 自再而三, 則亦如斯而已矣. 前有小產論, 所當幷察之.

九曰童稚, 乃女子之時機也. 方苞方萼, 生氣未舒, 甫童甫笄, 天癸未裕, 曾見有未實之粒可爲種不? 未足之蠶可爲茧不? 强費心力, 而年衰者能待乎? 其亦不知機也矣.

十曰二火, 乃男女之陽機也. 夫君火在心, 心其君主也; 相火在腎, 腎其根本也. 二火相因, 無聲不應. 故心宜靜, 不靜則火由欲動, 而自心挑腎, 先心后腎者, 以陽爍陰, 出乎勉强, 勉强則氣從乎降, 而丹田失守, 已失元陽之本色; 腎已足, 腎足則陽從地起, 而由腎及心, 先腎後心者, 以水濟火, 本乎自然, 自然則氣主乎升, 而百脈齊到, 斯誠化育之眞機. 然伶薄之夫, 每從勉强, 故多犯虛勞, 詎云子嗣? 朴厚之子, 常由自然, 故品物咸亨, 奚慮后人? 知機君子, 其務陽道之眞機乎?

【영허盈虛】 정기의 충일과 부족을 말한다.
【행행】 요행.
【노일勞逸】 방사 전의 과로와 편안함의 두 가지 상황.
【회포懷抱】 정감.
【암산暗產】 流産.
【소산론小産論】《景岳全書·婦人規·産育類四三》에 기재되어 있다.
【이화二火】 아래의 글에 나오는 君·相 二火를 말한다. 君火는 곧 心火이며, 相火는 臣火라고도 하는데, 腎을 가리킨다.《脈望》8권에 "신은 현묘한 명부인데 신화라고 한다腎爲玄冥府 謂之臣火"고 하였고, 또 道家에서는 인체의 三火說이 있는데 이것을 빌려 봉건 사회의 '君·臣·民' 삼자의 관계를 밝혔다. 여기서는 '心·氣·精' 삼자의 관계를 비유하였다.

제5계기는 가득한 것과 빈 것인데, 이것은 남녀의 교합에서 성패의 관건이다. 위는 가득 차 있을 때도 있고 비어 있을 때도 있는데, 포식하면 가득 차고 굶으면 비게 된다. 신은 가득할 때도 있고 비어 있을 때도 있는데, 축적하면 가득 차고 싸버리면 비게 된다. 신이 가득 차 있는지 비어 있는지를 불문하고 함부로 교합하면 잉태의 성패 여부에 대해서는 자신이 없게 된다. 가득한 것과 비어 있는 것을 잘 파악하지 못한다면, 우연히 잉태한다고 해도 그 태아의 생장 발육은 상규를 벗어날 수도 있다.

제6계기는 작업과 휴식인데, 남녀가 교합할 때의 정기가 모이고 흩어짐을 말한다. 신체가 피로하면 정기가 흩어져 없어지고 음경이 느른해지며, 신체가 편안하면 정기가 집결되어 음경이 팽팽하게 발기된다. 이렇게 되면, 음경은 여자를 지배하는 병기가 되며 잉태시켜 자식을 낳게 하는 '도구'로도 될 수 있다. 정이 집결되었을 때 교합하면 많은 경우 잉태에 성공할 수 있다.

제7계기는 회포인데, 남녀의 감정을 말한다. 쌍방은 감정이 통해야 뜻이 맞으며, 감정이 통하지 않으면 정신이 다른 데로 팔린다. 기쁨과 즐거움은 양에서 생기기 때문에 양이 많은 사람은 즐거움도 많으며, 근심과 노여움은 음이기 때문에 음이 많은 사람은 노여움도 많다. 양이 많은 자에게는 생화生化의 기가 많고 음이 많는 사람은 형살刑殺의 기가 많다. 이것이 곧 현명하거나 우둔한 자손을 낳아 기르는 계기가 된다. 이 이치를 모르고서야 어찌 계기를 파악하고 현명한 자식을 낳을 수 있겠는가?

제8계기는 유산인데, 남자가 씨를 심을 가장 적절한 시기를 놓치는 것을 말한다. 스스로 강장하다고 자부하면서 대를 이을 자식 문제 같은 것은 걱정 안하고, 제멋대로 육욕에 빠져 헤어나오지 못해서는 안되며, 젊고 몸이 튼튼하다고 자부하면서 정욕을 제멋대로 허비해도 신체에 해롭지 않다고 여겨도 안 된다. 이런 잘못 때문에 잉태할 가장 좋은 시기를 놓쳐 버린 것도 모르고 제멋에 으시댄다. 이렇게 시기를 얻자마자 놓쳐 버리는 경우가 알게 모르게 한두 번 계속되면 영원히 계속될 것이다. 앞에서 소산론小產論을 언급했으므로, 그것을 참고하기 바란다.

제9계기는 동치童稚인데, 여자가 잉태할 가장 좋은 연령을 말한다. 한창 피어나는 소녀의 경우는 아직 생화가 한껏 피지 못했거나 금방 성년이 되어 아직 경혈이 충족하지 못할 때는 교합할 수 없다. 잘 영글지 않은 낟알을 씨앗으로 남겨둘 수 있는 것을 본 적이 있는가? 자라지 않은 누에를 고치로 만드는 것을 본 적이 있는가? 연로하고 허약한 사람이 억지로 교합한다고 해서 자식을 얻을 수 있는가? 이 역시 잉태할 시기를 모르고 하는 수작이다.

제10계기는 이화二火로서, 남녀 교합의 양동陽動의 기機이다. 군화君火는 심心에 속하고 심은 일체를 주재하므로, 군이라고 하는 것이다. 상화相火는 신腎에 속한다. 이것은 신의 근본이다. 군화와 상화가 서로 작용하고 배합되면 방사는 자연 순조롭게 이루어진다. 그러므로 심정은 반드시 고요해야 한다. 심정이 고요하지 않으면 성욕과 심화가 타오르게 된다. 그렇게 되면 먼저 마음으로부터 욕망을 싹틔우고 후에 신의 음기를 동원시킬 수 있는데, 이렇게 하면 양으로 음을 불태우는 것으로 억지가 되고 만다. 억지로 하면 정기가 내려가고 단전을 지킬 수 없으며, 원양진기元陽眞氣의 본색이 없어진다. 신腎의 음정이 충만하고 신기가 왕성하면 양정은 아래로부터 위로 올라가며 신으로부터 심心에 이르므로 물로 불을 끄듯이 자연스러운 것이다. 그 자연스러움을 따르면 정기가 상승하고 모든 혈맥이 고르게 된다. 이것은 생화생육生化生育의 진정한 계기로 된다. 그러나 허약한 남자가 억지로 방사를 치르면 번번히 헛수고를 하게 된다. 이렇고

서야 어찌 생육을 운운할 수 있겠는가? 순박하고 튼튼한 아이는 모두 자연의 법칙에 순응하여 잉태되고 탄생한다. 그러므로 남녀 쌍방은 모두 교합하여 잉태되는 시기를 알아야 하며, 자연의 변화법칙에 순응하여야 한다. 이렇게 하면 자손이 없을까 봐 걱정하지 않아도 된다. 교합의 계기를 알고 싶어하는 군자들이여, 이제는 음양의 도의 천기天機를 터득하였는가?

[14-8] 畜妾 (人事二)

無故置妾, 大非美事, 凡諸反目敗亂, 多有由之. 可已則已, 是亦齊家之一要務也. 其若年邁妻衰, 無后爲大, 則勢有不得不置者. 然置之易, 而畜之難, 使畜不有法, 則有畜之名無畜之實, 亦仍與不畜等耳. 而畜之之法, 有情況焉, 有寢室焉.

以情況言之, 則主母見妾, 大都非出樂從, 所以或多嗔怒, 或多罵詈, 或因事責其起居, 或假借加以聲色, 是皆常情之所必至者. 而不知産育由于血氣, 血氣由于情懷. 情懷不暢, 則沖任不充, 沖任不充則胎孕不受, 雖云置妾, 果何益與? 凡畜妾之不可過嚴者以此.

再以寢室言之, 則宜靜, 宜遠, 宜少近耳目者爲妙. 盖私枸之頃, 銳宜男子, 受宜女人, 其銳其受, 皆由乎氣. 當此時也, 專則氣聚而眞前, 怯則氣餒而不攝, 此受與不受之機也. 然勇怯之由, 其權在心. 盖心之所至, 氣必至焉. 心有疑懼, 心不至矣. 心有不至, 氣亦不至矣. 儻臨期驚有所聞, 則氣在耳而不及器矣; 疑有所見, 則氣在目而不及器矣; 或忿或畏, 則氣結在心而不及器矣. 氣有不至, 則如石投水, 而水則無知也. 且如兩軍交鋒, 最嫌奸細之偵伺. 一心無二, 何堪讒間以相離? 閨思兵機,本無二致, 凡妾室之不可不靜而遠者以此.

雖然此不過爲錦囊無奈者設, 儻有高明賢淑, 因吾言而三省, 惟宗祧之是慮, 不惟不妬, 而且相恰, 則愈近愈慰, 而遠之之說, 豈近人情? 又若有恭謹良人, 小心奉治, 則求容已幸, 又安敢有遠而敬之之念? 其然! 其然! 吾未如之何也已.

【제가齊家】治家. 齊는 다스린다는 뜻. 《禮·大學》에는 "나라를 다스리려고 하는 자는 먼저 제집을 잘 다스리고, 집을 다스리려고 하는 자는 먼저 제몸을 잘 닦으라欲治其國者 先齊其家 欲齊其家者 先修其身"고 하였다.
【충임沖任】즉 충맥沖脈과 임맥任脈을 말한다. 충맥은 기경奇經 8맥 중의 하나이다. 충맥은 아랫배 안에서 시작되어 척추 내부로 해서 올라간다. 그리고 음부의 양쪽(氣沖穴)으로부터 시작하여 배꼽 양쪽으로 올라가서 가슴께에 이른다. 임맥은 기경 8맥 중의 하나이다. 아랫배에서 시작하여 척추 내부로 해서 올라간다. 그리고 또 회음부로부터 시작하여 음부에 이르러 복부의 가운데로 해서 배꼽을 지나 가슴과 목덜미에 이르렀다가 아랫입술 중앙에 이른다. 이렇게 좌우로 갈라져서 두 갈래로 눈에 이른다.
【기器】남자의 생식기를 말한다.
【종조宗祧】宗嗣와 같다.

아무런 이유도 없이 첩을 두는 것은 절대 좋은 일이 아니다. 한 집사람들이 서로 반목하고 앙숙이 되고 가도家道가 무너지는 것도, 모두 이에서 비롯된다. 첩을 두지 않아도 될 경우에는 하지 않는 것이 상책이다. 이것 역시 집안을 다스리는 중요한 요소이다. 나이가 들고 허약한 노년 부부의 경우 자식이 없을 때는 부득이 첩을 두게 된다. 그런데 첩을 두기는 쉬워도 처첩간의 관계를 잘 처리하기란 그렇게 쉬운 일이 아니다. 처첩간에 일정한 법도가 없다면, 첩을 두었다는 명색뿐이지 첩을 두지 않은 것과 다름이 없는 것이다. 그런데 처첩간의 관계를 잘 처리하려면 정감 문제와 거실 문제가 있게 된다.

먼저 정감 문제에 대해서 말해보자. 전처는 첩을 미워하기 때문에 평화적으로 상종할 수 없다. 그러므로 성을 내거나 독설을 퍼붓거나 일상 생활에서 자질구레한 일로 크게 책망하거나 터무니없이 날조하거나 엄하게 꾸짖거나 하는 일이 처첩간에는 드물지 않은 것이다. 그런데 사람들은 생육은 전적으로 혈기의 조화로움과 넉넉함에 있다고 생각하여, 혈기의 충족 여부는 기분의 좋고 나쁨에 있다는 것은 모르고 있다. 기분이 나쁘면 임맥과 충맥이 넉넉하지 못하며, 임맥과 충맥이 넉넉하지 못하면 잉태할 수 없다. 이럴 경우 첩을 두었다 한들 무슨 소용이 있겠는가? 이것이 바로 첩을 두기는 두었으나 엄격한 법도가 없어서 나타난 결과인 것이다.

다음으로 거실에 대해 말해보자. 첩이 거처하는 곳은 먼 곳에 있고, 사람들에게 알려지지 않는 것이 좋다. 첩이 거처하는 집에서 교합하면 남자는 담이 커지고 여자는 마음놓고 받아들일 수 있어 잉태할 수 있다. 교합중 남자가 담이 커지고 여자가 마음 놓고 받아들이는 것은 모두 정기 때문이다. 이때 일심 전력하여 방사를 진행하면 정기가 모여서 용감하게 전진할 것이며, 겁을 먹기만 하면 정기가 흩어져 교합이 이루어지지 못할 것이다. 이것이 바로 잉태하는가 못하는가 하는 관건인 것이다. 그런데 용감하다거나 비겁하다거나 하는 관건은 심정에 있다. 마음이 있으면 기도 자연히 따라온다. 의구심이 생기면 심기도 없어진다. 교합할 때 소란스러운 소리가 귀에 들리면 정기는 귀에 멎어서 생식기에는 이르지 않으며, 남에게 들키면 어떻게 하나 해서 여기저기 살펴보면 정기는 눈에 멎어서 생식기에는 이르지 않으며, 분노하거나 주눅이 들면 정기는 마음에 멎어서 생식기에는 이르지 않는다. 정기가 이르지 못하면 강물에 돌을 던지는 격이 되고 만다. 다른 예를 들면 두 군대가 접전할 때 가장 꺼리는 것은 첩자가 군사 비밀을 탐지하는 것이다. 남녀가 정사를 나누자면 일심전력해야 하지 제삼자가 이간시켜서는 안 된다. 방사를 하는 것은 군대들이 전

투를 하는 것과 같은 것이다. 첩을 얻어 자식을 보려는 사람이라면 응당 마음이 편안하고 거처가 외딴 데 있어 사람들의 이목을 피해야 한다는 이치를 알아야 할 것이다.

  상술한 내용들은 좋은 수가 없어서 만부득이한 경우에 처한 사람들이 해야 할 짓들이다. 그러나 만일 고명한 남자와 현숙한 여인이 내 해설을 듣고 스스로를 반성하고 혈통을 잇는 것을 으뜸가는 중요한 일로 생각한다면, 아내되는 사람은 질투할 것이 아니라 첩과 가깝게 다정하게 지내야 할 것이다. 그렇다면 첩을 멀리 다른 곳에 두어야 한다는 말은 인정상 맞지 않는 말이 아닌가? 그리고 또 정중하고 선량

한 여인이 소심하게 받들어 모시고 본처가 용납해 주는 것을 행운으로 여긴다면, 어찌 경원시할 생각이 날 수 있겠는가? 이 일이 실로 내가 말한 것처럼 그러한지 나로서도 모를 일이다.

[14-9] 药食 (葯食一)

種子之方, 本無定軌, 因人而葯, 各有所宜. 故凡寒者宜溫, 熱者宜凉, 滑者宜澁, 虛者宜補, 去其所偏, 則陰陽和而生化著矣. 今人不知此理而但知傳方, 豈宜于彼者亦宜于此耶? 且或見一人偶中而不論宜否, 而遍傳其神, 競相制服, 又豈知張三之帽, 非李四所可戴也. 今錄十方于后, 擇宜用之, 庶或濟矣.

婦人血氣俱虛, 經脉不調不受孕者, 惟毓麟珠, 隨宜加減, 用之爲最妙. 其次則八珍益母丸亦佳. ○若臟寒氣滯甚者, 用續嗣降生丹益妙.

男子臟氣平和而惟精血不足者, 宜還少丹, 金鹿丸, 無比山葯丸. ○若右腎陽氣不足者, 宜右歸丸或毓珠俱妙. ○若陽痿, 精衰, 虛寒, 年邁艱嗣者, 必宜贊育丹. ○若陽盛陰虛, 左腎精氣不足者, 宜左歸丸或廷年益嗣丹. ○若火盛水虧多內熱者, 宜大補陰丸. ○此外如河車種玉丸, 烏鷄丸, 黑錫丹之類皆可酌用.

잉태할 수 있는 방법은 고정된 방식이 있는 것이 아니고, 사람에 따라 약을 쓰기도 하고 각자에게 적합한 조절 방법을 쓰면 된다. 그러므로 몸이 차가운 사람은 당연히 따뜻하고 더운 약을 써야 하고, 몸에 열이 많은 사람은 차가운 성질의 약을 써야 한다. 맥상脈象이 떠 있고 미끄러운 자는 거두고 고정시켜야 하고, 신체가 허약한 자는 보약을 써서 몸을 튼튼하게 해야 한다. 이렇게 하여 한편에 치우친 체내의 증상을 없애고 음양이 조화를 이루게 하면 자연히 잉태하게 될 것이다. 지금 사람들은 이 이치를 모르고 전해내려 온 처방만 알고 그 처방에 따라 약을 함부로 쓰는데, 저 사람을 치료한 처방이 이 사람에게도 맞을 수 있다고 말할 수 있는가? 심지어 어떤 사람은 어느 누가 우연히 효험을 본 처방을 남에게야 맞든 맞지 않든 덮어 놓고 그것을 좋다고 선전하고, 그 처방대로 약을 지어 먹는다. 그런 사람은 어떤 사람의 모자는 다른 사람에게는 맞지 않는다는 것을 모르는 것이다. 이제 몇 가지 처방을 적어 둘테니, 적합한 것을 골라 복용하면 반드시 효험을 볼 것이다.

혈기가 허하고 경맥이 고르지 않아 잉태하지 못하는 부인은 육린주毓麟珠를 쓰되, 병세에 따라 적당히 많이 쓰거나 적게 쓰면 효험이 아주 좋다. 그 다음으로는 팔진익모환八珍益母丸을 써도 효험이 좋다. ○ 만일 장이 차고 기가 막힌 증상이 무거운 자는 속사강생단續嗣降生丹을 복용하는 것이 제일 좋다.

장의 기운은 평화로우나 정혈이 부족한 남자는 응당 환소단還少丹과 금록환金鹿丸과 무비산약환無比山藥丸을 써야 한다. ○ 만일 오른쪽 신이 양기부족이라면 우귀환右歸丸이나 육주毓珠를 복용하면 효험이 좋다. ○ 만일 양위陽萎에 걸려 정기가 쇠약하고 연로하여 생육하기 어려운 사람은 찬육단贊育丹을 쓰면 틀림없이 효험이 있을 것이다. ○ 만일 양은 성하고 음이 허하고 왼쪽 신이 정기가 부족할 때는 좌귀환左歸丸이나 연년익사단延年益嗣丹을 써야 한다. 만일 화기는 성하고 수기는 부족하며 내열內熱이 지나칠 때는 대보음환大補陰丸을 써야 한다. ○ 그밖에도 하거종옥환河車種玉丸, 오계환烏鷄丸, 흑석단黑錫丹과 같은 약을 정황을 참작하여 쓸 수도 있다.

[14-10] 用葯法 (葯食二)

凡男女胎孕, 所由總在血氣. 若血氣和平壯盛者, 無不孕育, 亦育無不長. 其有不能孕者, 無非氣血薄弱. 育而不長者無非根本不固. 卽如諸病相加, 無非傷損血氣. 如果邪逆未除, 但當以煎劑略爲撥正, 撥正之后, 則必以調服氣血爲主, 斯爲萬全之策. 所以凡用種子丸散, 切不可雜以散風, 消導及敗血, 苦寒, 峻利等葯. 盖凡以久服而如以此類, 則久而增氣, 未有不反傷氣血而難于孕者也. ○再若香附一物, 自王好古曰 "乃婦人之仙葯, 多服亦能走氣." 而后世不言走氣, 但相傳曰: "香附爲婦人之要葯." 由是, 但治婦人則不論虛實, 無弗用之, 不知香附氣香, 味辛, 性燥, 惟開郁, 散氣, 行血, 導淤乃其所長. 若氣虛用之, 大能泄氣; 血虛用之, 大能耗血. 如古方之女金丹及四制香附丸之類, 惟氣實血滯者用之爲宜. 凡今婦人, 十有九虛, 顧可以 '要約' 二字而一槪用之乎? 用之不當則漸耗漸弱, 而胎元之氣必反將杳然矣.

【고顧】설마.

남녀가 교합한 후 잉태하는가 못하는가 하는 것은 전적으로 혈기에 달려 있다. 만일 혈기가 평화롭고 강장하고 왕성하면 잉태가 안 될 수가 없으며, 그래서 낳은 아이는 모두 잘 자란다. 그 중 어떤 부인들은 잉태하지 못하는데, 그것은 혈기가 빈약하기 때문이다. 그리고 아이를 낳기는 하나 자라지 못하는데, 그것은 근본이 견고하지 못하기 때문이다. 이것은 사람이 여러 가지 질병에 걸리는 것은 혈기가 손상받았기 때문인 것과 같은 것이다. 만일 사기邪氣가 제거되지 않았으면 약을 다려 먹이고 조리시켜야 한다. 조리한 후에는 꼭 기혈을 돕는 약을 쓰면 만전을 기하는 방법이 될 것이다. 그러므로 종자환산種子丸散을 복용할 때는 산풍散風, 소도消導, 패혈敗血, 고한苦寒, 준리峻利 등을 초래할 수 있는 약은 절대 쓰지 말아야 한다. 그렇게 하지 않을 경우, 복용 시간이 길어지며 기가 증가되어 기혈에 손상을 주므로 잉태하기 어렵게 된다. ○ 그리고 또 향부香附와 같은 약에 대해서 왕호고王好古는 "이것은 부인들의 선약仙藥이다. 그러나 많이 복용하면 기가 샌다"고 말했는데, 후세 사람들은 그가 말한 "기가 샌다"는 말은 소홀히 하고 "향부는 부인들의 요약要藥이다"라는 말만 무턱대고 선전하였다. 그리하여 부인병을 치료함에 있어서 신체의 허실에 대해서는 관계하지 않고 일률적으로 쓰고 있다. 그들은 향부의 약성이 냄새가 향기롭고 맛은 맵고 건조한 약성이어서 개욱산기開郁散氣와 행혈도어行血導淤 등 증세에만 적용된다는 것을 모르고 있다. 만일 기가 허한 자에게 그 약을 쓰면 기가 더욱 빨리 빠지고, 혈이 허한 자에게 그것을 쓰면 혈액이 크게 소모된다. 옛날부터 전해내려오는 여금단女金丹과 사제향부환四制香附丸과 같은 처방은 기실혈체氣實血滯한 환자에게만 적용된다. 현시대의 여인들은 열에 아홉은 몸이 허한데 '요약要藥'이라는 말만 듣고 함부로 그것을 복용해서야 되겠는가? 잘못 복용했다가는 혈기가 점차 소모되고 쇠약해져서 태원지기胎元之氣가 모두 없어지고 말 것이다.

[14-11] 飮食 (葯食三)

凡飮食之類, 則人之臟氣各有所宜, 以不必過爲拘執. 惟酒多者爲不宜. 盖胎種先天之氣, 極宜淸楚, 極宜充實, 而酒性淫熱, 非惟亂性, 亦且亂精; 精爲酒亂, 則濕熱其半, 眞精其半耳. 精不充實, 則胎元不固; 精多濕熱, 則他日痘疹, 驚風, 脾敗之類, 率已受造于此矣. 故凡欲擇期布種者, 必宜先有所愼. 與其多飮, 不如少飮; 與其少飮, 不如不飮, 此亦胎元之一大機也. 欲爲子嗣之計者, <u>其母以此爲後著</u>.

【기무이차위후저其母以此爲後著】이렇게 하는 것을 하책이라 생각해서는 안 된다. 著의 음은 招와 같은데, 바둑돌을 놓는 것을 著, 著數라 한다. 여기서는 계책을 말한다.

사람의 장기臟氣는 음식과 같은 것에 대해서는 모두 적응되므로 지나치게 구애될 필요는 없는 것 같다. 그런데 술만은 많이 마시면 좋지 않다. 태아의 선천적 기는 응당 극히 청순하고 극히 충실하여야 한다. 하지만 술은 성미가 뜨거워서 그것을 마신 후에는 절제하지 않고 함부로 교합하거나 사정하게 된다. 정精이 술 때문에 어지럽게 되면 습열濕熱과 진정眞精이 각각 절반씩 차지하게 된다. 정이 충실하지 못하면 태아의 진원기도 견고하지 못하며, 정 속에 습열이 많으면 후에 천연두, 경풍驚風, 비패脾敗와 같은 질병에 걸리게 되는데, 이러한 병들은 아마 이때부터 잠복해 있었을 수 있다. 그러므로 날짜를 택하여 잉태하려는 사람은 반드시 사전에 음식을 조절하여야 한다. 술은 많이 마시는 것보다 적게 마시는 것이 좋고 적게 마시는 것보다 전혀 마시지 않는 것이 좋은데, 이것 역시 잉태(우생)의 주요한 관건이다. 건강한 자식을 낳으려면 이렇게 하는 것을, 해도 되고 안해도 되는 하책下策이라고 생각해서는 안 된다.

[14-12] 男病 (疾病一)
疾病之關于胎孕者, 男子則在精, 女人則在血, 無非不足而然. 凡男子之不足, 則有精滑, 精淸, 精冷者, 及臨事不堅. 或流

而不射者, 或夢遺頻數, 或便濁淋漓者. 或好色以致陰虛, 陰虛則腰腎痛憊. 或好男風以致陽極, 陽極則亢而亡陰. 或過于強固, 強固則勝敗不洽. 或素患陰疝, 陰疝則肝腎乖離. 此外, 則或以陽衰, 陽衰則多寒; 或以陰虛, 陰虛則多熱. 若此者, 是皆男人之病, 不得盡諉之婦人也. 儻知其由, 而宜治則之, 宜反則反之, 必先其在我, 而后及婦人, 則無不濟矣.

【호남풍好男風】風이란 작품, 풍도를 말한다. 여기서는 남자의 풍도를 좋아하는 것을 말한다. 즉 비역질, 동성연애를 하는 자를 말한다.

잉태에 영향을 주는 질병이 생기는 것은, 남자는 정이 부족하고 여자는 혈이 부족하기 때문이다. 이렇게 되면 잉태할 수 없게 된다. 남자는 정기가 충족하지 못하면 정이 활滑하고 청清하고 냉해서 방사에 임하여 양위가 생긴다. 어떤 사람은 정액이 흐르기만 하고 내뿜지 못하며, 어떤 사람은 꿈에 자꾸 유정이 되고, 어떤 사람은 소변이 흐릿하고 잘 나오지 않는다. 어떤 사람은 여색을 탐하여 음이 허하게 되는데, 음이 허하면 신이 쇠약해져 허리가 아프게 된다. 어떤 사람은 남자의 풍도를 좋아해서(동성연애자) 양기가 절정에 이른다. 양기가 지나치게 성하면 음기를 배척한다. 어떤 사람은 음경이 지나치게 견고한데, 지나치게 견고해도 방사에 이롭지 못하다. 어떤 사람은 평소에 음산陰疝에 걸렸는데, 음산에 걸리면 간과 신이 이반하여 기능을 잃어버린다. 그밖에 어떤 사람은 양이 쇠하여 다한多寒하고, 어떤 사람은 음이 허하여 다열多熱하다. 이상 열거한 것은 모두 남자의 질병이니 방사가 잘 되지 않는다고 해서 그 책임을 여자쪽에 밀어서는 안 된다. 이러한 까닭을 알게 된다면, 고쳐야 할 병은 고치고 버려야 할 악습은 버려야 한다. 요컨대 먼저 스스로를 조리하고 배양한 다음에야 여자쪽을 고려해야 한다. 이렇게 해야 잉태하여 자식을 볼 수 있는 효

험이 생긴다.

[14-13] 女病 (疾病二)

　婦人所重在血, 血能枸精, 胎孕乃成. 欲察其病, 惟于經候見之. 欲治其病, 惟于陰分調之. 盖經卽血也, 血卽陰也. 陰以應月, 故月月如期, 此其常也. 及其爲病, 則有或先或后者, 有一月兩至者, 有兩月一至者, 有枯絶不通者, 有頻來不止者, 有先痛而后行者, 有先行而后痛者, 有淡色, 黑色, 紫色者, 有瘀而爲條, 爲片者, 有精血不充而化作白帶, 白濁者, 有子宮虛冷而陽氣不能生化者, 有血中伏熱而陰氣不能凝成者, 有血症氣痞, 子藏不收, 月水不通者. 凡此皆眞陰之病也.

眞陰旣病, 則陰血不足者不能育胎, 陰氣不足者不能攝胎. 凡此攝育之權總在命門, 正以命門爲冲, 任之血海. 而胎以血爲主, 血不自生, 而又以氣爲主, 是皆眞陰之謂也. 所以, 凡補命門, 則或氣或血皆可. 謂之補陰. 而補陰之法, 卽培根固本之道也. 凡自壯至老, 乃人人之所不可缺者, 而矧以先天后天之肇基, 又將舍是而何求乎? 是以調經種子之法, 亦惟以塡補命門, 顧惜陽氣爲之主. 然精血之都在命門, 而精血之源又在二陽心脾之間. 盖心主血, 養心則血生. 脾胃主飮食, 健脾胃則氣布. 二者胥和, 則氣暢血行, 此情志飮食又當先經脈, 而爲之計者, 亦無非補陰之源也. 使不知本末先后而妄之治, 則又烏足以言調經種子之法? (以上《宜麟策》終)

【자장불수子藏不收】 즉 자궁의 탈이다. 여성의 음부에 무엇인가 내리드리우거나 음도 어구에 무엇인가 나오는 병증을 가리킨다. 음탈, 음치, 자장불수 등이라고도 하는데, 지금은 통칭하여 자궁탈수라고 한다.
【명문命門】 생명의 문이라는 뜻. 선천의 기가 저장된 곳이며, 인체 生化의 원천이며 생명의 근원이다. 인체의 오장은 거의 다 단일한 장기이나 신腎만은 두 개이다. 그래서 명문에 관해서는 두 가지 설이 있는데, 그 하나는 《難經》에 "왼쪽에 있는 것은 신이고 오른쪽에 있는 것은 명문이다"라고 했고, 다른 하나는 두 개의 신을 말하는데 구체적으로는 두 신 사이의 動氣에서 구현된다.
【신矧】 하물며 황차의 뜻이다.
【서胥】 상호라는 뜻.

여자에게 있어서 가장 중요한 것은 혈이며, 혈이 정精을 만들어야 잉태에 성공할 수 있다. 여자가 무슨 병에 걸렸는가를 알려면 월경에서 원인을 찾으면 된다. 여자의 병을 치료하려면 음혈陰血을 관찰 분석하고 치료하면 된다. 경經은 혈이며, 혈은 음이다. 음과 달月은 상응한다. 그러므로 경혈은 달마다 때가 되면 오는데, 이것은 정상적인 법칙이다. 만일 월경이 병나면 다음과 같은 증상이 나타난다. 어떤 여자는 월경이 앞당겨 오고 어떤 여자는 월경이 늦게 오고 어떤 여자는 월경이 두 달에 한 번 온다. 어떤 여자는 경혈이 고갈되어 월경이 통하지 않으며 어떤 여자는 월경이 그치지 않고 빈번히 오며 어떤 여자는 먼저 동통이 생기고 다음에 월경이 온 다음에 동통이 생기며, 어떤 여자들은 경혈이 청담색·흑색·자색이며 어떤 여자들은 경혈이 뭉쳐 덩어리를 짓거나 조각조각 되며, 어떤 여자들은 경혈이 충분하지 못해서 백대白帶·백탁白濁 증상이 나타나며, 어떤 여자들은 자궁이 허하고 차가워 음기가 생화할 수 없으며, 어떤 여자들은 혈 속에 열이 있어 음기가 응집되지 못하고, 어떤 여자들은 혈이 뭉치고 기가 응체되고 자궁이 탈수되고 경수가 통하지 않는다. 이러한 증상들은 모두 진음(眞陰, 腎陰)의 질병이다.

  신음이 이미 병에 걸린 이상, 음혈이 충분하지 못하여 태를 기를 수 없다. 태아를 양육하는 관건은 명문에 있는데, 그것은 명문이 충맥과 임맥의 혈해血海이기 때문이다. 그런데 태는 주로 혈에 의해서 자라는데 혈은 자체로 생성될 수 없다. 그래서 주로 기에 의해서 자랄 수도 있다. 여기에서 말한 것은 모두 진음의 중요성이다. 그러므로 명문을 보양하려며 기나 혈을 보해도 되는데, 이것을 일러 보음이라고 한다. 그런데 보음의 방법은 배근고본培根固本의 도인 것이다. 장년에서 노년에 이르는 동안 이것은 누구에게나 불가결한 것이다. 더구나 그것은 인간의 선천과 후천의 원천과 기초가 되는데, 그것을 보하지 않고 무엇을 보하겠는가? 그러므로 월경 조리를 잘하고 잉태하는 방법은 명문을 잘 보양하고 양기를 소중히 여기는 것이다. 그런데 정혈이 집중되는 곳은 명문이며, 정혈의 원천은 심과 비의 두 양陽 사이에 있다. 심心은 혈을 주관하므로 심을 양하여야 혈이 생긴다. 비장과 위는 음식을 주관하므로, 비장과 위가 튼튼해야 정기가 흘러 퍼진다. 양자가 서로 조화를 이루면 기혈이 거침없이 흐른다. 음식은 또 경맥으로부터 시작되는데, 정지情志를 자양할 생각이 있는 사람은 《보음》을 근본으로 삼아야 할 것이다. 만일 본말과 선후의 관계를 모르고 함부로 치료한다면 무슨 근거로 《조경종자調經種子》의 이치를 운운할 수 있겠는가?

十五、天地陰陽交歡大樂賦

白行簡 著

백행간白行簡(776-826) 자는 지퇴知退. 당대唐代의 문학가. 하규下邽(지금의 섬서성陝西省 위남渭南 동북) 사람. 대시인 백거이白居易의 동생. 정원貞元말에 진사. 검남동천부劍南東川府에서 벼슬하다 관직을 그만두었다. 형을 따라 강주江州에 왔다가 후에 또 형을 따라 충주忠州에서 조정으로 들어와 좌습유左拾遺를 제수받았으며, 여러 차례 주객원외랑主客員外郞, 주객낭중主客郞中 등의 직책으로 옮겼다. 백행간은 매우 학문에 힘썼으며 사부辭賦를 잘 지었다. 그가 지은 전기傳奇소설 《이와전李娃傳》은 더욱 유명하다. 원래 문집이 있었으나 실전되었다.

백행간이 지은 《천지음양교환대악부天地陰陽交歡大樂賦》는 감숙성甘肅省 돈황현敦煌縣 명사산鳴沙山 석실에서 나왔다. 문장 중에서는 대부분 일반적으로 사용하는 속어를 썼는데, 이것은 백거이白居易가 처음 시작한 신악부신악부 운동에서 주장한 "늙은이도 이해할 수 있고 老嫗能解," "아이들도 알 수 있는童孺能知" 문풍과 연관 있는 것이다. 부 가운데에 《소녀경》《동현자》에서 나온 말이 많이 인용되어 있는 것으로 보아, 《동현자》가 수당隋唐 시기의 작품임을 증명하기에 충분하다. 또 고대 방중술 저작이 사회적으로 광범위하게 전파된 상황이었고, 이미 사대부들의 입과 문장 속에 퍼져 있었음을 알 수 있다. 그러나 문학 형식으로 방중술의 내용을 서술하고 묘사한 것으로는, 이 부가 유일한 작품으로 보인다. 그 뜻은 인륜을 서술하고 부부를 화락하게 하며, 가정을 화목하게 하며, 오래 건강하게 사는 방법을 밝히고 있는, 얻기 어려운 성문학 작품이다. 그러나 애석하게도 연대가 너무 오래되고, 베끼는 과정에서 오류가 있으며, 문장 중에 빠진 부분이 있고, 게다가 베끼는 사람들이 당시의 속자, 필기체자를 많이 사용해서, 많은 부분에서 알아보기 힘든 곳이 있다. 여기서는 표점을 찍고 구절을 나누었는데, 섭덕휘葉德輝이 교정한 것을 참고로 한 것이다. 빠진 글자는 괄호 속에 표시했다. 아울러 주석을 해서 독자에게 제공한다.

[15-1] 夫性命者, 人之本; 嗜欲者, 人之利. 本存利資, 莫甚乎衣食. (衣食)既足, 莫遠乎歡娛. (歡娛)至精, 極乎夫婦之道, 合乎男女之情. 情所知, 莫甚交接.(原注: 交接者, 夫婦行陰陽之道) 其餘官爵·功名, 實人情之衰也. 夫造構已爲群倫之肇, 造化之端, 天地交接而覆載均, 男女交接而陰陽順. 故仲尼稱婚姻之大, 詩人著 '螽斯'之篇, 考本尋根, 不離此也. 遂想男女之志, 形貌姸蚩之類, 緣情主儀, 因象取意, 隱僞變機, 無不盡有. 難字異名, 并隨音注. 始自童稚之歲, 卒爲人事之終. 雖則猥談, 理標佳境. 具人之所樂, 莫樂如此, 所以名《大樂賦》. 至于俚俗音號, 輒無隱諱焉. 難迎笑于一時(此下有脫文, 不詳何字), 唯雅素(此下有脫文, 不詳何字). 賦曰:

【본존리자本存利資】사람의 생명을 보존하고, 좋아하고 바라는 재물을 돕는다.
【지知】표현하다. 發.
【쇠衰】못하다. 差. 아래이다. 降.
【조구造構】남녀의 생리적 구조.
【군륜群倫】여러 사람.
【종사螽斯】《시경詩經》의 한 편 명. 자손이 많은 것을 축하하는 내용의 시.

생명은 인간의 근본이고, 기호는 사람의 욕구이다. 사람의 생명을 보존하고 사람의 욕구에 도움이 되는 것으로는, 옷을 입고 음식을 먹는 것보다 더 중요한 것이 없다. 먹고 입는 것이 만족스러운 다음에는 즐거움보다 더한 것이 없다. 즐거움 중에 가장 정묘한 것은, 부부의 이치를 다하고 남녀의 정욕에 합하는 것보다 더한 것은 없다. 남녀의 정욕이 표현된 것으로는 음양이 교합하는 일보다 더한 것은 없다. 나머지 관직이나 공명 같은 것들은 모두 사실 인간의 정욕 중 다음으로 중요한 일이다. 남녀의 생리구조는 생명을 탄생시키는 기초이며, 생명을 창조하고 길러내는 선결 조건이다. 자연계에서는 천지가 교접하기 때문에 하늘은 덮고 땅은 만물을 실어 균형을 맞추며, 인류는 남녀가 교합하기 때문에 음양의 기혈이 순조롭고 잘 통하는 것이다. 그러므로 공자는 결혼이 사람의 큰 일이라고 칭송했고, 시인은 '종사'라는 아들과 손자가 많은 것을 축하하는 시를 쓴 것이다. 결혼과 아들 손자가 많은 근본을 따져 보면, 모두 남녀가 교접하는 이 일에서 벗어날 수 없다. 그래서 내가 남녀 교합 중의 마음, 모습, 아름답고 추한 상황을 생각하여, 그 실정에 따라 그 법칙을 세우고, 사물의 상황에 근거하고 그 뜻을 취하여, 간사함과 허위를 숨기고 기교의 변화 또한 다하지 않은 것이 없다. 그 중에 어려운 글자나 이상한 이름도 있으면, 때에 따라 음을 표시하고 주석을 달았다. 사람의 어린 시절부터 시작하여, 사람 일의 종결까지를 다 서술하고 묘사했다. 비록 외설스럽고 전하지 못한 말이지만, 이보다 더 즐거운 일은 없으므로, 그것을 '대악부'라고 이름붙였다. 속된 말과 음을 숨기거나 피하지 않았다. 단지 사람들에게 한 때의 웃음을 줄 수 있기를…… 부의 내용은 이렇다.

【해설】 이 부분의 글은 부의 앞 서문이며, 또한 전편의 총론이기도 하다. 결혼과 정욕은 사람이 살아가면서 정상적으로 필요한 것임을 지적하고 있다. 남녀의 교합과 잉태 또한 인류에게 필수적인 것이다. 그러므로 남녀가 교합하는 중의 여러 가지 문제를 생각했다. 어린아이의 발육과 성욕이 생기기 데서부터 시작하여, 계속해서 사람의 일의 종결까지를 썼다. 작자는 교합하는 일이 인생의 여러 가지 즐거움 중에 가장 큰 즐거움이라고 생각하여, 제목을 대악부라고 지었다.

[15-2] 玄化初開, 洪爐輝奇, 鑠勁成健, 鎔柔制雌, 鑄成男女

之兩體. 範陰陽之二儀, 觀其男(之性)旣稟, 剛而立矩; 女之質亦葉, 順而成規. 夫懷抱之時, 總角之始, 蛹帶米囊, 花含玉蘂. 忽皮開而頭露(原注: 男也), 俄肉偓而突起(原注: 女也). 時遷歲改, 生戢戢之烏毛(原注: 男也); 日往月來, 流涓涓之紅水(原注: 女也). 旣而男已羈冠, 女當笄年, 溫潤之容似玉, 嬌羞之貌如仙. 英威燦爛, 綺態嬋娟. 素手雪淨, 粉頸花團, 睹昂藏之材, 已知挺秀; 見窈窕之質, 漸覺呈姸. 草木芳麗, 雲水容裔, 嫩葉絮花, 香風遶砌. 鷰接翼想于男, 分寸心爲萬計. 然乃求吉士, 問良煤. 初六禮以盈止, 復百兩而爰來. 旣納征於兩姓, 娉交禮於同盃.

【현화玄化】도덕 교화.
【삭경성건鑠勁成健】강하고 굳센 물건을 불로 단련하여 남자로 만들다. 《주역周易》에서 健로은 乾으로, 乾卦는 남자를 가리킨다.
【기품旣稟】이미 이룸.
【용대미낭蛹帶米囊 화함옥예花含玉蘂】번데기는 쌀자루 속에 있고, 꽃은 꽃술 속에 있다. 어린 남녀가 아직 발육하지 않은 모양.
【아俄】오래지 않아. 갑자기.
【육아肉偓】여자의 발육, 유방이 솟아오름.
【집집戢戢】부드럽고 온화함.
【연연涓涓】물이 가늘게 흐름. 소녀가 발육하여 월경을 함.
【기관羈冠】관을 씀. 남자가 성년이 됨. 남자 나이 스무 살.
【계년笄年】여자가 비녀를 꽂음. 머리를 쪽짐. 여자 나이 열다섯 살.
【용예容裔】겉모습. 풍채.
【연鷰】제비. 燕의 다른 형태의 글자.
【육례六禮】전통 혼인에서의 여섯 가지 예절. 즉 납채納采·문명問名·납길納吉·납징納徵·청기請期·친영親迎.

도덕과 교화가 처음 시작되어 천지의 변화와 육성의 공공이 널리 기이하고 특별한 광채를 뿜고, 불타는 듯한 아주 강한 사물이 수컷의 성질을 이루고, 음하고 부드러운 사물을 용해시켜 암컷의 성질을 이루어 남녀의 두 가지 체형을 만들어 냈다. 천지음양의 두 종류 형식을 본받아 남자의 성은 이미 양강의 기운을 타고나 강건하고 모가 났음을 알 수 있고; 여자의 바탕은 조화롭고 유순하여 둥글다는 것을 알 수 있다. 그가 부모의 품에 안겨 있을 때 머리의 양쪽을 빗으로 빗어 두 갈래로 묶기 시작한다. 그들의 성기관은 남자는 하얀 껍질 속에 번데기처럼 숨어 있고, 여자는 예쁜 꽃이 머금은 순백의 꽃술과 같다. 갑자기 어느 날 남자의 껍질이 열리고 귀두가 드러나고, 여자는 얼마 지나지 않아 가슴이 높이높이 솟는다. 세월이 지나면 남자는 부드러운 검은 털이 자라나고, 날이 가면 여자는 졸졸 월경을 한다. 후에 남자는 약관의 나이가 되고 여자도 비녀를 꽂을 나이가 되면, 얼굴이 백옥처럼 윤기가 흐르고 예쁘고 수줍은 듯한 모습이 마치 신선과 같아진다. 남자는 영준한 위엄이 우뚝 광채를 발하고, 여자는 예쁘고 아름다운 자태가 아름답기 그지없어 흰 손과 눈처럼 깨끗한 피부와 화장한 목덜미는 마치 아름다운 꽃다발 같다. 남자는 자신의 훤칠한 신체를 보고 이미 스스로의 준수함을 드러낼 줄 알게 되고, 여자는 자신의 아름답고 현숙한 모습을 보고 점점 스스로의 아름다움을 표현할 줄 알게 된다. 마치 꽃나무처럼 향기롭고 아름다우며, 마치 구름과 비처럼 풍채가 맑고 깨끗하며, 마치 새싹과 꽃봉오리같이, 바람에 따라 돌계단을 맴돌며 향기를 날린다. 제비가 날개를 맞대는 것을 보고 남자를 생각하며, 마음속으로 온갖 상상을 다한다. 이렇게 멋진 남자를 구하여 좋은 중매쟁이에게 물어보며, 처음 육례를 성대하게 치르고 또 귀한 예물로 맞아들인다. 이제 다른 성을 맞아들여 함께 결혼의 술잔을 교환하는 예를 행하는 것이다.

【해설】 이 부분은 젊은 남녀의 발육, 춘정의 발동, 그리고 결혼의 예를 묘사하고 있다. 이러한 것들은 모두 정산적인 생리 현상이고 인생에 있

어 꼭 필요한 것이다.

[15-3] 于是, 青春之夜, <u>紅煒之下</u>, <u>冠纓之際</u>, <u>花須將御</u>. 思心靜默, 有殊鸚鵡之言; 柔情暗通, 是念鳳凰之卦. 乃出朱雀, 攬紅褌, 擡素足, 撫玉臀. 女握男莖, 而女心<u>忒忒</u>; 男含女舌, 而男意昏昏. 方以精液塗抹, 上下揩擦. 含情仰受, 縫微綻而不知; 用力前衝, 莖突入而如割. 觀其<u>童開點點</u>, 精漏汪汪, 六帶用拭, <u>承筐是將</u>. 然乃成乎夫婦, 所謂合乎陰陽.

從茲一度, 永無閉固. 或高樓月夜, 或閒窓早春, 讀素女之經, 看隱側之鋪, 立障圓施, 倚枕橫布. 美人乃脫羅裙, 解繡袂, 頸似花圍, 腰如束素. 情宛轉以潛舒, 眼恒迷而下顧. 初變體而拍搦. 後從頭而擻愫, 或掀脚而過肩, 或宣裙而至肚. 然更嗚口唧舌, 磋嘲高擡. 玉莖振怒而頭擧, 金溝顫慄而脤開. 屹若孤峰, 似嵯峨之撞坎, 湛如幽谷動趕趕之鷄台. 于是精液流澌, 狀水洋溢. 女伏枕而揩腰, 男據牀而峻膝. 玉莖乃上下來去, 左右揩挓. 陽峰直入, 邂逅過于琴弦; 陰于斜冲, 參差磨于谷實. 莫不上剉下剌, 側拗傍揩. 臀搖似振, 壓入如埋. 暖滑焞焞, □□深深, 或急抽, 或慢硬. 淺插如嬰兒含乳, 深剌如凍蛇入窟. 扇簸而和核欲呑, 冲擊而連根盡沒. 乍淺乍深, 再浮再沈. 舌入其口, 壓剌其心, 濕漣漣, 鳴欐欐, 或卽據, 或卽捺. 或久浸而淹留, 或急抽而滑脫, 方以帛子乾拭, 再內其中. 袋闌罩而亂擺, 莖逼寒而深攻. 縱嬰嬰之聲, 每聞氣促; 擧搖搖之足, 時覺香風. 然更縱湛上之淫, 用房中之術, 行九淺一深, 待十侯而方畢. 旣恣情而乍疾乍徐, 亦下顧而看出看入. 女乃色變聲顫, 釵垂髻亂. 慢眼, 而橫派入鬢; 梳低, 而半月臨肩. 男亦彌茫兩目, 攤垂四肢, 精透子宮之內, 津流丹穴之池. 于是玉莖以退, 金溝未蓋, 氣力分張, 形神散潰. 頷精尙濕, 傍粘畫袋之間; 膈汁由多, 流下尻門之外. 侍女乃進羅帛, 具香湯, 洗拭陰畔, 整頓褌襠. 開花箱而換服, 攬寶鏡而重粧. 方乃正朱履, 下銀床, 含嬌調笑, 接撫徜徉. 當此時之可戲, 實同穴之難忘.

【홍위지하紅煒之下】붉은 촛불빛 아래. 煒는 빛, 밝음.
【관영지제冠纓之際】취침 전 갓을 벗을 때.
【화수장어花鬚將御】신혼부부가 음양교합을 하려고 하는 일.

【염봉황지괘念鳳凰之卦】여자가 남자를 생각함.

【특특忒忒】여자가 매우 흥분한 모양.

【동개점점童開點點】처녀막이 파열되어 피가 점점 흐른다는 뜻인 듯.

【승광시장承筐是將】원래는 귀한 손님에게 예물을 바친다는 뜻. 여기서는 몸을 닦는 물건을 광주리에 넣는다는 뜻.

【종자일도從玆一度】첫번째부터 시작하다.

【은측지포隱側之鋪】鋪는 書의 잘못인 듯. 방중서房中書를 말함.

【알頞】콧대.

【음간陰干】남자의 성기.

【돈돈焞焞】빛나지 않음. 광휘가 없음.

【선파扇簸】흔들어 진동시킴. 모두 삼켜 버리려고 하다.

【재再】載와 같음. 허사로서 아무 뜻이 없음.

【시각향풍時覺香風】교합 과정중에 나는 분비물의 냄새.

【십후十候】十動과 같음. 한 번의 動은 음경의 10번 출입. 따라서 십동은 100차례이다.

【반월임견半月臨肩】새하얀 얼굴이 반은 흩어진 머리칼에 가리고, 반은 어깨 위에 있는 듯함.

【단혈丹穴】여인의 음부 구멍.

【골顝】큰 머리. 여기서는 귀두를 말함.

【동혈同穴】묘혈, 즉 죽음.

    그리하여 청춘남녀들은 신혼 첫날밤에 붉은 촛불을 켜놓고, 모자를 벗고 혁대를 풀고 음양 교합의 일을 하게 되는 것이다. 이때 두 사람은 모두 말없이 가슴에 사랑의 마음을 품고 사람의 말을 즐겨 흉내내는 저 앵무새와는 달리, 그윽한 정을 몰래 통하여 둘다 봉황이 서로 교접하는 일을 상상한다. 마침내 남자가 주작朱雀(옥경)을 드러내고 여자의 붉은 속옷을 벗기고 백옥 같은 새하얀 다리를 타고 앉아 여자의 희디흰 엉덩이를 애무한다. 여자가 손으로 남자의 옥경을 잡고 심장을 팔딱이며 흥분하여 요동치면 남자는 입으로 여자의 혀를 빠는데, 마음은 이미 술에 취한듯 아찔아찔 흐릿하다. 이리하여 마침내 음정이 흐르고 아래위로 마찰한다. 여자는 아무 말 없이 정을 머금고 얼굴을 위로하여 받아들이는데, 닫혔던 음부가 조금씩조금씩 열리지만 알지 못한다. 남자는 힘을 다해 앞으로 밀어 조개를 가르듯 옥경을 찔러 넣는다. 그 처녀막이 찔려 열려서 붉은 피가 점점이 흐르고 이어 음정이 줄줄 흘러 나온다. 그러면 비단으로 닦은 다음에 대나무 광주리에 넣어둔다. 이렇게 부부가 되는 것이 바로 소위 천지음양의 합일이라고 하는 것이다.

　이렇게 시작되면 영원히 닫힐 수 없다. 어떤 때는 높은 누각 달밤에, 때로는 닫힌 창가에서, 봄날 새벽에, 함께 소녀경을 읽다가, 함께 방중서를 보다가, 둥근 장막을 치고 때때로 교합하는데, 베개를 받치고 누워 여자가 치마를 벗고 비단 속곳을 푼다. 모습은 꽃과 같고, 실같이 가는 허리는 흰비단을 묶어 놓은 듯하다. 꽁꽁 묶였던 사랑의 마음이 몰래몰래 풀어지면서 눈앞이 어른어른하여 고개를 떨군다. 먼저 온몸을 두루 애무한 다음에 또 머리부터 애무한다. 혹 허벅지에서 시작하여 어깨로 올라가기도 하고, 혹은 치마 밑에서부터 자극하여 배로 올라가기도 한다. 그리고 나서 또 입과 입을 맞추고 혀와 혀를 빨기도 하고, 또 윗몸을 쓰다듬기도 하고, 또 엉덩이를 높이 들기도 한다. 그러면 남자의 옥경이 벌떡 일어나 음경의 머리가 높이 솟고, 여자는 금구가 떨리면서 음순이 벌어진다. 음경이 높이 솟은 것은 마치 외로운 봉우리가 우뚝 빼어난 듯하고, 높은 산에 물이 치는 듯하며, 여자의 음이 깊고 깊은 것이 마치 깊은 계곡과 같이 미친 듯 움직이며 남자의 음경을 맞이하러 나간다. 그러면 정액이 흐르고 음수가 넘친다. 여자가 베개 위에 엎드려 허리를 높이 들면, 남자는 그 엉덩이 뒤에서 침상에 의지하여 무릎을 꿇고 옥경을 아래위로 왔다갔다 하며 좌우로 마찰한다. 음경의 머리가 바로 진입하면 자연스럽게 금현을 넘어갈 수 있고, 음경이 비스듬히 찌르면 거의 곡실을 자극하여, 위를 향해 찌르고 아래를 자극하여 옆으로 요동치며 곁을 남김없이 마찰한다. 여자의 엉덩이가 요동하면 남자의 음경이 파묻히는 듯하다. 따뜻하고 미끄러우며 열이 나고 따뜻한 윤기가 마구 흐르는데, 급하게 빼내기도 하고 혹은 마구 찌르기도 한다. 얕게는 마치 어린아이가 젖을 빨듯이 공격하고, 깊게는 마치 겨울 뱀이 굴로 들어가듯이 자극한다. 여자가 휘젓듯이 요동치는 것은 옥경을 모두 삼키고 싶어하는 것이므로 남자가 힘 있게 밀면 남근도 모두 그 속으로 들어간다. 한 번은 얕게 자극하고 한 번은 깊게 공격하며, 한 번은 들어올리고 한 번은 밑으로 내린다. 남자는 혀를 여자의 입에 넣고 음경으로 여자의 음심을 자극하면, 물기가 흥건한 음수가 흘러 나오면서 신음 소리를 낸다. 때로는 가만히 움직이지 말고 때로는 힘을 다해 깊이 찌르며 때로는 깊이 담고 머무르며 때로는 재빨리 빼내고, 바로 비단으로 닦고 다시 여음 속에 넣는다. 여음이 남자의 옥경을 움켜쥐고 몸을 요란하게 흔들면, 남자는 옥경을 음 안에 밀고 들어가 깊은 곳을 자극한다. 이때 여자는 흥분하여 응응하는 소리를 내며, 때로는 여자의 거친 호흡 소리를 들을 수도 있고, 여자가 다리를 높이 들고 흔들면 음 속에서 향기로운 냄새가 나오기도 한다. 그러면 다시 베개 위에서의 은밀한 즐거움을 마음껏 누리면서 방중 기교를 운용하여, 아홉 번은 얕게 한 번은 깊게 하는 방법을 행하고, 열 가지 움직임을 본 후에 교합하는 일을 마친다. 이 일을 할 때 마음껏 움직이면서 때로는 급속하게 때로는 천천히, 아래를 보기도 하고 음경이 드나드는 것을 보기도 한다. 이때 여자는 자색이 요염하게 변하고 목소리가 떨리면 머리 장식이 떨어지고 비녀가 흘러내리며 눈빛이 흐려지고 눈동자는 흐트러진 머리칼을 쓸어보며, 얼굴을 반쯤 드러낸 것이 마치 어깨 위에 반달이 있는 것 같다. 남자도 이때 두 눈이 흐릿하며 사지가 늘어져 있고 정액을 자궁 속에 배설하여 음수가 단혈의 연못에 흐른다. 그러면 옥경을 빼내는데, 여자는 금구가 아직 덮어지지 않는다. 기력이 고갈되고 정신이 흩어지며, 끈적끈적한 정액이 사타구니 사이에 묻어 있다. 여자의 음수는 항문 밖으로 잔뜩 흘러내린다. 시녀가 비단을 가져오고 덥힌 물을 준비하면, 음부 주위를 씻는다. 그리고는 내의를 잘 입고 예쁜 상자를 열어 옷을 갈아입는다. 아름다운 거울을 가져다 새로 단장하고, 신발을 잘 신고 은 침상 아래로 내려와, 친숙하게 교태로운 미소를 짓고, 먼저 입을 맞추고 포옹한다. 이때의 사랑스런 행위는 사실 죽을 때까지 잊기 어렵다.

【해설】이상 두 단락의 문장은, 백행간이 자신이 살았던 시대 귀족 사대부의 신혼 밤과 부부가 결혼한 후 어떻게 성생활을 하는가를 묘사한 것이다. 작자는《소녀경》에서 밝힌 방중 교접술을 자신의 글 속에서 구현해 냈다. 글에서는 주로 교접 전의 애무와, 교접 중의 십동十動·십이十巳 등의 교접술과 방사가 완전히 끝난 후의 정리 모습을 묘사하고 있다. 작자는 "그때의 일은 사실 죽을 때까지 잊기 어렵다"고 말했는데, 이로 보아 성생활을 잘 영위하는 것은 당시에 환락·유열·행복을 얻을 수 있을 뿐만 아니라 부부의 감정을 합치시켜 가정을 화목하게 하고 천륜의 즐거움을 누릴 수 있게 하며, 심신의 건강에 모두 좋은 것이었음을 알 수 있다. 또 부부가 결혼한 후 이른 봄 한가롭게《소녀경》을 읽고 방중술 저작을 보는 것은, 고대의 교양 있는 지식인들이 방중 교접에 대하여 경솔하게 행하지 않고 주의 깊게 연구한 것으로, 방사의 이로움을 애써 추구하고 그 해로움을 막으려고 하는 의미였음을 글 가운데에서 알 수 있다. 이 작품의 주석에서는 또《소녀경》《동현자》《교접경交接經》등의 서적을 언급했는데, 이것으로 이러한 방중술 저작이 당시에 상당히 유행했음을 알 수 있다. 또한 사회적으로는 남녀의 결혼에 있어서 방중 위생의 일이 비교적 중시되었음을 알 수 있다.

[15-4] 更有婉娩姝姬, 輕盈愛妾, 細眼長眉, 啼粧笑臉. 結齒

皦牡丹之脣, 珠耳映芙蓉頰. 行步盤跚, 言辭宛悋. 梳高髻之危峨, 曳長裙之輝燁. 身輕若舞, 向月裡之瓊枝; 聲妙能歌, 碎雲間之玉葉. 廻眸轉黑, 發鳳藻之誇花; 含喜舌銜, 駐龍媒之踝蹙. 乃于明窓之下, 白晝遷延, 裙褌盡脫, 花鈿皆棄. 且撫拍以抱坐, 漸瞢頓而放眠. 含嬌嗻舌, 擡腰束膝. 龍宛轉, 蠶纏綿, 眼瞢瞪, 足蹢躅. 鷹視須深, 乃掀脚而細觀; 鶻床徒窄, 方側臥而斜穿. 上下捫摸, 縱橫把握, 姐姐哥哥, 交相惹諾. 或逼向尻, 或含口唧, 既臨床而伏揮, 又騎肚而倒踔, 是時也, 屢薑核袋而羞爲, 夏姬掩屎而恥作. 則有暎映素體, 廻轉經身, 廻精禁液, 吸氣咽津. 是學道之全性, 圖保壽以延神.

【완만婉娩】언어와 용모가 모두 온순함.
【반산盤跚】빙 도는 모양.
【회모전흑廻眸轉黑】여성의 아름다운 눈을 가리킴.
【봉조鳳藻】아름다운 문장.
【용매龍媒】날랜 말. 준마.
【하희夏姬】춘추 시대 음란하기로 유명했던 여인.
【회정금액廻精禁液】정액을 되돌려 밖으로 흐르지 않도록 함.
【연신延神】마음을 편하게 하다. 오래 살다.

또 언어와 용모가 모두 온순한 아름다운 여자와 행동거지가 날렵하고 아름다운 애첩이라면, 긴 눈과 긴 눈썹을 하고 요염하게 화장하여 웃는 뺨이 이슬과 같다. 이는 새하얗고 모란 같은 붉은 입술이 돋보이며, 귀는 맑은 구슬이 늘어지고 부용 같은 얼굴이 빛난다. 길을 가는 자태도 아름답고 말하는 투도 온화하고 흐뭇하며 머리는 높이 빗어올려 비녀를 꽂고 반짝이는 긴 치마를 끈다. 몸은 춤추듯 가벼워 마치 달 속의 계수나무같으며, 목소리는 아름다워 노래하면 그 음향에 하늘의 옥잎사귀가 떨어질 듯하다. 저 검은 눈동자를 굴릴 때의 모습은 아름다운 꽃처럼 빛나는 미사여구를 내뱉지 않을 수 없게 만들며, 저 머금은 입술의 매력은 미쳐 날뛰는 준마라도 멈추게 할 것이다. 그래서 밝은 창문 아래 낮이 지나가고 밤이 오면, 겉옷과 속옷을 모두 벗어 버리고 머리 위의 꽃비녀와 장식은 모두 떼어 버리고, 앉아서 포옹하고 애무하며 점점 흥분하여 어질어질하고 눈길을 놓으며 입술을 깨물고 입을 맞추며 혀를 빨고 침을 삼키며 허리를 들고 무릎을 구부리고 충분히 전희를 하여 흥분에 이른다. 그리하여 용이 휘두르듯, 누에가 실을 빼듯 방중 교합의 자세를 하는데, 눈은 더욱 흐려지고 다리는 가만히 있지 못하고, 더욱 흥분하면 현기증을 느낀다. 또 아래를 깊이 쳐다보려면 허벅지를 틀어 자세히 관찰하고, 침상이 작은 것이 싫으면 몸을 옆으로 누이고 음경을 비스듬히 찌른다. 또 아래위를 애무하고 여기저기 주무르며, 입으로는 오빠오빠 누나누나 서로 친하게 달콤한 말을 속삭인다. 만일 음경이 항문으로 들어가거나 혹 여자에게 입으로 빨도록 한다든지, 침상에서는 몸을 엎드려 이리저리 움직일 뿐만 아니라 배 위에 뒤로 말을 타고 거꾸로 가듯 하는 짓은, 추신과 하희와 같은 음녀라도 부끄러워서 하지 않을 것이다. 그러므로 성욕의 충동이 고조에 달했을 때는 반드시 여자의 하얀 몸에서 벗어나고 그녀의 그 가벼운 몸에서 떨어져, 정액을 회전시켜 밖으로 배설하지 말고, 또 깊이 숨을 들이마시면서 입 속의 침을 삼켜야 한다. 이것이 바로 양생의 도를 학습하여, 타고난 성과 정을 보전함으로써 건강하게 오래 살며 정신을 편안하게 기르는 방법이다.

【해설】 이 문단의 글은 사대부들이 여러 명의 아내와 첩을 어떻게 대할 것인가의 방중 생활에 대해 쓴 것이다. 글에서는 주로 《동현자》에서 말한 교접 방법을 부각시켰다. 이를테면 "용이 휘두르듯, 누에가 실을 빼듯이"와 교접 전에 충분히 전희를 하는 것 등과, 엉덩이를 밀착시키고 입으로 무는 등의 행위는 취할 수 없음을 지적했고, 또 특히 성적으로

흥분이 고조에 달했을 때는 폐쇄시키고 배설하지 말고 정액을 돌려 금하여 천성과 목숨을 보전하라고 언급하고 있다.

[15-5] 若乃夫少妻嬾, 夫順妻謙, 節侯則天和日暖, 閨閣(則)繡戶朱帘. 鶯轉林而相對, 鶯接翼於相兼. 羅幌朝捲, 爐香暮添, 佯羞偃傿, 忍思醃釅, 枕上交頭, 含朱脣之詫詫; 花間接步, 握素手之纖纖. 其夏也, 廣院深房, 紅幃翠帳, 籠日影於窗前, 透花光于簟上. 茗茗水柳, 搖翠影於蓮池; 娟娟亭葵, 散花光於畫帳. 莫不適意, 過多窈窕, 婆娑含情. 體動逍遙姿, 縱粧薄衣輕, 笑迎歡送. 執紈扇而共搖, 折花枝而對弄. 步砌香偕, 登筵樂動, 俱□瀚溶, 似池沼之鴛鴦; 共寢匡床, 如繡閣之鸞鳳. 其秋也, 玉簟猶展, 朱衾半薰, □□□□□□□, 庭池荷茂而花芬. 收團扇而閉日, 掩芳帳而垂雲. 絃調鳳曲, 錦織鴛紋, 透帘光而皎皛, 散香氣之氤氳. 此時也, 夫怜婦愛, 不若奉倩于文君. 其冬也, 則暖室香閨, 共會共携. 披鴛鴦兮幃帳翡翠, 枕珊瑚兮鏡似頗黎. 鋪旃氈而雪斂, 展繡被而花低. 熏香則彫檀素象, 插梳則鏤掌紅犀, 縈鳳帶之花裙, 點翠色之雪篦. 潑酒同傾, 有春光之灼灼; 紅爐壓膝, 無寒色之凄凄. 顏如半笑, 眉似含啼. 嬌柔之婉娩, 翠姣眼之迷低. 在一坐之徘徊, 何懸往焉? 當重衾之繾綣, 惟恨雞鳴, 此夫婦四時之樂也, 似桃李之成蹊. 至于夫婦俱老, 陰陽枯朽, 膈空皮而皺皵, 麀無力而齾齾, 尙由縱快于心, 不慮泄精於腦. 信房中之精, 實人間之好妙.

【천화일난天和日暖】 날씨가 따뜻한 봄.
【언건偃傿】 오만한. 복종하지 않음.

【교효皎晶】 깨끗하고 선명함.
【봉천어문군奉倩於文君】 미인에게 웃음 짓다. 부부간에 매우 사랑하는 모습.
【파려頗黎】 유리.

  부부가 청춘의 젊은 시절에는 남편은 온순하고 아내는 겸손하고 부드럽다. 계절의 기후로 말하면, 날씨는 부드럽고 해는 따뜻한 봄날에 안방에 있으면서, 문에는 모두 비단에 수놓은 주렴을 늘어뜨리고, 마치 숲속의 꾀꼬리가 서로를 향해 노래하는 것처럼, 제비가 날개를 잇대고 함께 나는 것처럼 부부가 친밀하게 사랑한다. 아침 일찍 비단 휘장을 걷어올리고, 저녁에는 화로에 향을 더 넣어 태운다. 아내는 부끄러워 따르지 않을 듯하고, 남편은 그 시큼한 정념을 은근히 참아낸다. 베개에 머리를 맞대고 누워 입을 맞추고 혀를 빨며 쪽쪽 소리를 내고; 새하얀 섬섬옥수를 잡고 꽃밭을 산보한다. 여름이 오면 큰 집의 깊은 방 안에서 붉은색의 창문 커튼과 초록색의 휘장으로 창에 들어오는 햇볕을 막고 대자리 위로는 꽃빛을 비치게 한다. 우뚝 선 물버들나무는 연꽃이 떠 있는 연못에서 푸른 그림자를 일렁이며; 저 예쁘고 부드럽게 높이 선 해바라기는 아름다운 휘장 안으로 꽃빛을 흩뿌린다. 이런 모든 것들은 사람을 감동시켜 마음이 풀어지고 안락한 느낌이 들도록 한다. 부인이 조용하고 지혜로운 모습을 충분히 보여주며 정을 담고 소리없이 일어나 춤을 추면 그 자태가 이리저리 노니는 듯하고, 내키는 대로 간단하게 단장하여 가볍게 몇 가지를 입었다. 부부 사이에 서로 마주하고 웃으며 즐거워하면서 서로 부채질해 주고, 꽃가지를 꺾어 장난한다. 누각의 계단에 오르면 향기가 따라오고; 자리에 올라앉으면 음악 소리가 울린다. 함께 물 속에 들어가 수영을 하면 마치 연못에 있는 한 쌍의 원앙과 같고; 함께 한 침상에 잠자면 마치 아름다운 방 안의 봉황과 같다. 가을이 되면, 커다란 백양 자리를 또 깔고 향기나는 붉은 이불을 덮고…… 정원의 연못에는 연꽃이 활짝 피어

향기를 내뿜는다. 정원을 산보하며 둥근 부채를 들어 햇볕을 가리며; 방 안에서 잠을 잘 때 아름다운 휘장을 치면 마치 드리운 구름같다. 봉황의 곡조를 연주하면 마치 비단에 원앙 무늬를 수놓는 듯하다. 주렴으로는 깨끗하고 새하얀 밝고 아름다운 광선이 들어오고, 휘장으로는 자욱한 향기가 흩어진다. 이때 부부는 사랑하며 서로 마주 보고 웃음지으니 비할 데 없이 행복하다. 겨울이 되면 내실은 따뜻한데, 안방에는 향기가 넘쳐 흐르고 부부는 함께 지내면 원앙 이불을 덮고 휘장에는 비취를 걸어 놓고 산호 베개를 베며 파리 보서 같은 거울을 쓴다. 두꺼운 양탄자를 깔았는데, 가볍고 부드럽기가 마치 쌓인 눈같고; 수놓은 이불을 폈는데 이불 겉이 마치 꽃무늬를 낮게 깔아 놓은 듯하다. 향기를 내기 위한 박달나무에는 꽃무늬와 무늬없는 비단이 조각되어 있다. 머리에 꽂은 빗은 물소뿔에 붉은색으로 도안하여 조각한 것이다. 몸에는 봉황 띠를 두른 꽃 치마를 입고, 머리에는 푸른 비취를 점박은 흰 비녀를 꽂았다. 맛좋은 술을 함께 마시니 따뜻한 봄빛이 피어나고; 타오르는 화로에 무릎을 맞대고 앉아 냉랭한 한기를 쫓는다. 부인의 얼굴은 항상 미소짓는 모습을 하고, 눈썹 밑은 마치 눈물을 머금은 듯하다. 몸짓은 교태롭고 부드러우며, 말과 행동은 온순하고, 아름다운 눈을 살포시 내리깔고 정을 듬뿍 머금었다. 마치 한 쌍의 봉황이 함께 날아오르는 듯, 지나가는 제비를 얼마나 부끄럽게 하는지; 이불을 함께 덮고 한 베개를 베며, 서로 떨어지지 않으면서, 다만 날이 밝기를 재촉하며 우는 닭을 원망할 뿐. 이러한 것들이 바로 부부의 사계절의 즐거움인데, 마치 사람들이 복숭아꽃 오얏꽃을 좋아하면 나무 밑에 길이 생기는 것처럼, 사람마다 누구나 거쳐야 할 일이다. 부부가 모두 늙으면 음양이 말라 남자의 정액과 여자의 월경이 나오지 않고, 여자의 음도 이미 텅 비고 피부도 마르고 넓고 헐렁해지며, 남자의 양도 연하고 무력해지기 때문에 성급해진다. 또 마음속으로는 성욕의 쾌감에 맡겨 따를 수 있지만 머릿속으로 정액을 배설할 수 있을까 하는 부담을 가질 필요가 없다. 방중술이 가장 정묘한 것임을 믿는다면, 확실히 인간 세상의 가장 아름답고 묘한 일이다.

【해설】 이 부분은 사대부 부부의 사계절의 즐거움을 묘사했는데, 두드러진 것은 부부의 사랑으로, 결혼 생활은 "사람들이 복숭아꽃 오얏꽃을 좋아하면 나무 밑에 길이 생기는 것처럼" 인생에서 항상 추구하고 동경하는 반드시 거치는 길임을 지적한 점이다. 젊은 시절의 사랑과 두 사람의 성생활은 부부가 늙었을 때의 행복의 기초이다. 따라서 방중사는 인간의 아름답고 묘한 일임을 설명하고 있다.

[15-6] 若乃皇帝下南面, 歸西殿, 淥服引前, 香風後扇, 妓女嬌迎, 宮官拜見. 新聲欲奏, 梨園之樂來庭; 菱角初嘗, 上林之珍入貢. 于是閽童嚴衛, 女奴進膳, 昭儀起歌, 婕妤侍宴, 成貴妃于夢龍, 幸皇后于飛燕. 然乃啓鸞帳而選銀杯, 登龍媒而御花顏. 慢眼星轉, 羞眉月彎, 侍女前扶後助, 嬌容左倚右攀. 獻素臀之宛宛, 內玉莖而閑閑. 三刺兩抽, 縱武皇之情欲; 上迎下接, 散天子之髣鬟. 乘羊車于宮裡, 插竹枝于戶前. 然乃夜御之時, 則九女一朝; 月滿之數, 則正后兩宵. 此乃典修之法, 在女史肜管所標. 今則南內西宮, 三千其數, 逞容者俱來, 爭寵者相妬, 矧夫萬人之軀, 奉此一人之故. 嗟呼!

【녹복인전淥服引前】 뜻이 확실하지 않음. 服은 고대 악곡의 이름인 淥水인 듯.
【이원梨園】 황실의 악대.
【상림上林】 고대의 苑. 秦나라 때부터 있었는데, 한 무제 때 확대했다. 황제의 유람지 및 사냥터 등의 역할을 하였으므로, 이에 관한 문학 작품이 적지 않다.
【소의昭儀】 고대 女官 명칭. 한나라 元帝 때 두었는데, 승상이나 제후 왕과 같은

위상이었다. 후대에도 이 관직명을 썼으나, 초기와 같은 위상은 아니었다.

【첩여婕妤】 한나라 때 女官名. 上卿이나 列侯와 같은 지위였음.

【비연飛燕】 원래는 한나라 孝成帝 趙 황후를 가리키는 말이었다. 신체가 가볍고 아름다워 가무 이름으로 사용했다. 여기서도 가볍고 교묘한 가무를 가리킨다.

【양거羊車】 고대에 궁 안에서 타던 작은 수레. 羊은 祥으로 길하고 상서롭다는 의미.

【동관彤管】 여성 史官이 기사를 쓰는 데에 사용했던 붓대가 붉은 붓. 여기서는 매일 밤 천자를 모신 여인은 사관이 모두 기록함을 뜻한다.

【남내南內】 당나라 시기의 興慶宮. 원래 당 현종이 지방 왕이었을 때의 집으로, 후에 궁이 되었다. 東內의 남쪽에 있었기 때문에 생긴 이름이다.

황제는 매일 정무가 끝난 후에 서전西殿으로 돌아온다. 앞에는 맑은 물이 구불구불한 도랑을 따라 흐르고, 뒤에는 많은 궁녀들이 둘러싸고 바람에 향기를 날리며 따르며 내궁의 궁관들이 배알한다. 후원에서는 이원梨園의 악공이 새로운 곡을 연주하고, 상림원上林園에서는 새로 바쳐 온 공물 중 마름 열매를 맛본다. 그리하여 환관들은 삼엄하게 호위하고, 궁녀들은 황제에게 먹을 것을 바칠 때, 여관들은 법도에 따라 노래를 부르고 궁녀들은 술잔치에 시중든다. 그런 다음에 혹은 모든 귀비들이 꿈꾸는 천자와 교합하는 아름다운 꿈을 이루어 주기도 하고, 혹은 황후의 거처에 가 잠을 자기도 한다. 그래서 황제가 탄 가마의 휘장이 열리고 귀비의 은가락지를 선택하여 모시고 잘 사람을 정하게 된다. 그런 후에 황제의 침상에 올라 꽃같이 아름다운 얼굴의 궁비와 함께 잠자리에 든다. 아름다운 여인의 흐릿한 눈은 마치 밝은 별이 흐르는 듯하고, 부끄러워하는 듯한 아름다운 눈썹은 달처럼 휘어 있는 것이 보일 뿐이다. 또 한 무리의 미인들이 앞에서 부축하고 뒤에서 도우며, 어떤 사람은 왼쪽에서 받치고 오른쪽에서 부축한다. 그런 다음에는 엎드려 이슬같이 깨끗하고 새하얀 둔부를 바치면, 천자는 옥경을 삽입하고 끝없이 요동친다. 세 번 찌르고 두 번 밀며, 천자가 정욕이 움직이는 대로 따라서 위로 맞이하기도 하고 아

래로 접하기도 하면, 둥그렇게 묶어 올린 천자의 머리가 어지럽게 흩어진다. 황제는 때때로 비빈들과 함께 양이 모는 수레를 타고 궁 안에서 노닐기도 하고, 때로는 비빈들과 함께 댓가지를 던지는 놀이를 하기도 한다. 그러나 밤에 교합할 때는 아홉 명의 여자가 한 사람을 모시고, 큰 달에는 이틀 밤을 황후와 동침한다. 이것은 법으로 제정된 제도인데, 완전히 후궁 명단에 붉은 점을 찍는 것이다. 현재 황제는 서궁에 3천 명의 비빈을 두었는데, 모두 자신의 아름다운 모습을 드러내고 싶어하며, 모두들 질투하며 사랑을 다툰다. 더군다나 그것은 일만 사람이 한 사람에게 몸을 바치는 일인 것이다. 아하!

[15-7] 在室未婚, 殊鄉異客, 是事乖違, 時多屈厄. 宿旅館而鰥情不寐, 處閨房而同心有隔. 有業花貌□□, 每懇交歡; 覷馬上之玉顏, 常思亡耦. 羨委禽於庭弊, 願擲果於春陌, 念剛腸之欲斷, 往往顛狂; 覺精神之散飛, 看看瘦瘠, 是即寢食俱飛, 行止無操, 夢中獨見, 暗處相招. 信息稠於百度, 顧盼希於一朝. 想美質, 念纖腰, 有時暗合, 魄散魂銷. 如女捉色, 乾貞惱人腸斷. 雖同居而會面, 且殊門而異館. 候其深夜天長, 閑情月滿, 潛來偷竊, 焉知畏憚? 實此夜之危危, 重當時怛怛. 疣也不吠, 乃深隱而無聲, 女也不驚, 或仰眠而露膈. 于時入戶兢兢, 臨牀款款, 精在陽峯之上, 滴滴如流, 指刺陰縫之間, 醇畷似暖, 莫不心忐忑, 意惶惶. 輕抬素足, 縱揭褌襠, 撫拍胸前, 慮轉身如睡覺; 摩挲腿上, 恐神駭而驚忙. 定知處所, 安蓋相當. 未嫁者失聲如驚起, 已嫁者佯睡而不妨, 有婿者詐嗔而受敵, 不同者違拒而改常. 或有得便而不絕, 或有因此而受殃. 斯皆花色之問難, 豈人事之可量. 或有留事而遇, 不施床舖; 或牆畔草邊, 亂花深處. 只恐人知, 烏論禮度! 或鋪裙而藉草, 或伏地而倚柱. 心膽驚飛, 精神恐懼, 當忽劇之一回, 膝安床之百度. 更有欠闕房事, 常嗟獨自不逢艷之娘, 乃遇人家之婢, 一言一笑, 因茲而有意, 好意身衣綺羅, 頭簪翡翠. 或鴉角青衫, 或雲鬟繡被, 或十六十七, 或十三十四, 笑足嬌姿, 言多巧智, 貌若青衣之儔, 藝比綠珠之美. 摩挲乳肚, □滑膩之肥濃; 掀起衣裳, 散芳氳之香氣. 共此婢之交歡, 實娘子之無異. 故郭璞設計而苦求, 阮咸走趁而無愧. 更有惡者, 醜黑短肥, 臀高面歆, 或口大而齞□, 或鼻曲而累垂, 髻不梳而散亂, 衣不斂而離披. 或即驚天之笑, 吐棒地之詞. 笑嫫母為美嫱, 呼敦洽為妖姬, 遭宿瘤

罵, 被無鹽欺. 梁鴻妻見之極哂, 許允婦遇之而嗤. 姣步則人言精魅, 倚門則鬼號鍾馗. 艱難相遇, 勉强爲之, 醋氣時聞. 每念糟糠之婦, 荒婬不擇, 豈思同于枕席之姬, 此是曠絶之火急也, 非厭飫之所宜更有金地名賢, 祇菌幼女, 各恨孤居, 常思于同處. 口雖不言, 心常暗許. 或是桑間大夫, 鼎足名儒, 求淨捨俗, 鬀髮剃須, 漢語胡貌, 身長麤粗, 思心不觸于佛法, 手持豈忘乎念珠. 或年光盛小, 閒情窈窕, 不短不長, 唯端唯妙, 慢眼以菩薩爭姸, 嬾臉共桃花共笑. 圓圓翠頂, 孌臣斷袖于帝室, 然有連璧之貌, 暎珠之年, 愛其嬌小, 或異堪憐. 三交六入之時, 或搜獲□; 百脈四枝之內, 汝實通室. 不然, 則何似于陵陽君指花于則, 彌子瑕分桃于主前, 漢高祖幸于藉孺孝武帝寵於韓嫣. 故惠帝侍臣冠駿鸃, 載貂蟬, 傳脂粉于靈幄, 曳羅帶于花筵. 豈女體之足厭, 是人□之相沿. 更有山村之人, 形貌醜惡, 男則峻屹淩兢, 女則兜廋醲削, 面屈如匙, 頸長似枃, 眉毛乃逼側如陰森, 精神則瞢而瓶枾. 日日繫腰, 年年赤脚, 繒□□以爲□, 倡□歌以爲樂. 攀花摘葉, 比翼父以開懷.(以下缺)

【망우亡耦】짝이 없음.
【위금委禽】초빙의 예물을 보내다.
【척과擲果】미남이 여인들에게 사랑받음. 晉의 潘岳은 잘생겨서 문밖을 나서면 여인들이 수레 가득 과일을 던졌다는 고사에서 온 말.
【청의시주青衣之儔】푸른 옷을 입은 무리, 즉 노비들. 한나라와 당나라 이후에는 비천한 사람들이 푸른 옷을 입었다.
【녹주綠珠】晉나라 石崇의 歌妓로 피리를 잘 불었다고 한다.
【활니지비농(露, 現)滑膩之肥濃】매끄럽고 윤나는 부드러운 피부를 가진 풍만함.
【언甋】옛날 악기. 뒤에 錡자가 빠진 듯. 여자의 얼굴이 길어서 보기 싫은 모양.
【모모嫫母】고대 전설상의 추녀.
【돈흡敦洽】고대 못생긴 사람.

【숙류宿瘤】 전설에 나오는 齊나라의 뽕따는 여인으로, 목에 혹이 있었기 때문에 붙여진 이름.
【무염無鹽】 제나라 宣王의 왕후로 원래 이름은 鍾離春인데, 매우 못생겼다고 함.
【종규鍾馗】 귀신 이름. 귀신을 쫓고 사악함을 피하게 한다고 함.
【련신孌臣】 童. 희롱거리로 삼는 잘생긴 얼굴의 나이 어린 남자.
【미자하彌子瑕】 춘추시대 衛 靈公의 총신. 임금의 거짓 명령으로 임금의 수레를 타고, 복숭아를 먹고 맛이 있으니까 반을 임금에게 주기도 하여 총애를 받았으나, 나중에는 그 일로 벌을 받음.
【초선貂蟬】 옛날 머리에 쓰는 관 이름. 초선관은 侍中이 썼다.

　아내를 맞이하지 못한 사람은, 혹은 타향에서 타지의 나그네가 되기도 하는데, 이러한 일은 항상 떠나고 싶은 마음에 안정이 되지 않으며, 때로는 활기가 없고 절박한 곤경에 처하게 한다. 어떤 사람은 여관에 머물지만 아내가 없어 고독한 마음에 잠을 이루지 못하고, 어떤 사람은 내실에서 지내지만 아내와는 등지고 우연히 얼굴이 예쁜 여자를 만나면 종종 교합하기를 몹시 원하기도 한다. 혹은 바로 아름다운 여자를 보아도 항상 자기와는 배필이 될 수 없다고 생각한다. 그래서 다른 집으로 가는 결혼 행렬이 집앞을 지나가는 것을 부러워하면서, 자기 여자가 봄날 길에서 사랑을 던져오기를 고대한다. 그러한 상념에 애간장이 끊어지고 종종 미쳐 버릴 수도 있고; 자신의 정신이 흩어지는 것을 알아차리고 자신의 몸이 마르는 것을 보기도 한다. 그래서 먹지도 못하고 잠자지도 못하고, 자신의 행동을 통제하지도 못한다. 항상 꿈 속에서 자신이 그리워하는 여인을 보고, 또 아무도 모르는 곳에 다른 사람을 불러서 소식을 물어볼까 하고 심지어는 1백번이나 생각하기도 하며, 어느 날인가 그녀와 만날 수 있기를 바라기도 한다. 온종일 여자의 그 아름다운 몸매를 생각하고, 그 가느다란 허리를 생각한다. 어떤 때는 꿈속에서 교합하고는 정신이 오락가락하여, 마치 여자가 아름다운 용모로 자신을 잡고 장난친 것 같아 그야말로 사람의 애간장을 끊을 듯 머릿속이 어지럽다. 그래서 한 집에 살아 만날 수 있거나 같은 집이 아니거나 같은 여관이 아니거나 상관없이 밤이 깊고 더욱 길어지기를 기다려, 정원에 인적이 끊어지고 달이 중천에 걸리는 시각이 되면, 소리없이 몰래몰래 들어간다. 어딘가에서 또 어떤 해가 있을 줄 알고, 사실 그런 때는 매우 위험하다. 다행히 개도 짖지 않으면 깊고 깊은 곳에 몰래 숨어 소리를 내지 않는다; 다행히 여자도 놀라지 않는데 어떤 여자는 바로 누워 음부를 드러내기도 한다. 이때 남자는 조심스럽게 방 안으로 들어가 천천히 침상에 오르는데 발기한 음경 끝에서 정액이 줄줄 흐를 때 바로 여자의 음부 속으로 찔러 넣는다. 그러면 곧바로 햇볕 아래에서처럼 뜨끈뜨끈해져, 남자와 여자 모두가 심장이 벌렁벌렁 뛰고, 속으로는 놀라 황망해서 편하지 못하다. 만약 잠자고 있는 여자를 만나면, 그녀의 하얀 다리를 들어올리고 위에서부터 그녀의 속옷을 벗기고 가슴을 애무하고 싶은데, 여자가 몸을 뒤척여 잠에서 깰 수도 있다고 걱정하기도 한다. 어떤 사람은 여자의 넓적다리를 만지면서 또 그녀가 마음속으로 해를 입거나 놀랄까 걱정하기도 한다······. 만약 또 아직 시집가지 않은 여자라면 놀라 소리지르며 일어날 수도 있고, 이미 시집간 여자라면 잠자는 체하겠지만, 오히려 아무 방해도 받지 않는다. 혹 남편이 있는 여자라면 이때 일부러 나무라면서 더욱 받아들이려고 한다. 만약 원하지 않는 사람이면 저항하는 데 보통 사람이 아닌 것이다. 어떤 사람은 또 아무렇지도 않게 저항하지 않기도 하지만, 또 이때문에 재앙을 만날 수도 있다. 이러한 것들은 모두 여색을 탐해서 당하는 죄과로서, 정상적인 이치로 볼 수 없다.

　어떤 사람은 편한대로 교합하여 침상을 이용하지 않고, 담장 구석 풀 위에서 꽃나무를 해치며 깊은 곳에서 단지 다른 사람이 알면 어떻게 하나 하는 것만 걱정한다. 그러니 또 어떤 예의 법도를 말할 수 있겠는가? 어떤 사람은 풀을 모아 놓고 옷을 깔고 하고, 어떤 사람은 땅 위에 엎드려 하고, 어떤 사람은 기둥에 의지하여 하기도 한다. 마음은 조마조마하지만, 이렇게 허겁지겁하며 하는 한 번이 편안한 침대에서 하는 백 번보다 낫다고 생각한다.

　더욱이 그러한 교합에서 부족함이 있는 것은, 자신이 아름다운 여자를 만나지 못한 때문이라고 한탄하고 원망하는 것이다. 그래서 다른 집 여종들을 희롱하고 집적거려 서로 정분을 쌓게 된다. 어떤 사람은 몸에 비단 옷을 걸치고 머리에는 비취 비녀를 꽂았다. 어떤 사람은 머리는 까마귀 뿔처럼 빗고 검은 옷을 입었다. 어떤 사람은 머리를 구름처럼 틀어올리고, 몸에는 수놓은 옷을 입었다. 어떤 사람은 열예닐곱 살이고, 어떤 이는 열서너 살이다. 한 번 미소를 띠면 교태로운 모습이 충분히 드러나고; 한 번 말을 하면 영민하고 총명함이 보여진다. 여종 같은 모습이 마치 기생들처럼 화려하다. 가슴과 배를 애무하면 피부에 윤기가 흐르며 섬세하고 풍만함이 느껴지고; 옷을 풀어제끼면 품고 있던 은은한 향기가 흩어진다. 이러한 여종들과 교합하여 즐거움을 나누면 사실 고관대작의 부인과 차이가 없다. 그래서 진晉나라의 곽박郭璞은 주인의 여종을 애써 차지하려고 일을 꾸몄고, 죽림칠현 중의 한 사람인 완함阮咸은 손님의 말을 빌려 타고 잠시 버려진 여종을 뒤쫓아 가고도 부끄러운 기색이 없었다.

　또 어떤 못생긴 여자들은 용모가 추악하면서도 검고 몸은 작으면서도 뚱뚱하며 엉덩이는 높고 크며 얼굴은 비뚤어졌다. 어떤 사람은 입이 마치 가마솥처럼 크고, 어떤 사람은 코가 비뚤어져 바르지 못하다. 빗지 않은 트레머리는 산발했고; 의복은 잘 여미지 않아 흐트러져 있다. 어떤 사람은 하늘을 찢을 듯한 웃음소리를 내고 땅을 흔들 듯이 큰 목소리로 말한다. 추녀로 유명한 황제黃帝의 네번째 부인 모모嫫母는 아름다운 부인이었고, 추녀로 이름높은 돈흡敦洽은 요염한 여자였다. 추녀 숙류宿瘤도 그녀의 추함을 욕할 수 있고, 역시 추녀인 무염無鹽도 그녀를 속일 수 있다. 양홍梁鴻의 아내인 현숙한 부인 맹광孟光도 그녀를 몹시 비웃을 수 있고, 부인이 그녀를 만나면 놀릴 수도 있다. 그녀가 교태롭게 걸어가면 사람들이 귀신의 정령이라고 말할 수도 있고; 그녀가 문에 기대어 서 있으면 귀신도 놀라 그녀를 종규鍾馗라고 할 것이다. 궁할 때 이러한 여자를 만나면 억지로 교합한다. 때로는 그녀의 몸에서 시큼한 냄새를 맡기도 하는데, 이런 때는 종종 자신의 부인을 생각하고; 너무도 음란하여 선택의 여지가 없다면 또 어떻게 자신과 동침했던 첩들을 생각할 수 있겠는가? 이러한 것들은 모두 공허하기 짝이 없는 욕망이 맹렬하게 불타올랐기 때문이지, 정욕이 충분했을 때는 할 수 있는 일은 아니다.

또 불교의 중이나 절간의 여승들은 서로 각기 혼자 사는 외로운 처지를 원망하며 항상 함께 살고 싶어하지만, 입으로는 말을 못하고 항상 속으로만 그러고 싶어한다. 어떤 풍류 관리나 이름난 학자는 편안하고 고요함을 추구하여 속세를 떠나 머리를 깎고 중국어를 쓰면서 오랑캐의 모습을 했는데, 신체는 건장하고 정력이 거칠고 힘있다. 어떤 여승은 속으로는 불법을 범하지 않으려고 생각하지만, 어떻게 손에 있는 염주를 잊을 수 있겠는가? 어떤 나이어린 사람은 태어날 때부터 조용한 성품에 천상 여성스럽고 몸은 크지도 작지도 않으면 단정하면서도 아름답고, 아름다움은 보살과도 다투며, 여린 얼굴은 복숭아꽃처럼 미소띠고, 윤기 있는 머리를 둥그렇게 올리게 한다······.

황제에게 사랑받은 남자도 있는데, 백옥 같은 용모와 빛나는 젊음과 그의 아름다운 모습을 좋아했고, 어떤 사람은 특별히 그를 사랑하여 세 번 교합하고 여섯 번 들어갈 때······ 온갖 혈맥과 사지가 안으로, 방에 열매를 넣어 두는 듯했다. 그렇지 않았으면 어떻게 신선과 함께 꽃을 건드렸겠으며, 미자하가 위나라 영군 앞에서 복숭아를 쪼

갰을 것이며, 한나라 고조가 구유를 총애했을 것이며, 혜제의 신하들이 모두 준희관이나 초선관을 머리에 쓰고 궁전의 장막 안에서 화장을 하고, 자리에서 비단 띠를 풀었겠는가? 아마 여인의 몸에 질렸기 때문일 것이다. 이것이 인간 욕정의 흐름이다.

또 산 속에 사는 사람이 있는데, 생김새가 추악했다. 남자는 몸이 마르고 거칠고 못생겼고, 여자는 머리와 얼굴에 털이 있고 또 마르고 작았으며 얼굴이 마치 국 숟가락처럼 움푹 들어갔고, 목은 마치 주걱처럼 길고, 눈썹은 눈에 바싹 붙어 나서 어둡고 침침하며, 정신은 혼미하고, 절뚝거리며 걷는 모양은 보기 민망하고, 날마다 허리에는 지푸라기를 붙이고 다니며, 일 년 내내 버선발이고, 염소 꼬리를 묶어 놓는 것을 재미로 삼고, 사랑 노래 부르는 것을 즐거움으로 삼으며, 꽃가지를 꺾고 나뭇가지를 가지고 다니면서, 꿩아재비처럼 즐거워했다.

【해설】이 부분의 글은 예의에 맞지 않고 법도에 맞지 않고 색을 탐하는 추태를 표현하고 있다. 그 중에 외지에 나간 사람들의 간음은, 남자와 여자가 뜻이 맞아 하는 경우도 있고, 세력 있는 사람이 남의 노비를 취하는 경우도 있으며, 성급하게 추녀와 교합하는 경우도 있고, 남녀 중이 함께 사는 경우도 있고, 제왕과 신하의 동성애도 있고, 또 산에 사는 사람들의 쾌락도 있다…….

작품 전체에서 보면 작자는, 방중술은 부부 사이에 사용해야 인륜을 바로잡고 생명을 보전하는 긍정적인 작용을 할 수 있다고 주장하고 있으며, 반대로 불법적이고 불합리한(제왕을 포함하여) 성생활에 대해서는 매우 반대하고 있다. 이것이 작자가 이 작품을 쓴 마음이었을 것이다.

十六. 紫金光耀大仙修眞演義

[元] 鄧希賢 著

[16-1] 序

漢元封三年, 巫咸進《修眞語錄》於武帝. 帝不能用, 惜哉! 書傳後世, 微傷其術者, 亦得肢體强健, 益壽延年. 施之種子, 聰明易養. 然有當棄, 有當忌. 先知棄忌, 方可次第行動. 余演其義爲二十章, 分功定序, 因序定功. 序固不可紊, 功亦不可缺也. 修眞之士, 當自得之.

鄧希賢識

서

한나라 원봉 3년, 무함이 《수진어록》을 무제에게 바쳤다. 무제는 사용할 수 없었으니, 애석하도다! 글이 후세에 전해져 그 방법을 조금이라도 아는 사람은 신체가 건강해지고 수명을 연장시킬 수 있다. 그 방법으로 자식을 낳으면 총명하고 기르기 쉽다. 그러나 당연히 버려야 할 것과 꺼려야 할 일이 있다. 먼저 버리고 꺼릴 일을 알아야 마침내 차례대로 행동할 수 있다. 내가 그 뜻을 스무 장으로 풀어, 내용을 나누고 차례를 정했으니 차례에 따라 내용을 알 일이다. 차례는 고정시켜 흐트러지도록 해서는 안 되고, 내용 또한 빠져서는 안 된다. 수양하는 사람들은 마땅히 그것을 스스로 터득해야 한다.

[16-2] 一. 棄棄當知

凡御女人, 先明五棄: 聲雄皮粗, 髮黃性悍, 陰毒妒忌, 此一棄也; 貌惡面靑, 頭禿液氣, 背陀胸凸, 雀躍蛇行, 三棄也; 黃瘦羸弱, 體寒氣虛, 經脈不調, 二棄也; 癲聾瘖啞, 跛足眇目,癬疥瘢瘋, 大肥大瘦, 陰毛粗密, 四棄也; 年四十以上, 産多陰衰, 皮寬乳慢, 有損無益, 五棄也.

交合有期, 五忌須知: 三元甲子, 本命庚申, 天地交合, 日月薄蝕, 晦朔弦望, 大風大雨, 雷鳴電掣, 三光之下, 此一忌也; 山村園沼, 道堂佛殿, 寶塔神祠, 江淮河濟, 二忌也; 大寒大熱, 大飢大飽, 大喜大醉, 大小便急, 鼎氣無情, 三忌也 連日醉酒, 久病方痊, 遠歸疲倦, 四忌也; 婦人産後, 未滿七七, 穢汚尙存, 五忌也. 惟此五棄·五忌, 當知避之. 犯者不惟自損 卽種子亦多殘疾不良, 蓋由稟賦之不正也.

1. 반드시 버리고 피해야 할 것을 알아야 한다

일반적으로 여인과 교접할 때는 먼저 버려야 할 다섯 가지를 분명히 해야 한다. 목소리가 웅장하고 살갗이 거칠며, 머리칼이 누렇고 성질이 사나우며, 음욕이 독하고 투기하면, 첫째로 버려야 하고; 모습이 추악하고 얼굴이 푸르며, 머리가 벗겨지고 겨드랑이에서 냄새가 나며, 등이 낙타등처럼 굽고 가슴이 볼록 튀어나왔으며, 참새처럼 종종 걸음치거나 뱀기듯 걸으면, 세번째로 버려야 하며; 누렇고 말랐으며 파리하고 약하며, 몸이 차갑고 기가 허하며, 경맥이 순조롭지 못하면 두번째로 버려야 하며; 미쳤거나 말을 못하거나 목이 쉬었거나 까마귀 목소리거나, 버짐이 피었거나 옴이 있거나 부스럼이 있거나 두풍이 있거나, 너무 살이 쪘거나 너무 말랐거나, 음모가 거칠고 빽빽하면 네번째로 버려야 하고; 나이가 마흔 살 이상이고, 아이를 많이 낳아 음이 쇠했거나, 피부가 늘어지고 유방이 쳐졌으면, 해가 되고 도움이 없으니, 다섯번째로 버려야 한다.

교합에는 때가 있으니, 다섯 가지 꺼릴 일을 반드시 알아야 한다: 삼원 갑자일, 본명 경신일, 천지가 교합하는 날, 일식과 월식, 그믐,

초하루, 상현과 하현, 보름날, 큰 바람이 불거나 큰비가 내리는 날, 우레가 치고 번개가 번쩍이는 날, 해와 달과 별빛 아래가 첫번째 꺼려야 할 것이고; 산이나 밭이나 연못, 도교 사원이나 불교의 절, 탑이나 사당, 강이 모이거나 물을 건너는 곳이 두번째 꺼려야 할 곳이고; 아주 춥거나 더울 때, 배가 너무 고프거나 너무 배부를 때, 너무 기쁘거나 너무 취했을 때, 대변이나 소변이 급할 때, 기운이 늘어지고 마음이 없을 때가 세번째로 피할 때이고; 연일 술에 취하거나 오래 앓다가 방금 나았을 때, 멀리 외출했다 돌아와 피곤할 때가 네번째로 피해야 할 때이고; 부인이 아이를 낳고 49일이 아직 안 되었을 때는 오물이 아직 남아 있으므로 다섯번째로 피해야 할 때이다. 오기 이 다섯 가지 버리고 꺼려야 할 것을 반드시 알고 피해야 한다. 그것을 범하는 사람은 스스로에게 해가 될 뿐만 아니라, 낳는 자식들도 병이 많고 좋지 않다. 대체로 하늘에서 품부받은 것이 바르지 않기 때문이다.

[16-3] 二. 神氣宜養

攝生之道, 貴審其方. 夫寡色欲, 所以養精氣也; 薄滋味, 所以養血氣也; 咽津液, 所以養肺氣也; 愼嗔怒, 所以養肝氣也; 節飮食, 所以養胃氣也; 少思慮, 所以養心氣也; 自省悟, 所以養肉氣也. 遵之而行, 卽氣壯神餘矣. 人於戌亥陰消陽散之時, 不宜醉飽酣寐, 以致百脈塞滯·關節停毒. 此際當先導四脈, 次展手足, 干運氣機, 動搖百體. 殺關節開通, 榮衛流暢, 陰陽和合, 精固神全, 邪氣不入, 寒暑不侵, 斯爲攝養之道也.

2. 마땅히 신기神氣를 길러야 한다

섭생의 도는 그 방책 살피기를 귀하게 여긴다. 색욕을 적게 갖는 것

은 정기精氣를 기르려는 것이고; 재미를 덜 보는 것은 혈기를 기르려는 것이며; 진액을 삼키는 것은 폐기肺氣를 기르려는 것이고; 화내는 일을 조심하는 것은 간기肝氣를 기르려는 것이며; 먹고 마시는 것을 절제함은 위기胃氣를 기르려는 것이고; 생각을 적게 함은 심장의 기心氣를 기르려는 것이고; 스스로 반성하고 깨닫는 것은 육기肉氣를 기르려는 것이다. 그것을 준수하여 행하면 기가 건장해지고 정신에 여유가 있게 된다. 술시와 해시는 사람의 음과 양이 소멸되고 흩어질 때이므로, 술에 추하거나 배부르게 먹거나 술을 즐기거나 잠을 자서는 안 되니, 온갖 맥이 막히고 걸리며 관절에 독이 끼기 때문이다. 이

때는 반드시 먼저 네 개의 맥을 이끌고 다음으로 손과 발을 펴고 운을 구하고 기회에 기를 맞추고 온몸을 움직여야 한다. 관절이 개통되고 영위榮衛가 순조롭게 잘 통하고 음양이 화합하고 정精이 공고하고 신神이 온전하며 사기가 들어오지 못하고 추위와 더위가 침범하지 못하도록 돕는 것이 섭생을 기르는 도이다.

[16-4] 三. 房內靈丹
 訣曰: 以人補人, 自得其眞. 陰陽之道, 精髓爲寶. 搬而運之, 後天而老. 房中之事, 多能殺人, 亦能養人. 能用之者, 可以養生; 不能用者, 則以殞命. 人能善悟房中之術, 通關引氣, 運精補髓, 故能長生也.

3. 방내영단房內靈丹
 비결에 다음과 같은 말이 있다: 사람으로 사람을 보하여 스스로 그 참을 얻는다. 음양의 도는 정수精髓가 보배이다. 옮겨다 운용하여 늙음을 미룬다. 방중의 일은 많이 하면 사람을 죽일 수도 있고 또 사람을 기를 수도 있다. 그것을 운용할 수 있는 사람은 양생할 수 있고; 운용하지 못하는 사람은 죽는다. 방중술을 잘 깨우칠 수 있으면 막힌 데를 뚫고 기를 끌어모으며, 정수를 운용하고 보하므로, 장생할 수 있다.

[16-5] 四. 爐中寶鼎
 鼎者, 鍛煉神丹之具, 溫眞養氣之爐也. 須未生産美婦淸俊潔白・無口體之氣者爲眞鼎, 用之大能補益. 此外, 如前五棄

者, 不可用也.

4. 화로 가운데의 보배로운 솥

솥은 신단神丹을 연단하는 도구로, 참기운을 따뜻하게 배양하는 화로이다. 반드시 아직 아이를 낳은 적이 없는 아름다우며 맑고 빼어 나며 깨끗하고 입냄새나 몸냄새가 없는 여인을 진정眞鼎으로 삼아 쓰면 크게 보되고 이로울 수 있다. 그 외에 앞서 말한 다섯 가지 버려야 할 것을 써서는 안 된다.

[16-6] 五. 男察四至

男子玉莖不振, 陽氣未至也; 振而不展, 肌氣未至也; 展而不硬, 骨氣未至也; 硬而不熱, 神氣未至也. 凡交合先察四至而後行之.

5. 남자는 네 가지의 도달을 살펴야 한다

남자의 옥경이 떨치지 못하는 것은 양기陽氣가 이르지 않았기 때문이고; 떨치되 펼치지 못함은 기기肌氣가 이르지 않았기 때문이며; 펼치되 굳세지 않은 것은 골기骨氣가 이름지 않았기 때문이고; 굳세되 열이 나지 않음은 신기神氣가 이르지 않았기 때문이다. 일반적으로 교합에는 먼저 네 가지가 도달했는지를 살피고 난 다음에 행해야 하는 것이다.

[16-7] 六. 女審八到

女人默咽津液, 脈氣到也; 將身附人, 胃氣到也; 以力動人,

筋氣到也; 弄人雙乳, 肉氣到也; 眉尖嚬蹙, 肝氣到也; 握弄玉莖, 血氣到也; 咂人舌津, 肺氣到也; 滑津流出, 脾氣到也. 俱到則可交合矣.

6. 여자는 여덟 가지의 도달을 살펴야 한다

여자가 소리없이 침을 삼키면 맥기脈氣가 이른 것이고; 몸을 상대방에 붙이면 위기胃氣가 이른 것이며; 힘써 사람을 움직이면 근기筋氣가 이른 것이고; 남자의 두 젖을 애무하면 육기肉氣가 이른 것이며; 눈썹이 서고 미간을 찡그리면 간기肝氣가 이른 것이고; 옥경을 쥐고 주무르면 혈기血氣가 이른 것이며; 남자의 혀와 침을 빨면 폐기肺氣가 이른 것이고; 미끄러운 침이 흘러 나오면 비기脾氣가 이른 것이다. 모든 것이 이르면 교합할 수 있는 것이다.

[16-8] 七. 玩弄消息
　凡欲交合, 先自凝神定性, 抱定女人, 溫存玩戲. 呬彼脣舌, 捻彼雙乳, 令女握弄玉莖, 使他心動, 後以手探陰戶, 若微有滑津, 方可入爐. 依法緩緩施功, 女必暢快而先敗矣.

7. 애무하며 반응을 기다린다
　일반적으로 교합하고 싶으면 먼저 마음을 집중시키고 안정시키고 여인을 꼭 안고 따뜻하게 애무한다. 상대방의 입술과 혀를 빨고 두 젖을 애무하며, 여자에게 옥경을 쥐고 주물게 하여 그의 마음을 움직이도록 하고 난 후에 손으로 음호를 더듬는데, 미끌거리는 진액이 조금 나오면 마침내 화로 속에 들어갈 수 있다. 법에 따라 천천히 행하면, 여인은 반드시 즐거워하며 먼저 물러선다.

[16-9] 八. 鼓舞心情
　婦人之情, 沈潛隱伏. 何以使之動? 何以知其動? 欲使之動者, 如嗜酒則飮以香醪, 多情則餂以甛語, 貪財贈以錢帛, 好淫則歡以偉物. 婦人之心, 終無所主, 能見景生情, 無不動也. 欲知其動, 或有氣喘而聲顫不止者, 或有目瞑鼻開而不能言者, 或有目澁而定眸者, 或有耳紅面赤而舌尖微冷者, 或有手熱腹暖而語言嘈雜者, 或有神思恍惚而體軟·四肢不收者, 或有舌

下津乾‧將身迫近男子, 或陰穴脈動滑津盈溢等狀, 皆情動之驗也. 當此之時, 男子不宜急躁, 緩緩採取, 則得眞陽矣.

8. 마음을 고무시킨다

여자의 마음은 잦아들어 숨어 있다. 어떻게 하면 움직일 수 있을까? 어떻게 하면 그 움직임을 알 수 있을까? 그를 움직이고자 하는 사람이 술을 좋아하면 향기로운 술을 마시는 것처럼 하고, 정이 많으면 달콤한 말을 지껄이고, 재물을 탐내면 돈과 비단을 주고, 음탕함을 좋아하면 위물偉物로 즐겁게 하라. 여자의 마음이 끝내 자리잡지 못하면 장면을 보여 마음을 생기게 할 수 있는데, 움직이지 않음이 없다. 그 움직임을 알려면 다음과 같은 형상을 보면 된다. 혹은 숨을 헐떡거리고 떨리는 목소리를 끊임없이 내기도 하고, 혹은 눈을 감고 코를 벌렁이며 말을 못하기도 하며, 혹은 눈을 껌뻑이지만 눈동자는 고정되어 있기도 하고, 혹은 귀가 빨개지고 얼굴이 달아오르고 혀가 뾰족한 모양을 하고 조금 차갑기도 하며, 혹은 손에서 열이 나고 배가 따뜻해지며 되지 않는 말을 지껄이기도 하고, 혹은 마음이 황홀하여 몸이 흐느적거리고 사지를 추스리지 못하기도 하며, 혹은 혀 밑 침이 마르고 몸을 남자에게 밀착시키기도 하며, 혹은 음혈맥이 움직이고 미끄러운 진액이 가득하여 넘치는 등의 형상은 모두 마음이 움직인 증거이다. 이때가 되면 남자가 조급하게 굴지 말고 천천히 취하면 진양眞陽을 얻을 수 있다.

[16-10] 九. 淬鋒養銳

交合之時, 男若玉莖長大‧塡滿陰戶者, 女情必易暢美, 展莖蓋有法焉. 語曰: "工欲善其事, 必先利其器." 不可不知也.

當於每日子後午前陰消陽長之時, 靜室中披衣, 向東端坐, 凝神屛慮. 腹不宜飽, 飽則氣漱血窒; 惟殺無飢, 飢則血氣流行. 口噓濁氣, 隨以鼻吸淸氣, 漱津液, 閉咽送下丹田, 運入玉莖, 以七數爲度, 或二七三七之七止. 將兩手搓熱如火, 右手托腎囊疊攄玉莖, 左手於臍下左轉摩八十一次. 次換右手, 臍下右轉摩八十一次, 再申右手於尾閭, 玉莖根提起向上, 就根捏住, 以莖於左右腿上擺擊, 不計其數. 後乃抱女, 緩緩納玉莖於陰戶, 採女津液, 吸女鼻氣, 閉熱存送玉莖以養之. 後復以養手如搓索狀, 之不計數, 久久自覺長大矣. 若行採戰, 先用絹帶束固莖根, 次以兩田上下同腎囊捧起, 漱津吸氣, 咽送丹田, 隨提尾閭起接, 使上下相思, 助壯陽勢, 然後行事.

9. 칼날을 물에 담가 날카롭게 한다

교합할 때 남자의 옥경이 장대하고 음호에 가득 차면 여자의 마음은 반드시 달아오르니, 옥경을 펼치는 것은 대개 거기에 법이 있다. 이런 말이 있다. "기술자가 그 일을 잘하려면 반드시 먼저 그 도구를 날카롭게 해야 한다." 이것을 몰라서는 안 된다. 매일 자시 이후 오시 전의 음이 쇠하고 양이 성할 때가 되면, 정실靜室에서 옷을 입고 동쪽을 향해 단정하게 앉아 정신을 집중하고 다른 생각을 막는다. 배를 부르게 해서는 안 되니, 배가 부르면 기가 빠지고 혈이 막히기 때문이다. 배가 고프지 않도록 해야 하니, 배가 고프면 혈기가 돌아다니기 때문이다. 입으로 탁한 기운을 불어내고 코로는 맑은 기운을 들이마시고 침을 헹궈내고 목구멍을 막고 단전으로 내려보내어 옥경으로 옮겨 들어가게 하는데, 일곱을 수로 삼아 일곱을 두 번 세 번 하여 일곱으로 그친다. 두 손을 비벼 뜨겁게 열을 내어 불알에 갖다 대고 옥경을 밀치며, 왼손으로 배꼽 아래를 여든한 번을 왼쪽으로 원을 그리며 문지른다. 다음 오른손으로 바꿔 배꼽 아래를 여든한 번 오른쪽으로 원을 그리며 문지르고, 다시 오른손을 미려尾閭에 펴고, 옥경의 밑을 위로 밀쳐 올리면서 쥐고, 좌우 넓적다리를 헤아릴 수 없이 여러 번 친다. 그런 다음에 여자를 안고 천천히 옥경을 음호에 밀어넣고 여자의 진액을 취하고, 여자의 코에서 나는 기를 흡입하여, 목구멍을 막고 옥경으로 보내어 그것을 기른다. 그런 후에 두 손으로 새끼를 꼬는 모양으로 수없이 문지르기를 오랫동안 하면 장대해짐을 느낄 수 있다. 만약 취하려는 행위를 하려면 먼저 비단띠로 옥경의 아랫부분을 단단히 묶고, 다음으로 양전兩田 아래 위를 불알과 함께 묶어 올리고, 진액을 닦고 기를 들이마셔 단전으로 삼켜 보내고, 미려를 올리면서 접하게 하고, 아래위를 생각하면서 양기의 세를 강하게 도운 연후에 일을 행한다.

[16-11] 十. 演戰練兵

初下手時, 務遏徐欲念, 先用寬丑之爐演習, 庶興不甚感, 亦不至於歡濃, 尤易制御也. 須緩緩用功, 柔入剛出, 三淺一深, 行九九之數爲一局. 倘精少動, 卽當停住制退, 止留寸許. 俟心火定息, 復仍用前法, 次行五淺一深, 後九淺一深. 切忌心急性躁, 按行半月則純熟矣.

10. 전투를 연습하고 군사를 훈련시킨다

처음 시작할 때는 막고 천천히 하는 데에 힘쓰고자 마음먹고, 먼저 관축寬丑의 화로를 사용하여 연습하면, 감흥이 심하게 일어나지 않고 또 지나친 즐거움에 이르지 않아 제어하기 더욱 쉽다. 반드시 천천히 힘을 들여 부드럽게 들어가고 강하게 빼내되, 세 번은 얕게 한 번은 깊게 하여 구구팔십일 번을 한 판으로 한다. 정精이 조금 움직

일 것 같으면 바로 멈추고 물러나 일 촌 가량 되는 곳에 머물러야 한다. 마음의 불길이 안정되고 멈추기를 기다렸다가 다시 전과 같은 방법으로 하되, 이번에는 다섯 번은 얕게 한 번은 깊게 하고, 그 다음에는 아홉 번은 얕게 한 번은 깊게 한다. 절대로 마음을 조급하게 먹지 말고 하여 보름을 행하면 아주 익숙하게 될 것이다.

[16-12] 十一. 制勝妙術

凡得眞美之鼎, 心必愛戀. 然交合時, 須强爲憎惡, 按定心神. 以玉莖於爐中緩緩往來, 或一局, 或二三局, 歇氣定心, 少頃, 依法再行. 俟彼歡濃, 依覺難禁, 更加溫存, 女必先泄也, 其時可如法攻取. 若自覺欲泄, 速將玉莖制退, 行後鎖閉之法, 其勢自息. 氣定調勻, 依法再攻, 戰不厭緩, 採不厭遲, 謹而行之可也.

11. 묘한 방책으로 제압하여 이긴다

보통 참으로 아름다운 솥을 얻으면 마음은 틀림없이 사랑하고 그리워하게 된다. 그러나 교합할 때는 모름지기 억지로 미워하고 싫어하여 마음을 안정시켜야 한다. 천천히 화로 속으로 옥경을 드나들며, 혹은 한 판, 혹은 두세 판 하고 나서 기를 쉬게 하고 마음을 진정시키고, 조금 후에 법도에 따라 다시 행한다. 상대방이 아주 즐거워하며 느낌을 금하지 못할 때 더욱 따뜻하게 대하면, 틀림없이 여자가 먼저 배설하니, 그때 법도대로 공략하여 취할 수 있다. 만약 배설하려고 함을 자각하면 빨리 옥경을 후퇴시키고 폐쇄 방법을 행하고, 그 자세로 쉰다. 기가 안정되고 순조로워지면 법도에 따라 다시 공격하는데, 싸움은 천천히 하는 것을 싫어하지 않고 채취는 더디게 하는 것을 싫어하지 않으므로, 조심스럽게 행하는 것이 좋다.

[16-13] 十二. 鎖閉玄機

鎖閉者, 撒手遏黃河之法也. 急躁之人, 須下二十餘日工夫方能得閉; 性柔靜者, 十數日可閉也. 用工一月, 金關永固, 玉戶常痾, 自在施爲, 無漏泄者, 此法中妙用也. 且如交合時, 玉莖緩緩進退, 三淺一深, 瞑目緘口, 但鼻中微引氣, 則不喘急. 稍覺欲泄, 速將腰身一提, 制退玉莖寸許不動, 吸氣一口, 提上丹田, 上向脊膂, 起尾閭, 夾縮下部, 女人大小便急甚之狀. 按定心神, 存想夾脊之下, 尾閭之穴, 有我精氣爲至寶, 不可走失, 隨吸淸氣, 一口咽之. 少頃勢定, 仍前緩緩用功. 稍覺情美, 又復制退, 吸氣定神, 夾縮存想, 方得不泄也. 且人身氣脈, 上下周流, 先不豫制, 直至快樂時, 欲熾難遏, 致使氣導精出, 以取自損, 欲强閉之, 則敗精必泥入膀胱腎囊, 致生小腸膀胱氣及腎冷腫痛之疾. 大槪欲未萌時, 豫爲提制, 頻頻定性, 庶玉莖不倒, 筋力有餘, 肩鼓五千之數, 方許一泄敗精. 而元陽眞氣, 常住丹田以養精神. 果能久行, 一宵可敵十女, 故曰 "鎖閉玄機."

12. 현기玄機를 폐쇄한다

　폐쇄란 손을 뻗쳐 황하를 막는 방법이다. 조급한 사람이라도 반드시 20일을 공부하면 마침내 폐쇄할 수 있고, 성품이 부드럽고 조용한 사람은 10일이면 폐쇄할 수 있다. 한 달을 공부하면 금관金關이 영원히 공고해지고 옥호玉戶가 항상 막히며 스스로 베풀어 시행할 수 있고, 새나감이 없다. 이 방법 가운데 묘한 쓰임이 있는 것이다. 또 교합할 때 옥경을 천천히 삽입하고 빼내면서, 세 번은 얕게 한 번은 깊게 하고, 눈은 감고 입은 다물되, 코에서만 기를 조금 끌어내면 숨이 차도록 급하지 않게 된다. 점차 배설하고 싶게 되면 빨리 허리를 한 번 들고 옥경을 일 촌쯤 후퇴시키고, 숨을 한 번 들이쉬고 단전을 치키면서 척추 갈비 쪽으로 올리고 미려尾閭를 일으키고 아랫도리를 움츠리면서, 마치 급한 대소변을 참는 모양을 한다. 마음을 안정시키고 생각을 척추 아래쪽 미려혈에 두어, 내 정기가 지극한 보배라서 잃어버리면 안 되니 맑은 기운을 받아들여 한 입에 삼킨다. 조금 후 형세가 안정되면 앞서와 같이 천천히 공력을 쓴다. 마음이 편안해짐을 조금 느끼면 또다시 물러나며 기를 들이쉬고 마음을 안정시키고 생각을 응축시키면 마침내 배설하지 않을 수 있다. 그리고 사람 몸의 기맥은 아래 위로 두루 흐르니, 먼저 미리 제어하지 말고 바로 쾌락에 이르렀을 때는 타올라 막기 어려워 기氣로 하여금 정액이 발출되도록 이끌어 스스로 해가 됨을 취하게 될 지경이 되므로, 억지로 닫으려고 하면 틀림없이 상한 정이 방광과 불알에 들어가 작은 창자와 방광의 기운 및 신장이 냉해지고 속에 혹이 생기는 병에 걸리게 된다. 대체로 아직 싹이 트지 않았을 때 미리 제어하여 자주 마음을 안정시키면, 아마 옥경이 거꾸러지지 않고 근력이 남아, 5천 번을 해야 한 번쯤 상한 정액이 생기게 것이다. 그리고 으뜸되는 양의 참기운은 항상 단전에 머물면서 정신을 배양한다. 실제 오래 행할 수 있으면 하룻밤에 열 명의 여자도 상대할 수 있으므로, "현관을 폐쇄하라"고 하는 것이다.

[16-14] 十三. 三峯大藥

上曰:《紅蓮峯》. 藥名 '玉泉,' 又曰 '玉液,' 曰 '醴泉,' 在女人舌下兩竅中出. 其色碧, 爲唾精. 男子以舌餂之, 其泉湧出華池, 咂之咽下重樓, 納於丹田, 能灌漑五臟, 左塡玄關, 右補丹田, 生氣生血也. 中曰 '雙薺峯.' 藥名 '蟠桃,' 又曰 '白雪,' 曰 '瓊漿,' 在女人兩乳中出. 其色白, 其味甘美. 男子咂而飮之, 納於丹田, 能養脾胃, 益精神, 吸之能令女經脈相通, 身心舒暢, 上透華池, 下應玄關, 使津氣盈溢. 三採之中, 此爲先務. 若未生産女人, 無乳汁者, 採之更有補益. 下曰 '紫芝峯.' 號 '白虎洞,' 又曰 '玄關,' 藥名 '黑鉛,' 又名 '月華,' 在女人陰宮. 其津滑, 其關常閉而不開. 凡媾合會, 女情姹媚, 面赤聲顫, 其關始開, 氣乃泄, 津乃溢. 男子以玉莖制退寸許, 作交接之勢, 受氣吸津, 以益元陽·養精神. 此三峯大藥也. 惟知道者, 對景忘情, 在欲無欲, 必能得之. 所以髮白再黑, 返老還童, 長生不老也.

13. 삼봉대약三峯大藥

첫째는《홍련봉紅蓮峯》이라고 한다. 약 이름은 '옥천玉泉'으로, 또 '옥액玉液'이라고도 하고 '예천醴泉'이라고도 하는데, 여인의 혀 밑 두 구멍에서 나온다. 그 빛깔이 푸른 침의 정수이다. 남자가 그것을 혀로 핥으면 화지華池에서 분출하므로, 빨아서 목구멍을 통하여 중루重樓로 넘겨 단전에 받아들이면, 오장을 적시고, 왼쪽으로는 현관을 채우고 오른쪽으로는 단전을 보하며 기와 피를 생기게 할 수 있다. 둘째는 '쌍제봉雙薺峯'이라고 한다. 약 이름은 '반도蟠桃' '백설白雪'이라고도 하고 '경장瓊漿'이라고도 하는데, 여인의 두 젖에서 나온다. 그 빛깔은 희고 맛은 감미롭다. 남자가 빨아 마셔서 단전에 받아들이면, 비장과 위장을 보양하고 정신을 이롭게 할 수 있으며, 흡입하면 여인의 경맥을 통하게 하여 심신이 상쾌하고, 위로는 화지에 통하고 아래로는 현관에 응하여 진기津氣를 가득하게 하고 넘치게 할 수 있다. 세 가지 채취 가운데 이것이 가장 먼저 해야 할 일이다. 만약 아직 아이를 낳지 않은 여인이나 젖이 없는 사람의 그것을 채취하면 더욱 보익된다. 셋째는 '자지봉紫芝峯'이라고 한다. '백호동白虎洞'이라는 이름으로, 또 '현관玄關'이라고도 한다. 약 이름은 '흑연黑鉛'이며 또 '월화月華'라고도 하는데, 여인의 음궁陰宮에 있다. 그 진액은 미끌거리며, 그 문은 항상 닫혀 열리지 않는다. 일반적으로 교합할 때 여자의 감정이 일어나 얼굴이 붉어지고 목소리가 떨리면, 그 문이 비로소 열리고 기가 곧 흘러 나오고 진액이 넘친다. 남자는 옥경을 일 촌 가량 후퇴시켜 교접의 자세를 하고 기를 받아들이고

진액을 들이켜 원양元陽을 보태고 정신을 기른다. 이것이 삼봉대약이다. 이것을 아는 사람만이 정경을 보고 감정을 잊어 하고 싶은 듯 하고 싶지 않은 듯하여 반드시 그것을 얻을 수 있다. 그러므로 백발이 다시 검어지고 늙은이가 다시 아이가 되어 장생불로하게 된다.

[16-15] 十四. 五字眞言

曰存, 曰縮, 曰抽, 曰吸, 曰閉. 存者, 想也. 交媾之時, 覺精欲泄, 速將玉莖制退, 緘口瞑目, 存想我夾背之下尾閭穴, 有我命門精氣所在，為我至寶，不可走失．但體交而神不交，不可著意也．依法存想，縱泄亦不多，力亦不倦．久能行之，則無泄漏矣．此存字之義也．縮者，畏縮不敢進也．精氣欲泄，速縮脅制退玉莖，提吸氣一口，直上丹田，脅起尾閭，夾縮下部，不令氣下，如忍大小便之狀，定息存想，不得動作．少頃勢歇，口呼出氣，兩手抱女，哑女舌，取津咽五六次，送下丹田，可以再御不倦．蓋初下手時切忌驟入徑進，大勢一發，難於制御．設或強閉，恐敗精不散，反生他疾．大概頻提頻制，不至縱欲，則易制御．此縮字之義也．存・縮二字，工夫並行，無先無後，乃男子閉精法也．抽者，採取也．交媾之時，女若歡娛，必氣喘聲顫．男子當緘口，緩緩柔進剛退，不可躁急令深．止進半步，以鼻引女鼻氣，吸之入腹，不可口吸，吸口則傷腦．一吸一抽，所謂'上吸其氣・下吸其津'也．少頃，其氣上下相應，陽物自然堅硬．稍覺難禁，宜速制退，依存想之法，庶無走泄．此抽字之義也．吸者，翕入也．女人既泄，男子當制退玉莖寸許．作半交接之勢，上吸鼻氣，下吸滑津．蓋鼻為天門，下為命門，天門居上元，命門居下元，靈柯吸取一時，水火不能到，當以鼻同吸天門也．一抽一吸，上下相應，如竹管引水逆流而上．能依此術，大益精補陽，精神自固．然久行則損，女人待將息數時，方可再御．此吸字之義也．抽・吸出入，上下貫通，抽中有吸，二字並行，乃女人既泄，男採其津之法也．閉者，緘口也．交戰之時，當瞑目緘口而不令出，但以鼻漸漸導引相應，自不致喘．若不緘閉，則人門通天門，天門通命門，腎府天門不固而上走，無陽精液必縱下而泄也．若人們固閉，腦氣下降腎宮，流入瓊台，上下周流，精氣化洽，永無泄矣．此閉字之義也．閉字制於四者中，初交便宜愛

鴛鴦浴春圖

19世紀畫・背飛鳧圖

19世紀春宮畫册

19世紀春宮畫冊

乾隆(1736-1795)間紙本畫帖

乾隆(1736-1795)間紙本畫帖

萬曆間(1573-1620) 絹本畫帖

光緒間(1874-1908) 絹本畫帖

康熙時(1662-1772) 絹本畫帖

元末間(1280-1367) 畫

康熙間(1662-1722) 絹本畫帖

康熙間(1662-1722) 絹本畫帖

康熙間(1662-1722) 畫

身縅氣, 至終不可放失, 則閉之一字, 久與四字工夫並行也.

14. 다섯 자 진언

존存, 축縮, 추抽, 흡吸, 폐閉. 존存은 생각이다. 교합할 때 정액이 배설될 것 같으면 빨리 옥경을 후퇴시키고 입을 다물고 눈을 감고, 자신의 옆구리와 등 사이의 아래 미려혈에 나의 명문命門 정기가 위치하고 있으니 나의 지극한 보배이므로 잃어버려서는 안 된다고 생각을 고정存想시킨다. 단지 신체만 교접하고 정신은 교접하지 않으면서 뜻을 드러내서는 안 된다. 법도대로 생각을 고정시키면, 설령 배설하더라도 많지 않고 또 힘도 들지 않는다. 오랫동안 행할 수 있으면, 새어나감이 없을 것이다. 이것이 존이라는 글자의 의미이다. 축縮은 두려워 위축되어 감히 나아가지 못함이다. 정기가 배설되려고 하면 빨리 옥경을 움츠려 후퇴시키고 숨을 한 입 들이키고 단전을 똑바로 올리고 미려를 일으키고 하체를 위축시켜 기가 내려가지 못하게 하는데, 마치 급한 대소변을 참는 모양을 하고 생각을 안정시키고 동작을 해서는 안 된다. 잠시 동작을 쉬면서 입으로 숨을 내쉬고 두 손으로 여자를 안고 혀를 빨며 진액을 취하여 너댓 차례 삼켜 단전으로 내려보내면, 다시 지칠 줄 모르고 교접할 수 있다. 대체로 처음 교접할 때는 급히 진입하는 것을 절대 피해야 한다. 크게 한 번 터뜨리면 제어하기 힘들기 때문이다. 설령 억지로 닫더라도 상한 정액이 흩어지지 않아 도리어 다른 병이 생길지도 모른다. 대게 자주 세웠다 자주 억제하며 아무렇게나 하고자 하지 않으면 쉽게 제어할 수 있다. 이것이 축이라는 글자의 의미이다. 존과 축 두 글자는, 어느 것이 먼저이고 어느 것이 나중이 없이 공부를 병행해야 하는 것이 곧 남자의 폐정법閉精法이다.

추抽는 채취이다. 교합할 때 여자가 만약 즐거우면 반드시 숨이 차고 목소리를 껄떡거린다. 그러면 남자는 반드시 입을 다물고 천천히 부드럽고 들어가고 힘차게 빼야지 조급하고 깊게 해서는 안 된다. 반 걸음 머물고 진입하여 여인의 콧김을 코로 들이마셔 배 속으로 들이켜야지, 입으로 들이마셔서는 안 된다. 입으로 마시면 뇌가 상한다. 한 번 들이키고 한 번 내쉬므로, 이른바 '위로는 기를 마시고, 아래로는 진액을 흡입한다'고 하는 것이다. 잠시 후에 그 기운이 아래위로 상응하면, 양물이 자연스럽게 단단해진다. 참기 힘들다고 조금 느끼면 빨리 물러나고 생각을 고정시키는 법을 써야만 새어나가지 않는다. 이것이 추라는 글자의 의미이다. 흡吸은 흡입이다. 여인이 이미 배설했으면, 남자는 마땅히 옥경을 일 촌 가량 후퇴시켜 반쯤 교접하는 자세를 하고, 위로는 콧김을 들이키고 아래로는 미끄러운 진액을 흡입해야 한다. 대체로 코는 천문天門이고 아래는 명문命門으로, 천문은 상원上元에 있고, 명문은 하원下元에 있다. 영가靈柯를 한 때 흡취하여 물과 불이 이를 수 없으면, 당연히 코로 천문을 함께 들이쉰다. 한 번 내쉬고 한 번 들이쉬어 아래 위가 상응하는데, 마치 대나무 관을 사용하여 물을 위로 끌어올려 흐르도록 하는 것과 같다. 이 방법을 사용할 수 있으면, 크게 정액을 보태고 양을 보하며 정신을 스스로 고정시키게 된다. 그러나 오래 행하면 해가 되고, 여인이 여러 번 숨쉬기를 기다려야 비로소 다시 교합할 수 있다. 이것이 흡이라는 글자의 의미이다. 내쉬고 들이쉬어 아래 위를 관통시키는데, 내쉼 가운데 들이쉼이 있어 두 글자가 병행해야 여인이 배설하고 남자가 그 진액을 취하는 법이다. 폐閉는 입을 다무는 것이다. 교합할 때는 당연히 눈을 감고 입을 다물고 발출되지 않도록 하고, 다만 코로 점차 이끌어 서로 응하고 스스로는 숨을 헐떡이지 않아야 한다. 만약 입을 다물고 닫지 않으면 인문人門이 천문天門에 통하고 천문이 명문命門에 통하여 신부腎府 천문이 고정되지 않고 달아나 남자의 정액이 반드시 제멋대로 흘러 빠져나가게 된다. 만약 인문이 고정되어 닫히면 뇌의 기운이 신궁腎宮으로 내려가 경태瓊台로 유입되어 아래 위로 흐르면서 정기가 화합되어 영원히 누설되지 않을 것이다. 이것이 폐자의 의미이다. 폐가 네 가지 가운데에서 제어하여, 처음 교합할 때 쉽게 몸을 아끼고 기를 닫아 끝까지 잃지 않으면, 폐라는 한 자가 오래도록 네 글자와 더불어 공부를 병행하게 된다.

[16-16] 十五. 採煉有序

仙歌曰:"女子興無窮, 先令情意濃. 徐徐方與戰, 上將必成功." 蓋欲交合, 先將鼎握抱, 摩弄雙乳, 咂脣舌, 使彼興動後, 方納陽物於陰, 緩緩交合, 行九九之數, 合目緘口, 頻頻捉制, 金槍不倒, 此先採下峯也. 下採旣濃, 女氣發舒, 而上應中峯也. 吾款抱之, 左右吸 其汁而咽之, 其美旣得乃止, 此次採中峯也. 中採旣濃, 女氣又發揚, 透於上峯. 吾縱舌於彼舌下, 攪其兩竅, 吸其津而咽者再三, 此三採上鋒也. 上採旣已, 女必歡極, 陰中眞氣方泄, 乃以靈柯制退寸許, 聳身如龜, 提氣一口直上丹田, 容彼氣而吸其津, 搬運周流, 然後三採全矣. 而女人亦上下通快, 氣脈順暢矣. 後亦 氣一二口, 令女吸而咽之. 以安其神氣. 蓋此術已通, 取彼旣泄之眞, 還我不泄之精, 在彼不甚損, 在我大有益. 陰陽相得, 水火旣濟, 御女之妙用也.

15. 채취 연습에도 차례가 있다

선가仙歌에 이런 말이 있다. "여자가 끝없이 흥이 나려면 먼저 마음이 무르익어야 한다. 천천히 더불어 싸우면, 장수는 반드시 성공한다." 교합하고자 할 때 먼저 솥을 꼭 안고 두 젖을 애무하며 입술을 빨아 상대방의 흥을 돋군 후에, 바야흐로 음문에 양물을 넣고 천천히 교합하되 구구는 팔십일 번을 행하는데, 눈을 감고 입을 다물고 자주 밀착하여 제어하고 금창金槍이 거꾸러지지 않도록 한다. 이것이 먼저 하봉下峯을 취하는 것이다. 아래의 채취가 이미 무르익으면 여자의 기가 발하여 위로 중봉中峯에 응한다. 나는 느슨하게 안고 그 즙을 좌우로 들이키고 빨아 삼켜 그 맛을 얻고 곧 그친다. 이것이 중봉을 취하는 것이다. 가운데의 채취가 이미 무르익으면 여자의 기운이 또 발양되어 상봉上峯을 뚫는다. 나는 상대방의 혀 밑을 마음대로 휘젓고 두 구멍을 쑤시며 그 진액을 들이켜 두세 번 삼킨다. 이것이 세 번째로 상봉을 채취하는 것이다. 위의 채취가 끝나면 여인은 반드시 즐거움이 극에 달하여 음부 속에서 진기眞氣가 바야흐로 배설되고 마침내 영가로 일 촌 가량 제어하며 물러나, 거북이처럼 몸을 웅크리고 기를 한 입 단전으로 올리고, 상대의 기를 받아들이고 그 진액을 들이켜 두루 운반하여 흐르게 한 후에 세 가지의 채취가 완전하게 이루어지는 것이다. 그러면 여인은 또 아래위가 시원하고 기맥이 순조롭게 통하는 것이다. 후에 또 기를 한두 입 불어내고, 여인에게 들이켜 삼키게 하여 그의 신기神氣를 안정시키도록 한다. 이 방법을 다 통하고 상대가 이미 배설한 진액을 취하고 나의 배설하지 않은 정액을 되돌리면, 상대는 큰 손해를 입지 않고 나는 크게 유익하다. 음과 양이 모두 얻고, 물과 불이 융합되도록 하는 것이 여인과 교접하는 절묘한 방법이다.

[16-17] 十六. 搬運有時

女人若泄, 必有氣喘聲顫等狀之驗. 比際當寧心息氣, 抱定女子, 上探玉泉, 中採蟠桃, 下採月華, 煉而得之, 搬運從尾閭逆上兩道百脈, 串夾脊, 透崑崙, 入泥丸, 流注於口, 化爲瓊漿, 咽下重樓, 直至丹田. 名曰 '黃河逆流,' 能塡精補髓, 益壽延年. 其訣在提氣咽氣・存想穴道. 所謂 '神到則氣到, 氣到則精到' 是也.

16. 운반에는 때가 있다

여인이 배설하면 반드시 숨을 헐떡이고 소리를 깔딱이는 모습을 보인다. 이때는 반드시 마음을 편안하게 하고 숨을 고르며 여자를 꼭 안고, 위로 옥천玉泉을 채취하고 가운데로는 반도蟠桃를 채취하고 아래로는 월화月華를 채취하여 훈련하여 얻어서, 미려尾閭로부터 양도兩道 백맥百脈으로 운반하여 협척夾脊을 꿰뚫고 곤륜崑崙을 통하여, 니환泥丸으로 들어가 입으로 흘러들어 변하여 옥장玉漿이 되고 중루重樓로 삼켜 넘겨 바로 단전에 이르도록 한다. 이름하여 '황하 역류'라고 하는데, 정수精髓를 채우고 보하며 수명을 더하여 연장시킬 수 있다. 그 비결은 기를 올리고 삼키며 생각을 혈도에 고정시키는 데에 있다. 이른바 "정신이 이르면 기운이 이르고, 기운이 이르면 정액이 이른다"는 것은 바로 이것이다.

[16-18] 十七. 全義盡倫

夫人之生, 有男女而後有夫婦. 夫婦爲人倫之始, 匪媾合則無以洽恩浹義, 是乖倫也. 然男屬陽, 陽易動而易靜; 女屬陰, 陰難動而難靜. 令人媾合, 不知制御, 恣意扇鼓, 須臾卽泄, 往往不滿女欲. 若依採戰之法, 入爐時緩緩按納, 不可急躁, 緩者易制, 躁者難遏, 且不可令女人拍動我腰眼, 進退悠久, 依法採戰, 不惟有補於身, 且使女愛戀. 男暢女美, 彼此均益, 乃夫婦

全義之邀 · 盡倫之事也.

17. 의義를 완전하게 하고 인륜을 다한다

인간의 삶이란 남자와 여자가 있고 나서 부부가 있는 것이다. 부부는 인륜의 시작이니, 교합하지 않으면 은혜가 두루 미치고 의로움이 사무칠 수 없으니, 이것은 인륜이 어그러지는 것이다. 그런데 남자는 양에 속하므로 쉽게 움직이고 쉽게 멈춘다. 여자는 음에 속하므로 움직이기 어렵고 멈추기 어렵다. 사람들을 교합하게 하려면서 제어를 알지 못하고 제멋대로 부추겨 순간에 바로 배설하여, 종종 여자가 불만을 갖도록 한다. 만약 채취하는 싸움의 방법에 따라, 화로에 들어갈 때는 천천히 넣고 조급하게 해서는 안 되니, 느린 것은 제어하기 쉽고 급한 것은 막기 어려우며, 또 여인으로 하여금 내 요안腰眼을 요동치게 하여 진입과 후퇴를 아주 오래도록 하되, 법도에 따라 채취하는 싸움을 하면, 몸에 보가 될 뿐만 아니라 여인으로 하여금 사랑하고 그리워하게 한다. 남자는 통하게 되고 여자는 아름다워져 쌍방이 모두 유익한 것이 바로 부부가 의를 완전하게 하는 모습이고 인륜을 다하는 일이다.

[16-19] 十八. 回榮接朽

人之修眞養命, 猶木之接朽回榮. 以人補人, 以枝接木, 其理一也. 仙歌曰: "世人不識長生理, 但看桑間接樹梨." 凡欲施工, 須得十全鼎, 數在十五之上·三十之下. 女人二七爲少陰, 三七爲盛陰, 四七爲壯陰. 少陰養身, 盛陰益壽, 宜取而溫養之. 待赤潮輻輳, 勿使大過, 無不及, 是吾利用. 久久採煉, 則留形住世. 女至五七爲衰陰, 六七爲太陰, 七七爲竭陰, 當知遠之. 尤忌太肥者, 脈難通; 大瘦者, 肌液少; 勞者, 神氣不足; 弱者, 反傷陽神; 饐者, 陰寒; 病者, 陰毒. 皆爲陰賊, 皆在所避也. 且採補在吾方寸, 須心神虛寂, 念慮安閒, 識避忌, 察證候, 抽添緩緩, 玩戲徐徐, 弱入强出, 審於欲泄未泄之先; 制退存留, 明於將動已動之際. 運舟在尺木, 發弩由寸機. 明知之士, 以意逆之可也.

18. 늙은 나무에 접목시켜 다시 번성하게 한다

사람이 참을 닦아 생명을 배양함은 마치 늙은 나무에 접목시켜 다시 번성하게 하는 것과 같다. 사람으로 사람을 보하고, 가지를 나무에 접목하는 것은 같은 이치이다. 선가仙歌에는 이런 말이 있다. "세상 사람들 불로장생의 이치를 모르고, 그저 뽕나무에 배나무를 접목하구나." 무릇 일을 하려 하면 모름지기 열 개의 완전한 솥을 얻되, 나이는 열다섯 이상 서른 살 이하여야 한다. 여인 열네 살은 소음少陰이고, 스물한 살은 성음盛陰이며, 스물여덟 살은 장음壯陰이다. 소음은 몸을 좋게 하고 성음은 오래 살게 하므로, 마땅히 그들을 취하여 익히고 길러야 한다. 붉은 바닷물이 모여듦을 기다렸다가, 큰 잘못을 저지르지 않고 이르지 못함이 없도록 하는 것이 내가 이용하는 것이다. 오랫동안 채취하고 연습하면 젊은 얼굴을 유지하고 오래 살게 된다. 여인은 서른다섯 살에 이르면 음이 쇠하고衰陰, 마흔두 살이 되면 태음太陰이고, 마흔아홉 살이면 음이 다하니竭陰, 당연히 그것을 알고 멀리해야 한다. 더욱이 너무 살찐 사람은 피해야 하니 맥이 통하기 어렵기 때문이고, 너무 마른 사람은 피부의 액이 적기 때문이며, 힘을 많이 쓴 사람은 정신의 기운이 부족하기 때문이고, 약한 사람은 도리어 양기를 상하게 하기 때문이며, 피곤한 사람은 음이 차갑기 때문이며, 병든 사람은 음에 독이 있기 때문이다. 이들 모두를 음의 적이라고 하여 피해야 할 것들이다. 또 채취 보양은 내 마음에 있으니, 모름지기 정신을 비우고 고요하게 하고 생각을 편안하고 한가롭게 하며 피하고 꺼려야 할 것을 알고 징후를 살피고 밀고 보태기를 느리게 하며 희롱을 천천히 하고 부드럽게 진입하고 힘있게 빼내며 배설하고자 함과 아직 배설하지 않음의 선후를 살펴야 하고, 물러섬과 머무름에 있어서는 앞으로 움직일 것과 이미 움직인 때를 밝혀야 한다. 배를 움직임은 작은 노에 달려 있고, 활을 쏘는 것은 작은 시위에서 시작하는 것이다. 분명하게 아는 사람은 뜻으로 그것을 맞이하는 것이 좋다.

[16-20] 十九. 還元返本

　還元者, 挽回之法也. 離中眞陰, 無體有信, 其火好飛騰, 順用則孕體成人, 逆用則結珠成寶. 所謂 "黃河蒜浪, 挽回依舊返天門"也. 採煉時旣用存縮以閒之矣, 又用抽吸以取之矣. 然下馬無法, 何以返還而散布哉? 事畢, 須平身仰臥, 直手舒脚, 頭安枕上, 脚跟著牀, 體皆懸空, 極力閉氣, 動搖其身三五次, 令鼻出氣, 勻勻行之. 若面覺熱, 乃是精氣已升泥丸, 卽用兩手搓擦面皮, 使熱以放過開. 隨又合脣止息, 舌攪華池, 神水咽下丹田, 方得精氣周流, 爲我有用之物. 如此日就月將, 可以逍遙雲漢, 流宴黃庭矣.

19. 근본으로 돌아간다

　근본으로 돌아간다는 것은 돌이키는 방법이다. 진음眞陰을 벗어나면 믿을 만한 몸체가 없고 그 불이 잘 날아 올라가므로, 순리대로 쓰면 몸체를 잉태하여 사람이 되고 거꾸로 쓰면 구슬을 맺어 보배가 된다. 이른바 "황하가 물결을 일으키면 옛날대로 천문天門으로 돌아간다"는 것이다. 채취하여 연습할 때 움츠려들어 여유 있게 할 뿐만 아니라 또 내뱉고 흡입하여 그것을 취하기도 한다. 그러나 말에서 내리는 데에 법도가 없으면 어떻게 되돌아가 흩어지겠는가? 일이 끝나면 반드시 몸을 편안하게 눕히고 팔다리를 편안하게 펴고 머리는 베개를 편안하게 베고 발을 침상에 붙여 몸 전체를 공중에 뜨게 하고 힘써 기를 닫고 몸을 열다섯 번 흔들며 코에서 김을 내뿜으며 균등하게 행한다. 만일 얼굴에서 열이 나는 것 같으면 곧 정기가 이미 니환泥丸으로 올라가는 것이므로, 바로 두 손으로 얼굴을 문질러 열을 방출시킨다. 이어 또 입술을 다물고 숨을 멈추고 혀로 화지華池를 휘젓고 신수神水를 삼켜 단전으로 내리면, 마침내 정기가 두루 흘러 나에게 유용한 것이 된다. 이처럼 하여 나날이 발전시키면 은하수에서 노닐고 옥황상제의 궁궐 연회에서 즐기게 되는 것이다.

[16-21] 二十. 種子安胎

男女交媾, 採取則益壽延年, 施泄則安胎種子. 傳云:"不孝有三, 無後爲大." 則種子又人生之要務也. 男子先須補精益腎, 使陽氣壯盛; 女人亦宜調經養血, 便子宮和暖. 再候月事已過, 紅脈方盡, 子宮正開, 正宜交合. 一日成男, 二日成女, 陽奇陰偶之義也, 依法則生子稟原德明, 無疾病而易養. 越五日後, 則陰戶閉, 爲虛交矣. 交合必兩情俱感仍有應驗. 倘男情先動而精至, 女尙未動, 精雖至而不納; 或女情先動而興過, 男興未已, 精後至而亦不納也. 惟兩情俱美, 男深納玉莖施泄, 女聳腰收接入宮, 合止片時然後退, 令女正身仰臥, 百試百效也. 又子午爲太陽時, 交合則生男; 卯酉爲太陰時, 交合則生女. 又陰血先至, 陽精後沖, 則血開閉精, 精入爲骨而成男; 陽精先至, 陰血後參, 則精開■血, 血在內而成女. 精血齊至爲雙胎, 理或然也. 因附錄之.

20. 종자를 심어 태아를 안착시킨다

남녀가 교합하여 채취하면 수명을 더하고 나이를 연장하고, 배설하면 태에다 씨를 심게 된다. "불효에는 세 가지가 있는데, 후손이 없는 것이 크다"는 말이 전해지고 있다. 즉 자손을 남기는 것은 또 사람살이의 중요한 일이다. 남자는 먼저 반드시 정精을 보하고 신腎을 이롭게 하여 양기를 강성하게 하고, 여인은 또 마땅히 경혈을 조절하고 보양해야 자궁이 따뜻하게 된다. 그리고 월경이 지나기를 기다려 홍

맥紅脈이 바야흐로 다하면 자궁이 바로 열렸을 때 교합하기에 적당하다. 첫째날에 하면 남아가 되고, 둘째날에 하면 여아가 되니, 양은 홀수이고 음은 짝수의 의미를 갖고 있기 때문이다. 법도에 의하면 자식을 낳았을 때 좋은 덕성을 갖고 태어나 질병도 걸리지 않고 양육하기 쉽다. 닷새가 지나고 나서 하면 음호가 닫히므로 쓸데없는 교합이다. 교합할 때는 반드시 두 사람의 정이 모두 느껴야만 효험이 있다. 만일 남자의 감정이 먼저 움직여 감흥이 이르고 여자가 아직 움직이지 않으면 비록 정액이 이르더라도 받아들이지 못하고, 여자의 감정이 먼저 움직여 감흥이 지나 버리고 남자의 감정은 아직 끝나지 않으면 정액이 나중에 이르러 역시 받아들이지 못한다. 오직 두 사람의 감정이 모두 완전할 때 남자가 옥경을 깊이 삽입하여 배설하고 여자는 허리를 가만히 하고 자궁에 받아들이고 잠시 합하고 나서 물러나 여자를 똑바로 눕혀야만, 백 번이면 백 번 모두 효험이 있다. 또 자시와 오시는 태양의 시간이므로 교합하면 남아가 태어나고, 묘시와 유시는 태음의 시간이므로 교합하면 여아가 태어난다. 또 음혈陰血이 먼저 이르고 양정陽精이 나중에 분출되면 혈이 정을 여닫아 정이 들어가 뼈가 되어 남아가 되고, 양정이 먼저 이르고 음혈이 나중에 합하면 정기 혈을 열고 둘러싸 혈이 안에 존재하여 여아가 된다. 정과 혈이 함께 이르면 쌍둥이가 되는데, 이치가 혹 그러한 것이다. 그에 대해서는 별도로 기록해 놓았다.

[16-22] 跋

世宗朝, 余受廩燕京. 於時陶眞人以術見幸. 迹其所爲, 皆幻怪不經, 獨採補爲有實際, 故獻廟之享有遐齡, 皆由於此. 余慕其術, 賂近侍, 購所藏秘訣, 得純陽子帥徒經義二書, 遵而行之. 初若難制, 久出自然. 六十年間, 御女百餘, 育兒十七, 身歷五朝, 眼見五代. 今雖告老, 房中不厭, 間一媾合, 必敵數人. 雖天逸我以年, 而採補之功亦不可掩. 語云: "擅巧者不詳. 且人生不滿百, 一旦先朝露, 不忍二書失傳, 爰付梓人, 用廣大仙之德, 願與斯世同躋彭老之年也. 如曰此荒唐無稽, 是自棄其壽也. 其於余也何尤?"

萬曆甲午春壬正月

越人九十五歲翁書於天台之紫芝室

(別本萬曆以下作 "庚戌孟夏月陵人百歲翁書於天香閣,"

吟月庵主識.)

발문

세종조에 내가 서울에서 근무하게 되었다. 이때 운좋게 도진인陶眞人의 술법을 보게 되었다. 그가 행하는 것을 보니 모두 괴상하고 법도는 없었지만 보양하는 것만은 사실이었으므로, 사당에 모셔진 분들이 장수를 누렸던 것은 모두 이 때문이었다. 내가 그 술법에 끌려 돈을 주고 가까이 하여 감춰두었던 《순양자수도경의 純陽子帥徒經義》두 책을 구입하여 그대로 따라 실천했다. 처음에는 제어하기 어려운 듯했지만, 오래 하니 자연스럽게 되었다. 60년 동안 1백여 명의 여인과 교접하여 열일곱 명의 자식을 기르고, 다섯 임금을 섬기며 다섯 대의 후손을 보았다. 지금은 비록 늙었지만 교접하는 일이 싫지 않고, 한 번의 교합에도 반드시 여러 사람과 한다. 비록 하늘이 나의 수명을 연장해 준다 해도 보양을 취하는 노력은 또한 그만둘 수 없을 것이다. "기교에 뛰어난 사람은 상서롭지 못하다"는 말이 있다. 또 인생은 백 살도 채 못 되고, 어쩌면 하루 아침 이슬보다도 먼저 사라질 것이니, 두 책이 전해지지 않을 것을 참지 못하여 인쇄하는 사람에게 부탁하여, 광대한 신선의 덕으로 이 세상에서 팽조와 같이 오래 살고자 한다. 이를 황당무계하다 말한다면, 그것은 곧 자신의 목숨을 스스로 버리는 것이다. 그것이 또한 나에게 무슨 탓할 일인가?

만력 갑오년 봄 정월
월越 사람 구십오세 노인이 천태天台의 자지실紫芝室에서 쓰다
(다른 본에서는 만력 이하가 "경술년 초여름 월릉越陵 사람 1백 세 노인이 천향각天香閣에서 쓰다"라고 되어 있다.
음월암주吟月庵主 쓰다.)

十七. 純陽演正孚佑帝君既濟眞經

[17-1]《純陽演正孚佑帝君既濟眞經》

門人紫金光耀大仙鄧希賢箋注

'既濟'者, 易卦名, 爲上坎下離. '離,'男也, 卦中虛爲眞陰☲, 故男外陽而內陰; '坎,'女卦, 滿爲眞陽☵, 故女外陰而內陽. 坎離交, 採眞陰而補眞陽, 則純陽矣, 故以'既濟'名篇. 希賢慕道既久, 茫然無得. 偶遇仙師呂純陽翁, 矢心信從, 盤桓數載, 見其女色日親, 神氣日旺, 竊駭駭焉, 謂: "修眞者, 精養煉氣, 歸根不謂有此也." 呂師笑曰: "以人補人, 謂之眞人. 於此未傷道乎!" 聞因出肘後《既濟經》, 密示口訣, 余方豁然知道在邇也. 經百句, 援東說西. 因妄箋闡其淵邃, 俟修眞者實之.

《순양연정부우제군기제진경》

문인 자금광요대선 등희현 전주

'기제旣濟'는 역易의 괘卦 이름으로, 위는 감坎이고 아래는 리離이다. '리離'는 남자로, 괘의 중간이 비어 있는 진음眞陰 이다. 따라서 남자는 겉으로는 양이지만 안으로는 음이다. '감坎'은 여성의 괘로, 진양眞陽으로 차 있다. 따라서 여자는 겉으로는 음이지만 안으로는 양이다. 감과 리의 교합은 진음을 거두어 진양을 보충하는 것으로, 즉 순양純陽이다. 그러므로 이 편의 이름을 '기제旣濟'라고 한 것이다. 등희현은 오랫동안 도를 갈구했으나 전혀 터득하지 못하다가, 우연히 선사仙師 여순양呂純陽 노인을 만나 한결같은 마음으로 그를 믿고 따르며 여러 해를 함께했다. 그가 날로 여색을 가까이하여 신기神氣가 날로 왕성해짐을 보고 속으로 깜짝 놀라면서 이렇게 말했다. "진인이 되려고 수양하는 사람은 정을 배양하고 기를 단련하면서도 끝까지 이것이다라고 말하지 않는군요!" 그러자 스승인 여순양은 웃으며 이렇게 대답했다. "사람으로 사람을 보는 사람을 진인이라고 하느니라. 아직 도를 깨닫지 못했구나!" 연유를 들려 주고 소매에서 《기제경旣濟經》을 꺼내어 몰래 구결口訣을 보여주어, 내가 마침내 도는 가까이에 있음을 확실히 깨달았다. 경문은 일백 구로 다방면에 걸쳐 말하고 있었다. 보잘것없는 해석으로 그 깊은 이치를 설명하면서, 진인이 되고자 수양하는 사람이 충실하게 해줄 것을 바라노라.

[17-2] 上將御敵, 工相吮吸. 游心委形, 瞑目喪失.

上將, 喩修眞人也. 御, 行事也. 敵者, 女人也. 初入房時, 男以手挼女陰戶, 舌吮女舌, 手挼女亂, 鼻吸女鼻中淸氣, 以動彼心. 我宜强制而游心太淸之上, 委形無有之鄕, 瞑目勿視, 自喪自失, 不動其心.

뛰어난 장수가 적의 공격을 막아낼 적에는 같이 공격하여 함께 빨아들인다. 마음은 밖에서 노닐고 몸은 형세에 맡겨 떠돌게 하면서 조용히 눈을 감고 모든 것을 버려 버린다.

上將: 진인眞人이 되기 위해 수양하는 사람의 비유. 御: 방사를 함. 敵: 여인.

처음 방사를 시작할 때, 남자는 손으로는 여자의 음문을 쓰다듬으며 혀로는 여자의 혀를 빨고, 손으로는 여자의 유방을 만지며 코로는 여자가 코로 내는 맑은 기운을 들이쉬며 그 마음을 일으킨다. 마땅히 억지로라도 가장 맑은 위에 마음을 노닐고, 아무것도 없는 듯한 데에 형체를 맡기고, 눈을 감고 아무것도 보지 말며, 스스로가 없는 듯, 그 마음을 움직이지 않는다.

[17-3] 欲擊不擊, 退兵避敵. 修我戈矛, 似戰復畏. 待彼之勞, 養我之逸.

欲擊, 彼欲動也. 修彼, 手來摩弄也. 以戰, 我也. 彼欲我動矣, 我反不動, 而退身以避之. 彼不來摩弄我陽物, 我卽示以似戰之狀, 而復詐爲畏怯之形, 待彼之勞, 以養我之逸也.

공격할 듯하면서도 공격하지 않고, 병사를 물려 적을 피하고는 내

병기를 잘 손질한다. 싸울듯하면서도 다시 두려워하는 것처럼 피하고는 적이 지치기를 기다리면서 내 안일을 도모한다.

欲擊: 저쪽이 움직이고자 하다. 修我: 손으로 문지르고 희롱하다.

상대는 나를 움직이게 하고자 하지만 나는 도리어 움직이지 않고, 몸을 빼어 그를 피한다. 상대가 나의 양물陽物을 문지르고 희롱하면, 나는 즉시 싸움하는 형상을 하면서도 다시 거짓으로 겁을 먹은 모습을 짓고, 상대가 피곤해지기를 기다려 나의 편안함을 배양한다.

[17-4] 盜興憑陵, 魔兵猬臻. 吾方徐起, 旗鉦出營. 交戈不鬪, 思入冥冥. 彼欲操兵, 破我堅城. 深溝高壘, 閉固不驚. 時復挑戰, 敵兵來迎. 如不應者, 退兵緩行.

盜者, 彼也. 彼之情興已濃, 其勢似魔兵之猬起, 我當徐徐應之, 但交而不鬪. 鬪, 謂動也. 男入冥冥者, 靜以待之, 心不爲之動也. 致彼欲鬪而不得, 必自下動以撼吾上. 吾當瞑目閉氣, 如忍大小便, 吸縮不爲驚動. 良久復一挑之. 挑, 亦動也. 彼必大發興而應, 卽當卽卻, 止留寸許於內也.

도둑떼가 일어나 기세가 도도해지면서 마병이 몰려들다. 우리 군대도 서서히 진용을 갖추어 북을 올리고 징을 치며 군영을 나선다. 서로 병기를 마주해도 싸우지 아니하며, 들어가서도 고요하게 생각에 잠긴다. 적이 군대를 휘몰아 내 견고한 성을 부수려 해도, 깊은 해자와 높은 성채를 굳게 닫고 놀라지 아니한다. 때때로 다시 도발하여 싸우기도 한다. 적병이 몰려 들어오면 응하지 않을 듯하면서 군대를 물려 서서히 나아간다.

盜: 상대. 鬪: 움직임을 말함. 思入冥冥: 가만히 기다리고, 마음을 움직이지 않음. 思入冥冥: 가만히 기다리고, 마음을 움직이지 않는다.

상대는 싸우고자 해도 싸움이 되지 않으면 반드시 스스로 아래에서 움직여 나를 위로 오르도록 한다. 나는 마땅히 눈을 안고 기를 닫고, 마치 대소변을 참듯히 숨을 죽이고 놀라 움직이지 않도록 한다. 挑: 역시 움직임이다. 한참 지나 다시 건드린다. 상대가 크게 발흥하여 응할 때는 대하면 물러나고, 일 촌 가량만 안으로 들어와 머물도록 한다.

[17-5] 敵勢縱橫, 逼吾進兵. 吾入遂走仆, 敵必來凌. 吾謂敵人: 我今居下, 汝處居上, 上亦了了. 彼擾我專, 無不勝者.

勝者, 我勝彼也. 敵興已發, 必逼我進兵, 不可不答, 遂入坤戶, 卽復退於外, 翻走仰臥如僵仆之形. 彼之欲心張往, 復來攻我, 我遂居下, 令彼在上而誘之自動, 則我專而必勝也.

적의 기세가 종횡으로 쳐들어와 내 군대를 진군하도록 몰아치면 나도 이에 순응하여 적지로 들어가 엎드린다. 적은 반드시 깔보고 들어오기 마련이다. 내 이를 적이(들어오도록 한다는 말은)라 말하는 것은 내가 지금은 아래에 처하고 저로 하여금 위에 올라오도록 한다는 것이다. 위에서 마치도로 유도하면 저는 어지럽고 나는 한마음이니 이기지 않을 자가 없다.

勝: 내가 상대를 이기다.

상대가 흥분하여 이미 일어서면 반드시 나를 향해 진격하므로, 대응하지 않을 수 없어 마침내 문으로 들어갔다가 바로 다시 밖으로 물러나, 뒤돌아 달려 위를 향해 누워 마치 엎드린 형상을 취한다. 상대가 마음속으로 덤벼들며 다시 나를 공격하고자 하면, 나는 마침내 아래에 처하고 상대로 하여금 위에 위치하도록 유인하여 스스로 움직

이도록 하면, 내가 반드시 이길 것이다.

[17-6] 敵旣居高, 以高臨下, 我兵戒嚴, 遂控我馬. 龜蟠龍翕, 蛇吞虎怕, 撼彼兩軍, 令彼勿罷. 覺我兵驚, 使之高往. 勿下勿鬪, 候其風雨. 須臾間, 兵化爲水, 敵方來降. 我善爲理, 殺其心服. 蒜爲子美, 亦戢兵藏高壘.

此至要必訣. 重在'龜蟠龍翕, 蛇吞虎酷'八字. 瞑目閉口, 縮手蜷足, 撮住谷道, 凝定心志, 龜之蟠也; 逆吸眞水, 自尾閭上流, 連絡不已, 直入泥丸, 龍之翕也. 蛇之吞物, 微微銜噬, 候物之因, 復吞而入, 必不肯放. 虎之捕獸, 怕先知覺, 潛身默視, 必持必得, 用此四法, 則彼必疲. 乃以手撼彼兩軍. 撼, 捻也. 兩軍, 乳也. 使之興濃, 不殺于戒之. 騰身高起, 勿動勿下, 候彼眞精降下, 則彼心怠, 我反善言挑戰. 彼旣心服, 而我得其美, 則收斂而退藏於密矣.

상대가 높은 데에 위치하여 높은 데서 아래를 향하면, 나의 무기를 엄히 경계하고 나의 말을 통제한다. 거북이 움츠리고 용이 서리며, 뱀이 삼키고 호랑이가 두려워하듯이 하면서 상대의 유방을 만지작거리면서도 상대방이 끝내지 못하도록 한다. 나의 무기를 경계시키면서 나는 높은 상태를 유지하도록 한다. 아래에 처지도록 하지도 말고 싸우지도 말고, 비바람을 기다린다. 잠시 후 무기가 물이 되면 상대방이 가라앉는다. 내가 잘 다스려 상대가 마음속으로부터 굴복하도록 도와준다. 반대로 내가 아름다움을 얻으면 또 무기를 거두어들여 높은 곳에 감추어 둔다.

撼은 손으로 만지작거리는[捻] 것이다. 兩軍은 유방이다.

이것은 아주 중요하므로 반드시 비결로 여겨야 한다. 중요한 내용은 '龜蟠龍翕, 蛇吞虎怕' 여덟 자에 들어 있다. 눈을 감고 입을 다물고, 손을 쥐고 발을 움츠리고, 곡도를 죄고, 마음을 단단히 고정시키는 것이 거북의 움츠림이다. 진수眞水를 거꾸로 들이마시고, 미려尾閭에서부터 위로 흐르게 하여 끊이지 않고 연결시키며, 바로 이환泥丸에 넣는 것이 용의 웅크림이다. 뱀이 먹이를 삼키고 천천히 씹는데, 먹이가 꼼짝 못하게 되기를 기다려 다시 삼켜 결코 놓치지 않는다. 호랑이가 짐승을 잡을 때는 먼저 알아차릴 것을 염려하여 몸을 감추고 소리없이 살피다가 반드시 잡고야 만다. 이 네 가지 방법을 사용하면 상대는 반드시 피곤해진다. 그러면 손으로 상대의 유방을 잡고 만지작거린다. 많이 흥분시켜 죽이지는 말고 경계토록 한다. 몸을 높이 일으키되 움직이지도 아래에 처하게 하지도 말고, 상대의 진정眞精이 강화되기를 기다리면 마음을 놓게 되었을 때, 나는 반대로 쉽게 도전할 수 있다. 상대가 마음으로 굴복하고 내가 그 아름다움을 얻으면, 거두어들여 음부에 물러나 감추어 둔다.

[17-7] 再吮其食, 再相其粒, 粒相密, 短兵復入.

第二次行事也. 食者, 舌也. 粒者, 乳也. 密者, 陰戶也. 短兵, 縮則短也. 復入, 復入陰戶以動之也.

상대방의 혀를 다시 빨며 젖꼭지를 또 문지르고, 젖꼭지를 빨며 음부를 문지르고, 위축되어 짧아지면 다시 삽입한다.

두번째 교합이다. 食은 혀이다. 粒은 젖이다. 密은 음문이다. 短兵은 위축되면 짧아진다는 것이다. 復入은 음호에 다시 들어가 움직이는 것이다.

[17-8] 敵兵再戰, 其氣必熾. 吾又僵仰, 候兵之至, 以挺闛彼. 風雨愈下, 如無能者, 敵人愈奮, 予戒之止. 兩軍相對, 不離咫尺, 與敵通言, 勿戰勿棄, 坐延歲月, 待其氣止. 心愈如灰, 言溫如醴, 以緩自處, 緩以視彼.

愈奮者, 彼動不止也. 予乃戒之, 止而勿動. 彼上我下, 兩軍也. 不離咫尺者, 留一寸在內餘在外也. 又與之言, 勿動亦勿棄. 坐廷者, 令女復以手足支起, 待其氣精未降, 又必我心愈如死灰, 而言語須恬溫, 使彼興濃, 而我緩以待之也.

　상대방과 다시 싸움이 붙으면 그 기가 반드시 치열해진다. 나는 또 위를 보고 엎드려 적병이 오는 것을 살피다 꼿꼿이 일어나 상대방을 막는다. 비바람이 마치 어쩔 수 없는 듯이 내릴수록 상대방은 더욱 흥분하니, 나는 그것을 경계하여 그치도록 한다. 양군이 서로 마주하여 조금도 떨어지지 않고 적과 말이 통할 정도면, 싸우지도 버리지도 말고 앉아서 시간을 보내며 그 기가 멈추기를 기다려라. 마음이 식은 재처럼 가라앉고 말이 단술처럼 따뜻해져 천천히 스스로 자리잡게 되고 상대를 바라볼 수 있게 된다.
　愈奮은 상대방이 끊임없이 움직이는 것이다. 나는 이에 그것을 경계하며 멈추고 움직이지 말아야 한다. 상대가 위에 있고 내가 아래에 있으니, 양군兩軍이다. 不離咫尺은 일 촌은 안에 머물고 나머지는 밖에 두는 것이다. 또 더불어 말하면 움직이지도 말고 버리지도 말아야 한다. 坐延이라는 것은 여자를 다시 손과 발로 일어나게 하고, 그 기가 하강하지 않을 때까지 기다리며, 또 반드시 나의 마음을 마치 식은 재처럼 달래고 말은 반드시 달콤하고 따뜻하게 하여 상대방을 흥분시키고, 나는 천천히 기다리는 것이다.

[17-9] 我緩彼急, 勢復大起. 兵亦旣接, 入而復退. 又吮其食, 挹其粒, 龜虎蛇龍, 蟠怕吞翁. 彼必棄兵, 我收風雨. 是曰旣濟, 延安一紀. 收戰罷兵, 空懸仰息, 還之武庫, 升上極.
　大起, 興濃也. 彼興旣濟, 我當復入. 深淺如法, 間復少退. 又必吮其舌, 挹其乳, 依行前番工夫, 則彼眞精盡泄, 而我收翕之矣. 旣濟者, 旣得眞陽也. 一紀, 十二年也. 一御旣得眞陽, 則可

廷壽一紀. 武庫, 髓海也. 上極, 泥丸也. 戰罷下馬, 當仰身平息, 懸腰動搖, 上升泥丸, 以還本元, 則不生疾病, 可得長生.

나는 여유 있고 상대가 급하면 형세가 다시 크게 일어난다. 무기 또한 부딪치면 사람은 다시 물러난다. 또 그 혀를 빨고 그 젖꼭지를 만지며, 거북은 움츠리고 호랑이는 두려워하고 뱀은 삼키고 용은 서린다. 상대는 반드시 무기를 버리고 나는 비바람을 거둔다. 이것을 기제 旣濟라고 하는데 열두 해를 더 살게 된다. 싸움을 거두고 무기를 내려놓고 하늘을 올려보며 한숨을 돌리며, 무기를 다시 창고에 갖다 놓고 상극上極에 올린다.

크게 일어남大起은 강한 흥분이다. 상대가 기제에 이르면 나는 당연히 다시 들어간다. 깊고 얕음은 법대로 하고, 사이에 다시 조금 물러난다. 또 반드시 그의 혀를 빨고 그 젖을 주무르되 앞에서 공부한 것을 따르면, 상대는 진정眞精이 다 배설되고 나는 그것을 거두어들이게 되는 것이다. 기제旣濟는 이미 진양眞陽을 얻은 것이다. 일기一紀는 12년이다. 한 번 교접하여 이미 진양을 얻으면, 수명을 12년 연장시킬 수 있다. 무고武庫는 마음의 바다이다. 상극上極은 니환泥丸이다. 싸움이 끝나 말에서 내리면 당연히 몸을 펴고 쉬고 허리를 펴고 움직여 위로 니환泥丸에 이르러 본원本原으로 되돌리면, 질병이 생기지 않고 오래 살 수 있다.

[17-10] 爲山九仞, 功始一簣. 匪得不全, 全神悟入.

爲山九仞, 爲九天仙也. 一簣, 一採眞陽也. 一採廷壽一紀, 是長生始於一採也. 然此道非有德不傳, 蓋有德則神全, 神全則心靜, 故能悟入而行之也.

높은 산을 만드는 일도 삼태기 하나에서 시작된다. 터득하지 못하면 전하지 못하니, 정신을 완전하게 해야 깨달음에 들어간다.

높은 산을 만든다는 것은 구천선九天仙이 됨이다. 하나의 삼태기란 진양眞陽을 한 번 얻음이다. 한 번 얻으면 수명이 12년 연장된다 함은, 오래 사는 일이 한 번의 얻음에서 시작된다는 말이다. 그러나 이 도는 덕이 있는 사람이 아니면 전해지지 않으니, 대체로 덕이 있으면 정신이 완전하고 정신이 완전하면 마음이 고요하므로, 깨달음에 들어 그것을 행할 수 있는 것이다.

부록: 중국의 성(性) 용어

일반적으로 말하면, 성교에 관한 가장 보편적인 말은 '교구交媾'(구 姤, 후逅)이다. 문자상으로 직역하면 '여인과 교합하다'이다. 다음으로 또 다른 의미로 '그와 함께 관계가 발생하다'는 일반적 의미의 말도 있는데, 이러한 말들이 색정 장면에서 쓰이면 오로지 성행위만을 가리킨다. 여기서 제시할 수 있는 '교접交接' '교회交會' '교합交合' 등의 말과, '교交' '접接' '합合'도 단독으로 사용된다. 이러한 온갖 말들은 모두 중성적 말로, 함께 고대와 현대의 엄숙한 서적과 색정 서적에 쓰였다. 현대 중국어에서 'sex'는 '성性'(문자적 의미는 '저절로 그러한 도')으로 번역되지만, 'sex intercourse'의 현대 의학 용어는 '성교性交'이다.

남자가 성교하는 행위에 관한 경전적 성 단어는 '어御'인데, 글자의 표면적 의미는 '제어하다駕馭' '통치한다統治'라는 뜻이다. 이 말은 고대 의학 저작과 기타 엄숙한 문헌 중에 매우 널리 사용되었다. '사射'와 '조肏'는 색정 문학 속에서 쓰는 외설적 글자이다. 같은 유의 글에서는 또 '농弄'과 '간幹'을 이러한 특수한 장면에 사용한다. 기타 조잡하고 비루한 글에 '감斂'과 '상마上馬'가 있다.

성행위를 가리키는 직접적이지 않은 말로는, '방사房事' '방중房中' '방내房內' 등의 옛스럽고 아취 있는 방법의 말이 있고, 또 '방실房室' '인사人事' '행방行房' '음양지도陰陽之道' 등으로도 말한다. 이러한 것들은 모두 고대 의학 서적 중에 널리 사용된 아취 있는 말이다.

성행위를 암시하는 화사한 글자는 대체로 모두 저명한 고대의 시인 송옥宋玉(기원전 3세기)이 말한 고사에서 나온 것이다. 그는 《고당부古唐賦》(《문선文選》권19 참조)의 서문에서 이렇게 말하고 있다.

선왕께서 일찍이 고당에 순유하셔서, 정무를 태만하게 하면서 낮에도 주무셨다. 꿈에 한 여인을 보았다. "첩은 무산의 여인으로, 고당의 손님입니다. 임금님께서 고당에 순유하셨다는 소식을 듣고, 잠자리에 추천하고 싶었습니다." 왕이 그래서 그녀를 사랑했다. 가면서 이렇게 말했다. 첩은 무산의 남쪽·고구의 험한 곳에 살면서, 아침에는 아침 구름이 되고, 저녁에는 지나가는 비가 됩니다. 아침 저녁마다 양대의 아래에 있습니다先王嘗游高唐, 怠而畫寢. 夢見一婦人 曰:'妾巫山之女也, 爲高唐之客. 聞君遊高唐, 願薦枕席.' 王因幸之. 去而辭曰:'妾在巫山之陽·高丘之阻, 旦爲朝雲, 暮爲行雨. 朝朝暮暮, 陽台之下'

이에 따라 '운우雲雨' '무산巫山' '무양巫陽' '고당高唐' '양대陽台' 등 이러한 말들은 모두 성교를 가리키는 말로 써왔다. 그러나 '운우'의 성적 의미는, 고대 중국인의 하늘과 땅이 폭우가 내릴 때 교감한다는 개념에 기본을 두고 있다. 따라서 이러한 주는 그 특별한 이야기보다도 더 오래된 것이다. '비'는 남자가 쏟아내는 정액과 관련이 있고, '구름'은 여인의 음도에서 분비되는 것과 연관이 있다.

고대의 문헌 중에 남녀 쌍방을 모두 '음'으로 대신 가리켰다. 이러한 점에서 말하면, '음'의 의미는 '몰래 감춘다隱藏'는 뜻이다. 따라서 고대어 중에 쓰인 '남음男陰'과 '음간陰幹'은 남자의 성기를 가리킨다. 이러한 용어들은 당왕조 시기에 이르기까지 여전히 보편적으로 사용되었다. 그러나 후에 '양'은 남자의 성기관을 가리키는 전문 용어를 가리키게 되었고, '음'은 오로지 여성의 성기관만을 가리키게 되었다.

후대에 음경을 가리키는 말로 가장 흔히 보이는 용어는 '양물陽物'이다. 기타 직접적인 용어로는 '양봉陽鋒' ('봉鋒'은 또 '봉峰'으로도 쓴다)·'남경男莖'과 저속한 말로 '육구肉具'가 있다.

음경을 가리키는 아취 있는 말로는 '옥경玉莖' '옥진玉麈' '진병麈柄'이 있고, 음경 머리는 '귀두龜頭' '용두龍頭'라고 부르며, 싸고 있는 표피는 '용庠'이라고 한다. 고환은 '낭囊'이라고 불리며, 또 '음낭陰囊' 혹은 '신낭腎囊'이라고도 부른다.

여자의 성 기관은 옛날에는 '여음女陰'이라고 칭했는데, 앞에서 말한 '남음男陰'과 상대되는 말이다. 그러나 가장 보편적이고 직접적인 말은 '음문陰門'으로, 지금까지도 중국과 일본에서 여전히 널리 쓰이고 있다. 다른 말로 '음호陰戶' '음궁陰宮'이 있고, 혹 '음陰' '빈牝'이라는 말도 있다. '빈牝'과 '음陰'은 통용되기 때문에 우리는 또 '빈호牝戶' '빈구牝口' '빈구牝具' 등의 말을 볼 수 있다. 비속하면서도 직접적인 글자는 '봉縫'이다. 음경을 가리키는 '초屌'와 상대되는 외설적인 말은 '비屄'인데, 다만 색정 문학에서만 보인다.

음부의 문陰戶과 음부의 질陰道을 가리키는 비교적 아치 있는 말은, '옥문玉門'(남자의 생식기를 가리키는 '옥경玉莖'과 상대되는 말)·'경문瓊門' '호戶' '단혈丹穴' '단전丹田' '신전神田' '음구陰溝' '곤호坤戶'이고, 또 '중극中極'——'배꼽 아래 네 촌되는 곳의 구멍'이라고 해석할 수 있다.

음부의 입구와 음부 질의 구성 부분은 몇 가지 말로 구분되는데, 이러한 말의 실제 의미는 대부분 상황에서 추측한 것에 불과하다. 그들 중 두 가지는 당나라 때의 역사 자료인《대악부大樂賦》의 주석에 그에 대한 풀이가 있다. 그 문장은 이렇다. "여인의 음에서 깊이가 1촌 되는 곳을 '금현'이라고 하고, 5촌되는 곳을 '곡실'이라고 하는데, 그곳을 지나치면 죽는다 女人陰深一寸曰琴弦 五寸曰谷實 過實則死也." 그러나《동현자洞玄子》나《소녀경素女經》과 같은 다른 고문헌에서는 또 다른 부위에 이 두 용어를 사용했다. '금현'은 소음순小陰脣을 가리키고, '곡실'은 질 입구를 가리키는 것 같다.

대음순은 '벽옹辟雍'(본래 구슬의 양식에 근거하여 만들어진 대학大學에만 쓰던 이름)이나 '경대瓊台'라고 불렸다. '옥리玉理'는 회음會陰을 가리키는 듯하고, '금구金溝'는 음의 꼭지를 가리켰던 같다. 후자는 자주 보이지 않아서, 고대 중국인들이 그 기능에 대해 확실한 개념이 없었던 듯하다. 위에서 언급한 '금현'이라는 말 외에, 소음순은 또 '계관鷄冠'이라고도 불렸다. 질 입구는 '곡실谷實'(위에서 언급함)이라고 하고 또 '맥치麥齒' '유곡幽谷'이라고도 한다. 아이를 잉태하는 곳은 '자궁자宮'이라고 하는데, 이 용어는 오늘날에도 일반적인 의학 술어로 쓰인다.

명나라 때의 역사 자료인 《소녀묘론素女妙論》의 제3편에는 질의 여덟 부분을 이렇게 나열하고 있다.

여자의 음부 속은 여덟 가지 이름이 있다. 또 '팔곡'이라고도 한다. 첫째는 '금현'으로 그 깊이가 일 촌 되는 곳이고, 둘째는 '능치'로 그 깊이가 이 촌 되는 곳이며, 셋째는 '타계'로 그 깊이가 삼 촌 되는 곳이며, 넷째는 '현주'로 그 깊이가 사 촌 되는 곳이며, 다섯째는 '곡실'로 그 깊이가 오 촌 되는 곳이며, 여섯째는 '유궐'로 그 깊이가 육 촌 되는 곳이며, 일곱째는 '곤호'로 그 깊이가 칠 촌 되는 곳이며, 여덟째는 '북극'으로, 그 깊이가 팔 촌 되는 곳이다 女子陰中有八名. 又名 '八谷.' 一曰 '琴弦,' 其深一寸; 二曰 '菱齒,' 其深二寸; 三曰 '妥谿,' 其深三寸; 四曰 '玄珠,' 其深四寸; 五曰 '谷實,' 其深五寸; 六曰 '愈闕,' 其深六寸; 七曰 '昆戶,' 其深七寸; 八曰 '北極,' 其深八寸.

이 부위의 표시는 주관적인 것 같다. '곡실谷實'은 분명히 '곡실穀實'이고, '곤호昆戶'는 분명히 '곤석昆石'의 다른 이름이다. 이 목록표는 음부 질의 여러 기이한 명칭이나 《의심방醫心方》의 인용문에서 언급된 부위를 분명하게 하는 데에 아무런 역할도 하지 못한다. 그들 중의 일부 용어, 이를테면 '취서臭鼠'와 '영녀孀女'는 기원 후 몇 세기 동안 널리 퍼진 우스꽝스런 글자일 것이고, 기타 명칭은 현재로서는 알 수 없는 깊은 의미를 갖고 있을 것이다.

《비서십종秘書十種》에는 이런 기록이 있다. " '다른 산에서 불을 끄는 것'은 남편을 등지는 짓을 범한 혐의를 말하는 것이다 要做隔山取火 就說犯了背夫之嫌." 인체 부위와 관련하여 사용된 각종 다양한 형용사도 명확하지 않다. 유일하게 의심가는 점은 '소수酥'의 정확한 의미이다. 이 말은 항상 여성의 마음에 관해 쓰이는 형용사인데, '희다白'거나 '부드럽다軟'는 뜻으로 해석해야 될 듯하다.

박청정(朴淸正)
1961년(辛丑年) 경북 경산에서 출생
1981년 경북 월성 내남고등학교 졸업
1984년 대한 십팔기협회 발행 사범자격증 취득
1985년 동국대학교 경주대학 법학과 졸업
1986-1997년 현전서사·원정서당(대구) 동양경전 수업
1995년-현재 십팔기 무덕회(대구) 지도사범
2006년 명지대학교(대구) 사회교육대학원 기공과학과 졸업
현재 한국 양생기공의 이론과 실기에 관하여 연구중
역서:《武藝圖譜通志譯解》(東文選)

中國房內秘籍

초판발행 : 2006년 11월 20일

東文選
제10-64호, 78. 12. 16 등록
110-300 서울 종로구 관훈동 74번지
전화 : 737-2795

편집설계 : 李姃旻

ISBN 89-8038-589-7 94380
ISBN 89-8038-000-3 (세트 : 문예신서)

【東文選 現代新書】

1	21세기를 위한 새로운 엘리트	FORESEEN 연구소 / 김경현	7,000원
2	의지, 의무, 자유 — 주제별 논술	L. 밀러 / 이대회	6,000원
3	사유의 패배	A. 핑켈크로트 / 주태환	7,000원
4	문학이론	J. 컬러 / 이은경·임옥희	7,000원
5	불교란 무엇인가	D. 키언 / 고길환	6,000원
6	유대교란 무엇인가	N. 솔로몬 / 최창모	6,000원
7	20세기 프랑스철학	E. 매슈스 / 김종갑	8,000원
8	강의에 대한 강의	P. 부르디외 / 현택수	6,000원
9	텔레비전에 대하여	P. 부르디외 / 현택수	10,000원
10	고고학이란 무엇인가	P. 반 / 박범수	8,000원
11	우리는 무엇을 아는가	T. 나겔 / 오영미	5,000원
12	에쁘롱—니체의 문체들	J. 데리다 / 김다은	7,000원
13	히스테리 사례분석	S. 프로이트 / 태혜숙	7,000원
14	사랑의 지혜	A. 핑켈크로트 / 권유현	6,000원
15	일반미학	R. 카이유와 / 이경자	6,000원
16	본다는 것의 의미	J. 버거 / 박범수	10,000원
17	일본영화사	M. 테시에 / 최은미	7,000원
18	청소년을 위한 철학교실	A. 자카르 / 장혜영	7,000원
19	미술사학 입문	M. 포인턴 / 박범수	8,000원
20	클래식	M. 비어드·J. 헨더슨 / 박범수	6,000원
21	정치란 무엇인가	K. 미노그 / 이정철	6,000원
22	이미지의 폭력	O. 몽젱 / 이은민	8,000원
23	청소년을 위한 경제학교실	J. C. 드루엥 / 조은미	6,000원
24	순진함의 유혹 〔메디시스賞 수상작〕	P. 브뤼크네르 / 김웅권	9,000원
25	청소년을 위한 이야기 경제학	A. 푸르상 / 이은민	8,000원
26	부르디외 사회학 입문	P. 보네위츠 / 문경자	7,000원
27	돈은 하늘에서 떨어지지 않는다	K. 아른트 / 유영미	6,000원
28	상상력의 세계사	R. 보이아 / 김웅권	9,000원
29	지식을 교환하는 새로운 기술	A. 벵토릴라 外 / 김혜경	6,000원
30	니체 읽기	R. 비어즈워스 / 김웅권	6,000원
31	노동, 교환, 기술 — 주제별 논술	B. 데코사 / 신은영	6,000원
32	미국만들기	R. 로티 / 임옥희	10,000원
33	연극의 이해	A. 쿠프리 / 장혜영	8,000원
34	라틴문학의 이해	J. 가야르 / 김교신	8,000원
35	여성적 가치의 선택	FORESEEN연구소 / 문신원	7,000원
36	동양과 서양 사이	L. 이리가라이 / 이은민	7,000원
37	영화와 문학	R. 리처드슨 / 이형식	8,000원
38	분류하기의 유혹 — 생각하기와 조직하기	G. 비뇨 / 임기대	7,000원
39	사실주의 문학의 이해	G. 라루 / 조성애	8,000원
40	윤리학—악에 대한 의식에 관하여	A. 바디우 / 이종영	7,000원
41	흙과 재 〔소설〕	A. 라히미 / 김주경	6,000원

42	진보의 미래	D. 르쿠르 / 김영선	6,000원
43	중세에 살기	J. 르 고프 外 / 최애리	8,000원
44	쾌락의 횡포·상	J. C. 기유보 / 김웅권	10,000원
45	쾌락의 횡포·하	J. C. 기유보 / 김웅권	10,000원
46	운디네와 지식의 불	B. 데스파냐 / 김웅권	8,000원
47	이성의 한가운데에서―이성과 신앙	A. 퀴노 / 최은영	6,000원
48	도덕적 명령	FORESEEN 연구소 / 우강택	6,000원
49	망각의 형태	M. 오제 / 김수경	6,000원
50	느리게 산다는 것의 의미·1	P. 쌍소 / 김주경	7,000원
51	나만의 자유를 찾아서	C. 토마스 / 문신원	6,000원
52	음악적 삶의 의미	M. 존스 / 송인영	근간
53	나의 철학 유언	J. 기통 / 권유현	8,000원
54	타르튀프/서민귀족〔희곡〕	몰리에르 / 덕성여대극예술비교연구회	8,000원
55	판타지 공장	A. 플라워즈 / 박범수	10,000원
56	홍수·상〔완역판〕	J. M. G. 르 클레지오 / 신미경	8,000원
57	홍수·하〔완역판〕	J. M. G. 르 클레지오 / 신미경	8,000원
58	일신교―성경과 철학자들	E. 오르티그 / 전광호	6,000원
59	프랑스 시의 이해	A. 바이양 / 김다은·이혜지	8,000원
60	종교철학	J. P. 힉 / 김희수	10,000원
61	고요함의 폭력	V. 포레스테 / 박은영	8,000원
62	고대 그리스의 시민	C. 모세 / 김덕희	7,000원
63	미학개론―예술철학입문	A. 셰퍼드 / 유호전	10,000원
64	논증―담화에서 사고까지	G. 비뇨 / 임기대	6,000원
65	역사―성찰된 시간	F. 도스 / 김미겸	7,000원
66	비교문학개요	F. 클로동·K. 아다-보트링 / 김정란	8,000원
67	남성지배	P. 부르디외 / 김용숙	개정판 10,000원
68	호모사피언스에서 인터렉티브인간으로	FORESEEN 연구소 / 공나리	8,000원
69	상투어―언어·담론·사회	R. 아모시·A. H. 피에로 / 조성애	9,000원
70	우주론이란 무엇인가	P. 코올즈 / 송형석	8,000원
71	푸코 읽기	P. 빌루에 / 나길래	8,000원
72	문학논술	J. 파프·D. 로쉬 / 권종분	8,000원
73	한국전통예술개론	沈雨晟	10,000원
74	시학―문학 형식 일반론 입문	D. 퐁텐 / 이용주	8,000원
75	진리의 길	A. 보다르 / 김승철·최정아	9,000원
76	동물성―인간의 위상에 관하여	D. 르스텔 / 김승철	6,000원
77	랑가쥬 이론 서설	L. 옐름슬레우 / 김용숙·김혜련	10,000원
78	잔혹성의 미학	F. 토넬리 / 박형섭	9,000원
79	문학 텍스트의 정신분석	M. J. 벨멩-노엘 / 심재중·최애영	9,000원
80	무관심의 절정	J. 보드리야르 / 이은민	8,000원
81	영원한 황홀	P. 브뤼크네르 / 김웅권	9,000원
82	노동의 종말에 반하여	D. 슈나페르 / 김교신	6,000원
83	프랑스영화사	J. -P. 장콜라 / 김혜련	8,000원

84	조와 (弔蛙)	金敎臣 / 노치준·민혜숙	8,000원
85	역사적 관점에서 본 시네마	J. -L. 뢰트라 / 곽노경	8,000원
86	욕망에 대하여	M. 슈벨 / 서민원	8,000원
87	산다는 것의 의미·1—여분의 행복	P. 쌍소 / 김주경	7,000원
88	철학 연습	M. 아롱델-로오 / 최은영	8,000원
89	삶의 기쁨들	D. 노게 / 이은민	6,000원
90	이탈리아영화사	L. 스키파노 / 이주현	8,000원
91	한국문화론	趙興胤	10,000원
92	현대연극미학	M. -A. 샤르보니에 / 홍지화	8,000원
93	느리게 산다는 것의 의미·2	P. 쌍소 / 김주경	7,000원
94	진정한 모럴은 모럴을 비웃는다	A. 에슈고엔 / 김웅권	8,000원
95	한국종교문화론	趙興胤	10,000원
96	근원적 열정	L. 이리가라이 / 박정오	9,000원
97	라캉, 주체 개념의 형성	B. 오질비 / 김 석	9,000원
98	미국식 사회 모델	J. 바이스 / 김종명	7,000원
99	소쉬르와 언어과학	P. 가데 / 김용숙·임정혜	10,000원
100	철학적 기본 개념	R. 페르버 / 조국현	8,000원
101	맞불	P. 부르디외 / 현택수	10,000원
102	글렌 굴드, 피아노 솔로	M. 슈나이더 / 이창실	7,000원
103	문학비평에서의 실험	C. S. 루이스 / 허 종	8,000원
104	코뿔소 〔희곡〕	E. 이오네스코 / 박형섭	8,000원
105	지각—감각에 관하여	R. 바르바라 / 공정아	7,000원
106	철학이란 무엇인가	E. 크레이그 / 최생열	8,000원
107	경제, 거대한 사탄인가?	P. -N. 지로 / 김교신	7,000원
108	딸에게 들려 주는 작은 철학	R. 시몬 셰퍼 / 안상원	7,000원
109	도덕에 관한 에세이	C. 로슈·J. -J. 바레르 / 고수현	6,000원
110	프랑스 고전비극	B. 클레망 / 송민숙	8,000원
111	고전수사학	G. 위딩 / 박성철	10,000원
112	유토피아	T. 파코 / 조성애	7,000원
113	쥐비알	A. 자르댕 / 김남주	7,000원
114	증오의 모호한 대상	J. 아순 / 김승철	8,000원
115	개인—주체철학에 대한 고찰	A. 르노 / 장정아	7,000원
116	이슬람이란 무엇인가	M. 루스벤 / 최생열	8,000원
117	테러리즘의 정신	J. 보드리야르 / 배영달	8,000원
118	역사란 무엇인가	존 H. 아널드 / 최생열	8,000원
119	느리게 산다는 것의 의미·3	P. 쌍소 / 김주경	7,000원
120	문학과 정치 사상	P. 페티티에 / 이종민	8,000원
121	가장 아름다운 하나님 이야기	A. 보테르 外 / 주태환	8,000원
122	시민 교육	P. 카니베즈 / 박주원	9,000원
123	스페인영화사	J.- C. 스갱 / 정동섭	8,000원
124	인터넷상에서—행동하는 지성	H. L. 드레퓌스 / 정혜욱	9,000원
125	내 몸의 신비—세상에서 가장 큰 기적	A. 지오르당 / 이규식	7,000원

126	세 가지 생태학	F. 가타리 / 윤수종	8,000원
127	모리스 블랑쇼에 대하여	E. 레비나스 / 박규현	9,000원
128	위뷔 왕 〔희곡〕	A. 자리 / 박형섭	8,000원
129	번영의 비참	P. 브뤼크네르 / 이창실	8,000원
130	무사도란 무엇인가	新渡戶稻造 / 沈雨晟	7,000원
131	꿈과 공포의 미로 〔소설〕	A. 라히미 / 김주경	8,000원
132	문학은 무슨 소용이 있는가?	D. 살나브 / 김교신	7,000원
133	종교에 대하여—행동하는 지성	존 D. 카푸토 / 최생열	9,000원
134	노동사회학	M. 스트루방 / 박주원	8,000원
135	맞불·2	P. 부르디외 / 김교신	10,000원
136	믿음에 대하여—행동하는 지성	S. 지제크 / 최생열	9,000원
137	법, 정의, 국가	A. 기그 / 민혜숙	8,000원
138	인식, 상상력, 예술	E. 아카마츄 / 최돈호	근간
139	위기의 대학	ARESER / 김교신	10,000원
140	카오스모제	F. 가타리 / 윤수종	10,000원
141	코란이란 무엇인가	M. 쿡 / 이강훈	9,000원
142	신학이란 무엇인가	D. 포드 / 강혜원·노치준	9,000원
143	누보 로망, 누보 시네마	C. 뮈르시아 / 이창실	8,000원
144	지능이란 무엇인가	I. J. 디어리 / 송형석	10,000원
145	죽음—유한성에 관하여	F. 다스튀르 / 나길래	8,000원
146	철학에 입문하기	Y. 카탱 / 박선주	8,000원
147	지옥의 힘	J. 보드리야르 / 배영달	8,000원
148	철학 기초 강의	F. 로피 / 공나리	8,000원
149	시네마토그래프에 대한 단상	R. 브레송 / 오일환·김경온	9,000원
150	성서란 무엇인가	J. 리치스 / 최생열	10,000원
151	프랑스 문학사회학	신미경	8,000원
152	잡사와 문학	F. 에브라르 / 최정아	10,000원
153	세계의 폭력	J. 보드리야르·E. 모랭 / 배영달	9,000원
154	잠수복과 나비	J. -D. 보비 / 양영란	6,000원
155	고전 할리우드 영화	J. 나카시 / 최은영	10,000원
156	마지막 말, 마지막 미소	B. 드 카스텔바자크 / 김승철·장정아	근간
157	몸의 시학	J. 피죠 / 김선미	10,000원
158	철학의 기원에 관하여	C. 콜로베르 / 김정란	8,000원
159	지혜에 대한 숙고	J. -M. 베스니에르 / 곽노경	8,000원
160	자연주의 미학과 시학	조성애	10,000원
161	소설 분석—현대적 방법론과 기법	B. 발레트 / 조성애	10,000원
162	사회학이란 무엇인가	S. 브루스 / 김경안	10,000원
163	인도철학입문	S. 헤밀턴 / 고길환	10,000원
164	심리학이란 무엇인가	G. 버틀러·F. 맥마누스 / 이재현	10,000원
165	발자크 비평	J. 글레즈 / 이정민	10,000원
166	결별을 위하여	G. 마츠네프 / 권은희·최은희	10,000원
167	인류학이란 무엇인가	J. 모나한·P. 저스트 / 김경안	10,000원

168	세계화의 불안	Z. 라이디 / 김종명	8,000원
169	음악이란 무엇인가	N. 쿡 / 장호연	10,000원
170	사랑과 우연의 장난 〔희곡〕	마리보 / 박형섭	10,000원
171	사진의 이해	G. 보레 / 박은영	10,000원
172	현대인의 사랑과 성	현택수	9,000원
173	성해방은 진행중인가?	M. 이아퀴브 / 권은희	10,000원
174	교육은 자기 교육이다	H. -G. 가다머 / 손승남	10,000원
175	밤 끝으로의 여행	L. -F. 쎌린느 / 이형식	19,000원
176	프랑스 지성인들의 '12월'	J. 뒤발 外 / 김영모	10,000원
177	환대에 대하여	J. 데리다 / 남수인	13,000원
178	언어철학	J. P. 레스베베르 / 이경래	10,000원
179	푸코와 광기	F. 그로 / 김웅권	10,000원
180	사물들과 철학하기	R. -P. 드루아 / 박선주	10,000원
181	청소년이 알아야 할 사회경제학자들	J. -C. 드루앵 / 김종명	8,000원
182	서양의 유혹	A. 말로 / 김웅권	10,000원
183	중세의 예술과 사회	G. 뒤비 / 김웅권	10,000원
184	새로운 충견들	S. 알리미 / 김영모	10,000원
185	초현실주의	G. 세바 / 최정아	10,000원
186	프로이트 읽기	P. 랜드맨 / 민혜숙	10,000원
187	예술 작품—작품 존재론 시론	M. 아르 / 공정아	10,000원
188	평화—국가의 이성과 지혜	M. 카스티요 / 장정아	10,000원
189	히로시마 내 사랑	M. 뒤라스 / 이용주	10,000원
190	연극 텍스트의 분석	M. 프뤼네르 / 김덕희	10,000원
191	청소년을 위한 철학길잡이	A. 콩트-스퐁빌 / 공정아	10,000원
192	행복—기쁨에 관한 소고	R. 미스라이 / 김영선	10,000원
193	조사와 방법론—면접법	A. 블랑셰·A. 고트만 / 최정아	10,000원
194	하늘에 관하여—잃어버린 공간, 되찾은 시간	M. 카세 / 박선주	10,000원
195	청소년이 알아야 할 세계화	J. -P. 폴레 / 김종명	9,000원
196	약물이란 무엇인가	L. 아이버슨 / 김정숙	10,000원
197	폭력—'폭력적 인간'에 대하여	R. 다둔 / 최윤주	10,000원
198	암호	J. 보드리야르 / 배영달	10,000원
300	아이들에게 설명하는 이혼	P. 루카스·S. 르로이 / 이은민	8,000원
301	아이들에게 들려주는 인도주의	J. 마무 / 이은민	근간
302	아이들에게 설명하는 죽음	E. 위스망 페랭 / 김미정	8,000원
303	아이들에게 들려주는 선사시대 이야기	J. 클로드 / 김교신	8,000원
304	아이들에게 들려주는 이슬람 이야기	T. 벤 젤룬 / 김교신	8,000원
305	아이들에게 설명하는 테러리즘	M. -C. 그로 / 우강택	8,000원
306	아이들에게 들려주는 철학 이야기	R. -P. 드루아 / 이창실	8,000원

【東文選 文藝新書】

1	저주받은 詩人들	A. 뻬이르 / 최수철·김종호	개정근간
2	민속문화론서설	沈雨晟	40,000원

3	인형극의 기술	A. 훼도토프 / 沈雨晟	8,000원
4	전위연극론	J. 로스 에반스 / 沈雨晟	12,000원
5	남사당패연구	沈雨晟	19,000원
6	현대영미희곡선(전4권)	N. 코워드 外 / 李辰洙	절판
7	행위예술	L. 골드버그 / 沈雨晟	절판
8	문예미학	蔡 儀 / 姜慶鎬	절판
9	神의 起源	何 新 / 洪 熹	16,000원
10	중국예술정신	徐復觀 / 權德周 外	24,000원
11	中國古代書史	錢存訓 / 金允子	14,000원
12	이미지 — 시각과 미디어	J. 버거 / 편집부	15,000원
13	연극의 역사	P. 하트놀 / 沈雨晟	절판
14	詩 論	朱光潛 / 鄭相泓	22,000원
15	탄트라	A. 무케르지 / 金龜山	16,000원
16	조선민족무용기본	최승희	15,000원
17	몽고문화사	D. 마이달 / 金龜山	8,000원
18	신화 미술 제사	張光直 / 李 徹	절판
19	아시아 무용의 인류학	宮尾慈良 / 沈雨晟	20,000원
20	아시아 민족음악순례	藤井知昭 / 沈雨晟	5,000원
21	華夏美學	李澤厚 / 權 瑚	20,000원
22	道	張立文 / 權 瑚	18,000원
23	朝鮮의 占卜과 豫言	村山智順 / 金禧慶	28,000원
24	원시미술	L. 아담 / 金仁煥	16,000원
25	朝鮮民俗誌	秋葉隆 / 沈雨晟	12,000원
26	타자로서 자기 자신	P. 리쾨르 / 김웅권	29,000원
27	原始佛敎	中村元 / 鄭泰爀	8,000원
28	朝鮮女俗考	李能和 / 金尙憶	24,000원
29	朝鮮解語花史(조선기생사)	李能和 / 李在崑	25,000원
30	조선창극사	鄭魯湜	17,000원
31	동양회화미학	崔炳植	18,000원
32	性과 결혼의 민족학	和田正平 / 沈雨晟	9,000원
33	農漁俗談辭典	宋在璇	12,000원
34	朝鮮의 鬼神	村山智順 / 金禧慶	12,000원
35	道敎와 中國文化	葛兆光 / 沈揆昊	15,000원
36	禪宗과 中國文化	葛兆光 / 鄭相泓·任炳權	8,000원
37	오페라의 역사	L. 오레이 / 류연희	절판
38	인도종교미술	A. 무케르지 / 崔炳植	14,000원
39	힌두교의 그림언어	안넬리제 外 / 全在星	9,000원
40	중국고대사회	許進雄 / 洪 熹	30,000원
41	중국문화개론	李宗桂 / 李宰碩	23,000원
42	龍鳳文化源流	王大有 / 林東錫	25,000원
43	甲骨學通論	王宇信 / 李宰碩	40,000원
44	朝鮮巫俗考	李能和 / 李在崑	20,000원

45	미술과 페미니즘	N. 부루드 外 / 扈承喜	9,000원
46	아프리카미술	P. 윌레뜨 / 崔炳植	절판
47	美의 歷程	李澤厚 / 尹壽榮	28,000원
48	曼茶羅의 神들	立川武藏 / 金龜山	19,000원
49	朝鮮歲時記	洪錫謨 外 / 李錫浩	30,000원
50	하 상	蘇曉康 外 / 洪 熹	절판
51	武藝圖譜通志 實技解題	正 祖 / 沈雨晟·金光錫	15,000원
52	古文字學첫걸음	李學勤 / 河永三	14,000원
53	體育美學	胡小明 / 閔永淑	18,000원
54	아시아 美術의 再發見	崔炳植	9,000원
55	曆과 占의 科學	永田久 / 沈雨晟	8,000원
56	中國小學史	胡奇光 / 李宰碩	20,000원
57	中國甲骨學史	吳浩坤 外 / 梁東淑	35,000원
58	꿈의 철학	劉文英 / 河永三	22,000원
59	女神들의 인도	立川武藏 / 金龜山	19,000원
60	性의 역사	J. L. 플랑드렝 / 편집부	18,000원
61	쉬르섹슈얼리티	W. 챠드윅 / 편집부	10,000원
62	여성속담사전	宋在璇	18,000원
63	박재서희곡선	朴栽緖	10,000원
64	東北民族源流	孫進己 / 林東錫	13,000원
65	朝鮮巫俗의 硏究(상·하)	赤松智城·秋葉隆 / 沈雨晟	28,000원
66	中國文學 속의 孤獨感	斯波六郎 / 尹壽榮	8,000원
67	한국사회주의 연극운동사	李康列	8,000원
68	스포츠인류학	K. 블랑챠드 外 / 박기동 外	12,000원
69	리조복식도감	리팔찬	20,000원
70	娼 婦	A. 꼬르뱅 / 李宗旼	22,000원
71	조선민요연구	高晶玉	30,000원
72	楚文化史	張正明 / 南宗鎭	26,000원
73	시간, 욕망, 그리고 공포	A. 코르뱅 / 변기찬	18,000원
74	本國劍	金光錫	40,000원
75	노트와 반노트	E. 이오네스코 / 박형섭	20,000원
76	朝鮮美術史硏究	尹喜淳	7,000원
77	拳法要訣	金光錫	30,000원
78	艸衣選集	艸衣意恂 / 林鍾旭	20,000원
79	漢語音韻學講義	董少文 / 林東錫	10,000원
80	이오네스코 연극미학	C. 위베르 / 박형섭	9,000원
81	중국문자훈고학사전	全廣鎭 편역	23,000원
82	상말속담사전	宋在璇	10,000원
83	書法論叢	沈尹默 / 郭魯鳳	16,000원
84	침실의 문화사	P. 디비 / 편집부	9,000원
85	禮의 精神	柳 肅 / 洪 熹	20,000원
86	조선공예개관	沈雨晟 편역	30,000원

87	性愛의 社會史	J. 솔레 / 李宗旼	18,000원
88	러시아미술사	A. I. 조토프 / 이건수	22,000원
89	中國書藝論文選	郭魯鳳 選譯	25,000원
90	朝鮮美術史	關野貞 / 沈雨晟	30,000원
91	美術版 탄트라	P. 로슨 / 편집부	8,000원
92	군달리니	A. 무케르지 / 편집부	9,000원
93	카마수트라	바쨔야나 / 鄭泰爀	18,000원
94	중국언어학총론	J. 노먼 / 全廣鎭	28,000원
95	運氣學說	任應秋 / 李宰碩	15,000원
96	동물속담사전	宋在璇	20,000원
97	자본주의의 아비투스	P. 부르디외 / 최종철	10,000원
98	宗敎學入門	F. 막스 뮐러 / 金龜山	10,000원
99	변 화	P. 바츨라빅크 外 / 박인철	10,000원
100	우리나라 민속놀이	沈雨晟	15,000원
101	歌訣(중국역대명언경구집)	李宰碩 편역	20,000원
102	아니마와 아니무스	A. 융 / 박해순	8,000원
103	나, 너, 우리	L. 이리가라이 / 박정오	12,000원
104	베케트연극론	M. 푸크레 / 박형섭	8,000원
105	포르노그래피	A. 드워킨 / 유혜련	12,000원
106	셸 링	M. 하이데거 / 최상욱	12,000원
107	프랑수아 비용	宋 勉	18,000원
108	중국서예 80제	郭魯鳳 편역	16,000원
109	性과 미디어	W. B. 키 / 박해순	12,000원
110	中國正史朝鮮列國傳(전2권)	金聲九 편역	120,000원
111	질병의 기원	T. 매큐언 / 서 일·박종연	12,000원
112	과학과 젠더	E. F. 켈러 / 민경숙·이현주	10,000원
113	물질문명·경제·자본주의	F. 브로델 / 이문숙 外	절판
114	이탈리아인 태고의 지혜	G. 비코 / 李源斗	8,000원
115	中國武俠史	陳 山 / 姜鳳求	18,000원
116	공포의 권력	J. 크리스테바 / 서민원	23,000원
117	주색잡기속담사전	宋在璇	15,000원
118	죽음 앞에 선 인간(상·하)	P. 아리에스 / 劉仙子	각권 15,000원
119	철학에 대하여	L. 알튀세르 / 서관모·백승욱	12,000원
120	다른 곳	J. 데리다 / 김다은·이혜지	10,000원
121	문학비평방법론	D. 베르제 外 / 민혜숙	12,000원
122	자기의 테크놀로지	M. 푸코 / 이희원	16,000원
123	새로운 학문	G. 비코 / 李源斗	22,000원
124	천재와 광기	P. 브르노 / 김웅권	13,000원
125	중국은사문화	馬 華·陳正宏 / 강경범·천현경	12,000원
126	푸코와 페미니즘	C. 라마자노글루 外 / 최 영 外	16,000원
127	역사주의	P. 해밀턴 / 임옥희	12,000원
128	中國書藝美學	宋 民 / 郭魯鳳	16,000원

129	죽음의 역사	P. 아리에스 / 이종민	18,000원
130	돈속담사전	宋在璇 편	15,000원
131	동양극장과 연극인들	김영무	15,000원
132	生育神과 性巫術	宋兆麟 / 洪 熹	20,000원
133	미학의 핵심	M. M. 이턴 / 유호전	20,000원
134	전사와 농민	J. 뒤비 / 최생열	18,000원
135	여성의 상태	N. 에니크 / 서민원	22,000원
136	중세의 지식인들	J. 르 고프 / 최애리	18,000원
137	구조주의의 역사(전4권)	F. 도스 / 김웅권 外	I·II·IV 15,000원 / III 18,000원
138	글쓰기의 문제해결전략	L. 플라워 / 원진숙·황정현	20,000원
139	음식속담사전	宋在璇 편	16,000원
140	고전수필개론	權 瑚	16,000원
141	예술의 규칙	P. 부르디외 / 하태환	23,000원
142	"사회를 보호해야 한다"	M. 푸코 / 박정자	20,000원
143	페미니즘사전	L. 터틀 / 호승희·유혜련	26,000원
144	여성심벌사전	B. G. 워커 / 정소영	근간
145	모데르니테 모데르니테	H. 메쇼닉 / 김다은	20,000원
146	눈물의 역사	A. 벵상뷔포 / 이자경	18,000원
147	모더니티입문	H. 르페브르 / 이종민	24,000원
148	재생산	P. 부르디외 / 이상호	23,000원
149	종교철학의 핵심	W. J. 웨인라이트 / 김희수	18,000원
150	기호와 몽상	A. 시몽 / 박형섭	22,000원
151	융분석비평사전	A. 새뮤얼 外 / 민혜숙	16,000원
152	운보 김기창 예술론연구	최병식	14,000원
153	시적 언어의 혁명	J. 크리스테바 / 김인환	20,000원
154	예술의 위기	Y. 미쇼 / 하태환	15,000원
155	프랑스사회사	G. 뒤프 / 박 단	16,000원
156	중국문예심리학사	劉偉林 / 沈揆昊	30,000원
157	무지카 프라티카	M. 캐넌 / 김혜중	25,000원
158	불교산책	鄭泰爀	20,000원
159	인간과 죽음	E. 모랭 / 김명숙	23,000원
160	地中海	F. 브로델 / 李宗畋	근간
161	漢語文字學史	黃德實·陳秉新 / 河永三	24,000원
162	글쓰기와 차이	J. 데리다 / 남수인	28,000원
163	朝鮮神事誌	李能和 / 李在崑	근간
164	영국제국주의	S. C. 스미스 / 이태숙·김종원	16,000원
165	영화서술학	A. 고드로·F. 조스트 / 송지연	17,000원
166	美學辭典	사사키 겡이치 / 민주식	22,000원
167	하나이지 않은 성	L. 이리가라이 / 이은민	18,000원
168	中國歷代書論	郭魯鳳 譯註	25,000원
169	요가수트라	鄭泰爀	15,000원
170	비정상인들	M. 푸코 / 박정자	25,000원

171	미친 진실	J. 크리스테바 外 / 서민원	25,000원
172	玉樞經 硏究	具重會	19,000원
173	세계의 비참(전3권)	P. 부르디외 外 / 김주경	각권 26,000원
174	수묵의 사상과 역사	崔炳植	근간
175	파스칼적 명상	P. 부르디외 / 김웅권	22,000원
176	지방의 계몽주의	D. 로슈 / 주명철	30,000원
177	이혼의 역사	R. 필립스 / 박범수	25,000원
178	사랑의 단상	R. 바르트 / 김희영	20,000원
179	中國書藝理論體系	熊秉明 / 郭魯鳳	23,000원
180	미술시장과 경영	崔炳植	16,000원
181	카프카─소수적인 문학을 위하여	G. 들뢰즈·F. 가타리 / 이진경	18,000원
182	이미지의 힘─영상과 섹슈얼리티	A. 쿤 / 이형식	13,000원
183	공간의 시학	G. 바슐라르 / 곽광수	23,000원
184	랑데부─이미지와의 만남	J. 버거 / 임옥희·이은경	18,000원
185	푸코와 문학─글쓰기의 계보학을 향하여	S. 듀링 / 오경심·홍유미	26,000원
186	각색, 연극에서 영화로	A. 엘보 / 이선형	16,000원
187	폭력과 여성들	C. 도펭 外 / 이은민	18,000원
188	하드 바디─할리우드 영화에 나타난 남성성	S. 제퍼드 / 이형식	18,000원
189	영화의 환상성	J.-L. 뢰트라 / 김경온·오일환	18,000원
190	번역과 제국	D. 로빈슨 / 정혜욱	16,000원
191	그라마톨로지에 대하여	J. 데리다 / 김웅권	35,000원
192	보건 유토피아	R. 브로만 外 / 서민원	20,000원
193	현대의 신화	R. 바르트 / 이화여대기호학연구소	20,000원
194	회화백문백답	湯兆基 / 郭魯鳳	20,000원
195	고서화감정개론	徐邦達 / 郭魯鳳	30,000원
196	상상의 박물관	A. 말로 / 김웅권	26,000원
197	부빈의 일요일	J. 뒤비 / 최생열	22,000원
198	아인슈타인의 최대 실수	D. 골드스미스 / 박범수	16,000원
199	유인원, 사이보그, 그리고 여자	D. 해러웨이 / 민경숙	25,000원
200	공동 생활 속의 개인주의	F. 드 생글리 / 최은영	20,000원
201	기식자	M. 세르 / 김웅권	24,000원
202	연극미학─플라톤에서 브레히트까지의 텍스트들	J. 셰레 外 / 홍지화	24,000원
203	철학자들의 신	W. 바이셰델 / 최상욱	34,000원
204	고대 세계의 정치	모제스 I. 핀레이 / 최생열	16,000원
205	프란츠 카프카의 고독	M. 로베르 / 이창실	18,000원
206	문화 학습─실천적 입문서	J. 자일스·T. 미들턴 / 장성희	24,000원
207	호모 아카데미쿠스	P. 부르디외 / 임기대	29,000원
208	朝鮮槍棒敎程	金光錫	40,000원
209	자유의 순간	P. M. 코헨 / 최하영	16,000원
210	밀교의 세계	鄭泰爀	16,000원
211	토탈 스크린	J. 보드리야르 / 배영달	19,000원
212	영화와 문학의 서술학	F. 바누아 / 송지연	22,000원

213 텍스트의 즐거움	R. 바르트 / 김희영	15,000원
214 영화의 직업들	B. 라트롱슈 / 김경온·오일환	16,000원
215 소설과 신화	이용주	15,000원
216 문화와 계급—부르디외와 한국 사회	홍성민 外	18,000원
217 작은 사건들	R. 바르트 / 김주경	14,000원
218 연극분석입문	J.-P. 링가르 / 박형섭	18,000원
219 푸코	G. 들뢰즈 / 허 경	17,000원
220 우리나라 도자기와 가마터	宋在璇	30,000원
221 보이는 것과 보이지 않는 것	M. 퐁티 / 남수인·최의영	30,000원
222 메두사의 웃음/출구	H. 식수 / 박혜영	19,000원
223 담화 속의 논증	R. 아모시 / 장인봉	20,000원
224 포켓의 형태	J. 버거 / 이영주	16,000원
225 이미지심벌사전	A. 드 브리스 / 이원두	근간
226 이데올로기	D. 호크스 / 고길환	16,000원
227 영화의 이론	B. 발라즈 / 이형식	20,000원
228 건축과 철학	J. 보드리야르·J. 누벨 / 배영달	16,000원
229 폴 리쾨르—삶의 의미들	F. 도스 / 이봉지 外	38,000원
230 서양철학사	A. 케니 / 이영주	29,000원
231 근대성과 육체의 정치학	D. 르 브르통 / 홍성민	20,000원
232 허난설헌	金成南	16,000원
233 인터넷 철학	G. 그레이엄 / 이영주	15,000원
234 사회학의 문제들	P. 부르디외 / 신미경	23,000원
235 의학적 추론	A. 시쿠렐 / 서민원	20,000원
236 튜링—인공지능 창시자	J. 라세구 / 임기대	16,000원
237 이성의 역사	F. 샤틀레 / 심세광	16,000원
238 朝鮮演劇史	金在喆	22,000원
239 미학이란 무엇인가	M. 지므네즈 / 김웅권	23,000원
240 古文字類編	高 明	40,000원
241 부르디외 사회학 이론	L. 핀토 / 김용숙·김은희	20,000원
242 문학은 무슨 생각을 하는가?	P. 마슈레 / 서민원	23,000원
243 행복해지기 위해 무엇을 배워야 하는가? A. 우지오 外 / 김교신		18,000원
244 영화와 회화: 탈배치	P. 보니체 / 홍지화	18,000원
245 영화 학습—실천적 지표들	F. 바누아 外 / 문신원	16,000원
246 회화 학습—실천적 지표들	F. 기블레 / 고수현	근간
247 영화미학	J. 오몽 外 / 이용주	24,000원
248 시—형식과 기능	J. L. 주베르 / 김경온	근간
249 우리나라 옹기	宋在璇	40,000원
250 검은 태양	J. 크리스테바 / 김인환	27,000원
251 어떻게 더불어 살 것인가	R. 바르트 / 김웅권	28,000원
252 일반 교양 강좌	E. 코바 / 송대영	23,000원
253 나무의 철학	R. 뒤마 / 송형석	29,000원
254 영화에 대하여—에이리언과 영화철학 S. 멀할 / 이영주		18,000원

255 문학에 대하여 — 행동하는 지성	H. 밀러 / 최은주	16,000원
256 미학 연습 — 플라톤에서 에코까지	임우영 外 편역	18,000원
257 조희룡 평전	김영회 外	18,000원
258 역사철학	F. 도스 / 최생열	23,000원
259 철학자들의 동물원	A. L. 브라 쇼파르 / 문신원	22,000원
260 시각의 의미	J. 버거 / 이용은	24,000원
261 들뢰즈	A. 괄란디 / 임기대	13,000원
262 문학과 문화 읽기	김종갑	16,000원
263 과학에 대하여 — 행동하는 지성	B. 리들리 / 이영주	18,000원
264 장 지오노와 서술 이론	송지연	18,000원
265 영화의 목소리	M. 시옹 / 박선주	20,000원
266 사회보장의 발명	J. 동즐로 / 주형일	17,000원
267 이미지와 기호	M. 졸리 / 이선형	22,000원
268 위기의 식물	J. M. 펠트 / 이충건	18,000원
269 중국 소수민족의 원시종교	洪 熹	18,000원
270 영화감독들의 영화 이론	J. 오몽 / 곽동준	22,000원
271 중첩	J. 들뢰즈 · C. 베네 / 허희정	18,000원
272 대담 — 디디에 에리봉과의 자전적 인터뷰	J. 뒤메질 / 송대영	18,000원
273 중립	R. 바르트 / 김웅권	30,000원
274 알퐁스 도데의 문학과 프로방스 문화	이종민	16,000원
275 우리말 釋迦如來行蹟頌	高麗 無寄 / 金月雲	18,000원
276 金剛經講話	金月雲 講述	18,000원
277 자유와 결정론	O. 브르니피에 外 / 최은영	16,000원
278 도리스 레싱: 20세기 여성의 초상	민경숙	24,000원
279 기독교윤리학의 이론과 방법론	김희수	24,000원
280 과학에서 생각하는 주제 100가지	I. 스탕저 外 / 김웅권	21,000원
281 말로와 소설의 상징시학	김웅권	22,000원
282 키에르케고르	C. 블랑 / 이창실	14,000원
283 시나리오 쓰기의 이론과 실제	A. 로슈 外 / 이용주	25,000원
284 조선사회경제사	白南雲 / 沈雨晟	30,000원
285 이성과 감각	O. 브르니피에 外 / 이은민	16,000원
286 행복의 단상	C. 앙드레 / 김교신	20,000원
287 삶의 의미 — 행동하는 지성	J. 코팅햄 / 강혜원	16,000원
288 안티고네의 주장	J. 버틀러 / 조현순	14,000원
289 예술 영화 읽기	이선형	19,000원
290 달리는 꿈, 자동차의 역사	P. 치글러 / 조국현	17,000원
291 매스커뮤니케이션과 사회	현택수	17,000원
292 교육론	J. 피아제 / 이병애	22,000원
293 연극 입문	히라타 오리자 / 고정은	13,000원
294 역사는 계속된다	G. 뒤비 / 백인호 · 최생열	16,000원
295 에로티시즘을 즐기기 위한 100가지 기본 용어	J. -C. 마르탱 / 김웅권	19,000원
296 대화의 기술	A. 밀롱 / 공정아	17,000원

297	실천 이성	P. 부르디외 / 김웅권	19,000원
298	세미오티케	J. 크리스테바 / 서민원	28,000원
299	앙드레 말로의 문학 세계	김웅권	22,000원
300	20세기 독일철학	W. 슈나이더스 / 박중목	18,000원
301	횔덜린의 송가 〈이스터〉	M. 하이데거 / 최상욱	20,000원
302	아이러니와 모더니티 담론	E. 벨러 / 이강훈·신주철	16,000원
303	부알로의 시학	곽동준 편역 및 주석	20,000원
304	음악 녹음의 역사	M. 채넌 / 박기호	23,000원
305	시학 입문	G. 데송 / 조재룡	26,000원
306	정신에 대해서	J. 데리다 / 박찬국	20,000원
307	디알로그	G. 들뢰즈·C. 파르네 / 허희정·전승화	20,000원
308	철학적 분과 학문	A. 피퍼 / 조국현	25,000원
309	영화와 시장	L. 크레통 / 홍지화	22,000원
310	진정성에 대하여	C. 귀논 / 강혜원	18,000원
311	언어학 이해를 위한 주제 100선	G. 시우피·D. 반람돈크/이선경·황원미	18,000원
312	영화를 생각하다	S. 리앙드라 기그·J. -L. 뢰트라/김영모	20,000원
313	길모퉁이에서의 모험	P. 브뤼크네르·A. 팽키엘크로 / 이창실	12,000원
314	목소리의 結晶	R. 바르트 / 김웅권	24,000원
315	중세의 기사들	E. 부라생 / 임호경	20,000원
316	武德―武의 문화, 武의 정신	辛成大	13,000원
317	욕망의 땅	W. 리치 / 이은경·임옥희	23,000원
318	들뢰즈와 음악, 회화, 그리고 일반 예술	R. 보그 / 사공일	20,000원
319	S/Z	R. 바르트 / 김웅권	24,000원
320	시나리오 모델, 모델 시나리오	F. 바누아 / 유민희	24,000원
321	도미니크 이야기―아동 정신분석 치료의 실제	F. 돌토 / 김승철	18,000원
322	빠딴잘리의 요가쑤뜨라	S. S. 싸치다난다 / 김순금	18,000원
323	이마주―영화·사진·회화	J. 오몽 / 오정민	25,000원
324	들뢰즈와 문학	R. 보그 / 김승숙	20,000원
325	요가학개론	鄭泰爀	15,000원
326	밝은 방―사진에 관한 노트	R. 바르트 / 김웅권	15,000원
327	中國房內秘籍	朴清正	35,000원
1001	베토벤: 전원교향곡	D. W. 존스 / 김지순	15,000원
1002	모차르트: 하이든 현악4중주곡	J. 어빙 / 김지순	14,000원
1003	베토벤: 에로이카 교향곡	T. 시프 / 김지순	18,000원
1004	모차르트: 주피터 교향곡	E. 시스먼 / 김지순	18,000원
1005	바흐: 브란덴부르크 협주곡	M. 보이드 / 김지순	18,000원
1006	바흐: B단조 미사	J. 버트 / 김지순	18,000원
1007	하이든: 현악4중주곡 Op.50	W. 딘 주트클리페 / 김지순	18,000원
1008	헨델: 메시아	D. 버로우 / 김지순	18,000원
1009	비발디: 〈사계〉와 Op.8	P. 에버렛 / 김지순	18,000원
2001	우리 아이들에게 어떤 지표를 주어야 할까?	J. L. 오베르 / 이창실	16,000원
2002	상처받은 아이들	N. 파브르 / 김주경	16,000원

2003	엄마 아빠, 꿈꿀 시간을 주세요!	E. 부젱 / 박주원	16,000원
2004	부모가 알아야 할 유치원의 모든 것들	N. 뒤 소수아 / 전재민	18,000원
2005	부모들이여, '안 돼'라고 말하라!	P. 들라로슈 / 김주경	19,000원
2006	엄마 아빠, 전 못하겠어요!	E. 리공 / 이창실	18,000원
2007	사랑, 아이, 일 사이에서	A. 가트셀·C. 르누치 / 김교신	19,000원
2008	요람에서 학교까지	J.-L. 오베르 / 전재민	19,000원
3001	《새》	C. 파글리아 / 이형식	13,000원
3002	《시민 케인》	L. 멀비 / 이형식	13,000원
3101	《제7의 봉인》 비평 연구	E. 그랑조르주 / 이은민	17,000원
3102	《쥘과 짐》 비평 연구	C. 르 베르 / 이은민	18,000원
3103	《시민 케인》 비평 연구	J. 부아 / 이용주	15,000원
3104	《센소》 비평 연구	M. 라니 / 이수원	18,000원

【기 타】

▨ 모드의 체계	R. 바르트 / 이화여대기호학연구소	18,000원
▨ 라신에 관하여	R. 바르트 / 남수인	10,000원
▨ 說苑 (上·下)	林東錫 譯註	각권 30,000원
▨ 晏子春秋	林東錫 譯註	30,000원
▨ 西京雜記	林東錫 譯註	20,000원
▨ 搜神記 (上·下)	林東錫 譯註	각권 30,000원
■ 경제적 공포〔메디치賞 수상작〕	V. 포레스테 / 김주경	7,000원
■ 古陶文字徵	高 明·葛英會	20,000원
■ 그리하여 어느날 사랑이여	이외수 편	4,000원
■ 너무한 당신, 노무현	현택수 칼럼집	9,000원
■ 노력을 대신하는 것은 없다	R. 쉬이 / 유혜련	5,000원
■ 노블레스 오블리주	현택수 사회비평집	7,500원
■ 딸에게 들려 주는 작은 지혜	N. 레흐레이트너 / 양영란	6,500원
■ 떠나고 싶은 나라—사회문화비평집	현택수	9,000원
■ 미래를 원한다	J. D. 로스네 / 문 선·김덕희	8,500원
■ 바람의 자식들—정치시사칼럼집	현택수	8,000원
■ 사랑의 존재	한용운	3,000원
■ 산이 높으면 마땅히 우러러볼 일이다	유 향 / 임동석	5,000원
■ 서기 1000년과 서기 2000년 그 두려움의 흔적들	J. 뒤비 / 양영란	8,000원
■ 서비스는 유행을 타지 않는다	B. 바게트 / 정소영	5,000원
■ 선종이야기	홍 희 편저	8,000원
■ 섬으로 흐르는 역사	김영회	10,000원
■ 세계사상	창간호~3호: 각권 10,000원 / 4호: 14,000원	
■ 손가락 하나의 사랑 1, 2, 3	D. 글로슈 / 서민원	각권 7,500원
■ 십이속상도안집	편집부	8,000원
■ 얀 이야기 ① 얀과 카와카마스	마치다 준 / 김은진·한인숙	8,000원
■ 어린이 수묵화의 첫걸음(전6권)	趙 陽 / 편집부	각권 5,000원
■ 오늘 다 못다한 말은	이외수 편	7,000원